国家社会科学基金项目成果（10BTJ007）

Balance Urban and Rural Development:
Assessment, Monitoring and Practice

统筹城乡发展
评价监测与实践探索

张守凤◎著

科学出版社

北京

内 容 简 介

本书以统筹城乡发展为主线,以建立城乡和谐共生系统为目标,全面梳理我国关于统筹城乡发展的政策,系统归纳相关领域的研究理论和研究成果,运用系统分析与综合评价的方法,将逻辑分析与数理分析相结合,对我国的 31 个省(自治区、直辖市)统筹城乡发展的水平和风险状况进行了系统评价和监测预警。在此基础上,从经济、社会、空间、生态环境、公共服务子系统和区位发展的多维视角,提出了现阶段我国统筹城乡发展的差异化战略,总结了国外相关的实践经验和教训,剖析了国内具有代表性的实践案例,具有一定的创新性和实践性。

本书适合从事统筹城乡发展研究的专家学者阅读,也可为政府管理人员制订相关政策提供参考。

图书在版编目(CIP)数据

统筹城乡发展:评价监测与实践探索/张守凤著. —北京:科学出版社,2016.12

ISBN 978-7-03-049012-4

Ⅰ. ①统⋯　Ⅱ. ①张⋯　Ⅲ. ①城乡建设-经济发展-研究-中国　Ⅳ. ① F299.2

中国版本图书馆 CIP 数据核字(2016)第 141141 号

责任编辑:石 卉　程 凤/责任校对:张小霞
责任印制:张 伟/封面设计:有道文化
编辑部电话:010-64035853
E-mail:houjunlin@mail.sciencep.com

科学出版社 出版

北京东黄城根北街 16 号
邮政编码:100717
http://www.sciencep.com

北京东华虎彩印刷有限公司 印刷
科学出版社发行　各地新华书店经销

*

2016 年 12 月第 一 版　开本:720×1000　1/16
2016 年 12 月第一次印刷　印张:22 1/4
字数:448 000
定价:118.00 元
(如有印装质量问题,我社负责调换)

序

城乡之间发展的失衡是国际社会在发展过程中普遍面临的共同课题。作为世界上最大的发展中国家，中国在发展过程中取得的成果举世瞩目，但是割裂城乡关系的二元体制依旧存在，尚未得到根本性的改变，城乡差距一度面临不断扩大的趋势。中国的城乡关系又具有与众不同的形势、特点，解决这个难题的任务艰巨、挑战巨大、意义非凡。

统筹城乡发展不仅是新时期解决"三农"问题的中心任务，也是全面建成小康社会的必然要求。党和政府高度重视实现城乡之间的协调发展。党的十六大提出将城乡协调发展作为国家的重要议题，描绘了统筹城乡发展的伟大宏图。党的十七大提出要建立以工促农、以城带乡的长效机制，开辟了城乡经济社会一体化发展的新格局。党的十八大提出城乡发展一体化是解决"三农"问题的根本途径，指明了统筹城乡发展的发展方向。

目前，实现城乡协调发展已经是社会各界的普遍共识，统筹城乡发展的重要性不言而喻。然而，如何"把脉"城乡差距，更全面准确地分析造成城乡差距的"病因"，采用何种方法探明城乡差距的程度，对城乡差距水平如何监测预警，如何"求医问药"以便开出有效"药方"，仍需要进行深入地研究，需要实践者进行大胆的探索。

正是在形势和现实需求紧迫的情况下，该书作者围绕着统筹城乡发展这一主线，展开了大量调查研究。该书以建立城乡和谐共生系统为目标，以共生理论、系统论、城乡发展理论等学科理论为支撑，对统筹城乡发展进程中统计监测体系的构建进行了深入研究。书中运用科学的方法构建了区域统筹城乡发展的评价指标体系、风险监测模型与风险预警系统，对我国31个省（自治区、直辖市）城乡统筹发展的总体水平进行了综合评价，对城乡统筹发展的风险状况进行了监测预警。该书还广泛地总结了国内外关于统筹城乡发展的成功经验和实践模式，在以上这些工作的基础上，作者从多维度、多视角有针对性地提出了进一步推进我国城乡发展的对策和建议。

总的来看，该书整体内容全面、研究方法得当、论述脉络清晰、经验翔实具体、模式经典可鉴、对策措施可行。希望该书的出版也将在一定程度上为专家学者的研究带来新的启示，为统筹城乡发展的实践提供参考。

李京文

中国工程院院士

2016年7月

自　　序

改革开放30余年，我国农村面貌、农业经济、农民生活发生了翻天覆地的变化，农村基础设施日渐完善，农业生产条件得到明显改善，农业产量稳步增加，"三农"（农业、农村、农民）发展成果举世瞩目。截至2014年，我国粮食总产量实现"十一连增"，农民收入实现"五连快"，生活质量实现了跨越式发展。然而，城乡二元结构并没有得到根本性转变，城乡分割、发展不均衡等问题依然存在，城乡差距仍在扩大，矛盾日益加深，"三农"问题依旧突出。如何补齐"短板"，实现城乡统筹发展仍是一个需要深入研究的理论课题，也是一个亟待解决的现实问题。

新中国成立初期，优先发展重工业、限制农村人口流动等政策导向，促使人们产生了"工业重于农业、城市重于农村"的发展观念，并直接助推了城乡二元结构的形成。这种城乡二元结构曾发挥过积极的作用，为城市发展和工业化推进做出了一定的贡献。但是，随着经济体制改革和市场经济的发展，这种传统的城乡结构导致了城乡差距的扩大，并逐渐成为制约整个国民经济的主要瓶颈。党的十六大首次提出统筹城乡发展的重大命题，此后又做出了"五个统筹"战略布局和"城市支持农村、工业反哺农业"重要思想。党的十七大认为解决好农业、农村、农民问题，事关全面建设小康社会大局，必须始终作为全党工作的重中之重，要加强农业基础地位，走中国特色农业现代化道路，建立以工促农、以城带乡长效机制，形成城乡经济社会发展一体化新格局。党的十八大明确提出加快完善城乡发展一体化体制机制，促进城乡要素平等交换和公共资源均衡配置，形成以工促农、以城带乡、工农互惠、城乡一体的新型工农、城乡关系。这一系列的战略部署和重大决策为统筹城乡发展指明了方向。

不难看出，统筹城乡发展是一项复杂而艰巨的系统工程，是一项贯穿于现代化建设的长期任务，实践的深入与推进需要理论的跟进与指导，现实的需要与实践的困境掀起了学术界对统筹城乡发展研究的热潮。纵观国内外关于统筹城乡发展的研究可以看出，国外学者的研究较多地关注城市化，并尝试通过城市化缩短城乡之间的差距，这与我国的统筹城乡发展策略不谋而合。但是，我国的城镇化内涵丰富，不仅包含空间的城镇化、人口的城市化，而且也对于大、中、小城镇的发展提出了不同的发展策略。国内的学者们基于不同的视角对统筹城乡发展进行了不同的研究，并从历史、现实、理论、应用等多角度分析了城乡二元结构形成的过程、带来的问题、解决的对策。这些研究丰富了统筹城乡发展的理论内涵，对推动统筹城乡发展也具有一定的指导作用。但是，这些研究成果尚没有形成系统的理论框架，在量化研究中构建的指标体系不够全面，缺乏多层面、多视角的组合研究。

城乡差距形成的原因仍需要进行深入分析。首先是城乡二元结构。我国1955年颁布的《关于城乡划分标准的规定》将全国人口分为市民和农民，户籍成为决定城乡居民身份、地位和福利的根本标准，这直接成为城乡差距的根源。其次是城乡不同的产业特性及工农产品价格的剪刀差。我国城市以工业为主，农村以农业为主，农业与工业相比具有生产效率低下、收益能力较弱等方面的不足，再加上我国长期以来实行工业化优先发展战略等原因，造成了城乡收入的差距。还有就是城乡居民资源禀赋差异。由于农村投入的不足，市场要素配置低效，城乡居民收入分配差距进一步扩大。除此之外，还有制度、政策等方面的原因。

城乡差距的程度仍需要评价。只有明确城乡之间存在哪些差距、差距的程度如何，才能明确统筹城乡发展努力的重点，才能做到有的放矢。在对统筹城乡发展的研究中，不乏关于评价的量化研究，但这些研究往往只从某一个方面着手，测量城乡之间存在的差距，或者较多地关注指标的选取，忽略了指标的分析和传导，导致指标间逻辑不清，评价不系统。因此，对城乡差距的评价需要注重层次性和整体性，将多层面、多视角进行组合研究，选用分析性指标和传导性指标以进一步揭示影响城乡统筹的决定性因素。此外，还应对统筹城乡发展过程中所面临的各种风险进行监测，及时发现统筹城乡发展中的风险因素，以降低统筹城乡发展失调带来的损失，树立风险意识，增强国民经济发展的抗风险能力。

统筹城乡发展的经验仍需要不断总结。城乡之间发展的失衡不是中国独有的，而是世界各国在发展过程中普遍存在的问题。国外在推动经济社会发展过程中，形成了推动城市化发展的先进经验，如英国的田园型小城镇构想、韩国的新乡村建设运动、印度的农村工业化等实践模式都值得我国研究和学习。国内在统筹城乡发展的过程中，做出的有益探索和尝试，如江苏省农村聚落布局调整模式、珠三角以绿道网为抓手推进城乡统筹发展模式、山东省邹平县以工促农统筹城乡发展模式、北京"大马拉小车"的实践模式等，对于其他地区实现城乡协调推进、共同发展也具有重要借鉴价值。

本书以统筹城乡发展为主线，以建立城乡和谐共生系统为目标，全面梳理了国家关于统筹城乡发展的政策，系统归纳了相关领域的研究理论和研究成果，运用系统分析与综合评价的方法，将逻辑分析与数理分析相结合，对全国 31 个省（自治区、直辖市）[①]统筹城乡发展的水平和风险状况进行了系统评价和监测预警。在此基础上，从经济、社会、空间、生态环境、公共服务子系统和区位发展的多维视角，提出了现阶段我国统筹城乡发展的差异化战略，总结了国外相关的实践经验和教训，剖析了国内具有代表性的实践案例，为统筹城乡发展带来了新的启示。

总览全书，内容安排合理，结构层次分明，逻辑思路清晰，研究方法得当。从历年的政策解析出发，系统阐述了相关研究的理论成果，将实践与理论研究进行了很好的结合，明确了我国统筹城乡发展研究的内涵界定及历史演进，从多维视角科学选取指标对城乡差距进行了评价监测，分析得出了城乡差距所在、程度如何，并从多个方面提出了有针对性的解决对策，介绍了国内外先进实践经验与典型模式，理清了推进我国城乡统筹发展的多维发展思路。相信本书出版之后，无论是对我国统筹城乡发展的实践，还是对相关理论的研究都具有非常重要的参考价值。

张守凤
2015 年 12 月 10 日

---

① 本书中港澳台地区数据未统计在内。

前　言

　　自党的十六大提出统筹城乡发展战略以来，我国城乡经济就进入了"以工补农、以城带乡"，以及对三农"多予、少取、放活"的快速发展阶段。党中央连续11年发出以解决"三农问题"为主题的"中央一号文件"，相继出台了一系列利农、惠农的便民政策，确定了统筹城乡发展的基本方略。科学合理地统筹城乡发展是实现农业与工业、农村与城市、农民与市民之间良性转换与互动发展的前提，也是破除城乡二元结构，缩小城乡差距的基础。但是，由于我国长期实行城乡分离政策，缩短城乡二元结构差距，实现城乡统筹协调发展是一项长期复杂的系统工程。因此，运用科学方法，对城乡统筹发展水平进行统计监测，及时掌握城乡统筹发展进程中存在的问题，有针对性地进行统筹发展战略调整，对于加快我国城乡统筹发展进程具有重要的推动作用。

　　本研究以统筹城乡发展为主线，以二元经济理论、城乡发展理论、共生理论、和谐理论和系统论等相关学科理论为基础，以建立城乡和谐共生系统为目标，用系统分析与综合评价的方法，将逻辑分析与数理分析相结合，对统筹城乡发展进程的统计监测体系的构建进行深入研究。首先，运用复杂巨系统的综合集成决策厅体系方法，确定了统筹城乡发展由经济发展、社会发展、空间、生态环境和公共服务共五个子系统构成；通过定性分析及频度分析法，建立了统筹城乡发展各子系统的基础指标体系；以专家评分法及基于LOWA算子的模糊评判法，构建了区域统筹城乡发展的评价指标体系；运用层次分析法与主成分分析法相结合的方法对指标权重进行综合赋权，通过线性加权和法将指标综合集成为一个整体——统筹城乡发展指数，综合评价了我国31个省（自治区、直辖市）城乡统筹发展的程度；以聚类分析法将我国统筹城乡发展状态分为四级；运用灰色关联度法进一步验证了综合评价模型的科学性和可行性。其次，运用人工智能风险预测方法，构建了基于事例推理技术（CBR）的统筹城乡发展风险监测模型，开发了统筹城乡发展风险预警系统，利用该系统对2014年我国31个省（自治区、直辖市）统筹城乡发展风险状况进行了监测预警。最后，在梳理总结国内外关于统筹城乡发展的成功经验和实践模式的基础上，从区位和多维度发展视角提出了推进我国统筹城乡发展进程的对策建议。

  本书的主要结论如下：①以多指标综合评价方法进行区域城乡统筹测度，通过层次分析法与主成分分析法相结合的组合赋权法对统筹城乡发展指标体系中各指标及准则层进行赋权，这样的方法是科学的；②在与灰色关联度分析所得结果进行比较之后，统筹城乡发展指数可以比较恰当地刻画区域统筹城乡发展进程；③运用统筹城乡发展风险预警系统，对各省市统筹城乡发展进行监测的结果表明：我国统筹城乡发展东中西部发展水平差异较大，尤其是中西部地区处于轻度和中度预警范围，统筹城乡发展区域差异明显；④根据实证结果总结了东中西部各具特色的城乡统筹区域发展模式，阐述了各地区城乡统筹发展的战略重点，提出来统筹城乡发展区域对策，并从经济、社会、空间、生态环境、公共服务五个维度提出促进我国统筹城乡发展的发展思路。

张守凤
2015 年 12 月 10 日

目 录

序
自序
前言

第一篇 导 论

第1章 引言 ··· 3
第2章 统筹城乡发展政策解析 ·· 6
  2.1 国家重大会议关于统筹城乡发展方向的解读 ································ 6
  2.2 国家政策关于统筹城乡发展方向的解读 ······································ 17
第3章 统筹城乡发展理论及国内外相关研究综述 ······································ 29
  3.1 统筹城乡发展理论综述 ·· 29
  3.2 国内外相关研究综述 ·· 36
第4章 我国统筹城乡发展研究的内涵界定及历史演进 ······························ 46
  4.1 我国统筹城乡发展研究的内涵界定 ·· 46
  4.2 我国统筹城乡发展历史演进及其影响 ·· 50
  4.3 我国统筹城乡发展面临的新形势 ·· 63

第二篇 统筹城乡发展评价

第5章 统筹城乡发展的构成要素分析 ·· 67
  5.1 系统外部环境影响因素分析 ··· 67
  5.2 系统内主体构成要素分析 ··· 71
  5.3 基于综合集成法的构成要素研究 ·· 76
第6章 统筹城乡发展进程统计监测指标体系构建 ······································ 79
  6.1 统计监测指标体系子系统的构建与划分 ····································· 79
  6.2 监测子系统指标的构建思路及方法 ·· 80

6.3 统计监测指标体系的功能 ………………………………………… 81
6.4 统计监测指标体系构建原则 ……………………………………… 83
6.5 统计监测指标体系 ………………………………………………… 84

第7章 统筹城乡发展评价方法研究 …………………………………… 95
7.1 多指标综合评价方法 ……………………………………………… 95
7.2 指标的无量纲化处理 ……………………………………………… 98
7.3 确定统计监测指标体系中指标的权重 …………………………… 99
7.4 统筹城乡发展指标综合集成——统筹城乡发展指数 ………… 105
7.5 统筹城乡发展多研究对象相似性的聚类分析法 ……………… 106
7.6 基于灰色关联度分析的灰色综合评价模型 …………………… 106

第8章 我国统筹城乡发展进程的综合评价 ………………………… 109
8.1 数据采集与处理 ………………………………………………… 109
8.2 指标权重的确定 ………………………………………………… 110
8.3 综合评价 ………………………………………………………… 124

第三篇 统筹城乡发展监测

第9章 统筹城乡发展风险监测系统模型 …………………………… 135
9.1 风险监测系统概述 ……………………………………………… 135
9.2 统筹城乡发展风险事项的测度 ………………………………… 142
9.3 统筹城乡发展风险交互式监测模型设计 ……………………… 149

第10章 统筹城乡发展风险监测实证 ………………………………… 157
10.1 统筹城乡发展风险监测系统建设 ……………………………… 157
10.2 事例式推理的人工神经网络建模 ……………………………… 162
10.3 城乡统筹发展风险分析与监测信号输出 ……………………… 171

第11章 我国统筹城乡发展问题分析 ………………………………… 181
11.1 统筹城乡发展的区域发展问题 ………………………………… 181
11.2 统筹城乡发展的维度发展问题 ………………………………… 185

第四篇　对策与建议

第 12 章　我国统筹城乡发展的区域对策借鉴 ·············· 193
　　12.1　东部典型地区的统筹城乡发展对策 ··············· 193
　　12.2　中部典型地区统筹城乡发展对策 ················· 209
　　12.3　西部典型地区统筹城乡发展对策 ················· 211
　　12.4　推进统筹城乡发展的战略重点 ··················· 214
第 13 章　推进我国统筹城乡发展的多维思路 ·············· 215
　　13.1　经济发展维度 ··································· 215
　　13.2　社会发展维度 ··································· 217
　　13.3　空间发展维度 ··································· 218
　　13.4　生态环境发展维度 ······························· 219
　　13.5　公共服务发展维度 ······························· 220
第 14 章　我国统筹城乡发展的对策措施 ·················· 222
　　14.1　完善农村制度保障体系 ··························· 222
　　14.2　推动农业发展方式转变 ··························· 232
　　14.3　构建农村基础设施保障体系 ······················· 238

第五篇　国外实践经验与国内典型模式

第 15 章　统筹城乡发展的国际经验与启示 ················ 247
　　15.1　国外统筹城乡发展的实践 ························· 247
　　15.2　国外统筹城乡发展经验总结 ······················· 262
　　15.3　国外统筹城乡发展经验对我国的启示 ··············· 266
第 16 章　我国统筹城乡发展的实践模式 ·················· 270
　　16.1　国内统筹城乡发展的省域模式 ····················· 271
　　16.2　国内统筹城乡发展的区域模式 ····················· 284
　　16.3　国内统筹城乡发展的县域模式 ····················· 294
　　16.4　国内统筹城乡发展的其他模式 ····················· 306
　　16.5　国内统筹城乡发展实践经验总结 ··················· 313

结语 ………………………………………………………………… 317
参考文献 …………………………………………………………… 320
附录 ………………………………………………………………… 333

第一篇
导　论

第1章
引　言

　　由城乡发展差距产生的城乡二元结构是存在于发展中国家的一种突出的经济社会现象，从各国经济社会发展实践来看，伴随经济社会的发展进步，由二元结构向城乡一体化(或一元结构)发展是必然趋势。中国是世界上城市化水平较低、农村总人口最多和农村人口比重相当高的发展中国家，农村的发展是推动中国经济发展的关键。进入21世纪，我国统筹城乡发展进入了一个快速推进的机遇期，关于统筹城乡发展的议题也逐渐引起了社会各界的高度重视。其显著表现为城乡居民收入快速增长，总体生活水平迅速提高，局部区域城乡关系得到了改善，城乡分割状况有所好转。改革开放以来，我国经济社会发展一路高歌猛进，取得了举世瞩目的成就，城镇化的作用不可忽视。城镇化率从1978年的17.92%大幅升至2014年的54.77%，中国居住城镇的人口接近7.50亿人，城镇化已经并将继续成为中国经济持续高速发展的动力。中国城镇人口总量为美国的两倍，比欧盟人口总规模多出四分之一。从城镇化规模来看，中国的城镇人口年净增量和城镇人口总量将都长期处于世界第一位。

　　"十二五"期间，我国已进入城镇化转型的新阶段。城镇化是一个复杂的系统工程，它既涉及传统的农业文明向城市文明的转变，也涉及城乡二元分割体制向城乡一体化体制的转变；既涉及城市空间扩展也涉及农村剩余劳动力向非农产业转移；既涉及城市品位提升，也涉及农村居民向城市居民转变和新农村建设；既涉及大中小城市协调发展的道路选择，也涉及政府主导和农民自主的模式定位。因此，全面推进我国城镇化进程，也必须站在统筹城乡发展的战略高度。

　　联合国前秘书长科菲·安南曾指出，"不要把'城市'和'农村'视为相互隔离的实体，它们是经济和社会的组成部分，城市与农村在诸多方面彼此相互作用和相互影响。尽管城市和农村的发展存在明显差别，需要因地制宜地采取差异化政策、措施，但是要实现经济社会的可持续发展绝不能偏颇于一方，而忽视另一方……城市对于农村发展有着重要的贡献，我们要寻求一条城乡统筹整体发展之路"。在我国，历史、体制、观念等多方因素使得"三农问题"成为制约整个国民经济的主要瓶颈，农村成为全面建设小康社会的重点和难点。造成农村社会经济发展滞后的主要根源在于城乡二元结构。近几年，虽然我国在消除城乡差距、促进城乡协调发展方面取得了一定的成效，但城乡分割的二元体制并未发生根本性改变。城乡二元结构及与其伴随的城乡分割是解决"三农问题"、实现城乡统筹发展的重要制约因素。

在全面推进统筹城乡发展的同时，系统地解决好城乡差距、综合反映政策的推进效率和落实情况、动态跟踪分析统筹城乡发展水平、及时修正战略途径和政策组合尤为关键，运用统计评价方法对统筹城乡发展的进程进行监测追踪是解决上述问题的关键。

国内外现有成果虽对统筹城乡发展进程的统计监测有积极意义，但存在如下缺陷：①指标体系大多是从统筹城乡发展的单一层面或某一视角进行研究，没有全面涵盖统筹城乡发展的内涵、内容、目的、绩效及影响因素，缺乏建立在多层面、多视角基础上的综合研究；②构建指标体系过程中缺乏相应的系统结构分析，且多数注重显示性指标而忽略分析性指标和传导性指标；③城乡差距多数是单指标的比较，缺乏综合反映城乡差距的评价指标体系和综合测度的研究成果。

本书以统筹城乡发展为主线，以二元经济理论、城乡发展理论、共生理论、和谐理论和系统论等相关学科理论为基础，以建立城乡和谐共生系统为目标，用系统分析与综合评价的方法，将逻辑分析与数理分析相结合，从统筹城乡发展的内涵、统筹内容、表现形式、动力机制的界定入手，对统筹城乡发展进程的统计监测体系的构建进行深入研究。

运用复杂巨系统的综合集成决策厅体系方法，确定了统筹城乡发展由经济、社会、空间、生态环境和公共服务五个子系统构成；以专家评分法及基于 LOWA 算子的模糊综合统计法，构建了区域统筹城乡发展的评价指标体系；运用层次分析法与主成分分析法相结合的方法对指标权重进行综合赋权，通过线性加权和法将指标综合集成为一个整体——统筹城乡发展指数，并运用该指数对我国 31 个省（自治区、直辖市）城乡统筹发展的程度进行了综合评价；运用人工智能风险预测方法，构建了基于事例推理（CBR）的统筹城乡发展风险监测模型，编制了城乡统筹发展风险预警软件，利用该系统对 2014 年我国 31 个省（自治区、直辖市）城乡统筹发展风险状况进行了监测预警；最后，在梳理总结国内外关于统筹城乡发展的成功经验和实践模式的基础上，从经济、社会、空间、生态环境、公共服务五个维度提出了推进我国统筹城乡发展进程的对策建议（图 1-1）。

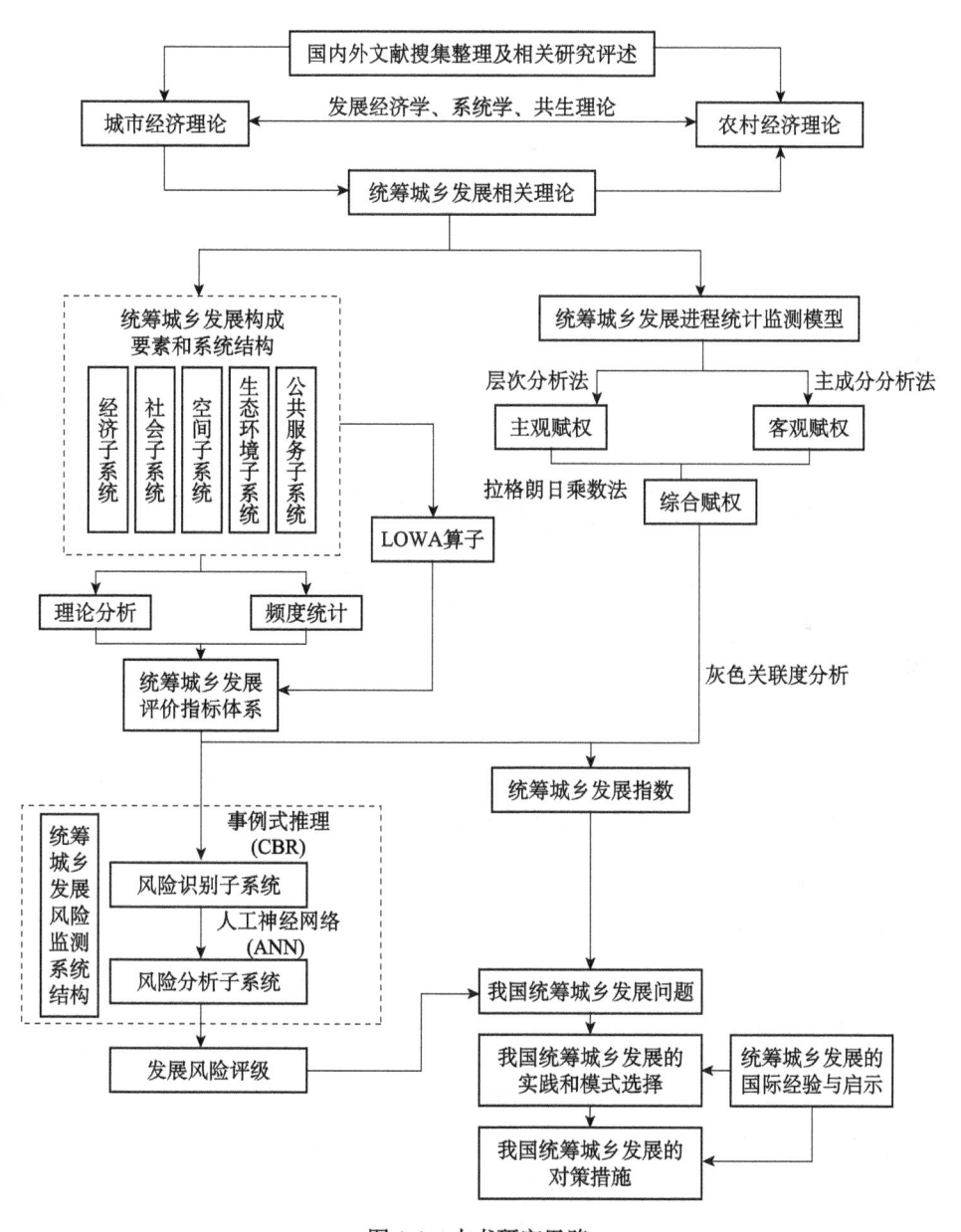

图 1-1 本书研究思路

第 2 章 统筹城乡发展政策解析

2.1 国家重大会议关于统筹城乡发展方向的解读

2.1.1 中国共产党全国代表大会

1992年以前，中国共产党共召开了13次全国代表大会，讨论和决定的重大事项集中在革命斗争、阶级斗争和经济发展三个方面，从中国共产党第十四次全国代表大会开始，逐渐开始讨论和决定有关统筹城乡发展事宜。

1. 相关政策内容

（1）中国共产党第十四次全国代表大会统筹城乡发展有关内容：农业是国民经济的基础，必须坚持把加强农业放在首位，全面振兴农村经济。树立大农业观念，保持粮食、棉花稳定增产，继续调整农业内部结构，积极发展农、林、牧、副、渔各业，努力开发高产优质高效农业。坚持依靠科技、教育兴农，多形式、多渠道增加农业投入，坚持不懈地开展农田水利建设，不断提高农业的集约经营水平和综合生产能力。继续大力发展乡镇企业，特别要扶持和加快中西部地区和少数民族地区乡镇企业的发展。必须全面贯彻党的十三届八中全会的决定，深化农村经济体制和经营机制的改革。要把家庭联产承包责任制、统分结合的双层经营体制，作为一项基本制度长期稳定下来，并不断充实完善。

积极发展多种形式的农业社会化服务体系。从各地实际出发，逐步壮大集体经济实力。抓紧进行农产品价格和农村流通体制的改革，继续强化市场在农村经济中的调节作用。

（2）中国共产党第十五次全国代表大会统筹城乡发展有关内容：坚持把农业放在经济工作的首位，稳定党在农村的基本政策，深化农村改革，确保农业和农村经济发展、农民收入增加。要多渠道增加投入，加强农业基础设施建设，不断改善生产条件。大力推进科教兴农，发展高产、优质、高效农业和节水农业。积极发展农业产业化经营，形成生产、加工、销售有机结合和相互促进的机制，推进农业向商品化、专业化、现代化转变。综合发展农林牧副渔各业，继续发展乡镇企业，形成合理的产业结构。搞好小城镇规划建设。长期稳定以家庭联产承包为主的责任制，完善统分结合的双层经营体制，逐步壮大集体经济实力。改革粮棉购销体制，实行合理的价格政策。建立健全农业社会化服务体系、农产品市场体系和国家对农业的支持、保护体系。要尊重农民的生产经营自主权，保护农民的合法权益，切实减轻农民负担，使广大农民从党在农村的各项政策和工作中得到实惠。

（3）中国共产党第十六次全国代表大会统筹城乡发展有关内容：全面繁荣农村经济，加快城镇化进程。统筹城乡经济社会发展，建设现代农业，发展农村经济，增加农民收入，是全面建设小康社会的重大任务。加强农业基础地位，推进农业和农村经济结构调整，保护和提高粮食综合生产能力，健全农产品质量安全体系，增强农业的市场竞争力。积极推进农业产业化经营，提高农民进入市场的组织化程度和农业综合效益。发展农产品加工业，壮大县域经济。开拓农村市场，搞活农产品流通，健全农产品市场体系。农村富余劳动力向非农产业和城镇转移，是工业化和现代化的必然趋势。要逐步提高城镇化水平，坚持大中小城市和小城镇协调发展，走中国特色的城镇化道路。发展小城镇要以现有的县城和有条件的建制镇为基础，科学规划，合理布局，同发展乡镇企业和农村服务业结合起来。消除不利于城镇化发展的体制和政策障碍，引导农村劳动力合理有序流动。

（4）中国共产党第十七次全国代表大会统筹城乡发展有关内容：统筹城乡发展，推进社会主义新农村建设。解决好农业、农村、农民问题，事关全面建设小康社会大局，必须始终作为全党工作的重中之重。要加强农业基础地位，走中国特色农业现代化道路，建立以工促农、以城带乡长效机制，形成城乡经济社会发展一体化新格局

（5）中国共产党第十八次全国代表大会统筹城乡发展有关内容：加快完善城乡发展一体化体制机制，促进城乡要素平等交换和公共资源均衡配置，形成

以工促农、以城带乡、工农互惠、城乡一体的新型工农、城乡关系。以推进城镇化为重点,着力解决制约经济持续健康发展的重大结构性问题。处理好政府和市场的关系,更好地发挥政府作用。坚持出口和进口并重,提高利用外资综合优势和总体效益,加快走出去步伐,统筹双边、多边、区域次区域开放合作,提高抵御国际经济风险能力。

2. 相关政策解读

中国共产党全国代表大会关于统筹城乡发展的论述,主要反映国家层面对城乡发展的关注点和政策导向。中国共产党第十四次全国代表大会着重强调农业的基础地位,尚未关注城乡协调发展的问题。中国共产党第十五次全国代表大会,依旧强调农业的基础地位,但是开始关注乡镇企业发展和小城镇建设。

从中国共产党第十六次全国代表大会开始,提出要统筹城乡经济社会发展,坚持大中小城市和小城镇协调发展,走中国特色的城镇化道路,将城乡协调发展作为国家重大议题,从经济社会两个方面指导城乡协调发展。中国共产党第十七次全国代表大会、中国共产党第十八次全国代表大会则是全面阐述统筹城乡发展的重要意义,并为统筹城乡发展指明了发展方向。

从中国共产党全国代表大会关于城乡发展的论述中,可以看出,城乡协调发展是政策引导、政府引领、经济发展、社会推动等各方面协同推动的结果。

2.1.2 全国人民代表大会政府工作报告

1. 相关政策内容

(1) 1996年政府工作报告关于统筹城乡发展的内容:为了创造良好的投资环境和提高经济效益,发展乡镇企业宜相对集中,并与小城镇建设结合起来。要积极引导农业剩余劳动力有序转移。

(2) 1997年政府工作报告关于统筹城乡发展的内容:积极促进乡镇企业特别是中西部地区乡镇企业的发展。提倡乡镇企业发展农副产品加工,建立贸工农一体化的产业体系。引导乡镇企业相对集中,重视技术进步、环境保护和节约使用资源,提高产品质量和效益。

(3) 1998年政府工作报告关于统筹城乡发展的内容:积极促进乡镇企业特别是中西部地区乡镇企业的发展。引导乡镇企业加强经营管理,加快技术进步,提高产品质量,根据市场变化调整产品结构,利用农村劳动力和农副产品资源丰富的优势,发展农副产品加工业。

(4) 1999年政府工作报告关于统筹城乡发展的内容:加快小城镇建设是经

济社会发展的一个大战略。要抓好小城镇户籍管理制度改革试点，制定支持小城镇发展的投资、土地、房地产等政策。小城镇建设要科学规划，合理布局，注意节约用地和保护生态环境，避免一哄而起。

（5）2000年政府工作报告关于统筹城乡发展的内容：统筹规划，采取有力的政策措施，加快小城镇发展。

（6）2001年政府工作报告关于统筹城乡发展的内容：发展小城镇，繁荣小城镇经济，积极稳妥地推进城镇化，拓宽农民的就业空间和增收渠道。

（7）2002年政府工作报告关于统筹城乡发展的内容：积极稳妥地推进城镇化，促进农村劳动力向非农产业转移。

（8）2003年政府工作报告关于统筹城乡发展的内容：推动县域经济发展，加快城镇化进程。发展小城镇要科学规划，合理布局。加强对农村富余劳动力转移的协调和指导，维护农民进城务工就业的合法权益。

（9）2004年政府工作报告关于统筹城乡发展的内容：稳步推进城镇化，改善农民进城就业环境，加强农民工培训，多渠道扩大农村劳动力转移就业。

（10）2005年政府工作报告关于统筹城乡发展的内容：发展农村二三产业，稳步推进城镇化建设，拓展农村劳动力就业空间。改善农民进城务工就业、创业环境，积极开展职业技能培训。进一步研究制定涉及农民工的各项政策。引导农村劳动力合理有序流动。

（11）2006年政府工作报告关于统筹城乡发展的内容：强调坚持统筹城乡经济社会发展，按照生产发展、生活宽裕、乡风文明、村容整洁、管理民主的要求，扎实稳步地推进社会主义新农村建设。

（12）2007年政府工作报告关于统筹城乡发展的内容：推进社会主义新农村建设，必须把重点放在发展农村经济、增加农民收入上。坚持稳定和完善农村基本经营制度，坚持因地制宜、从实际出发，坚持尊重农民意愿、维护农民权益，反对形式主义和强迫命令。

（13）2008年政府工作报告关于统筹城乡发展的内容：建立和完善覆盖城乡的社会保障体系，让人民生活无后顾之忧，直接关系经济社会发展，是全面建设小康社会的一项重大任务。

（14）2009年政府工作报告关于统筹城乡发展的内容：多渠道促进农民增收。大力发展特色现代农业，扶持农产品精深加工和销售，发展农村二三产业，加快小城镇建设，壮大县域经济。

（15）2010年政府工作报告关于统筹城乡发展的内容：在连续6年增产增收之后，更要毫不松懈地抓好"三农"工作。要按照统筹城乡发展的要求，坚持把解决好"三农"问题作为全部工作的重中之重，进一步强化强农惠农政策，协调推进工业化、城镇化和农业农村现代化，巩固和发展农业农村好形势。统筹推进城镇化和新农村建设。坚持走中国特色城镇化道路，促进大中小城市和小城镇协调发展，着力提高城镇综合承载能力，发挥城市对农村的辐射带动作用，促进城镇化和新农村建设良性互动。壮大县域经济，大力加强县城和中心镇基础设施和环境建设，引导非农产业和农村人口有序向小城镇集聚，鼓励返乡农民工就地创业。城乡建设都要坚持最严格的耕地保护制度和最严格的节约用地制度，切实保护农民合法权益。推进户籍制度改革，放宽中小城市和小城镇落户条件。有计划、有步骤地解决好农民工在城镇的就业和生活问题，逐步实现农民工在劳动报酬、子女就学、公共卫生、住房租购及社会保障方面与城镇居民享有同等待遇。进一步增加农村生产生活设施建设投入，启动新一轮农村电网改造，扩大农村沼气建设规模，今年再解决6000万农村人口的安全饮水问题，实施农村清洁工程，改善农村生产生活条件。我们要让符合条件的农业转移人口逐步变为城镇居民，也要让农民有一个幸福生活的美好家园。

（16）2011年政府工作报告关于统筹城乡发展的内容：积极稳妥推进城镇化。坚持走中国特色城镇化道路，遵循城市发展规律，促进城镇化健康发展。坚持科学规划，严格管理。加强城市基础设施和公共服务设施建设，增强城镇综合承载能力，提高管理和服务水平。因地制宜，分步推进，把有稳定劳动关系并在城镇居住一定年限的农民工，逐步转为城镇居民。对暂不具备落户条件的农民工，要解决好他们在劳动报酬、子女就学、公共卫生、住房租赁、社会保障等方面的实际问题。要充分尊重农民在进城和留乡问题上的自主选择权，切实保护农民承包地、宅基地等合法权益。城镇化要同农业现代化和新农村建设相互促进，这是必须坚持的正确方向。

（17）2012年政府工作报告关于统筹城乡发展的内容：积极稳妥推进城镇化。要遵循城市发展规律，从各地实际出发，促进大中小城市和小城镇协调发展。根据资源环境和人口承载能力，优化全国生产力布局，形成合理的城镇体系，与国土规模、资源分布、发展潜力相适应的人口布局。各类城市都要夯实经济基础，创造就业机会，完善基础设施，改善人居环境，加强管理服务，提升城镇化质量和水平。更加注重把在城镇稳定就业和居住的农民工有序转变为城镇居民；放宽中小城市落户条件，合理引导人口流向，让更多农村富余劳动力就近转移就业。加强对农民工的人文关怀和服务，着力解决农民工在就业服务、社会保障、子女入园上学、住房租购等方面的实际问题，逐步将城镇基本公共服务覆盖到农民工。关爱留守儿童、留守妇女和留守老人。让农民无论是进城还是留乡，都能安居乐业、幸福生活。

（18）2013年政府工作报告关于统筹城乡发展的内容：城镇化是我国现代化

建设的历史任务，与农业现代化相辅相成。要遵循城镇化的客观规律，积极稳妥推动城镇化健康发展。坚持科学规划、合理布局、城乡统筹、节约用地、因地制宜、提高质量。特大城市和大城市要合理控制规模，充分发挥辐射带动作用；中小城市和小城镇要增强产业发展、公共服务、吸纳就业、人口集聚功能。加快推进户籍制度、社会管理体制和相关制度改革，有序推进农业转移人口市民化，逐步实现城镇基本公共服务覆盖常住人口，为人们自由迁徙、安居乐业创造公平的制度环境。村庄建设要注意保持乡村风貌，营造宜居环境，使城镇化和新农村建设良性互动。

（19）2014 年政府工作报告关于统筹城乡发展的内容：推进以人为核心的新型城镇化。城镇化是现代化的必由之路，是破除城乡二元结构的重要依托。要健全城乡发展一体化体制机制，坚持走以人为本、四化同步、优化布局、生态文明、传承文化的新型城镇化道路，遵循发展规律，积极稳妥推进，着力提升质量。今后一个时期，着重解决好现有"三个 1 亿人"问题，促进约 1 亿农业转移人口落户城镇，改造约 1 亿人居住的城镇棚户区和城中村，引导约 1 亿人在中西部地区就近城镇化。

（20）2015 年政府工作报告关于统筹城乡发展的内容：推进新型城镇化取得新突破。城镇化是解决城乡差距的根本途径，也是最大的内需所在。要坚持以人为核心，以解决"三个 1 亿"人问题为着力点，发挥好城镇化对现代化的支撑作用。

2. 相关政策解读

政府工作报告关于统筹城乡发展的论述，集中反映在推进城镇化建设方面。从提出发展小城镇概念到指明城镇化是解决城乡差距的根本途径，逐步阐明城镇化在统筹城乡发展过程中的关键作用。

（1）城镇化是保持经济持续健康发展的强大引擎。内需是我国经济发展的根本动力，扩大内需的最大潜力在于城镇化。城镇化水平持续提高，会使更多农民通过转移就业提高收入，通过转为市民享受更好的公共服务，从而使城镇消费群体不断扩大、消费结构不断升级、消费潜力不断释放，也会带来城市基础设施、公共服务设施和住宅建设等巨大投资需求，这将为经济发展提供持续的动力。

（2）城镇化是加快产业结构转型升级的重要抓手。产业结构转型升级是转变经济发展方式的战略任务，加快发展服务业是产业结构优化升级的主攻方向。城镇化与服务业发展密切相关，服务业是就业的最大容纳器。城镇化过程中的人口集聚、生活方式的变革、生活水平的提高，都会扩大生活性服务需求；生产要素的优化配置、三次产业的联动、社会分工的细化，也会扩大生产性服务需求。城镇化带来的创新要素集聚和知识传播扩散，有利于增强创新活力，驱动传统产业升级和新兴产业发展。

（3）城镇化是解决农业、农村、农民问题的重要途径。我国农村人口过多、农业水土资源紧缺，在城乡二元体制下，土地规模经营难以推行，传统生产方式难以改变，这是"三农"问题的根源。城镇化总体上有利于集约节约利用土地，为发展现代农业腾出宝贵空间。随着农村人口逐步向城镇转移，农民人均资源占有量相应增加，可以促进农业生产规模化和机械化，提高农业现代化水平和农民生活水平。城镇经济实力提升，会进一步增强以工促农、以城带乡能力，加快农村经济社会发展。

（4）城镇化是推动区域协调发展的有力支撑。改革开放以来，我国东部沿海地区率先开放发展，形成了京津冀、长江三角洲（简称长三角）、珠江三角洲（简称珠三角）等一批城市群，有力推动了东部地区快速发展，成为国民经济重要的增长极。但与此同时，中西部地区发展相对滞后。随着西部大开发和中部崛起战略的深入推进，东部沿海地区产业转移加快，在中西部资源环境承载能力较强地区，加快城镇化进程，培育形成新的增长极，有利于促进经济增长和市场空间由东向西、由南向北梯次拓展，推动人口经济布局更加合理、区域发展更加协调。

城镇化是伴随工业化发展，非农产业在城镇集聚、农村人口向城镇集中的自然历史过程，是人类社会发展的客观趋势，是国家现代化的重要标志。按照建设中国特色社会主义五位一体总体布局，顺应发展规律，因势利导，趋利避害，积极稳妥扎实有序推进城镇化，对全面建成小康社会、加快社会主义现代化建设进程、实现中华民族伟大复兴的中国梦，具有重大现实意义和深远历史意义。

2.1.3 中央城镇化工作会议

1. 相关政策内容

中央城镇化工作会议指出，城镇化是现代化的必由之路。推进城镇化是解决农业、农村、农民问题的重要途径，是推动区域协调发展的有力支撑，是扩大内需和促进产业升级的重要抓手，对全面建成小康社会、加快推进社会主义现代化具有重大现实意义和深远历史意义。改革开放以来，我国城镇化进程明显加快，取得显著进展。2012 年，城镇人口达到 7.1 亿人，城镇化率基本达到世界平均水平。

会议认为，在我们这样一个拥有13亿人口的发展中大国实现城镇化，在人类发展史上没有先例。城镇化目标正确、方向对头，走出一条新路，将有利于释放内需巨大潜力，有利于提高劳动生产率，有利于破解城乡二元结构，有利于促进社会公平和共同富裕，而且世界经济和生态环境也将从中受益。

会议要求，城镇化是一个自然历史过程，是我国发展必然要遇到的经济社会发展过程。推进城镇化必须从我国社会主义初级阶段基本国情出发，遵循规律，因势利导，使城镇化成为一个顺势而为、水到渠成的发展过程。确定城镇化目标必须实事求是、切实可行，不能靠行政命令层层加码、级级考核，不要急于求成、拔苗助长。推进城镇化既要积极、又要稳妥、更要扎实，方向要明，步子要稳，措施要实。

会议要求，要紧紧围绕提高城镇化发展质量，稳步提高户籍人口城镇化水平；大力提高城镇土地利用效率、城镇建成区人口密度；切实提高能源利用效率，降低能源消耗和二氧化碳排放强度；高度重视生态安全，扩大森林、湖泊、湿地等绿色生态空间比重，增强水源涵养能力和环境容量；不断改善环境质量，减少主要污染物排放总量，控制开发强度，增强抵御和减缓自然灾害能力，提高历史文物保护水平。

会议要求，要以人为本，推进以人为核心的城镇化，提高城镇人口素质和居民生活质量，把促进有能力在城镇稳定就业和生活的常住人口有序实现市民化作为首要任务。要优化布局，根据资源环境承载能力构建科学合理的城镇化宏观布局，把城市群作为主体形态，促进大中小城市和小城镇合理分工、功能互补、协同发展。要坚持生态文明，着力推进绿色发展、循环发展、低碳发展，尽可能减少对自然的干扰和损害，节约集约利用土地、水、能源等资源。要传承文化，发展有历史记忆、地域特色、民族特点的美丽城镇。

会议强调，推进城镇化，要注意处理好市场和政府的关系，既坚持使市场在资源配置中起决定性作用，又更好地发挥政府在创造制度环境、编制发展规划、建设基础设施、提供公共服务、加强社会治理等方面的职能；注意处理好中央和地方关系，中央制定大政方针、确定城镇化总体规划和战略布局，地方则从实际出发，贯彻落实总体规划，制订相应规划，创造性开展建设和管理工作。

会议提出了推进城镇化的主要任务。

第一，推进农业转移人口市民化。解决好人的问题是推进新型城镇化的关键。从目前我国城镇化发展要求来看，主要任务是解决已经转移到城镇就业的农业转移人口落户问题，努力提高农民工融入城镇的素质和能力。要根据城市资源禀赋，发展各具特色的城市产业体系，强化城市间专业化分工协作，增强中小城市产业承接能力，特别是要着力提高服务业比重，增强城市创新能力。全面放开建制镇和小城市落户限制，有序放开中等城市落户限制，合理确定大城市落户条件，严格控制特大城市人口规模。推进农业转移人口市民化要坚持自愿、分类、有序，充分尊重农民意愿，因地制宜制定具体办法，优先解决存量，有序引导增量。

第二，提高城镇建设用地利用效率。要按照严守底线、调整结构、深化改革的思路，严控增量，盘活存量，优化结构，提升效率，切实提高城镇建设用地集约化程度。耕地红线一定要守住，红线包括数量，也包括质量。城镇建设用地特别是优化开发的三大城市群地区，要以盘活存量为主，不能再无节制扩大建设用地，不是每个城镇都要长成巨人。按照促进生产空间集约高效、生活空间宜居适度、生态空间山清水秀的总体要求，形成生产、生活、生态空间的合理结构。减少工业用地，适当增加生活用地特别是居住用地，切实保护耕地、园地、菜地等农业空间，划定生态红线。按照守住底线、试点先行的原则稳步推进土地制度改革。

第三，建立多元可持续的资金保障机制。要完善地方税体系，逐步建立地方主体税种，建立财政转移支付同农业转移人口市民化挂钩机制。在完善法律法规和健全地方政府性债务管理制度基础上，建立健全地方债券发行管理制度。推进政策性金融机构改革，当前要发挥好现有政策性金融机构在城镇化中的重要作用，同时研究建立城市基础设施、住宅政策性金融机构。放宽市场准入，制定非公有制企业进入特许经营领域的办法，鼓励社会资本参与城市公用设施投资运营。处理好城市基础设施服务价格问题，既保护消费者利益，又让投资者有长期稳定收益。

第四，优化城镇化布局和形态。推进城镇化，既要优化宏观布局，也要搞好城市微观空间治理。全国主体功能区规划对城镇化总体布局做了个安排，提出了"两横三纵"的城市化战略格局，要一张蓝图干到底。我国已经形成京津冀、长三角、珠三角三大城市群，同时要在中西部和东北有条件的地区，依靠市场力量和国家规划引导，逐步发展形成若干城市群，成为带动中西部和东北地区发展的重要增长极，推动国土空间均衡开发。根据区域自然条件，科学设置开发强度，尽快把每个城市特别是特大城市开发边界划定，把城市放在大自然中，把绿水青山保留给城市居民。

第五，提高城镇建设水平。城市建设水平，是城市生命力所在。城镇建设，要实事求是确定城市定位，科学规划和务实行动，避免走弯路；要体现尊重自然、顺应自然、天人合一的理念，依托现有山水脉络等独特风光，让城市融入大自然，让居民望得见山、看得见水、记得住乡愁；要融入规划元素，更要保护和弘扬优秀文化，延续城市历史文脉；要将"让群众生活更舒适"的理念融入到城市建设的每一个细节之中。建筑质量事关人民生命财产安全，事关城市未来和传承，要加强建筑质量管理制度建设，对导致建筑质量事故的不法行为，必须坚决依法打击和追究。在促进城乡一体化发展中，要注意保留村庄原始风貌，慎砍树、不填湖、少拆房，尽可能在原有村庄形态上改善居民生活条件。

第六，加强对城镇化的管理。要加强城镇化宏观管理，制订实施好国家新型城镇化规划，有关部门要加强重大政策统筹协调，各地区也要研究提出符合实际的推进城镇化发展意见。培养一批专家型的城市管理干部，用科学态度、先进理念、专业知识建设和管理城市。建立空间规划体系，推进规划体制改革，加快规划立法工作。城市规划要由扩张性规划逐步转向限定城市边界、优化空间结构的规划。城市规划要保持连续性，不能政府一换届规划就换届。编制空间规划和城市规划要多听取群众意见、尊重专家意见，形成后要通过立法形式确定下来，使之具有法律权威性。

会议指出，城镇化与工业化一道，是现代化的两大引擎。走中国特色、科学发展的新型城镇化道路，核心是以人为本，关键是提升质量，与工业化、信息化、农业现代化同步推进。城镇化是长期的历史进程，要科学有序、积极稳妥地向前推进。新型城镇化要找准着力点，有序推进农村转移人口市民化，深入实施城镇棚户区改造，注重中西部地区城镇化。要实行差别化的落户政策，加强中西部地区重大基础设施建设和引导产业转移。要加强农民工职业培训和保障随迁子女义务教育，努力改善城市生态环境质量。在具体工作中，要科学规划实施，加强相关法规、标准和制度建设。坚持因地制宜，探索各具特色的城镇化发展模式。

2. 相关政策解读

中央城镇化工作会议从促进中国特色新型工业化、信息化、城镇化、农业现代化同步发展的高度，科学分析我国城镇化发展形势，明确了推进城镇化的指导思想、主要目标、基本原则、重点任务，从战略和全局上做出了一系列重大部署，这对于统一思想、凝聚共识，推动城镇化沿着正确方向发展，具有重要战略意义和指导作用。

城镇化是人类社会发展的客观趋势，是现代化的必由之路。推进城镇化是解决我国农业、农村、农民问题的重要途径，是推动区域协调发展的有力支撑，是扩大内需和促进产业升级的重要抓手，对全面建成小康社会、加快推进社会主义现代化具有重大现实意义和深远历史意义。改革开放以来，我国城镇化进程明显加快，1978～2012年，城镇人口从1.7亿人增加到7.1亿人，国际社会也普遍肯定中国城市发生的巨大变化，视之为中国发展的奇迹之一。同时，我们也要清醒地看到，我国城镇化在快速发展中也积累了不少突出矛盾和问题。

当前，我国城镇化发展已经站在新的历史起点上，既面临巨大机遇，更面临诸多难题。尤其要看到，在我们这样一个拥有13亿人口的发展中大国实现城镇化，在人类发展史上没有先例。只要目标正确、方向对头，走出一条城镇化新路，将有利于释放内需巨大潜力、提高劳动生产率，加快破解城乡二元结构，促进社会公平和共同富裕，世界经济和生态环境也将从中受益。

在这样一个十分关键的路口，我们一定要牢记，正确的方向就是新型城镇化。城镇化是一个自然历史过程，必须遵循规律、因势利导，既要积极、又要稳妥、更要扎实，使之成为一个顺势而为、水到渠成的发展过程。只有把发展质量摆在突出位置，把握好以人为本、优化布局、生态文明、传承文化等基本原则，处理好市场和政府、中央和地方的关系，才能推进以人为核心的城镇化，全面推动社会文明进步。

城镇化发展是一个宏大的系统工程，涉及经济、社会、文化、生态文明建设的方方面面，在当前和今后一个时期内，我们要牢牢抓住主要任务，奋力攻坚克难，解决好"人到哪里去、土地怎么用、钱从哪里来、布局如何优化、管理如何科学"等重点问题，进一步引导城镇化健康发展。

现代化的本质是人的现代化，解决好人的问题是新型城镇化的关键。推进农业转移人口市民化，把促进有能力在城镇稳定就业和生活的常住人口有序实现市民化作为首要任务，逐步解决已经转移到城镇就业的农业转移人口落户问题，就能给人们稳定的预期和希望。提高城镇建设用地效率，严控增量，盘活存量，优化用地结构，就能为城市赢得更多发展空间。加快财税体制和投融资体制改革，建立多元可持续的资金保障机制，积极化解财政金融风险，就能构筑城市发展的财力生命线。转变城市发展理念，控制好开发强度，在中西部和东北有条件地区形成若干城市群，就能优化城镇化布局和形态。提升规划管理水平，确保建筑质量，增强社会治理能力，保护和弘扬传统优秀文化，延续城市历史文脉，就能使城市不断增强竞争力、焕发生命力。

城镇化是涉及全国的大范围社会进程，是我国各族人民携手推进现代化的一场波澜壮阔的实践。罗马不是一天建成的，新型城镇化的各项目标也不可能一蹴而就，只有在坚持不懈的实干中，一步一个脚印、稳扎稳打向前走，才能将理想逐渐化为现实。13亿人齐心协力搞建设，有足够的历史耐心、有顽强的改革决心、有坚定的发展信心，一砖一瓦不马虎、一张蓝图干到底，我们就一定能够开拓城镇化和现代化的新境界，创造更加幸福美好的生活。

2.2 国家政策关于统筹城乡发展方向的解读

2.2.1 关于完善社会主义市场经济体制若干问题的决定

1. 政策背景

2003年10月11～14日,党的十六届三中全会审议通过了《中共中央关于完善社会主义市场经济体制若干问题的决定》。该决定提出的"统筹城乡发展、统筹区域发展、统筹经济社会发展、统筹人与自然和谐发展、统筹国内发展和对外开放"的新要求,是新一届中央领导集体对发展内涵、发展要义、发展本质的深化和创新,蕴含着全面发展、协调发展、均衡发展、可持续发展和人的全面发展的科学发展观。对此,我们要深刻理解和准确把握。

"五个统筹"以经济、政治、文化全面发展为内容,以社会主义物质文明、政治文明和精神文明整体推进为目标,以经济、社会、自然协调发展为途径,着眼于全面发展,囊括了当前改革和发展所要解决的一系列战略性、全局性的重大问题,反映了社会主义现代化建设的客观规律,体现了社会主义社会全面发展的战略构想。

统筹城乡发展是科学发展观中五个统筹(统筹区域发展、统筹城乡发展、统筹经济社会发展、统筹人与自然和谐发展、统筹国内发展和对外开放)其中的一项内容,就是要更加注重农村的发展,解决好"三农"问题,坚决贯彻工业反哺农业、城市支持农村的方针,逐步改变城乡二元经济结构,逐步缩小城乡发展差距,实现农村经济社会全面发展,实行以城带乡、以工促农、城乡互动、协调发展,实现农业和农村经济的可持续发展。党的十六大提出,"统筹城乡经济社会发展,建设现代农业,发展农村经济,增加农民收入,是全面建设小康社会的重大任务"。这是党中央根据21世纪我国经济社会发展的时代特征和主要矛盾,致力于突破城乡二元结构,破解"三农"难题,全面建设小康社会所做出的重大战略决策。要落实这一战略决策,必须从战略高度考察其时代背景和重大意义,明确其战略思路和主要内容,给出其战略重点与对策建议。

2. 相关政策内容

完善社会主义市场经济体制的目标和任务。按照统筹城乡发展、统筹区域发展、统筹经济社会发展、统筹人与自然和谐发展、统筹国内发展和对外开放的要求,更大程度地发挥市场在资源配置中的基础性作用,增强企业活力和竞争力,健全国家宏观调控,完善政府社会管理和公共服务职能,为全面建设小康社会提供强有力的体制保障。主要任务是:完善公有制为主体、多种所有制经济共同发展的基本经济制度;建立有利于逐步改变城乡二元经济结构的体制;形成促进区域经济协调发展的机制;建设统一开放竞争有序的现代市场体系;完善宏观调控体系、行政管理体制和经济法律制度;健全就业、收入分配和社会保障制度;建立促进经济社会可持续发展的机制。

3. 相关政策解读

从目前我国经济发展的阶段看,已具备统筹城乡发展的现实条件。城乡关系一般是与工业化进程密切相关的。工业化通常经过三个阶段,即依靠农业积累建立工业化基础的初期阶段、工农业协调发展的中期阶段及工业支持农业发展的实现阶段,工业化进入中期阶段后,国民经济的主导产业由农业转变为非农产业,经济增长的动力机制主要来自非农产业,不再需要从农业吸纳资本等要素。农业应获得与工业平等发展的机会与权利,并逐步成为接受"补助""补偿"的部门。这个阶段就是二元经济结构向一元经济结构转换过渡,工农、城乡关系开始改善、由城乡分割走向城乡协调发展的关键阶段。有关统计指标显示,目前我国已进入工业化中期阶段。未来20年,如果发展战略和政策选择得当,工业化和城镇化的快速发展将为解决中国"三农"问题提供难得的机遇;如果继续将农民排斥在工业化和城镇化进程之外,中国经济的结构性矛盾将更加突出化和尖锐化,也会使解决"三农"问题的难度陡然增大。因此,在这一关键时期,党中央、国务院提出统筹城乡发展,既与这一阶段我国城乡关系的基本特征相适应,又具有重要的战略意义。

从我国解决"三农"问题的思路看,必须统筹城乡经济社会发展。长期以来,我国政府一直重视"三农"问题,党的十一届三中全会就提出了我们党对待农民的基本准则:要在经济上保障农民的物质利益,要在政治上尊重农民的民主权利。改革以来,各级政府致力于农村改革和社会发展,但目前中国城乡差距仍过分悬殊并不断扩大,"三农"问题依然是制约中国全面建设小康、实现现代化的难题。主要原因是,过去解决"三农"问题的思路更多地注重于在农村内部考虑农业、农村和农民问题。这种思路的根本缺陷是割裂了农业、农村、农民问题与社会其他单元的有机关联,把"三农"问题作为一个孤立的系统单独加以研究,因而实现不了农业与工业、农村与城市、农民与市民之间的良性转换与互动。"三农"问题表面上看是农村问题,实际上这一问题的解决,不能单靠农村自身，必须在城市与农村的互动中逐步解决，可以说没有城市的积极参与和支持，农民的小康就难以顺利实现。只有按照党的十六大提出的统筹城乡发展的战略思路，创新城乡发展战略，才能有效解决"三农问题"，加速全面小康社会的建设步伐。因此，党中央国务院提出要用统筹城乡发展的思路和战略解决中国的农业、农村和农民问题，就是要在发展战略、经济体制、政策措施和工作机制上有一个大的转变：跳出"就三农论三农，就三农抓三农""以农言农"的传统思路，统筹考虑工业和农业、城市和农村，通过城乡资源共享、人力互助、市场互动、产业互补，通过城市带动农村、工业带动农业，建立城乡互动、良性循环、共同发展的一体化体制。统筹城乡发展是解决我国"三农"问题的总体思路和战略选择，是加快我国农村全面建设小康社会步伐的重大战略举措。

统筹城乡经济社会发展，是相对于城乡分割的二元经济结构而言的，它要求把农村经济与社会发展纳入整个国民经济与社会发展全局之中进行通盘筹划，综合考虑，以城乡经济社会一体化发展为最终目标，统筹城乡物质文明、政治文明、精神文明和生态环境建设，统筹解决城市和农村经济社会发展中出现的各种问题，打破城乡界限，优化资源配置，把解决好"三农"问题放在优先位置，更多地关注农村，关心农民，支持农业，实现城乡共同繁荣。统筹城乡经济社会发展的实质是给城乡居民平等的发展机会，通过城乡布局规划、政策调整、国民收入分配等手段，促进城乡各种资源要素的合理流动和优化配置，不断增强城市对农村的带动作用和农村对城市的促进作用，缩小城乡差距、工农差距和地区差距，使城乡经济社会实现均衡、持续、协调发展，促进城乡分割的传统二元经济结构向城乡一体化的现代一元经济结构转变。统筹城乡发展，需要观念、机制和体制的诸多变革，是一个长期、艰巨而又复杂的系统工程。

（1）统筹城乡发展的战略思路

统筹城乡发展的基本思路和战略目标，就是要通过积极促进城乡产业结构调整、人力资源配置和金融资源配置优化、经济社会协调发展等，既充分发挥城市对农村的带动作用，又充分发挥农村对城市的促进作用，逐步形成以市场机制为基础、城乡之间全方位自主自由交流与平等互利合作、有利于改变城乡二元经济结构的体制和机制，实现工业与农业、城市与农村发展良性互动，通过文化、人员、信息交流，经济、教育与科技合作，把城市现代文明输入农村，从而加快城乡一体化发展，加快"三农"问题的解决，推动我国全面建设小康社会的历史进程。

在如何通过统筹城乡发展，解决好"三农"问题上，目前从上到下已形成共识，达成了明确的战略思路：那就是必须跳出"三农"抓"三农"，把"三农"问题放在全面建设小康社会和实现工业化与城市化的战略布局中统筹考虑，通过工业化、城市化与"三农"的充分互动加以解决。"城里人"要关心"乡下人"，城市要帮扶农村，工业要反哺农业，应当是统筹城乡经济社会发展的题中应有之义。无论是从我国的产业结构、城乡结构还是就业结构来分析，我们都不难得出结论，新阶段农业的问题需要工业参与解决，农村的问题需要城市参与解决，农民问题很大程度上要靠劳动力转移来解决。

（2）统筹城乡发展的主要内容

统筹城乡发展的内涵不仅仅指经济范畴，还指城乡经济与社会发展中的物质文明、精神文明、政治文明、社会文明和生态文明五个方面都要实现城乡统筹。在经济上应把农民致富与转移农民、减少农民结合起来，长富于民，藏富于民，实现农民"有其利"；在政治上应把善待农民与尊重农民、组织农民结合起来，给农民国民待遇，让农民当家做主，实现农民"有其权"；在思想文化上应把教育农民与转变农民观念、提高农民素质结合起来，弘扬勤劳、善良、讲修养的传统美德，增强民主、科学、讲公德的现代文明意识，实现农民"有其教"。具体说来，统筹城乡发展的内容主要包括以下几个方面。

一是统筹城乡规划建设，即改变目前城乡规划分割、建设分治的状况，把城乡经济社会发展统一纳入政府宏观规划，协调城乡发展，促进城乡联动，实现共同繁荣。根据经济社会发展趋势，统一编制城乡规划，促进城镇有序发展，农民梯度转移。主要包括：统筹城乡产业发展规划，科学确定产业发展布局；统筹城乡用地规划，合理布局建设、住宅、农业与生态用地；统筹城乡基础设施建设规划，构建完善的基础设施网络体系。尤其要在农村地区缺乏基础设施建设资金的情况下，政府要调动和引导各方面的力量着力加强对农村道路、交通运输、电力、电信、商业网点设施等基础设施的投入，使乡村联系城市的硬件设施得到尽快改善。优先发展社会共享型基础设施，扩大基础设施的服务范围、服务领域和受益对象，让农民也能分享城市基础设施。

二是统筹城乡产业发展。以工业化支撑城市化，以城市化提升工业化，加快工业化和城市化进程，促进农村劳动力向二三产业转移，农村人口向城镇集聚。建立以城带乡、以工促农的发展机制，加快现代农业和现代农村建设，促进农村工业向城镇工业园区集中，促进农村人口向城镇集中，促进土地向规模农户集中，促进城市基础设施向农村延伸，促进城市社会服务事业向农村覆盖，促进城市文明向农村辐射，提升农村经济社会发展的水平。

三是统筹城乡管理制度。突破城乡二元经济结构，纠正体制上和政策上的城市偏向，消除计划经济体制的残留影响，保护农民利益，建立城乡一体的劳动力就业制度、户籍管理制度、教育制度、土地征用制度、社会保障制度等，给农村居民平等的发展机会、完整的财产权利和自由的发展空间，遵循市场经济规律和社会发展规律，促进城乡要素自由流动和资源优化配置。

四是统筹城乡收入分配。根据经济社会发展阶段的变化，调整国民收入分配结构，改变国民收入分配中的城市偏向，进一步完善农村税费改革，降低农业税负，创造条件尽快取消农业税，加大对"三农"的财政支持力度，加快农村公益事业建设，建立城乡一体的财政支出体制，将农村交通、环保、生态等公益性基础设施建设都列入政府财政支出范围。

2.2.2 "中央一号文件"

1. 相关政策内容

1982～1986年的"中央一号文件"，关注点在农村改革，重点对包产到户、放活农村工商业、解决商品生产和流通问题、调整产业结构、增加农业投入等方面，主要集中于发展农业、推进改革、强化农业基础地位。本书关于"中央一号文件"有关城乡发展的政策研究，从2004年开展，重点摘录关于推进城镇化、统筹城乡发展等政策，全面梳理"中央一号文件"关于城乡发展的政策。

（1）2004年"中央一号文件"《关于促进农民增加收入若干政策的意见》有关城乡发展的观点：按照统筹城乡经济社会发展的要求，坚持"多予、少取、放活"的方针，调整农业结构，扩大农民就业，加快科技进步，深化农村改革，增加农业投入，强化对农业支持保护，尽快扭转城乡居民收入差距不断扩大的趋势。

（2）2005年"中央一号文件"《关于进一步加强农村工作提高农业综合生产能力若干政策的意见》有关城乡发展的观点：加强农业基础设施建设，加快农业科技进步，提高农业综合生产能力。

（3）2006年"中央一号文件"《关于推进社会主义新农村建设的若干意见》有关城乡发展的观点：从统筹城乡经济社会发展、推进现代化农业建设、促进农民增收、加强农村基础设施建设、加快发展农村社会事业、深化农村改革等八个方面，提出32条支农、惠农的具体措施。

（4）2007年"中央一号文件"《关于积极发展现代农业扎实推进社会主义新农村建设的若干意见》有关城乡发展的观点：用现代物质条件装备农业，用现代科学技术改造农业，用现代产业体系提升农业，用现代经营形式推进农业，用现代发展理念引领农业，用培养新型农民发展农业。

（5）2008年"中央一号文件"《关于切实加强农业基础建设，进一步促进农业发展农民增收的若干意见》有关城乡发展的观点：加快构建强化农业基础的长效机制，切实保障主要农产品基本供给，突出抓好农业基础设施建设，着力强化农业科技和服务体系基本支撑，逐步提高农村基本公共服务水平，稳定完善农村基本经营制度和深化农村改革，扎实推进农村基层组织建设，加强和改善党对"三农"工作的领导。

（6）2009年"中央一号文件"《关于促进农业稳定发展农民持续增收的若干意见》有关城乡发展的观点：加大对农业的支持保护力度，稳定发展农业生产，强化现代农业物质支撑和服务体系，稳定完善农村基本经营制度，推进城乡经济社会发展一体化。

（7）2010年"中央一号文件"《关于加大统筹城乡发展力度，进一步夯实农业农村发展基础的若干意见》有关城乡发展的观点：把统筹城乡发展作为全面建设小康社会的根本要求，把改善农村民生作为调整国民收入分配格局的重要内容，把扩大农村需求作为拉动内需的关键举措，把发展现代农业作为转变经济发展方式的重大任务，把建设社会主义新农村和推进城镇化作为保持经济平稳较快发展的持久动力。

（8）2011年"中央一号文件"《关于加快水利改革发展的决定》有关城乡发展的观点：加快水利发展，切实增强水利支撑保障能力，实现水资源可持续利用。

（9）2012年"中央一号文件"《关于加快推进农业科技创新持续增强农产品供给保障能力的若干意见》有关城乡发展的观点：同步推进工业化、城镇化和农业现代化，围绕强科技保发展、强生产保供给、强民生保稳定，加大强农惠农富农政策力度，夺取农业好收成，促进农民较快增收，维护农村社会和谐稳定。

（10）2013年"中央一号文件"《中共中央、国务院关于加快发展现代农业进一步增强农村发展活力的若干意见》有关城乡发展的观点：始终把解决好农业、农村、农民问题作为全党工作重中之重，把城乡发展一体化作为解决"三农"问题的根本途径；必须统筹协调，促进工业化、信息化、城镇化、农业现代化同步发展，着力强化现代农业基础支撑，深入推进社会主义新农村建设。

（11）2014年"中央一号文件"《关于全面深化农村改革加快推进农业现代化的若干意见》有关城乡发展的观点：全面深化农村改革，要坚持社会主义市场经济改革方向，处理好政府和市场的关系，激发农村经济社会活力；要城乡统筹联动，赋予农民更多财产权利，推进城乡要素平等交换和公共资源均衡配置，让农民平等参与现代化进程、共同分享现代化成果。

（12）2015年"中央一号文件"《关于加大改革创新力度加快农业现代化建设的若干意见》有关城乡发展的观点：围绕城乡发展一体化，深入推进新农村建设。中国要美，农村必须美。繁荣农村，必须坚持不懈推进社会主义新农村建设。要强化规划引领作用，加快提升农村基础设施水平，推进城乡基本公共服务均等化，让农村成为农民安居乐业的美丽家园。

2. 相关政策解读

自 2002 年党的十六大提出统筹城乡发展战略以来，我国经济进入了"以工补农、以城带乡"，以及对三农"多予、少取、放活"的加快发展阶段。2004～2016 年，中共中央连续 13 年发布了以解决"三农问题"为主题的"一号文件"，相继出台了一系列利农、惠农的便民政策，制定了壮大县域经济、统筹城乡经济社会发展的基本方略，构建了新时期我国农业农村发展的基本政策框架。

当前，我国农业、农村的发展呈现出朝气蓬勃的良好局面，农业增效、农民增收、农村繁荣初见成效，农民奔小康的步伐明显加快。"中央一号文件"的相关政策清楚记载了近年来党中央领导农村改革发展实践的历史轨迹。

尤其是 2006 年 2 月，中共中央、国务院下发《中共中央国务院关于推进社会主义新农村建设的若干意见》，中共十六届五中全会提出的社会主义新农村建设的重大历史任务将迈出有力的一步。2007 年 1 月 29 日，《中共中央国务院关于积极发展现代农业扎实推进社会主义新农村建设的若干意见》下发。文件要求，发展现代农业是社会主义新农村建设的首要任务，要用现代物质条件装备农业，用现代科学技术改造农业，用现代产业体系提升农业，用现代经营形式推进农业，用现代发展理念引领农业，用培养新型农民发展农业，提高农业水利化、机械化和信息化水平，提高土地产出率、资源利用率和农业劳动生产率，提高农业素质、效益和竞争力。

2009 年 2 月 1 日，《中共中央国务院关于 2009 年促进农业稳定发展农民持续增收的若干意见》对于做好 2009 年农业农村工作，具有特殊重要的意义。该意见共分五部分，约 11 000 字。主要内容包括加大对农业的支持保护力度，稳定发展农业生产，强化现代农业物质支撑和服务体系，稳定完善农村基本经营制度，推进城乡经济社会发展一体化。推进城乡经济社会发展一体化作为农业农村工作的五项重点工作之一，足以体现国家层面对城乡一体化发展的高度重视和指导要求。

2010 年 1 月 31 日，《中共中央国务院关于加大统筹城乡发展力度进一步夯实农业农村发展基础的若干意见》在保持政策连续性、稳定性的基础上，进一步完善、强化"三农"工作的好政策，并提出了一系列统筹城乡发展的重大原则和措施。

2011～2015 年的"中央一号文件"无一例外地提到了深化农村改革、健全城乡发展一体化体制机制、实现城乡统筹联动、推进新农村建设等关于统筹城乡发展的意见。

"中央一号文件"关于统筹城乡发展的最终落脚点是农业、农村和农民；关键点是要破除城乡二元结构，全面提升农民的社会福利待遇，缩小城乡在经济、社会、空间、生态环境和公共服务等方面的差距。

2.2.3 国家新型城镇化规划

1. 政策背景

2014年3月16日，新华社发布《国家新型城镇化规划（2014—2020年）》。该规划分规划背景、指导思想和发展目标、有序推进农业转移人口市民化、优化城镇化布局和形态、提高城市可持续发展能力、推动城乡发展一体化、改革完善城镇化发展体制机制、规划实施八篇，重大意义、发展现状、发展态势、指导思想、发展目标、推进符合条件农业转移人口落户城镇、推进农业转移人口享有城镇基本公共服务、建立健全农业转移人口市民化推进机制、优化提升东部地区城市群、培育发展中西部地区城市群、建立城市群发展协调机制、促进各类城市协调发展、强化综合交通运输网络支撑、强化城市产业就业支撑、优化城市空间结构和管理格局、提升城市基本公共服务水平、提高城市规划建设水平、推动新型城市建设、加强和创新城市社会治理、完善城乡发展一体化体制机制、加快农业现代化进程、建设社会主义新农村、推进人口管理制度改革、深化土地管理制度改革、创新城镇化资金保障机制、健全城镇住房制度、强化生态环境保护制度、加强组织协调、强化政策统筹、开展试点示范、健全监测评估三十一章。

2. 相关政策内容

《国家新型城镇化规划（2014—2020年）》，根据中国共产党第十八次全国代表大会报告、《中共中央关于全面深化改革若干重大问题的决定》、中央城镇化工作会议精神、《中华人民共和国国民经济和社会发展第十二个五年规划纲要》和《全国主体功能区规划》编制，按照走中国特色新型城镇化道路、全面提高城镇化质量的新要求，明确未来城镇化的发展路径、主要目标和战略任务，统筹相关领域制度和政策创新，是指导全国城镇化健康发展的宏观性、战略性、基础性规划。其主要内容如下。

（1）有序推进农业转移人口市民化。按照尊重意愿、自主选择、因地制宜、分步推进、存量优先、带动增量的原则，以农业转移人口为重点，兼顾高校和职业技术院校毕业生、城镇间异地就业人员和城区城郊农业人口，统筹推进户籍制度改革和基本公共服务均等化。

（2）优化城镇化布局和形态。根据土地、水资源、大气环流特征和生态环境承载能力，优化城镇化空间布局和城镇规模结构，在《全国主体功能区规划》确定的城镇化地区，按照统筹规划、合理布局、分工协作、以大带小的原则，发展集聚效率高、辐射作用大、城镇体系优、功能互补强的城市群，使之成为支撑全国经济增长、促进区域协调发展、参与国际竞争合作的重要平台。构建以陆桥通道、沿长江通道为两条横轴，以沿海、京哈京广、包昆通道为三条纵轴，以轴线上城市群和节点城市为依托、其他城镇化地区为重要组成部分，大中小城市和小城镇协调发展的"两横三纵"城镇化战略格局。

（3）提高城市可持续发展能力。加快转变城市发展方式，优化城市空间结构，增强城市经济、基础设施、公共服务和资源环境对人口的承载能力，有效预防和治理"城市病"，建设和谐宜居、富有特色、充满活力的现代城市。

（4）推动城乡发展一体化。坚持"工业反哺农业""城市支持农村"和"多予少取放活"方针，加大统筹城乡发展力度，增强农村发展活力，逐步缩小城乡差距，促进城镇化和新农村建设协调推进。

（5）改革完善城镇化发展体制机制。加强制度顶层设计，尊重市场规律，统筹推进人口管理、土地管理、财税金融、城镇住房、行政管理、生态环境等重点领域和关键环节体制机制改革，形成有利于城镇化健康发展的制度环境。

3. 相关政策解读

《国家新型城镇化规划（2014—2020年）》是今后一个时期指导全国城镇化健康发展的宏观性、战略性、基础性规划。城镇化是现代化的必由之路，是解决农业农村农民问题的重要途径，是推动区域协调发展的有力支撑，是扩大内需和促进产业升级的重要抓手。制订实施《国家新型城镇化规划（2014—2020年）》，努力走出一条以人为本、四化同步、优化布局、生态文明、文化传承的中国特色新型城镇化道路，对全面建成小康社会、加快推进社会主义现代化具有重大现实意义和深远历史意义。

从世界发展规律来看，城镇化是现代化的必由之路。城镇化与工业化互融共进，构成现代化的两大引擎。这在改革开放以来的中国发展中已得到证明。《国家新型城镇化规划（2014—2020年）》是今后几年指导我国新型城镇化建设的总纲，内容全面丰富，总结并吸取了国内外城镇化工作的经验教训，指导性强，意义深远。

改革开放以来，我国城镇化进程明显加快，取得显著进展。1978～2014年，城镇化率年均提高1.02个百分点，2013年城镇化率达到54.77%，超过世界平均水平。京津冀、长三角、珠三角三大城市群具备相当实力，中西部地区和东北地区城镇化发展面貌发生很大变化。但同时也要看到，城镇化发展质量不高的问题也日益突出。2亿多进城农民工还没有完全融入城市，没有享受同城市居民完全平等的公共服务和市民权利；土地城镇化快于人口城镇化，城镇用地粗放低效、占地过多，资源环境承载力已经减弱；相当一部分城市建设规模和速度超出财力，城市政府债务风险不断积累，阻碍着健康城镇化的发展。

《国家新型城镇化规划（2014—2020年）》在推进新型城镇化发展上有这样两项重要原则。

第一个是推进新型城镇化既要积极、又要稳妥，不搞"大跃进"。城镇化是一个自然历史过程，是我国发展必然要遇到的经济社会发展过程。既然是自然历史过程和经济社会发展过程，我们就必须从我国的基本国情出发，重视城镇化的发展规律，使之成为一个顺势而为、水到渠成的发展过程。《国家新型城镇化规划（2014—2020年）》没有设计大干快上、一哄而起的硬性指标，而是充分考虑了未来城镇化发展的外部环境和内在条件。随着国际金融危机以来全球经济再平衡和产业布局再调整，传统高投入、高消耗、高排放的工业化城镇化发展模式难以为继；随着我国农业转移人口逐渐减少和人口老龄化程度的提高，老的城镇化发展路子不能再走了，也走不通了。特别是，我国改革开放以来的城镇化进程中，人口城镇化的速率明显滞后于土地城镇化和工业化。这就意味着，我国新一轮城镇化，将会进一步消化已经转换用途的土地来实现有限的数量扩张，加大力度提升工业化和城镇化的品质。正如2013年城镇化工作会议指出的，发展城镇化既要积极、又要稳妥，更要扎实，方向要明、步子要稳、措施要实，不要盲目刮风、一哄而上、搞"大跃进"。这是一个原则。

第二个是新型城镇化要以人为本、注重提高质量。以人为本的城镇化，是新型城镇化的本质属性。这在《国家新型城镇化规划（2014—2020年）》中有明确的设计。我国一些地方城镇化发展中，不同程度地存在着"重物轻人"的现象，由此产生一系列问题。不能把城镇化简单等同于市镇建设，而是要围绕人的城镇化这一核心，努力提高城镇化的质量。该规划中对以人为本的城镇化有这样几个设计：一是注重提高城镇人口素质和居民生活质量，把促进有能力在城镇稳定就业和生活的常住人口有序转为市民；二是根据资源环境承载能力构建科学合理的城镇化宏观布局，把城市群作为主体形态，促进大中小城市协同发展；三是着力推进绿色发展、循环发展、低碳发展，注意节约利用土地、水、能源；四是根据不同地区的自然历史文化禀赋，体现区域差异性，提倡形态多样性，防止千城一面，发展有历史记忆、文化脉络、地域风貌、民族特点的美丽城镇，形成符合实际、各具特色的城镇化发展模式。

《国家新型城镇化规划（2014—2020年）》明确的几项重点任务：新型城镇化发展是一项国家工程，涉及方方面面，该规划明确了四大战略任务，即有序推进农业转移人口市民化、优化城镇化布局和形态、提高城市可持续发展能力、推动城乡发展一体化。

第一个战略任务是有序推进农业转移人口市民化，逐步解决长期进城的农民落户问题。现在城镇常住人口中有2.34亿农民工及其家属，如此大规模的人口处于"两栖"状态，在城乡间"钟摆式"流动，这对于国家发展来说，是一个大的问题。这在经济面上影响产业升级和内需潜力的释放，在社会面上影响和谐稳定，在城乡层面上影响"三农"问题的解决。推进农民工市民化，既是民生工程又是发展工程。该规划阐明推进农业转移人口市民化，要按照尊重意愿、自主选择，因地制宜、分步推进，存量优先、带动增量的原则，以农业转移人口为重点，兼顾高校和职业技术院校毕业生、城镇间异地就业人员和城区城郊农业人口，促进有能力在城镇稳定就业和生活的常住人口有序实现市民化。该规划提出，到2020年要让1亿左右有能力、有意愿的农民工及其家属在城镇落户。实现这个目标并不容易，但通过努力是可以做到的。解决1亿人落户，只占届时农民工总量的1/3左右，主要是已经在城镇长期务工经商和举家迁徙人员；落户的重点主要在县城、地级市和部分省会城市；特大城市的人口还要严格控制。

第二个战略任务是优化城镇化布局和形态，以城市群为主体形态，促进大中小城市协调发展。该规划阐明，优化提升东部地区城市群，培育发展中西部地区城市群，构建"两横三纵"城镇化发展战略格局。在发挥中心城市辐射带动作用基础上，强化中小城市和小城镇的产业功能、服务功能和居住功能，把有条件的县城、重点镇和重要边境口岸逐步发展成为中小城市。该规划对中西部地区的新型城镇化有重点要求，总的方向是通过大中小城市和小城镇协调发展，努力再接纳1亿左右的人口。国家已确定在中西部地区建设一批重点开发区，要有序推进这些区域的城镇化建设，注重在民族地区、沿边地区培育一些区域性中心城市。发展中小城市、小城镇是改善我国城镇结构的主攻方向，有利于降低人口转移成本、优化生产力布局，有利于减轻大城市的压力、缓解城市发展与资源环境的矛盾。

第三个战略任务是提高城市可持续发展能力，增强公共服务和资源环境对人口的承载能力。该规划阐明，加快转变城市发展方式，有效预防和治理"城市病"。加快产业转型升级，强化城市产业支撑，营造良好创业环境，增强城市经济活力和竞争力。优化城市空间结构和管理格局，完善基础设施和公共服务设施，增强对人口集聚和服务的支持能力。提高城市规划科学性，健全规划管理体制机制，提高城市规划管理水平和建筑质量。推进创新城市、绿色城市、智慧城市和人文城市建设，全面提升城市内在品质。完善城市治理结构，创新城市管理方式，提升城市社会治理水平。该规划使城市发展、管理有了明确指南，使可持续发展建设得到落实。

第四个战略任务是推动城乡发展一体化，让广大农民平等分享现代化成果。该规划阐明，坚持"工业反哺农业"、"城市支持农村"和"多予少取放活"方针，着力在城乡规划、基础设施、公共服务等方面推进一体化。完善城乡发展一体化体制机制，加快消除城乡二元结构的体制机制障碍。城乡一体化不是城乡同样化。城镇化并不自然导致城乡一体化，如何在城镇化的进程中使传统的城乡二元格局的利益分配由失衡走向平衡，实现国民利益分配均等化和无歧视，这需要更好地发挥政府的作用。该规划对牢牢守住18亿亩耕地红线，确保国家粮食安全做出安排。今后一个时期，随着人口增加和城镇化发展，粮食需求还将刚性增长，保障粮食安全的任务十分艰巨。该规划要求，要解决土地城镇化快于人口城镇化，耕地占补平衡存在的问题，这样设计有利于确保国家粮食安全。

总之，《国家新型城镇化规划（2014—2020年）》的发布，关于推进新型城镇化发展，方向已明，主要任务已提出。要按着该规划的要求落实好，要保证规划的权威性和严肃性，这样新型城镇化才会有一个好的起步。该规划的落实，关键是改革。从我国城镇化发展历程看，改革发挥着至关重要的作用。当前，要配合该规划的推进，深化户籍制度、土地制度、社会保障、财税金融、投资融资、行政区划等方面的改革，妥善处理关系城镇化发展全局的几个重大战略难题，只有这样才能保证新型城镇化的正确方向。同时，要把该规划推进与地方探索结合起来，发挥好地方的积极性和能动性。

小　结

通过梳理统筹城乡发展有关政策，可以看出，统筹城乡发展的提出带有浓厚的时代色彩，是中国"二元"经济社会发展到一定阶段后，应对城乡发展"瓶颈"、缩小城乡差距而做出的重大战略决策。统筹城乡发展是科学发展观的核心和重点，因为没有统筹城乡发展，也就谈不上"统筹区域发展"，"统筹人与自然和谐发展""统筹国内发展和对外开放"也就失去了应有的基础。

第 3 章 统筹城乡发展理论及国内外相关研究综述

3.1 统筹城乡发展理论综述

3.1.1 二元经济理论

刘易斯（Lewis，1954）的二元经济理论被很多学者作为研究统筹城乡发展的理论基础。刘易斯认为现代部门与传统部门并存于发展中国家的经济结构中，这也就是"二元经济"的初始概念，他针对这两个部门建立了经济发展模型，奠定了二元经济理论的基础。刘易斯较早地揭示了发展中国家并存着农村中以传统生产方式为主的农业和城市中以制造业为主的现代化部门，由于发展中国家农业中存在着边际生产率为零的剩余劳动力，因此农业剩余劳动力的非农化转移能够促使二元经济结构逐步消减，二元经济理论由此产生。刘易斯把工业化和城市化同步进行看作是经济发展的客观要求，并将工业化和城市化结合在一起分析以避免过度城市化问题。之后，费景汉和拉尼斯（《劳动剩余经济的发展》）运用微观经济学原理和计量经济学方法，深化了对刘易斯的"二元经济"模型的研究，他们强调工业、农业劳动生产率的同步性，将劳动率变化作为释放农业劳动力的重要手段，避免在第二阶段工业化中出现的困难。拉尼斯和费景汉（1961）总结了经济发展的三个阶段：农业经济、二元经济、成熟经济，从动态角度对刘易斯的模型进行了改进，将其模型发展成为一个完整体系，全面论述二元经济结构模型，二元经济结构理论随之进一步发展，并成为专家学者关注的热点。发展之后的模型被称为"刘易斯－拉尼斯－费景汉"模型。

美国著名经济学家乔根森对上述模型中农村剩余劳动力供给的假设提出质疑，转而从新古典主义经济学的角度研究城乡关系，他认为农业剩余是劳动力从农业部门转移到工业部门的充要条件，经济增长和社会现代化的实现决定于农业剩余的增长速度及工业技术的进步状况，随着农业劳动生产率的提升，会产生大量的剩余劳动力，这部分剩余劳动力需要通过工业的技术进步予以消化，从而出现了城市掠夺农村资源的情况，二元经济结构的出现有其必然性。

3.1.2 增长极理论

经济增长极理论是20世纪40年代末至50年代西方经济学家关于一国经济是平衡增长还是不平衡增长大论战的产物。法国经济学家佩鲁基于抽象经济空间理论首先提出了"增长极"概念，他指出在经济社会发展的过程中，存在经济空间上的部门先导性，由具备创新精神和资源优势的行业、部门形成聚集区域，产生规模效益，再依靠技术、资源、资本优势带动周边区域的发展，从而形成具有辐射作用的"中心"，这一观点进一步深化了城乡发展关系，并提出了城市先行发展的意义。之后，"增长极"概念经法国地理学家布德维尔、瑞典经济学家缪尔达尔（《经济理论和不发达地区》）、美国经济学家赫希曼、弗里德曼（《极化发展的一般理论》）等理论学家的不断发展完善，最终形成了增长极理论。该理论被广泛应用于区域发展，尤其是不发达的经济区域，成为各区域协调经济发展的重要理论基础。

佩鲁认为，如果把发生支配效应的经济空间看作力场，那么位于这个力场中的推进性单元就可以描述为增长极。增长极是围绕推进性的主导工业部门而组织的有活力的高度联合的一组产业，它不仅能迅速增长，而且能通过乘数效应推动其他部门的增长。因此，增长并非出现在所有地方，而是以不同强度首先出现在一些增长点或增长极上，这些增长点或增长极通过不同的渠道向外扩散，对整个经济产生不同的最终影响。他借喻了磁场内部运动在磁极最强这一规律，称经济发展的这种区域极化为增长极。

佩鲁首先提出了一个完全不同于地理空间的经济空间。他主张经济空间是以抽象的数字空间为基础的，经济单位不是存在于地理上的某一区位，而是存在于产业间的数学关系中，表现为存在于经济元素之间的经济关系。其次，佩鲁认为经济发展的主要动力是技术进步与创新。创新集中于那些规模较大、增长速度较快、与其他部门的相互关联效应较强的产业中。佩鲁将具有这些特征的产业称为推进型产业。推进型产业与被推进型产业通过经济联系建立起非竞争性联合体，通过后向、前向连锁效应带动区域的发展，最终实现区域发展的均衡。这种推进型产业就起着增长极的作用，它对其他产业（或地区）具有推进作用。最后，增长极理论的核心是推进型企业对被推进型企业的支配效应。支配，是指一个企业或城市、地区、国家在所处环境中的地位和作用。

法国的另一位经济学家布德维尔认为，经济空间是经济变量在地理空间之中或之上的运用，增长极在拥有推进型产业的复合体城镇中出现。因此，他将增长极定义为在城市配置不断扩大的工业综合体，并在影响范围内引导经济活动的进一步发展。布德维尔主张，通过"最有效地规划配置增长极并通过其推进工业的机制"，来促进区域经济的发展。美国经济学家盖尔在研究了各种增长极观点后，指出影响发展的空间再组织过程是扩散－回流过程，如果扩散－回流过程导致的空间影响为绝对发展水平的正增长，即是扩散效应，否则是回流效应。

增长极理论由广义和狭义之分。狭义经济增长极有三种类型：一是产业增长极，二是城市增长极，三是潜在的经济增长极。广义经济增长极是指凡能促进经济增长的积极因素和生长点，其中包括制度创新点、对外开放度、消费热点等。

经济增长极具有相对性和变异性，中国区域经济发展战略经历了均衡（20世纪50～70年代）—非均衡（20世纪80年代）—非均衡协调（20世纪90年代）的动态发展过程，典型的发展中大国和区域经济发展的不平衡性这一国情和区情，决定了我们应该采用以增长极理论为基础的非均衡型区域经济发展战略。

增长极理论从物理学的"磁极"概念引申而来，认为受力场的经济空间中存在着若干个中心或极，产生类似"磁极"作用的各种离心力和向心力，每一个中心的吸引力和排斥力都产生相互交汇的一定范围的"场"。这个增长极可以是部门的，也可以是区域的。该理论主要观点是，区域经济发展主要依靠条件较好的少数地区和少数产业带动，应把少数区位条件好的地区和少数条件好的产业培育成经济增长极。增长极理论包括三个基本点。

（1）其地理空间表现为一定规模的城市。

（2）必须存在推进性的主导工业部门和不断扩大的工业综合体。

（3）具有扩散和回流效应。

增长极体系有三个层面，即先导产业的增长、产业综合体，增长、增长极的增长，国民经济的增长。

在此理论框架下，经济增长被认为是一个由点到面、由局部到整体依次递进、有机联系的系统。其物质载体或表现形式包括各类别城镇、产业、部门、新工业园区、经济协作区等。

3.1.3　共生理论

共生（Symbiosis）理论最早是由德国生物学家德贝里（de Bary，1879）提出来的。他将共生概念定义为：在生物学上不同种属以不同的相互获益关系生活在一起。共生需要具备三要素——共生单元、共生模式和共生环境。在自然界中，当一株植物单独生长时，显得弱小、单调，而与众多同类植物生长在一起时，则根深叶茂，生机盎然。科学家们把自然界这种相互影响、相互促进的现象，称为"共生效应"。根据共生理论研究成果，共生模式主要包括共栖互利性共生、寄生型共生、偏利型共生、附生型共生(又称异生型共生)和混合型共生等模式（丁立义，2013）。

该理论不仅在生物科学界取得了丰硕的研究成果，而且越来越受到经济学、社会学、管理学等领域的重视，同样也适用于统筹城乡发展的研究。城乡二元结构存在就是因为割裂了城乡之间的共生关系，因此难以取得城乡之间相互影响、相互促进的"共生效应"。

随着共生概念的不断发展，学者们不断将共生理念应用到各个学科来解决实际社会问题，自20世纪五六十年代以来，共生的思想和概念已经不仅仅为生物学所独享，还被应用到人类学、社会学、经济学、管理学、建筑学甚至政治学的领域。从经济意义上说，共生是指经济主体之间存续性的物质联系。

金融共生是指规模和性质各异的金融组织之间、金融组织与各种企业之间、金融组织与区域经济之间在同一共生环境中通过交互式作用实现和谐发展，达到包括金融组织在内的整个经济区域的可持续发展，或者说达到了区域金融生态平衡。金融共生形成金融共生系统，系统具有多元性、相关性和整体性的特征，是否具有这三种性质是判断金融共生单元之间是否形成金融共生关系的根据。共生过程的本质特征是共生能量的产生，即共生单元在共生条件下产生的能量，比在非共生条件下共生单元单独存在所产生能量加总还要多。在生物界，表现为生物繁殖能力与生存能力的加强。在经济关系中，表现为经济共生体中的参与者自身发展与抵御风险的能力增强和净利润的增加，共生体中各个要素都会对共生能量产生影响。

金融共生要素从金融共生单元、金融共生模式和金融共生环境等三个方面进行阐述。

金融共生单元是构成金融共生体或共生关系的基本能量生产和交换单位，是形成金融共生的基本物质条件，包括各种不同规模和体制的资金供给者，如银行、保险、证券等；也包括各种资金的需求者，如企业、自然人等；还包括各种担保、信用评级等中介机构等。随着我国金融体制改革的深化和对外开放程度的日益增加，我国的金融共生单元将更加多元化、复杂化和国际化。

金融共生模式是指共生单元相互作用的方式或相互结合的形式，它反映各金融机构之间、金融机构与社会经济利益体之间的物质、信息和能量关系，通过共生模式，各金融共生单元之间相互协作、优势互补，产生共生效益。共生模式根据行为方式不同可分为寄生、偏利共生和互惠共生。其中互惠共生又分为非对称性互惠共生和对称性互惠共生两种，是共生的主要行为形态。根据组织模式不同可将共生模式分为点共生、间歇共生、连续共生和一体化共生。连续共生指共生单元之间在一个封闭时间区间内在多个方面发生连续的相互作用，连续共生是比较常见和稳定的共生关系。共生系统的构成由共生单元按照不同模式组合而成，金融共生模式并不是一成不变的，随着共生单元性质和共生环境的变化，共生模式也会发生变化。

金融共生单元以外所有因素的总和构成共生环境即金融生态环境。共生环境是一个复杂的系统，既包括共生系统所处在的经济法律环境、基础设施，也包括社会人文传统、国际环境等，因此对于金融共生环境的分析需要对多方面因素进行综合分析。

3.1.4 城乡发展理论

城乡发展理论关注的焦点主要在于：发展是从农村还是城市产生，发展如何在城乡间传播以达到均衡，发展中城乡的相互作用等方面，学者们从不同角度对这些问题进行了研究，产生了一系列的城乡发展理论。马克思、恩格斯认为，城乡关系是沿着"城乡混纯—城乡分离—城乡对立—城乡关联—城乡统筹—城乡融合"的历史发展脉络演进的。库茨涅兹、利普顿、斯多尔等据此提出了当代城乡统筹发展思想，强调城市和农村之间的经济联系，注重城乡联系的城乡融合发展（曾万明，2011）。

3.1.5 系统论

系统是由若干要素以一定结构形式联结构成的具有某种功能的有机整体。系统论阐述要素与要素、要素与系统、系统与环境三方面的关系。其研究的主要内容包括系统的构成要素、结构、功能及系统这四个方面。这四个方面相互联系、相互影响，具有动态性。系统论的基本研究方法，是把所研究的对象视作一个系统，分析系统的结构和功能，研究系统、要素、环境三者的关系和变动规律，并用系统演化理论研究系统的发展规律。系统论为认识问题和解决问题提供了一种全新的思路和方法，并广泛地运用到政治、经济、军事、科学、文化教育等各个领域，为解决各种复杂问题提供了科学的思维方式和方法论（陈文，2010）。统筹城乡发展是一个复杂的系统工程，系统结构分析的缺乏、指标体系设计的随意性，是当前相关研究的缺陷之一。城乡处于一个大的系统之中，城市与乡村分别是这个系统的子系统，本研究将统筹城乡的具体内容分为经济、社会、空间、生态环境、公共服务五个方面，以系统论为基础，能够防止我们对城乡统筹研究的片面性。

3.1.6 和谐理论

1987年，席酉民的《和谐理论与战略》一书在继承了中国传统文化中的"和谐"理念及国外和谐理论思想的同时，根据对有关组织系统和谐运行机制的思考，系统提出了"和谐理论"。和谐理论建立在系统理论与系统分析的框架之上，其理论的核心基础是：任何系统之间及系统内部的各种要素都是相关的，且存在一种系统目的意义下的和谐机制（季群华，2008）。基本思想为：基于对组织外部环境、内部状态及领导者特性的系统分析，以及对和谐主题的辨识与漂移，依赖"设计优化的控制机制"、"能动致变的演化机制"，以及二者围绕和谐主题耦合所形成的运行机制和管理系统来保证组织在其发展过程中能够在每个特定阶段准确地定位其工作重心，并且能够通过比较完善的管理系统和比较到位的管理来保证该阶段工作重心的实现，最终使组织获得较高绩效并促成组织使命及愿景的实现（席酉民等，2006）。统筹城乡发展要在实现城市与农村和谐的基础上，实现城乡之间的和谐。这是统筹城乡发展的应有之意和必然要求。建设新型和谐城乡关系，打破传统二元结构模式，才能真正实现城乡空间融合、要素流通、优势互补、协调发展。

对于一个系统而言，和谐管理的意义和价值何在？这是和谐理论的立足点。席酉民教授对和谐下的定义为：系统和谐性是描述系统是否形成了充分发挥系统成员和子系统能动性、创造性的条件及环境，以及系统成员和子系统活动的总体协调性。从这一定义中，可以提取出"和谐"的两种价值内涵。

第一种是"和谐"的技术价值，它体现了"谐"的精神。"和谐"首先定义的是系统在要素上、组织上、结构上的总体协调，它反映了系统在一定输入下输出极大化（或在一定输出下的输入极小化）的一种技术要求。在这里，系统输出指的是狭义的系统产出，并不包含系统本身精神状态的改变。和谐的这种价值含义体现了效率的原则。如前所述，这种效率是在系统目的的意义下进行定义的。效率这一概念可以适用于各种组织，包括营利性组织与非营利性组织。例如，福利院，它的目的是为生活无依靠的老人提供生活帮助。用最少的资源去提供最大的服务，这就是它的效率的定义。虽然福利院不直接考虑效益，但如果它的运行是高级的，那么它达到了自身的和谐，并且与外部社会和谐共存。因此它就可以不断获得外部资源而生存下去。即便是营利性组织，其不同发展阶段的战略目标，并不一定以效益最大化为目的（当然，从长远来看，效益是营利性组织的根本目的，那么，此时效率的定义变成：使企业的长期效益最大化）。

第二，和谐的价值包含一种系统成员的精神利得的意义，它体现了"和"的思想，对于一个企业成员而言，企业不但为他提供一种物质的生存手段，同时也是他实现自身价值、寻求集体归属感的最理想的场所。大量的社会学、心理学和管理学研究表明，人除了生理上的需求外，还存在许多社会需求，并且在物质需求得到满足后，精神需求的重要性就会越发突出。因此，精神和谐的追求，不仅是出于效率的考虑，也是系统成员的一个直接目标之一。实际上，这两方面价值是相互依存的，忽视了哪一方面的因素都不可能达到整体的系统和谐，效率与精神价值构成了一个和谐的统一体。对于一个企业是这样，对于其他类型的组织更是如此。

如此一来，企业和谐管理的价值并不是针对抽象的企业，也不仅仅是针对企业所有者，而是直接指向企业的相关人群。随着人类社会经济关系的不断发展进步，企业的理念也发生了很大的变化。企业发展的趋向表明，企业不再是为股东创造最大利润的工具，而是各种相关群体在一种契约体系中完成社会分工和合作，为相关群体提供最大福利的组织。这一思想在美国许多州的立法变革中得到了体现（崔之元，1996）。从某种意义上说，企业是社会为了达到某种目的，通过一系列的契约而组成的组织。因此，它就带上了一种社会性的色彩，使得组织行为与环境之间的联系更加紧密。

3.1.7 其他相关理论

20 世纪 70 年代以前的理论多是重城市轻农村、重工业轻农业，利普顿（Lipton，1977）对重城市轻农村的城乡发展关系理论进行了批判，他将不发达国家的城乡问题归结为没有合理处理好城乡之间的矛盾，在不发达国家的发展进程中，城市利用政治权力，实现资源的掠夺性获取，从而形成了"城市偏向"政策，使社会资源不合理地流入城市，城乡发展的结果必然导致穷人更穷。Corbridge（1982）将农村地区的技术、医疗、教育等问题归因于低廉的粮食价格、工业投资战略等不合理的"城市偏向"政策的倾斜。20世纪80年代的"城市偏向"理论引发了对自下而上关于城乡发展战略的探索。Stohr和Taylor（1981）主张从农村到城市"自下而上"的发展模式，并创造性地提出了"选择性空间封闭"的发展理论，但是该发展理论忽略了城乡联系在协调城乡关系及城乡发展中的作用，走向了另一个极端。20世纪80年代后期，Unwin和Unwin（2002）着重分析了城乡之间的关系，强调城乡之间相互作用的重要性，进一步提出了"城乡间相互作用、联系、流"的城乡关联分析框架，试图从城乡联系的角度，探寻城乡均衡发展的规律。

3.2 国内外相关研究综述

3.2.1 国外关于城乡统筹发展的研究

国外综合研究城乡问题的文献不多见，以"统筹城乡发展"为研究主题的文献则更少。20世纪90年代中后期，世界各国城市规模不断扩大，导致近郊远郊逐渐被纳入城市化区域，城市在逐步影响农村的发展，城乡之间的联系更加紧密，越来越多的学者开始关注城乡差距问题。加拿大著名学者麦基（McGee）从城乡关联及城乡之间要素流动的角度，研究经济社会变迁对区域发展带来的影响，并将城乡空间界限日渐模糊、农业与工业活动联系逐渐紧密、城乡用地相互交织的空间形态命名为"Desakota"模式。麦克·道格拉斯（Mike Douglass）从城乡相互依赖的角度，构建了"区域网络发展模型"，他指出"网络"通过聚落的簇群，将自身的特征和地方化进行内部关联，城乡之间通过人、生产、商品、资金、信息五种"流"的良性循环，以确保最终实现均衡发展的目标，通过城乡之间的联系形成了城乡融合的区域网络发展模式，他同时否定了单个大城市作为综合城市中心影响城乡发展的观点。进入21世纪以来，有关统筹城乡发展的研究更加关注城乡发展的关系，有关"联系"和"流"的城乡相互作用研究逐渐发展起来。

Huff和Angeles（2010）认为全球化和工业化对城市化具有较强的促进作用，他们通过分析1870年至第二次世界大战期间东南亚国家在世界经济中所起的作用发现：大幅降低运输成本和自由贸易，甚至是殖民统治对于城市发展较国内人均 GDP、土地面积、政府支出作用更加突出，通过上述途径加快乡镇向城市的转变对城乡一体化具有重要的促进作用。

所有西方发达国家城乡关系研究都遵循着平等和均衡发展贯穿整个地域的假设。发展中国家城乡差距的表现比发达国家更突出，因此有关统筹城乡发展的研究大多源于发展中国家的城乡关系，比如非洲地区、东南亚地区是现阶段城乡关联和城乡发展研究的重点区域，且多是自上而下从宏观层面上进行的定性研究。从微观层面定量与定性相结合的研究则相对较少，缺少对城乡统筹发展的量化评价。

3.2.2 国内关于城乡统筹发展的研究述评

新中国成立前，社会动荡不安，研究国内经济社会发展的相关论著甚是少见。新中国成立初期，"城乡互助"作为基本经济纲领列入宪法，在 1956 年的《论十大关系》中，毛泽东提出了工农并举的思想，并在以后的《关于正确处理人民内部矛盾的问题》一文中提出了统筹兼顾的概念。但是受历史发展阶段的限制，中国在相当长的时间里，实行重城市、轻农村和重工业、轻农业的城乡差别发展战略，在计划经济体制和市场经济体制的双重作用下，城乡居民的两种身份、两种教育体制、两种就业体制、两种财政税收体系等一系列不平等，最终形成了城乡二元经济结构。

在城乡二元经济结构的作用下，城乡收入差距逐步扩大，由此引发的一系列社会矛盾，影响了社会的稳定，限制了经济发展。国内专家学者从不同的角度对统筹城乡发展研究的关注日渐增多。

1. 关于统筹城乡发展的主要观点

1）城市反哺农村（工业反哺农业）

城市反哺农村着眼于工业对农业的支持，是城市对农村的资源输出和服务输出。任保平（2003）在研究西部城乡统筹问题时，率先提出"双层刚性二元经济结构"，并梳理了统筹城乡发展的思路："统筹城乡发展是战略思路，工业反哺农业是战略取向，社会主义新农村建设则是战略的具体化"，将工业反哺（城市反哺）上升到战略的高度。马晓河（2005）将统筹城乡发展的经济问题总结为工业开始反哺农业阶段和大规模的工业反哺农业阶段，并根据统计数据测算出我国已经进入了工业反哺农业的阶段。朱四海和熊本国（2005）分析了工业反哺农业的路径、需求、供给、主体，形成了以反哺目标为导向的政府反哺实现机制和社会化反哺实现机制,通过"参与国有企业利润分红"和"生态建设基金"等反哺路径实现农业对工业的历史投资形成的期权收益。洪银兴(2007)则认为城乡差距是由农业对非农业的哺育造成的,工业在反哺农业和农村的初级阶段起主导作用,一旦进入到全面反哺农业和农村阶段则需要城市起主导作用。在这个过程中,政府实施反哺的主要途径是扩大公共财政在农村的覆盖面和增加农村公共物品的供给。郎咸平(2013)则提出了一个关于城市反哺农村的思路,就是考虑将西南地区模式跟广东模式相结合,并做某种程度的改变,以摸索出适应本地区的模式,而这种模式的聚焦点是关于土地制度的改革。

《光明日报》的一篇社论从人才方面提出了城市反哺农村的重大意义:第一,城市人才反哺农村是促农发展的战略举措;第二,城市人才反哺农村是以城哺乡的重中之重;第三,城市人才反哺农村是国际上的成功经验。在此基础上,进一步提出相关对策——强化政策推动,着力教育培养,加大创业扶持,进行舆论引导。

2)农村城镇化

党的十六届五中全会明确提出,"建设社会主义新农村是我国现代化进程中的重大历史任务",并把社会主义新农村的目标和要求概括为"生产发展、生活宽裕、乡风文明、村容整洁、管理民主"。新农村建设涵盖了政治、经济、文化、教育等诸多领域,内容丰富,含义深刻,是新时期"三农"工作的行动纲领。由于农村城镇化过程中涵盖了以上诸多领域的内容,所以加速农村城镇化建设,便成为构建社会主义新农村的有效途径。

对此,我国政府从宏观上提出了农村城镇化的发展措施。

首先,加快农村城镇化要充分体现以人为本的科学发展观、求真务实的政绩观和一心为民的群众观。科学发展观是全面、协调、可持续的发展观,必须贯穿于经济社会发展的各个领域,就推进农村城镇化而言,应体现在保持加快经济发展、为城镇建设提供经济支撑上。经济是城镇建设的前提和基础,没有经济的发展,一切都无从谈起。从发达地区的实际情况看,凡是二三产业发达的城镇,相应城镇化发展都比较快。因此,要按照城镇的功能定位和人口规模确定产业发展方向,发展各具特色的产业群体,当前和今后一个时期,要充分发挥自身的资源、区位、政策、市场、劳动力等优势,加大招商引资和产业培育的力度,大力发展有竞争优势的农畜产品加工业,改造提升传统产业,加快发展环保、绿色食品等新技术产业,使之成为支撑城镇健康、持续、快速发展的主导产业。在发展第二产业的同时,要大力发展第三产业,努力提高城镇服务业水平。城镇化合力的形成是一项长期的社会系统工程,许多工作都需要农民的积极配合，才能取得实效。因此，科学的发展观、求真务实的政绩观和一心为民的群众观可作为农村城镇化的理论指导。

其次，繁荣农村经济必须加快城镇产业的发展。这不仅可以满足已在城镇区居住的劳动力的就业需要，而且可以吸纳相当多的城镇外劳动力就业。发展城镇产业，可以从以下几方面入手。一是产业造市。小城镇的发展和繁荣必须依靠独具特色的产业来支撑。这就需要因地制宜，选准支柱产业，抓住已经和正在形成的特色产业，一业为主，多业驱动，带动相关产业，特别是服务行业的发展，使小城镇建设得到有力的经济支撑。二是流通造市。小城镇所处的地理环境与区位优势，成为周边农村的商品集散地，形成农副产品的生产、加工和销售基地。三是旅游造市。建设和发展以旅游为特色的城镇也是造市的一个方面。特别是西部许多地方拥有丰富的旅游资源、深厚的文化底蕴，以及传统的饮食文化、乡土特色等，都可以作为旅游资源进行开发，发展观光旅游业。乡镇企业是小城镇经济的支撑，在农村非农产业中，乡镇企业是龙头。对乡镇企业的发展要通过合理引导和调整产业结构，做好农产品的精加工、流通、储存等，提高农产品的附加值和经济效益。一是要推动小城镇与工贸小区合理聚集，实现乡镇企业与小城镇的协调发展；二是要建立乡镇企业和小城镇的利益联结机制，增强小城镇对乡镇企业的利益吸引，使新建、扩建企业和原有企业向小城镇适当集中；三是要依托小城镇调整农村产业布局，提高乡镇企业综合效益，从而带动小城镇及周边农村地区的发展，加快农村城镇化进程，尽快达到社会主义新农村要求。

最后，加大改革开放力度，加快农村城镇化进程。改革开放以来，我国农村城镇化有了一定发展，在部分发达地区城镇化的水平有了较大的提高，但是在许多地方城镇发展落后于农村工业增长，从事非农产业的劳动力和人口比重远远超过城镇劳动力和人口的数量。其主要原因有三个方面：一是农村社区集体组织的收益分配制度是按户籍确定社员参加分配的权利，户籍迁移，分配资格就被取消，因此许多在外地和城镇劳务、经商的人员，不愿意把户籍迁离集体到城镇落户，户籍仍然滞留在农村；二是城镇现行户籍管理制度限制了许多已在城镇从事二三产业经营和劳动的农民在城镇落户定居，成为城镇居民；三是乡镇企业分布过于分散，农村社区事业虽有较大发展，从事二三产业劳动力占了很大比重，但不能相应地扩大城镇规模，因此必须加大城乡改革开放的力度，推动农村城镇化的发展进程。总之，加速农村城镇化和现代化，是建设社会主义新农村的决定性因素，也是全面建设小康社会和社会主义现代化建设的关键因素。

在基本制度的指引下，国内学者对农村城镇化提出了不同的观点。

奚建武和王银凤（2009）将构建新城镇村体系确定为基于以城带乡的新背景，摒弃城乡分治的旧思维，按照城乡统筹、科学发展的思路，构建由大中小城市、中心镇、中心村组成的新城乡发展模式。王晓征（2013）认为城乡一体化是适合以农业为主的地区的城镇化发展道路，也是新农村建设进入新的阶段的必然选择。作为城乡一体化发展的载体，新型农村社区在改变农村居民生活条件、提高农村生活质量和文明程度、实现公共服务均等化等方面承担了重要职能。新型农村社区本质是一种社会生活共同体，社区发展存在着农民参与度不高、参与主体素质较低、建设方式单一等问题。

3）城乡一体化

城乡一体化的思想早在 20 世纪就已经产生了。我国在改革开放后，特别是在 20 世纪 80 年代末期，由于历史上形成的城乡之间隔离发展，各种经济社会矛盾出现，城乡一体化思想逐渐受到重视。

近年来，许多学者对城乡一体化的概念和内涵进行了研究，但由于城乡一体化涉及社会经济、生态环境、文化生活、空间景观等多方面，人们对城乡一体化的理解有所不同。

2013 年，中国社会科学院当代城乡发展规划院发布 2013 年《城乡一体化蓝皮书》。蓝皮书从城乡规划、产业布局、基础设施、公共服务等方面，回顾总结了我国当前城乡一体化建设的重大成就，分析了各地城乡一体化发展的现状和态势，梳理了城乡建设中存在的若干问题，研究了城镇化对城乡一体化模式产生的影响等新情况，探索转型环境下新现象、新问题形成和发展的规律；从土地、户籍、农民工、社保改革等政策体系角度，探讨"四化同步"（工业化、信息化、城镇化、农业现代化）发展新路径。同时从实践层面介绍了东部发达地区的创新经验，以及中西部落后地区的新探索。

然而，针对于不同的领域，不同学科的学者对城乡一体化有着不同理解。

社会学和人类学界从城乡关系的角度出发，认为城乡一体化是指相对发达的城市和相对落后的农村，打破相互分割的壁垒，逐步实现生产要素的合理流动和优化组合，促使生产力在城市和乡村之间合理分布，城乡经济和社会生活紧密结合与协调发展，逐步缩小直至消灭城乡之间的基本差别，从而使城市和乡村融为一体。有的学者仅讨论城乡工业的协调发展，可称为"城乡工业一体化"。

经济学界则从经济发展规律和生产力合理布局角度出发，认为城乡一体化是现代经济中农业和工业联系日益增强的客观要求，是指统一布局城乡经济，加强城乡之间的经济交流与协作，使城乡生产力优化分工、合理布局、协调发展，以取得最佳的经济效益。

有的学者仅讨论城乡工业的协调发展，也将之称为"城乡工业一体化"。

规划学者是从空间的角度对城乡结合部做出统一的规划，即对具有一定内在关联的城乡物质和精神要素进行系统安排。

生态、环境学者是从生态环境的角度，认为城乡一体化是对城乡生态环境的有机结合，保证自然生态过程畅通有序，促进城乡健康、协调发展。

杨顺湘（2009）认为统筹城乡发展的基础性环节是构建城乡统一的市场体系，注重提高城乡之间在经济社会发展过程中的协调度和融合度，形成市场经济条件下的新型城乡关系，政府的主导作用是深化体制机制改革，是构建包含农村经济在内的全国统一市场体系的关键。白永秀等（2010）总结了生产力发展、系统和整体、融合与合作等不同侧重点的城乡一体化研究，最终回归到政府导向的城乡规划、产业布局、基础设施建设、公共服务一体化的研究路径。吕连生（2013）在研究中部地区各省城乡一体化特色时提出，城乡一体化是因为生产力的发展促使城乡居民的生产生活方式及居住方式等随之变化，并使城乡之间互为资源，互为市场，互相服务，人口、技术、资本、资源等要素相互融合，逐步实现城乡之间在经济、社会、文化、生态等方面协调发展的过程。

2. 统筹城乡发展的研究视角综述

国内外专家学者对统筹城乡发展的研究从不同的角度分别展开，逐渐形成了侧重点不同的统筹城乡发展研究视角，具体归纳如下。

（1）统筹城乡经济发展视角。统筹城乡发展的经济视角研究，是从经济社会角度研究统筹城乡发展，注重经济社会在统筹城乡发展进程中发挥的作用。魏自涛（2004）认为，统筹城乡经济社会发展体现了全面建设小康社会的内在要求，是实现城乡经济良性循环的客观要求，是解决"三农"问题的重大创新。统筹城乡经济发展必须抓好着力点，使城市和乡村紧密地联系起来，建立平等和谐的城乡关系。李银星和杨印生（2006）在研究城乡统筹发展时认为影响统筹城乡发展的主要因素在于经济发展不均衡，二元经济结构产生的根源也主要受经济因素的影响。就统筹城乡经济来说，应该主要从有效配置各种影响经济发展的资源要素方面入手，协调城乡关系，缩小城乡差距，最终改变现存的城乡二元经济结构。袁岳驷（2009）认为，统筹城乡经济发展的关键在于政府的城乡政策和城乡之间要素的流动。统筹城乡经济发展的实现应主要从城乡市场资源配置机制、城乡公共产品投入机制、城乡社会保障机制、城乡规划机制等方面着手推进。这也凸显了统筹城乡经济发展之于统筹城乡发展的重要意义。

（2）统筹城乡发展保障视角。党的十六大提出："统筹城乡经济社会发展，是全面建设小康社会的重大任务。"这是党中央科学判断经济社会发展新阶段，正确把握城乡发展辩证关系，对新时期推进农村全面小康建设做出的重大战略决策。贯彻落实中央决策，必须把握统筹发展的内涵和规律，大胆创新体制和机制，积极探索城乡协调发展、共同繁荣的现实途径，切实保障和发展农民的经济文化政治利益。制度保障视角下的统筹城乡发展研究，从制度保障角度出发，完善法理、强化法制保障的重要性以推进统筹城乡发展。王克强等（2010）在研究土地市场一体化时，指出为确保城乡一体化土地市场的运行，要建立合理的中央和地方土地财政收入分配机制、确保地方政府获取并维持稳定长期的土地税收收入、建立健全税收体制以调控土地利益分配、建立适应市场机制的以非市场化政策手段调控土地用途导向和公共产品供给的政策，保障农民利益不受侵犯。耿卫新（2011）则认为城乡差距扩大的主要原因在于城乡基本公共服务非均等化。他从制度完善视角进行研究，提出建立保障城乡基本公共服务均等分配的制度，进而完善公共财政制度、优化基层公共资源配置，构建以公用财政为主体、社会各方共同参与的公共服务供给机制，建立农民主体需求表达机制四个方面保障农民的权益。可以看出，虽然侧重点不同，却都是在建立和完善保障体系，确保资源的分配和权益的保障有据可依。

（3）统筹城乡发展均衡视角。均衡角度下统筹城乡发展研究立足于消除城乡二元结构带来的不均衡影响。刘美平（2006）从经济差距和社会差距分析了城乡差距扩大的原因，指出统筹城乡发展的根本途径是建立产业、农业之间的良性循环，用工业和第三产业反哺农业；将农业的社会保障提上日程，加大政府对农村基础设施建设的投资力度，促进城乡一体化公共物品供给制度的建立，缩小城乡社会差距。均衡视角的研究侧重于经济社会方面，并且逐渐形成了均衡发展的思路。其主要观点就是以经济的发展带动社会的进步，从而推动统筹城乡发展，最终实现城乡一体化的目标。

（4）统筹城乡全局视角。黎苑楚等（2010）认为，统筹城乡发展以遏制城乡二元机构、缩小城乡差距为目标，最终形成以城带乡、城乡互动、共同发展的新局面，而不是促进城乡经济水平、社会发展水平完全保持同步。李银星和杨印生（2006）从全局的角度，通过分解20个直接或间接影响统筹城乡发展的社会经济因素，借助矩阵进行分析，得出了影响统筹城乡发展的四个主要因素——第三产业发展、农民人均税负水平、城乡居民人均纯收入和国家政策倾向。卫自光（2010）提出了全面统筹的重要意义，并提出以城乡统筹全局发展的价值取向：以城乡统筹谋全局发展，就是要坚持以经济建设为中心进行城乡统筹；要坚持科学制订城乡建设规划；要从根本上解决"三农"问题；要坚持以人为本，努力构建社会主义和谐社会；要建立促进城乡经济社会协调发展的体制和机制。在此基础上，还要处理好以下几种关系：①要统筹处理好城市与乡村发展的关系；②要统筹处理好工业化和农业现代化的关系；③要统筹处理好发展大中城市和发展小城镇的关系；④要统筹处理好城乡经济发展和生态环境保护的关系；要统筹处理好普遍推广和抓典型的关系。

3. 关于评价指标体系构建研究进展

截至目前，学术界关于城乡关系评价指标体系构建的研究成果，主要是立足于某一具体方面建立的评价指标体系，如城乡差距评价指标体系、农村城镇化评价指标体系、城乡一体化评价指标体系等。

1）统筹城乡发展评价指标体系的研究综述

当前，国内学者设计的评价指标体系多数以城乡协调度和融合度为目标，从不同的研究视角，研究建立各不相同的指标体系。比较有代表性的成果如下：戴思锐和谢员珠（2004）构建了用3个一级指标、11个二级指标、39个三级指标来综合反映城乡经济、社会、生态环境发展差异的指标体系；李岳云等（2004）从城乡关系统筹、城乡要素统筹和城乡发展统筹三个方面设计了一套评价指标体系，并以南京市为例进行了实证分析；李志强和雷海章（2006）建立了包括城乡间住房、收入、就业、教育、医疗、富裕度、家庭生活条件、信息等方面在内的综合评价指标体系，运用模糊数学方法，对中东部地区各省（市）统筹城乡发展水平分别进行分析和比较；陈鸿彬（2007）设计了一套由城乡经济统筹发展、城乡社会统筹发展、城乡人民生活统筹发展、城乡设施环境统筹发展4个子系统42个指标构成的指标体系，并提出统筹城乡发展定量评价的差异系数和计算方法；杨振宁（2008）从空间、经济、居民生活三方面设计了基于时序数据的统筹城乡发展综合评价指标体系，以安徽省为研究对象进行了实证分析；田美荣等（2009）构建出一套包括城乡统筹协调度和城乡统筹特色度两部分内容，由社会统筹、经济统筹、政治统筹、环境统筹及特色统筹五个一级指标，16个二级指标组成的指标体系。

2）城乡一体化评价指标体系的研究综述

统筹城乡发展的最终目标就是要实现城乡一体化，这方面评价体系的研究成果很多，比较有代表性的成果如下：杨荣南（1997）从城乡融合的角度，提出包括城乡经济融合度、城乡人口融合度、城乡空间融合度、城乡生活融合度、城乡生态环境融合度五个一级指标，35个二级指标的城乡一体化评价指标体系；顾益康和许勇军（2004）在借鉴1998年诺贝尔经济学奖获得者阿马特亚·森关于社会福利指数等研究的基础上，充分考虑完备性、可比性和可行性等原则，确定了以城乡一体化发展度、差异度和协调度为主要内容的共42个指标构成的城乡一体化评估指标体系；任平和周介铭（2006）认为城乡一体化是城市和乡村两个地域空间各种关系的融合，涉及自然、社会、经济、环境等方面，从空间联系和功能联系两个层面来评价要素在城乡之间的流动；张庆文（2010）认为城乡一体化是一个复杂系统，对这样一个复杂庞大的综合系统建立指标体系进行评价，应当在指标的选择上通盘考虑；焦必方等（2011）从城乡经济、生活和医疗教育融合三个角度，选取了 10 对城乡指标，构建了评价体系，并对 2008 年全国各地城乡一体化水平进行了比较排序，并对长三角地区两省一市在 1999～2008 年的城乡一体化进程进行了监测；汪宇明等（2012）基于城乡一体化内涵和本质对城乡一体化展开动态性定量研究，从一体化的对立面"分异"刻画这种发展上的差距，并采用差异系数（同一要素发展水平值在城乡之间的对比关系）直观地揭示出城乡发展的差距。

3）农村城镇化水平评价指标体系的研究综述

小城镇建设是推进城乡一体化的重要载体，是实施统筹城乡发展战略的基础性工程，因此国内许多学者把农村城镇化水平作为衡量统筹城乡发展水平的重要标志，并进行了相应的指标体系研究，比较有代表性的成果如下：于战平（1999）设计了两类九项指标来反映农村城镇化总体水平和农村城镇化质量；张长春（2004）从交通条件、基础设施状况、环境条件、土地利用状况、特有因素（主要指绿化覆盖率、集贸中心、宅院形式）五个方面选取了 24 个指标建立了农村居民点城镇化水平的评价指标体系；周达和沈建芬（2004）从地理环境、初始动力、根本动力、后续动力四个方面选取了 16 个指标建立了农村城镇化动力结构要素指标体系；肖万春（2006）从城镇化基础水平、城镇化社会发展水平、城镇化潜在动力三个方面选取了 18 个指标建立农村城镇化评价指标体系。

4. 统筹城乡发展的统计监测研究综述

大多学者对城乡关系的量化评价或综合测度，大都用多指标综合评价的方法以综合得分来代表城乡关联度、统筹度或融合度，还有的学者用主成分分析、因子分析、数据包络、协整分析、脉冲分析、压力状态反应分析等统计分析方法进行测度。李岳云等（2004）应用 AHP 确定指标的权重，设定评价标准值，并以南京市为例进行了检验性评价。高珊和徐元明（2006）以 2004 年为现状年设计评价指标体系，使用了层次分析法进行评价体系内各指标的赋权，并对江苏省 13 个地市的城乡协调程度进行比较研究。赵彩云（2008）应用主成分分析法对中国城乡统筹度的综合指标进行了计算，并按照时间顺序进行了纵向分析和比较。漆莉莉（2007）采用主成分分析法与层次分析法相结合的方法对各指标进行了赋权，先对各个子系统运用一次主成分分析法进行降维，得到各个子系统的得分，然后对各个子系统分别赋予权重，进行加权求和，最后得到城乡融合系统的综合得分。张德亮和姜玥（2008）使用云南省1997～2006年的数据，运用因子分析的方法进行了实证分析。

风险预警广泛应用于金融、房地产、矿业、食品安全、自然灾害风险评估等方面。统筹城乡发展的监测预警主要是为防范城乡发展二元经济结构过度分化，并在统筹城乡发展的进程中实现风险预测和事前调控。遗憾的是，目前国内还没有建立在城乡统筹发展评价监测体系基础上的监测预警研究。

小　结

通过以上对统筹城乡发展理论与国内外现有研究成果的梳理，不难发现这些成果对统筹城乡发展的实践具有一定的指导意义，但也存在着以下几个方面的不足。

（1）对统筹城乡发展的研究成果尚未形成系统的理论框架体系。对统筹城乡发展的科学内涵、统筹的主体、统筹目标及统筹的主要内容等虽然已经有不少的研究，但是还没有达成共识，理论上也不够系统，有待进一步深化研究。

（2）研究设计的指标体系缺乏层次性和整体性。目前这些指标体系多数是从统筹城乡发展的某一层面或单一视角进行设计，没能够全面涵盖统筹城乡发展的内涵、统筹内容、统筹目的、统筹效果及其影响因素，明显缺乏多层面、多视角的组合研究。

（3）在指标体系构建的过程中缺乏相应的系统结构分析。统筹城乡发展是一个复杂的系统工程，系统结构分析的缺乏，指标体系设计的随意性，导致指标间逻辑关系不清晰，而且多数只注重显示性指标，忽略了分析性指标和传导性指标。因为显示性指标并不能说明城乡发展不平衡的深层次真正原因，所以必须选用分析性指标和传导性指标以进一步揭示影响城乡统筹的决定性因素。

第4章 我国统筹城乡发展研究的内涵界定及历史演进

以往关于统筹城乡发展的研究基于不同的视角对这一重大社会问题进行了多元化的研究。鉴于目前各国在统筹城乡发展研究领域并无普遍适用的结论,本章将在系统总结国内专家学者前期研究成果的基础上,结合我国经济社会快速发展的实际,对统筹城乡发展的研究内涵进行界定以便于厘清研究脉络。

4.1 我国统筹城乡发展研究的内涵界定

国内学者对这一问题的研究主要有以下几种界定:姜太碧(2005)从城乡制度统筹、城乡经济发展要素统筹和城乡关系统筹三个方面界定了统筹城乡发展研究的内涵;王兴明等(2009)从产业发展的角度研究城乡发展的内涵,他认为统筹城乡产业发展作为科学发展战略思想的重要支撑点之一,是我国社会经济发展战略的重要一环,也是推动城乡统筹协调发展的重要内容、物质支撑和有效途径;陈诗波(2010)认为城乡协调发展的实现必须充分发挥中央和地方多重主体的作用,做到调整支出结构与消除体制障碍并重,统筹城乡经济发展与统筹城乡社会发展并举,政府宏观调控与发挥市场机制作用并行,使公共资源在城乡之间合理配置,最终实现城乡协调发展。

国内现有研究的内涵界定主要集中在统筹城乡发展的主体、制度、要素和产业发展等几个方面。我们认为除了对这些内容的研究外，还应对发展的目标、路径进行综合考量，建立更为全面的研究架构，丰富研究的内涵。下面我们将对本研究关于城乡统筹发展的内涵进行界定。

4.1.1 统筹城乡发展的主体

本研究把统筹城乡发展的主体界定为政府。这一界定跟目前的主流观点相同。这里的政府是广义上的政府，包括党委、人大，中央及地方各级政府。党委和人大制定决定国民经济与社会发展的路线、方针、法规；政府行使社会公共管理职权，负责发展战略的制定与政策措施的具体执行（胡进祥，2004a）。因此，统筹城乡发展的主体是包含党委和人大在内的广义政府。界定政府为主体是因为单纯依靠市场发挥调控作用无法真正快速合理地缩小城乡差距、改变城乡二元结构（刘洪彬，2008）。促进城乡统筹发展必须以政府为主体，充分发挥政府的主导作用。另外，目前的城乡二元结构体制以户籍制度为核心，由一系列城市偏好或城乡有别的制度体系组成。这种城乡二元结构体制所造成的过度工业化、城市化，越来越表现出积重难返、持续强化的"路径依赖"，因此形成了差别日趋扩大、力量日渐悬殊的城乡利益集团，而仅靠市场力量是无法化解的（许经勇，2010）。尤为重要的是，我国是政府主导型的市场经济体制。鉴于以上原因，我们认为，相比市场，政府是统筹城乡发展的主体。但强调政府的主体地位和作用并不意味着排斥市场的作用。相反，统筹城乡发展一定要十分注意发挥市场机制的功能（杨丽芬，2006）。在本书中，我们充分重视政府主导下的市场配置作用，并指出政府和市场的协调引导和控制是完善统筹城乡发展的根本保障。

4.1.2 统筹城乡发展的客体

对于统筹城乡发展的研究客体我们认为应重点研究经济、社会、空间、生态环境、公共服务等五个方面。这五个方面全面地反映了目前我国城乡发展中的主要矛盾点，涉及急需解决的主要问题，并深刻影响统筹城乡发展的进程和效果。它们不仅包括统筹城乡布局的生产力布局、产业结构调整、平衡城乡国民收入分配和解决农村剩余劳动力就业等经济和社会层面问题（陈希玉，2003；刘奇和王飞，2003），也包括了注重统筹城乡发展过程中的环境保护问题，农村人口文化、教育和卫生等方面的和谐生态发展问题，通过统筹城乡发展促进社会总体进步（胡进祥，2004）。因此，我们把这五个方面作为本研究的研究客体。

4.1.3 统筹城乡发展的目标

单纯地把统筹城乡发展的战略目标定位为工业化和城镇化，一味强调经济、城市带动作用，并不能从根本上解决城乡发展战略难题。比如，在目前中国东中西部差距非常大的前提下，脱离经济社会发展实际，片面强调"中心城市论"，可以在某个地区取得成功，但是在广大的中西部地区，衡量统筹城乡发展的成功与否，并不在于工业经济和现代城市的发展到达了什么地步，而是农业的繁荣程度、农民的富裕程度及农村的现代化程度（宋亚平，2011），想要通过中心城市推动城乡一体化，恰恰是破坏了农业的主体经济结构，阻碍了农业现代化进程。同时，研究统筹城乡发展不能脱离历史进程。从世界工业化发展的漫长历史轨迹，也可以看出统筹城乡发展具有普遍性和历史必然性（刘歆立和张要杰，2009）。在工业化和城市化初期，国家或地区为促进城市经济发展，以农业支持工业的方式，优先发展城市经济，这是统筹城乡发展的初级阶段。但是当国家经济发展到一定阶段，收入水平迈入中等国家行列，城乡二元经济结构导致的经济社会矛盾就会不断显现，实现城乡经济社会一体化成为统筹城乡发展进程中面临的难题。一旦经历了城乡经济社会协调发展阶段，能够到达工业化和城市化的中后期，也就基本解决了城乡居民绝对收入和相对收入差距过大的问题，顺利迈入城乡统筹的高层次发展阶段，实现城乡发展一体化，为全面实现共同富裕（小康社会）奠定坚实的基础。

因此，统筹城乡发展是一个系统工程，应该分步骤、分阶段、分层次地进行，先行解决城乡经济社会一体化的问题，进而稳步推进城乡发展一体化，最终全面实现小康社会。在本研究中，我们将统筹城乡发展的目标界定为如图 4-1 所示的递进型目标体系。最终目标是全面建成小康社会，总目标是实现城乡发展一体化，阶段性目标是走中国特色农业现代化道路、实现城乡经济社会一体化。

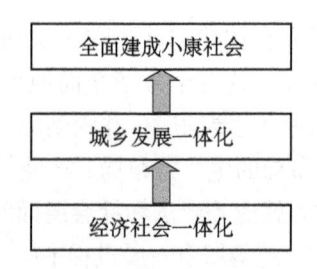

图 4-1 统筹城乡发展目标递进示意图

4.1.4 我国统筹城乡发展的内容

现阶段统筹城乡发展的重点是破除城乡二元结构，缩小城乡差距，保证农民平等地获得教育、就业、公共服务和社会保障等权益。因此，在界定我国统筹城乡发展的内容方面我们认为应着重解决经济社会一体化发展问题。

由于历史发展阶段的影响，城乡地域空间存在差异，城市优势资源集聚、人口密集、工业化程度高，农村资源相对匮乏、人员分散且依靠传统农业发展；户籍制度将社会红利人为区分为城市和农村两种政策，歧视性政策还限制了城乡人口自由迁徙和相互对流；城市的资本要素围绕着工业化、城市化进程，在经济、文化、教育、医疗等领域形成了区域优势，并在户籍区域限制的基础上形成了经济壁垒，构建了城市化的工业经济体系；受经济壁垒影响的农村整体保障水平与城市的差距呈现逐步扩大的趋势；城乡二元结构的最终结果形成了两个差异明显的社会生态系统。当前推进统筹城乡发展的首要内容就是要破除城乡二元结构，形成城乡之间在经济社会发展过程中的一体化新格局，以顺利实现城乡经济社会一体化的阶段性目标。

4.1.5 我国统筹城乡发展的路径

统筹城乡发展的基本路径是有章可循的。本研究按照研究的客体将整个统筹城乡发展的统计监测系统划分为经济、社会、空间、生态环境、公共服务五个子系统，因此，从经济、社会、空间、生态、公共服务五个方面入手，整体推进城乡一体化进程是实现统筹城乡经济社会发展阶段性目标的重要路径（图4-2）。在初步解决收入差距问题、实现资源合理配置、保障体系基本完善的基础上，进一步实现空间布局合理、人口自由流通、资源优化配置、保障均衡协调、生态和谐发展，才能实现城乡发展一体化的终极目标。

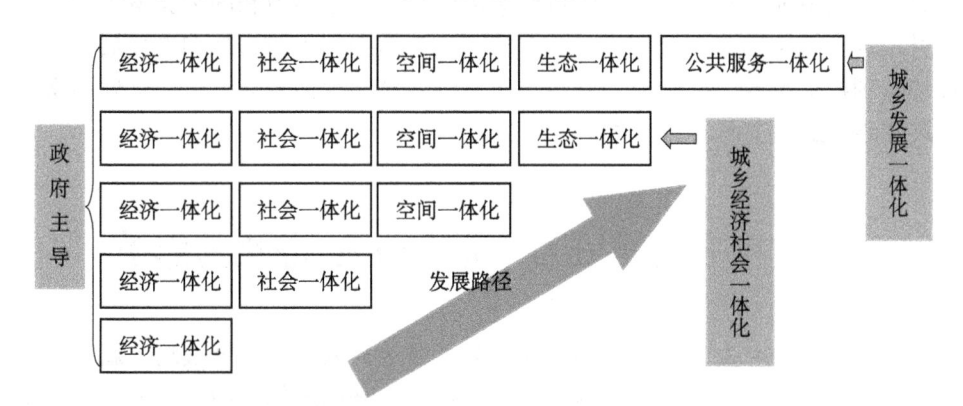

图4-2 统筹城乡经济社会发展路径图

统筹城乡发展以从大局出发和体现公平为策略,在全国范围内推行,必然需要中央政府的主导作用。针对居民收入、公共服务、教育医疗、社会保障及公共基础设施建设等方面存在的差异,我们认为要强化政府的主体地位,由政府依靠行政手段统筹部署和规范城乡经济社会发展总体战略,促进资源在城乡间的合理配置,实现城乡经济社会的协调发展。

经济社会一体化表现在经济活动和社会活动的各个层面。概括来说,经济差距体现为工业和农业的差距,社会差距体现为制度和文化的差异。规范城乡经济社会一体化,需要遵循客观经济规律和社会发展规律。空间上统筹规划、合理布局,让城乡经济、社会紧密相连、融为一体;人口自由流动,享有同等权利、同等待遇,共享文明成果;经济上深入开展城市国有企业体制改革、推动农业产业经济转型升级,实现工业产业布局合理、科学分工,农业产业全面发展、协同推进;农村社会事业稳步发展,教育、医疗、卫生、社会保障协调发展,从而最终实现经济社会一体化。

城市居民和农民生存质量的差别是城乡社会差距的主要表现形式。城乡生态一体化就是要在经济社会一体化发展的基础上,形成城乡社会资源、生态环境的高度融合,经济社会和生态环境协调发展的社会生态系统,从根本上消除生存质量的差别。实现城乡经济社会和谐发展,促进城乡发展一体化,就一定要破除经济、社会环境与社会生态系统对峙的传统观念,消除城市与乡村对立的旧格局,以高度发达的社会生产力和经济社会的物质基础,改善城乡生态环境,建设协调发展的社会生态系统。

在实现城乡发展一体化的基础上,建成完善的社会主义市场经济体制和经济体系,基本实现工业化;城镇人口的比重较大幅度提高,逐步扭转工农差别、城乡差别和地区差别扩大的趋势,基本实现城镇化;社会主义法律法规更加完备,国民教育体系、科技和文化创新体系,以及全民健身和医疗卫生体系更加完善;社会就业比较充分,家庭财产普遍增加;综合国力和国际竞争力进一步提升;资源利用效率显著提高,环保意识逐步增强,人与自然和谐发展,生态环境得到极大改善。整个社会就将走上生产发展、生活富裕、生态良好的文明发展道路,最终全面实现小康社会。

4.2 我国统筹城乡发展历史演进及其影响

我国统筹城乡发展自新中国成立之初就已被列入国家发展战略。新中国成立后,党中央决定将工作重心由乡村转向城市,开始统筹考虑城乡发展,确定了以城市为发展重心的指导方略，同时兼顾乡村发展。1962年，明确提出以工业为主导、农业为基础的发展战略。1978年实施改革开放之后，统筹城乡发展进入了新的阶段。改革开放初期，安徽等地率先实行农村改革，沿海城市进行城市发展探索，允许一部分人先富起来，再拉动所有人共同富裕。20世纪末，国家对统筹城乡发展提出了更高和更深层次的要求，统筹城乡发展成为完善我国经济和社会和谐发展的重要考虑内容。统筹城乡发展的重点被放在了加强农村建设方面，党的十四大、党的十五大也都特别突出了农业地位和小城镇发展，城乡统筹整体规划问题被正式提出。21世纪初，党的十六大将"统筹城乡经济社会"纳入国家发展战略，并且在统筹城乡发展、统筹区域发展、统筹经济社会发展、统筹人与自然和谐发展、统筹国内发展和对外开放的"五个统筹"中，统筹城乡居于首位，由此将城乡统筹发展推向新的高度。党的十八大对"推动城乡发展一体化"提出了明确部署，城乡统筹是实现工业化、城镇化、信息化、农业现代化"四化同步"进而实现小康社会目标的关键路径。

为深入理解我国城乡统筹发展的历史演进过程及其影响，接下来我们将通过几个集中反映城乡发展水平变化的主要指标——城乡居民可支配收入比、城乡恩格尔系数比、城乡城镇化率，通过全国范围内1992～2012年的变化来回顾城乡统筹发展的过程，并检验20多年来城乡统筹发展的结果。为使图表清晰简洁，根据1986年全国人大六届四次会议通过的"七五"计划，即在政策上对我国进行的区域划分，选取经济发达地区的北京、上海、江苏、浙江，经济欠发达地区的贵州、甘肃、新疆、青海，以及处于发达地区与欠发达地区之间的经济次发达地区安徽、江西、黑龙江、湖北为典型地区进行说明。

如图4-3～图4-5所示，各个地区反映城乡居民统筹程度的三大指标上都呈现出了相对平稳的上升趋势，略有波动但不明显。其中，2011年城乡恩格尔系数比在长期制度效用及"恩格尔系数悖论"的作用下发生明显变化，1999年城乡城镇化率出现了大幅上升，是由于20世纪90年代末我国提出的城乡统筹发展的战略意图。三大指标相对平稳的变化趋势，说明我国城乡统筹发展的进程符合演化规律，统筹城乡发展的政策措施发挥了长效作用；波动性特征说明我国统筹城乡发展是一个探索前进的过程，在探索的进程中必然会面临诸多亟待解决的问题。

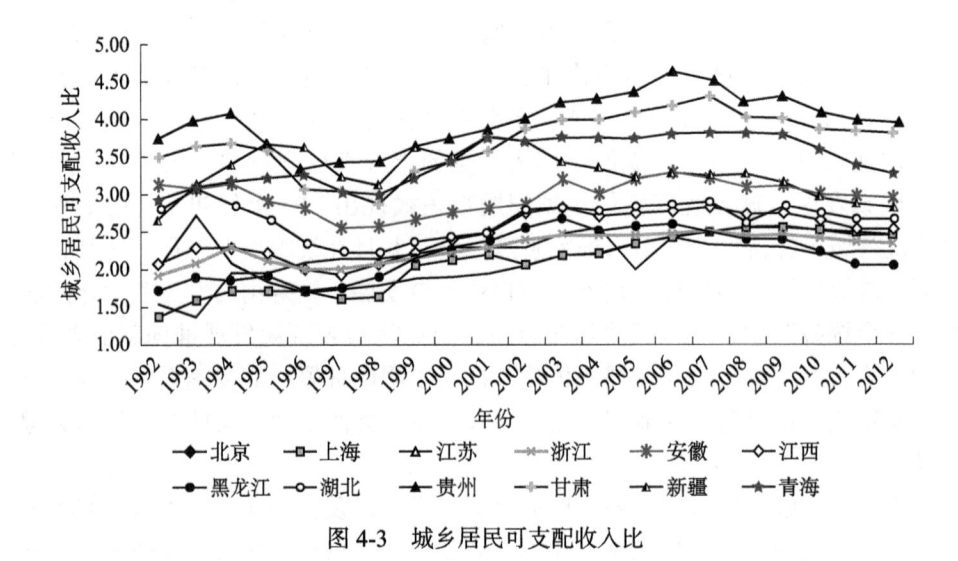

图 4-3　城乡居民可支配收入比

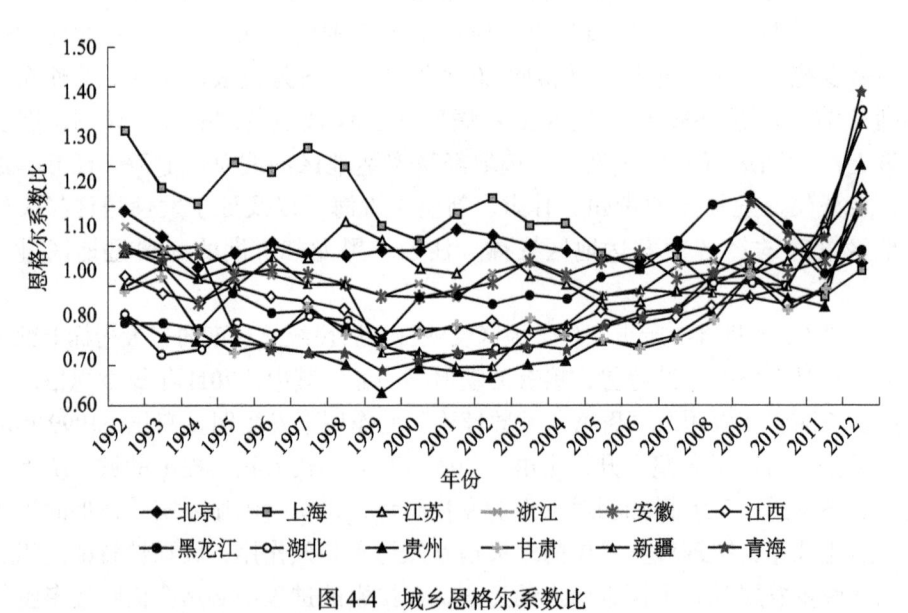

图 4-4　城乡恩格尔系数比

图 4-5 城乡城镇化率

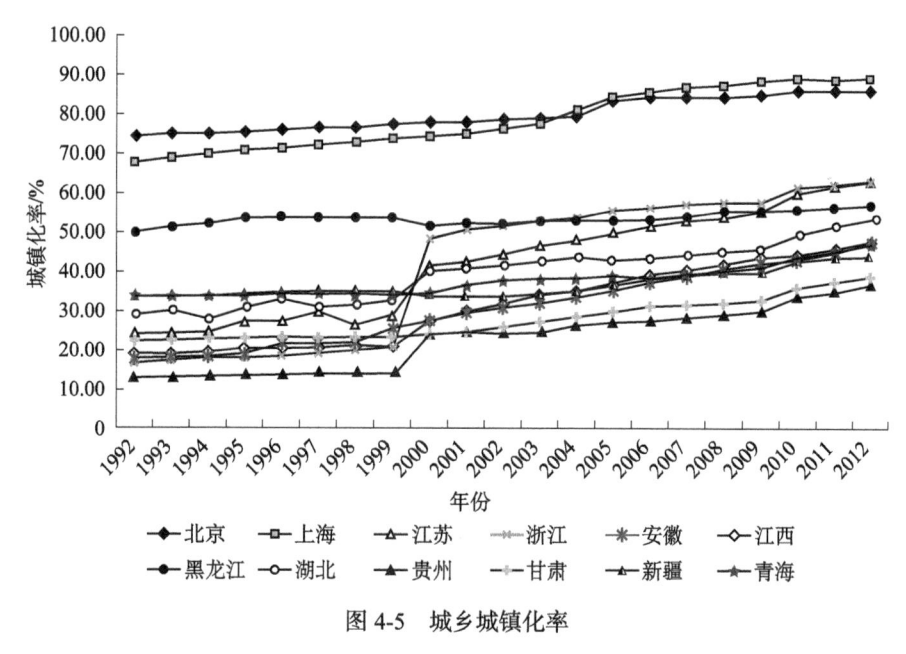

我国城乡二元结构具有历史性和长期性，新中国成立初期在经济建设快速发展的要求下，国家发展战略定位在以重工业为发展对象，伴随计划经济、城乡分隔管理等维护二元结构的局面，农业成为工业服务的工具，农村成为城市发展的铺垫。改革开放以来，国家改变发展战略，强调农村的市场化经济，鼓励农村剩余劳动力进城务工。但实际上城乡二元结构现象依然严重，农村融入城市的配套制度体系仍未健全，"三农"问题依然严峻。为解决城乡差距过大及城乡发展不均衡的问题，2002年党的十六大明确提出"统筹城乡经济社会发展"，这将城乡统筹推向新的高度。此后，国家制定了一系列解决"三农"问题及城乡矛盾的政策措施，大力推进城乡统筹发展，不断提高农民收入，加快城镇化步伐，降低恩格尔系数。2012年党的十八大更是提出"推进城乡一体化发展"，在战略内涵、发展层次、历史条件、政策转变等方面将城乡统筹发展全面推向深入。在我国城市快速发展背景下，三大指标的相对平稳特征正是城乡统筹发展政策效果的体现。

4.2.1 我国统筹城乡发展的纵向比较

从历史发展上看，新中国成立以后，我国优先发展重工业的战略方针使得城乡呈现二元结构特征，伴随产生诸多问题与矛盾。2002年党的十六大明确提出发展农村经济，力争实现城乡统筹，农村建设成效显著。因此，从历史演进角度研究城乡统筹发展的过程，有利于理清我国城乡统筹发展的基本思路，总结成功经验，为农村建设提供更广阔的发展空间。下面对我国统筹城乡发展以历史发展为线索进行纵向比较。

1. 城乡居民可支配收入

图 4-6～图 4-11 分别显示了经济发达地区的北京和上海，次发达地区的安徽和湖北，以及欠发达地区的贵州和甘肃的城乡居民可支配收入的变化趋势。

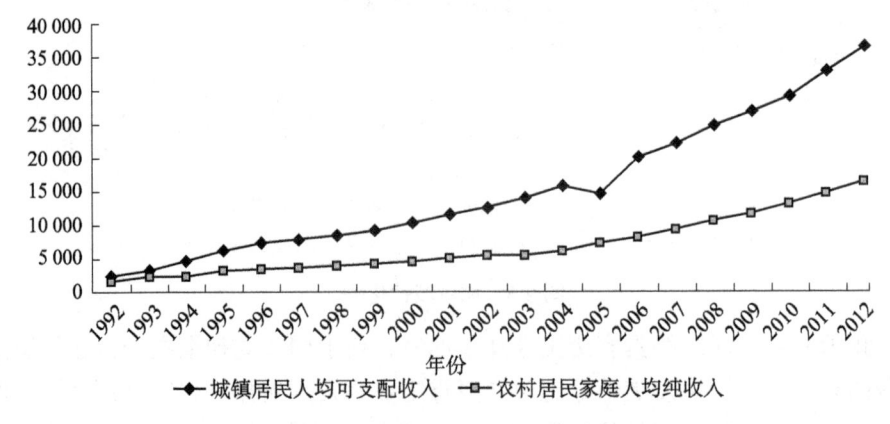

图 4-6　北京城乡居民人均可支配收入

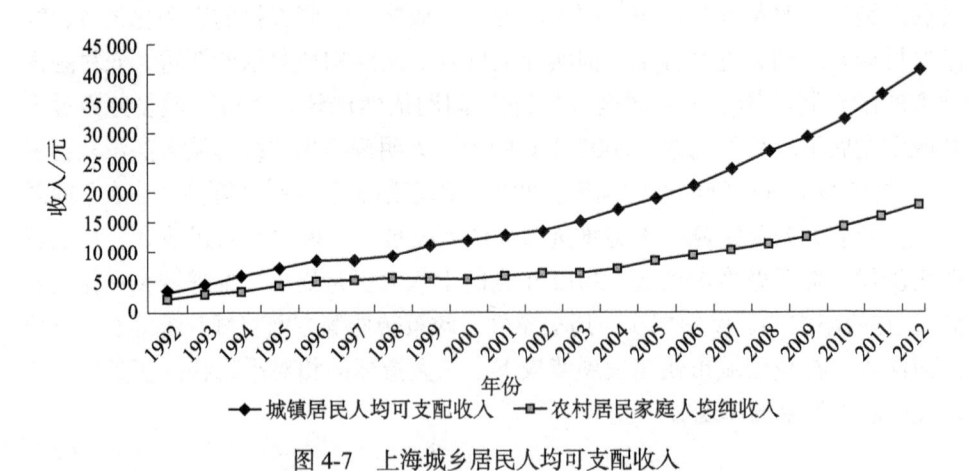

图 4-7　上海城乡居民人均可支配收入

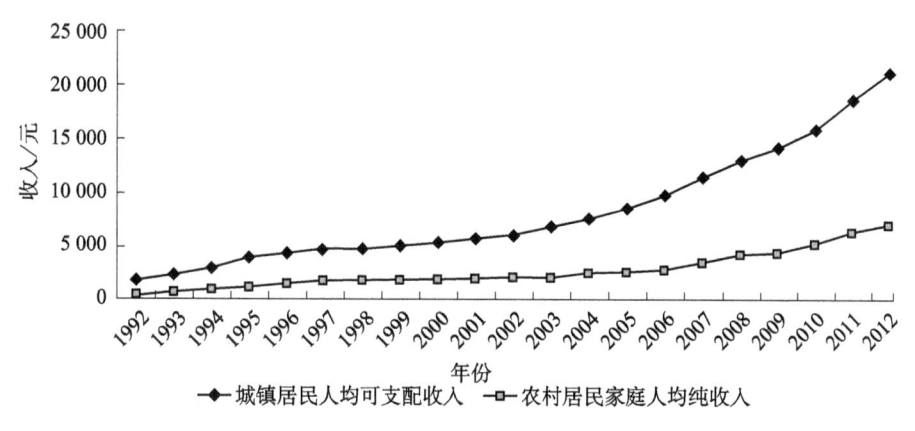

图 4-8 安徽城乡居民人均可支配收入

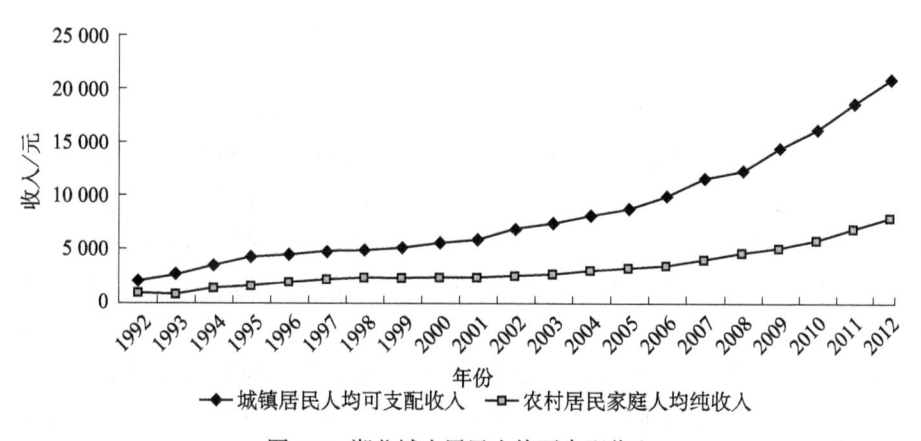

图 4-9 湖北城乡居民人均可支配收入

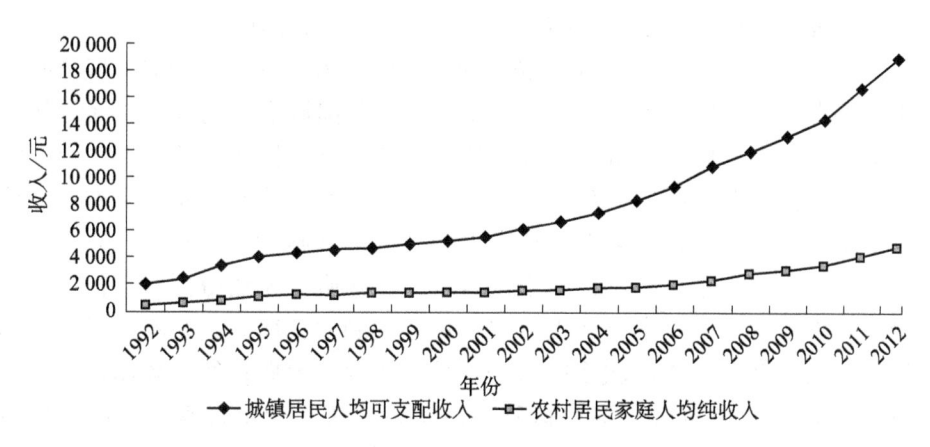

图 4-10 贵州城乡居民人均可支配收入

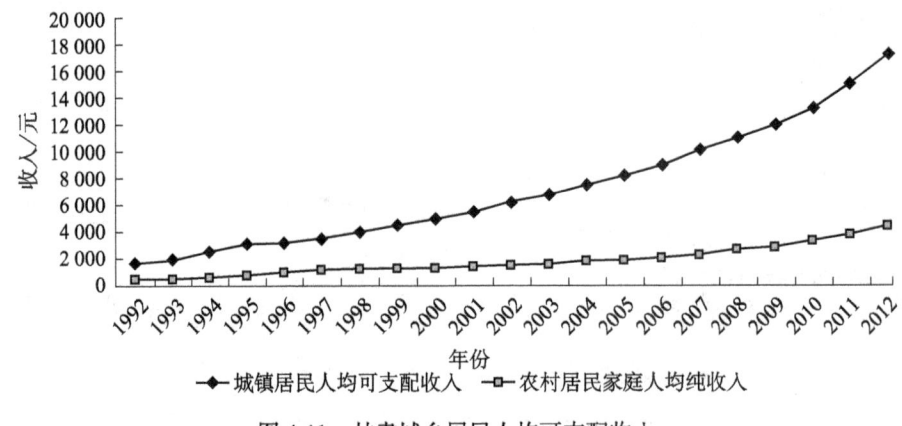

图 4-11　甘肃城乡居民人均可支配收入

无论是经济发达地区，还是次发达地区及欠发达地区，城乡居民可支配收入在过去的 20 多年中呈现出相似的变化规律。

（1）城镇居民人均可支配收入、农村居民人均纯收入都呈上升趋势，2004 年增幅较大。根据国家统计局公布的统计公报，城镇与农村居民人均纯收入都有了增加，近 20 年的城乡一体化居民收入数据直接反映了全体国民的收入分配格局，是统筹城乡发展、分配政策制定的重要依据，也是推动城乡一体化、城乡统筹发展、社会保障建立、城乡居民服务均衡化的关键指标。2002 年，党的十六大召开后，减轻农民负担、解决"三农"问题、城乡统筹规划都成为经济建设的重点，出台了一系列推动农村发展的政策文件。因为政策颁布与实际发挥效用之间存在一定的滞后期，在 2004 年后政策效用逐渐显现，农村居民收入大幅提高。

（2）城镇居民收入长期高于农村居民收入，观察期内收入差距始终存在，自 2004 年开始，农村居民与城镇居民的收入差距呈增大趋势。城乡收入差距长期存在，是因为我国特殊的历史国情。我国城乡长期处于二元结构状态，工业一直发挥国民经济的主导作用，农业处于国民生产的底端，致使农业发展缓慢；工农业产品存在明显"剪刀差"，压低农产品价格，工农产品价格交易不合理；城市税收来源于地方财政，城市基础设施完善，公共事业发展有保障，而农村建设基本依靠农民自身，公共服务无法得到落实；在城乡户籍制度下，城市户口享有比农村户口更多的利益，雇佣关系不平等；计划经济和市场经济条件下的城乡收入分配拉大了收入差距；经济体制改革、生产方式更新都使得城市经济快速发展，而农村缺乏变革推动，经济发展滞后。这些长期存在的原因造成城乡经济都在发展的情况下城乡差距却在不断加大。

2. 城乡恩格尔系数

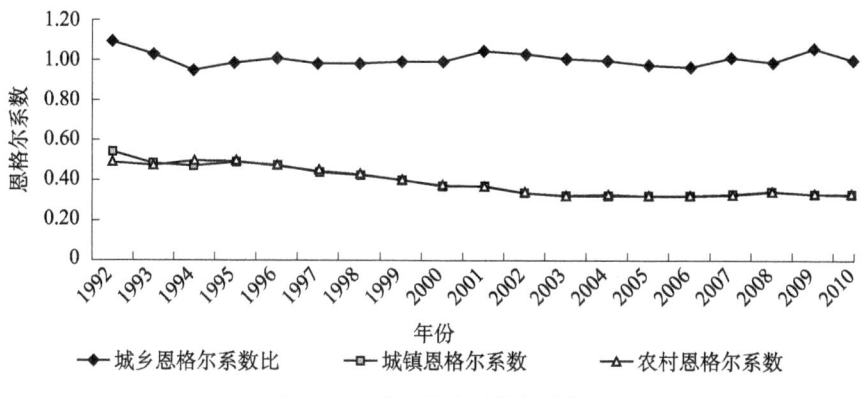

图 4-12　北京城乡恩格尔系数

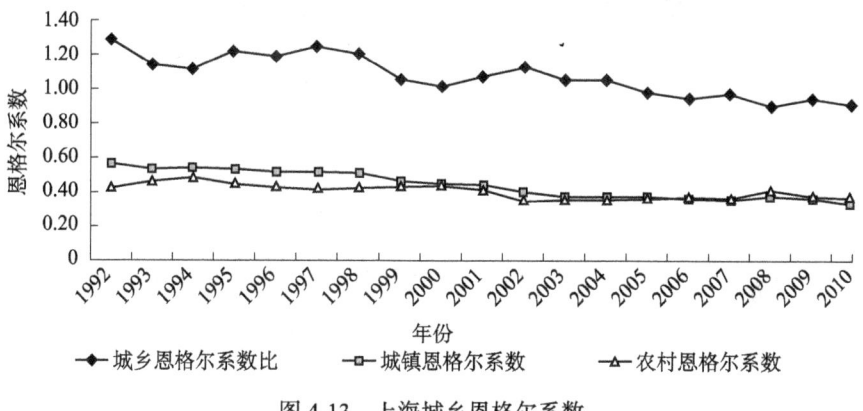

图 4-13　上海城乡恩格尔系数

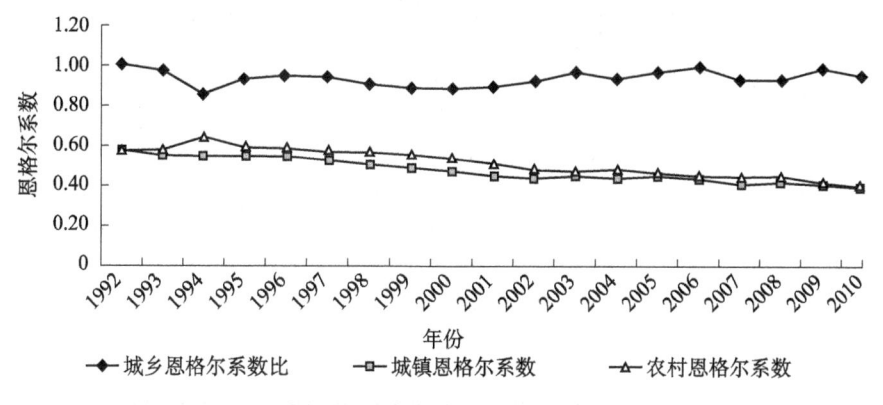

图 4-14　安徽城乡恩格尔系数

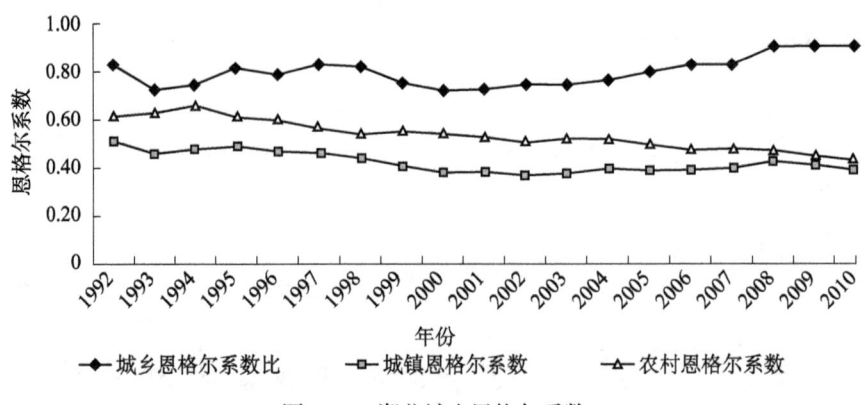

图 4-15　湖北城乡恩格尔系数

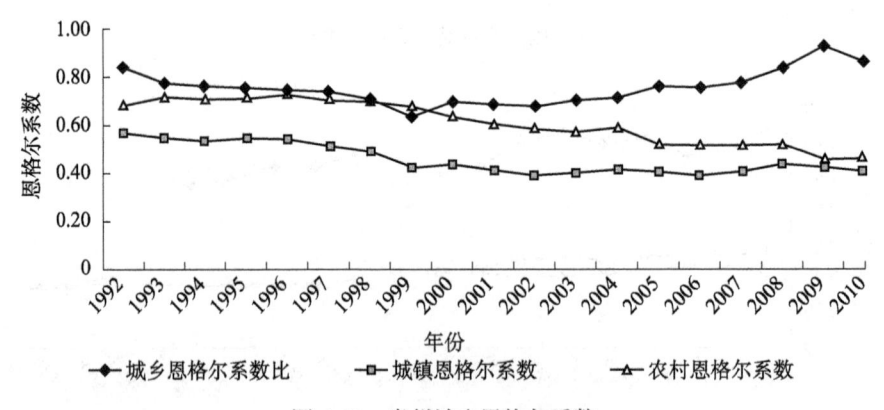

图 4-16　贵州城乡恩格尔系数

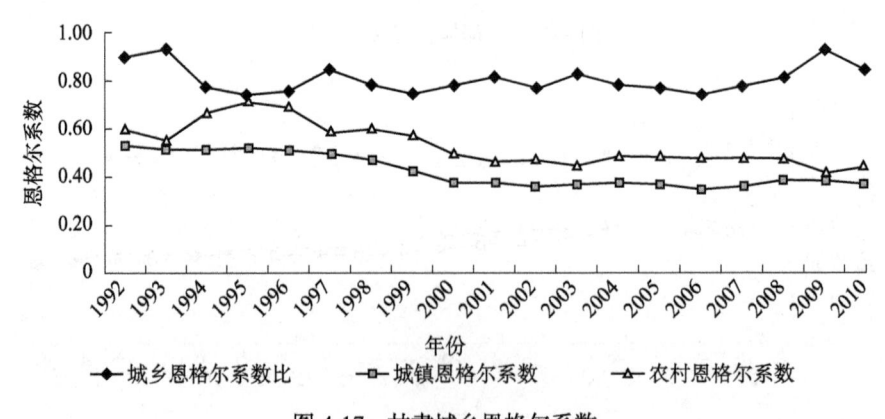

图 4-17　甘肃城乡恩格尔系数

从图 4-12～图 4-17 三个地区的典型省市的城乡恩格尔系数可以看出，经济发达地区的城乡恩格尔系数的走势相似，而次发达及欠发达地区城乡恩格尔系数差距较大，经济越不发达，农村恩格尔系数越高于城镇恩格尔系数；但无论经济发达地区，还是次发达和欠发达地区，1992~2010年城乡恩格尔系数都呈现递减趋势，尤其以1998~1999年减幅最大，并在2002年之后趋于平稳。

（1）经济发达地区城乡恩格尔系数差别不大，是因为这些地区城乡居民收入都相对较高，经济发达所以城乡交流较频繁，城乡生活方式差距不大，不仅是城市居民，农村居民也将较大比例的收入用于子女教育、休闲娱乐等；经济欠发达或次发达地区农村恩格尔系数高于城镇居民，说明这些地区的农村与城市生活差距依然较大，城镇居民享有基本生活之外的更多的消费，而农村居民收入中的很大部分用于基本生活消费。尽管统筹城乡发展的政策发挥了效力，仍未无法从根本上解决长期二元经济结构造成的深层影响。

（2）城乡居民恩格尔系数呈现递减趋势，尤其以1998~1999年递减趋势最为明显。国家把解决"三农"问题提到重要地位，农产品价格得到提升，农民收入不断增加，尤其在1998年关注农民民生政策出台之后，恩格尔系数有了"跳跃式"下降。20世纪90年代初期针对农民和农民工的政策降低了农民在教育、医疗、收入等方面的各项权益，在1985年以前劳动密集型的家庭承包责任制和以数量为导向的农业发展政策为农产品增产增收、产品多样化发挥了关键作用，但1986年之后我国农产品已实现自给自足，开始由产量转向价格效益，90年代的土地改革法、经营体制改革、强制性改制运动都导致了农民自组织的消亡，降低了农业发展速度。

1998年10月第十五届中央委员会第三次会议通过了《中共中央关于农业和农村工作若干重大问题的决定》，重新将农业发展作为现代化建设的重点。农民自主权得到充分保障，生产关系适应生产力要求，农民创新精神得到认可，倡导科技兴农，农村建设坚持农民减负，在一系列政策引导下，农村经济进而辐射城镇经济，城乡恩格尔系数都出现了快速下降。

（3）经济欠发达地区由于"恩格尔系数悖论"的存在，城乡恩格尔系数比在2012年反呈现上升趋势。农产品价格的上升一定程度上刺激了食品的价格上升，食品价格上升超过了城镇居民工资收入的提高，反而使恩格尔系数增大，这就是收入的增加用于食品支出的比例却没有降低的恩格尔系数悖论。而农村居民自给自足的生活方式使食品价格保持稳定，随着收入增加，恩格尔系数下降。这是经济欠发达地区城乡恩格尔系数比出现上升趋势的原因。

3. 城乡城镇化率

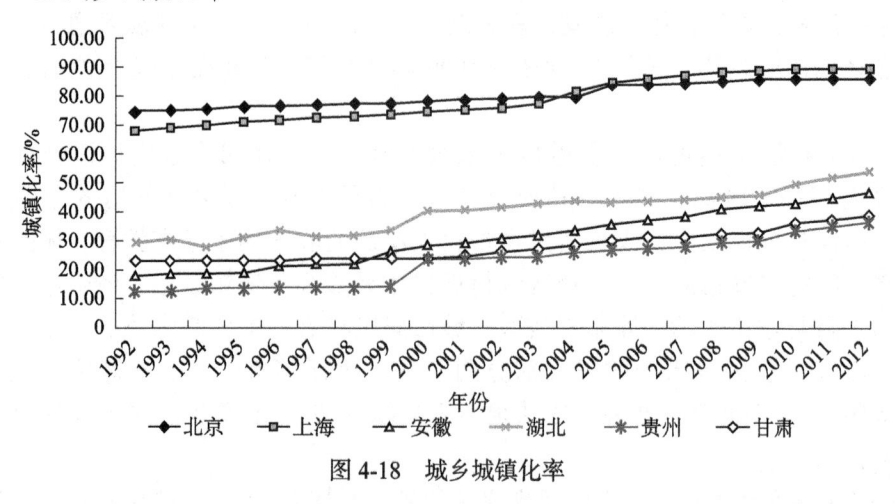

图 4-18 城乡城镇化率

三种经济类型地区的城镇化率可由图 4-18 表示。各地区城镇化率都表现出持续上升趋势，北京、上海等极其发达城市发展进程较为平缓，其他地区在 1999～2001 年发生跳跃式上升。这也是基于 20 世纪 90 年代初期整体经济导向的偏差致使农村经济发展滞后，90 年代末期提出的城乡统筹发展的初始思路使极度滞后的农业改观成效显著，城镇化速率提升，并在 2002 年党的十六大城乡统筹规划明确导向的政策指引下平稳增长。

4.2.2 我国统筹城乡发展的横向比较

接下来我们再对不同地区之间的统筹城乡发展进行横向比较，时间选取仍为 1992～2012 年。我们分别选取了经济发达地区的北京、上海，欠发达地区的贵州、甘肃和次发达地区的安徽、湖北作为代表进行横向比较（图 4-19～图 4-21）。

1. 城乡居民可支配收入

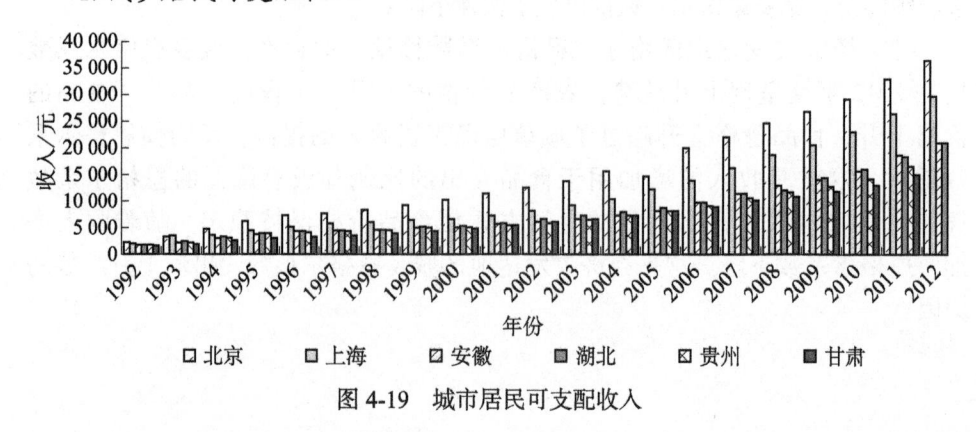

图 4-19 城市居民可支配收入

图 4-20 农村居民可支配收入

图 4-21 城乡居民可支配收入比

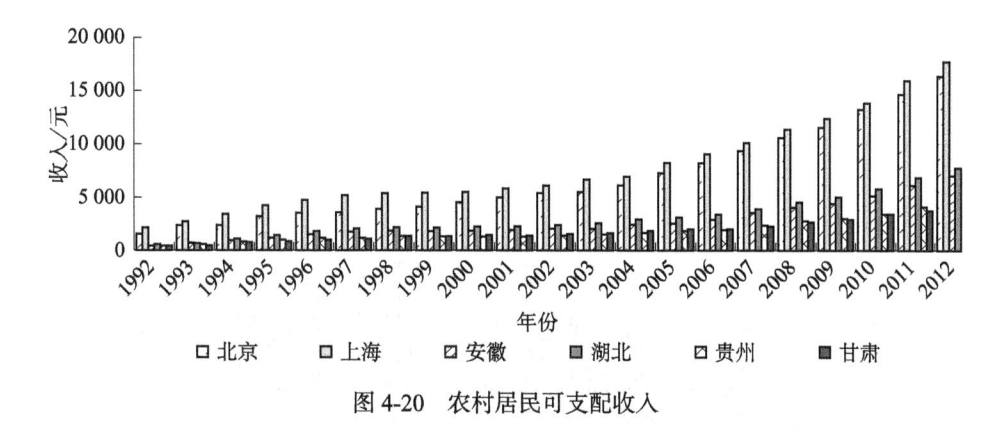

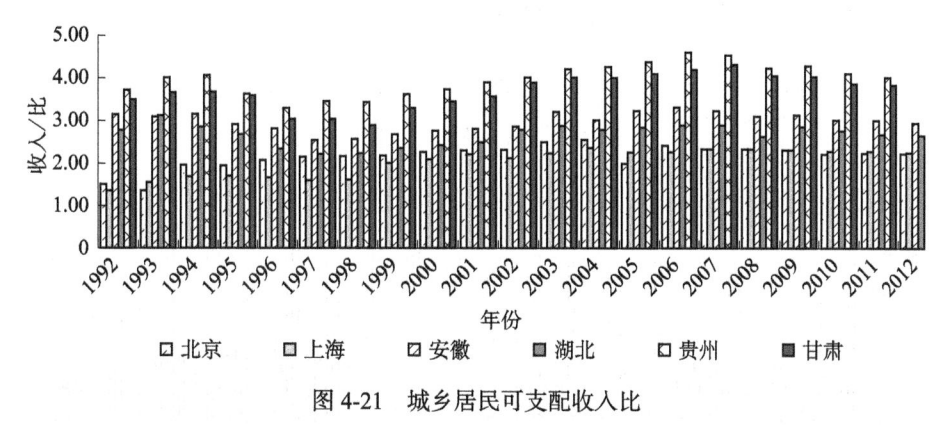

从图 4-19～图 4-21 显示的发达、次发达和欠发达地区代表性省市的城镇居民可支配收入、农村居民可支配收入及城乡居民可支配收入比三个指标的横向比较来看，发达地区的城市居民可支配收入、农村居民可支配收入都远远高于次发达地区和欠发达地区，但是发达地区居民可支配收入比大幅落后于其他两类地区。经济越发达，城市发展的同时带动农村发展越快，城乡收入差距越小，城乡统筹发展速度越快。

同时需要关注的是，虽然经济发达地区的居民可支配收入增加幅度较小，但是发达地区城乡居民可支配收入与其他地区居民可支配收入的差距却越来越大。这说明原有的经济基础对居民收入产生了很大影响。虽然经济欠发达地区在城乡统筹的政策作用下可支配收入大幅增加，但原有的经济基础薄弱、产业发展不协调，城乡统筹发展的成效全面显现还需要较长时间。针对经济落后地区实行城乡统筹发展，需要政府政策的特别扶持和地区自身探索创新，从而实现渐进式稳步发展。

2. 城乡恩格尔系数比与城镇化率

图 4-22、图 4-23 反映的是 1992～2012 年经济发达地区、次发达地区、欠发达地区代表省市的城乡恩格尔系数比和城镇化率。

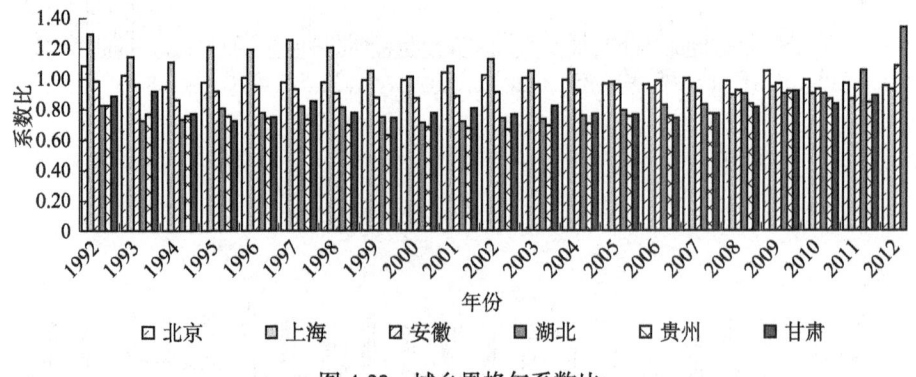

图 4-22 城乡恩格尔系数比

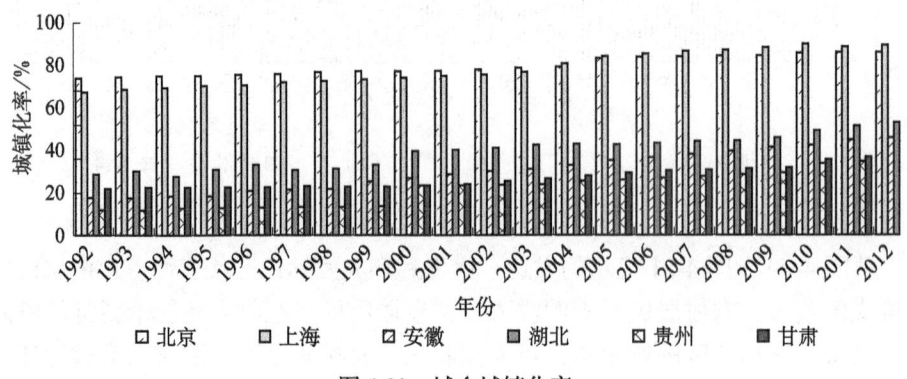

图 4-23 城乡城镇化率

在图 4-22 中，从城乡恩格尔系数比可见，1992～2004 年，发达地区城镇恩格尔系数比甚至高于农村地区，但随着城乡统筹的推进，经济发达地区城乡恩格尔系数比逐步下降，欠发达地区城乡恩格尔系数比不断上升，甚至在 2011 年以后超过发达地区。从城镇化率（图 4-23）对比来看，1992～2012 年各地区城镇化率一直呈现上升趋势，发达地区城镇化率居于较高水平，发达地区与欠发达地区的城镇化率之间的差距不断缩小。并且欠发达地区自 2000 年城镇化率出现较大涨幅，发达地区平稳增长，只是 2005 年的变化相对较大。

2004 年，我国已进入以工促农、以城带乡城乡统筹发展的新阶段，原本城乡差距较小的发达地区 2005 年的城镇化率和恩格尔系数比也发生了较大程度变化。欠发达地区受推动城乡统筹发展政策的影响更明显，尤其在政策出台初期，城乡发展差距的改善相对明显,随着政策效果的逐步显现,城乡统筹发展速度也趋向于平稳。这也是经济发达地区居民可支配收入、城乡恩格尔系数比和城镇化率较次发达地区和欠发达地区变化程度小的原因。

4.3 我国统筹城乡发展面临的新形势

根据以上对我国统筹城乡发展的历史回顾,我们可以看出我国统筹城乡发展已取得了阶段性成果。2013年,我国城乡人均可支配收入平均达到17 535元,城镇化率平均达到53.7%,部分发达地区甚至超过80%,城乡统筹发展呈现出新特征。

(1)城乡经济通过合作共同发展,"农民—公司—基地"成为推动城乡统筹发展的新模式。随着农村地位的提升和国家发展的重视,城乡经济之间的合作越来越紧密,从农产品生产到城市销售,甚至市场、政府都参与其中,形成了完整产业链,农村和城镇都处于产业链中间。

(2)统筹城乡发展越来越多地利用资金、土地、人才等资源,核心要素越来越倾向于现代化、信息化、专业化。新农村建设引进大量高素质人才,乡镇企业吸收国内外先进技术,与高校形成产学研产业链,发展模式呈现强创新性,空间、地域限制被打破。

因此,新的城乡统筹发展特征需要对应新的发展模式,政府应该调动各方力量做好统筹规划的保障,确保城乡公共服务均等化、农民基本权益,新型城市群或农民社区建设健康有序推进,为实现城乡高效统筹发展创新思路。

小 结

本章从主客体、目标、内容和路径等方面界定了统筹城乡发展的内涵,梳理了我国统筹城乡发展的历史演进。通过整理分析1992～2012年的相关数据,从城乡统筹发展总趋势、纵向和横向角度,回顾我国在过去20多年间城乡统筹发展的历程,厘清了城乡统筹发展的研究思路和脉络,为后续研究奠定基础。

第二篇
统筹城乡发展评价

第 5 章
统筹城乡发展的构成要素分析

统筹城乡的过程实际上是缩小城乡差距,最终实现城乡一体化的过程。本研究根据城乡统筹发展情况,对子系统进行了合理划分,从而达到对统筹城乡发展进程的全面有效监测。全面系统地对统筹城乡发展的构成要素进行分析是科学划分子系统的前提,首先进行外部环境辨识,即从系统环境视角对主要影响因素进行研究;其次是从系统内部,即从城乡共生系统角度对其主体构成要素进行研究;最后是通过综合集成对综合构成要素进行研究。

5.1 系统外部环境影响因素分析

统筹城乡发展是我国全面建设小康社会的必然条件,这是我国统筹城乡发展的时代背景。从外部环境辨识角度对统筹城乡发展的各影响因素进行分析,不仅能够客观地评价各要素,同时也为指标体系构建提供了理论依据。

5.1.1 制度、机制及政策因素

目前,我国已经进入"以工促农、以城带乡"的发展阶段,建立长效机制、进行制度改革及调整国家宏观政策、促进城乡统筹发展成为当下我国经济社会发展战略的重中之重。

1. 户籍制度及其管理政策影响城乡居民共享发展机遇和成果。

户籍制度的二元格局,造成"农村人"在教育、卫生等社会公共服务方面的不平等。阻碍了科学发展观的贯彻落实、经济社会的和谐发展和城乡的统筹兼顾,制约了农村和城市之间人力资源的合理流动及城乡公民待遇的平等化实现[①]。通过就业、买房等方式引导有条件的农民进城落户,有利于扩大农业集约化生产、提高农业产业化水平,进而可以在一定程度上增加农民的收入;在进行户籍制度改革的基础上,推动相关的制度改革,如就业、卫生、教育等社会保障制度的改革。因为这些制度是附加在户籍制度之上的,有利于农民向城市转移,进行城乡生产要素合理配置,有利于人才交流、劳动力资源配置和社会均衡发展。同时这些改革措施也为农村剩余劳动力转移创造了一个公平、有序、合理的环境,从而促进城乡居民共享发展机遇和成果。

2. 农村土地的处置及流转机制影响土地资源的开发利用和流动

我国现有土地流转政策禁止通过合理化的方式,如出租、出让、抵押等手段对农村土地进行流转,这严重影响了农村凭借集体用地所有权取得收入。因此,应该改变不允许土地流转的政策,允许农民以多种形式流转土地的承包经营权,构建完善的农村土地处置及流转机制。首先,农转城的农村居民,允许在承包期内保留承包地权,以及宅基地及农房使用权或收益权;其次,在继续坚持和完善家庭承包经营权、收益权不变的前提下,加快推进农村土地的有序流转,促进农村土地规模化经营,为农业产业化、集约化发展提供发展空间,为农村剩余劳动力的顺利转移创造条件;最后,对退出的承包地加大整治力度,建立城乡建设用地挂钩制度,鼓励土地有序流转。

3. 城乡差异化公共产品供给制度严重影响了城乡居民生活水平一体化进程

长期以来,我国财政资源配置的倾斜性,导致了公共产品对农民的排斥、城乡教育资源分配不平衡、城乡公共卫生医疗差距较大、社会保障在农村的缺失等问题的出现。因此,为了促进城乡经济一体化进程,需要加强财政资源配置职能,合理安排调整部分社会资源,弥补市场配置缺陷,促进社会资源优化配置。首先,建立完善教育保障机制。在户籍改革转移人口和农民工就业较为集中的区域,对城乡学校的布局进行科学规划。其次,完善养老保险制度。加快制定城乡养老保险不同制度之间的转移衔接办法,使农村居民转为城镇居民后,能实现养老保险的顺畅转移和有效连接。再次,健全医疗保险制度。在劳动年龄段的农转城居民,可按规定参加城镇职工基本医疗保险,没有条件参加

---

① 参见《六盘水市统筹城乡十二五规划》。

城镇职工基本医疗保险的，可自愿参加城乡居民合作医疗保险。最后，健全完善社会救助和福利服务保障机制。加强城市社会救助和社区公益性服务设施建设，切实满足城市扩容后社区服务管理和救助保障等公共服务的需要[①]。

5.1.2 宏观经济因素

统筹城乡发展受外部宏观经济环境影响较大，各项资源要素的流动受地区经济发展的影响，反过来也会影响区域的发展方向及发展效率。因此，有效的资源配置及适合要素流动的市场环境是关键。

1. 完善劳动力市场机制

现有劳动力市场运行机制严重影响着城乡劳动力资源的流动。农村剩余劳动力向二三产业和城市大量转移是社会发展的必然趋势，也是城乡统筹发展的必要阶段。因此，统筹城乡劳动力市场一体化发展，需要加快整合人才市场和劳动力市场，形成城乡统一的人力资源市场。首先，实现城乡之间劳动力合理有序的流动，应该建立完善的城乡一体化劳动力市场及相关信息网络平台，实现城乡间、产业间的信息资源共享。其次，克服当前社会统筹、就业准入制度方面的政策缺陷，积极发展城乡间、行业间为农村剩余劳动力流转服务的组织机构。最后，积极开展职业培训指导活动，帮助就业困难对象实现就业。

2. 加快农村金融业发展

金融业是促进城乡一体化发展不容忽视的关键点。金融是现代经济的核心，农村金融业的发展相对滞后，是我国农村发展落后的重要原因之一。统筹城乡发展，夯实农业基础，对促进农村经济发展、形成城乡经济社会发展一体化新格局意义重大，金融在城乡统筹中地位突出、作用关键。因此，应该高度重视金融在统筹城乡发展中的作用。统筹城乡一体化离不开金融支持，我国只有健全农村金融体系才能为城乡建设提供更好的金融支持，以促进城乡一体化的发展。

首先，建立现代农村金融制度。通过建立农村政策性金融、合作性金融与商业性金融等多种金融形式并存支持农村经济发展的有效模式，构建符合现代农村发展需要的农村金融体系。其次，大力开展政策性农业保险业务。将产业化、市场化程度较高的特色农产品纳入保险，帮助农民解决因外部不可抗力导致的返贫问题。最后，健全农村信贷担保体系。在健全运作机制和加强监管的

---

① 参见《重庆市人民政府关于统筹城乡户籍制度改革的意见》，http://blog.sina.com.cn/s/blog_50150b6c0100mnyb.html［2012-11-7］.

基础上，鼓励条件成熟的地区构建政府支持、多方参与、市场运作的多层次农村信贷担保机制[①]。

3. 加强农村基础设施建设

农村落后的基础设施水平与环境制约着城乡一体化发展。目前，我国大部分农村地区的基础设施从规划到管理，从资金投入到建设均出现了不同程度的瓶颈，导致农村基础设施依然脆弱。首先，坚持规划先行的原则，统筹各类农村基础设施建设。结合新农村建设的目标，树立农村基础设施建设一盘棋的思想。由当地政府牵头，根据各村地理、资源、人居条件等制订村级基础设施总体规划。坚持"政府主导、整合资源、捆绑资金、倾斜项目、稳步推进"的原则，多村或多镇联合，集中统一进行镇村建设。其次，坚持建管并重，改善农村基础设施，改变城乡基础设施共享性差的状况。大力抓好水利基础设施建设，着力提高农业防汛抗灾能力，改善农业生产条件；开展道路村村通工程，改善农民的生产生活条件，实现人员、货物的快速流通；开展自来水下乡工程，实现城乡供水一体化；加大对农村供电设施的投入，打破农民消费用电的瓶颈，实现对农村电网的改造升级；着力推进清洁工程，改变农村垃圾随意倾倒、污染环境的问题，在污水处理方面，要提高小城镇污水收集率、处理率和达标率。最后，坚持多方融资，加大资金投入。充分整合社会力量参与农村基础设施建设，有效解决资金筹措难的问题。应该充分发挥政府主导和政策引导的作用，紧紧依靠地方政府、农村群众及社会力量，通过加大政府投入、壮大集体经济、拓宽筹资渠道等措施，争取建设资金。

当前，我国农村环境问题是制约农村经济可持续发展的重要因素，应该引起相关部门的高度重视。首先，应该加大宣传，充分调动农民参与农村环境保护的积极性和主动性。其次，建立和完善农村生态环境建设工作目标责任制。加强组织领导，明确相关部门的责任分工，农、林、水利、环保、城建、国土资源等行业主管部门齐抓共管、形成合力，对领导班子和领导干部考核实行年度生态环境指标一票否决制。最后，加强农村环保能力建设。建立农村环境执法和监测体系，设立乡镇环保派出机构来加强农村环境执法力度，逐步建立覆盖全市农村的环境管理组织体系。

4. 促进农业产业发展和农村经济发展

经济发展水平差异是影响城乡一体化发展的关键。经济发展是城乡一体化的基础，以城市带动农村，以工业反哺农业，以农业现代化的发展方式来实现城乡经济社会一体化，是解决"三农"问题的根本途径。统筹城乡产业发展是

---

① 参见《六盘水市统筹城乡十二五规划》。

统筹城乡经济发展的核心，农村产业结构的调整是统筹城乡发展的必然选择。通过产业结构调整，使三次产业之间能够相互协调，适应市场需求变化，合理利用资源及提供劳动者充分就业的机会（赵文明，2013）。

加快农业和农村经济发展，要大力发展现代农业，进一步调整优化农业产业结构，转变农业发展方式。大力培植主导产业，优化农业产品的品种、品质结构，因地制宜，以市场为导向，积极培育适宜自身发展的产业，积极发展有市场潜力的产业，构建优势互补的农业多元化发展格局；打造农业品牌，培育龙头企业，围绕特色农业产业，依托基地形成的资源优势，培育壮大龙头企业，进而以龙头企业发展带动基地扩张；通过科技创新促进农村产业结构调整，抓好先进适用技术的普及和推广，积极开展科技下乡和科技入户活动，努力提高广大农民的科技水平，促进农业产业结构调整，实现农业的优质高效。

5.2 系统内主体构成要素分析

5.2.1 城乡一体化的共生理论分析

共生单元、共生模式和共生环境是构成共生系统的三大要素。其中，共生单元作为共生体或共生关系基本能量的生产和交换单位，是形成共生体的基本物质条件（韩芳，2005）。共生模式是共生单元之间相互作用或结合的方式，它不仅反映共生单元之间相互作用的方式，也反映其相互作用的强度（罗湖平和朱有志，2011）；它不仅反映共生单元之间物质资源沟通的程度，也反映其能量互换的关系。共生环境是共生模式存在发展的外在环境，是由共生单元以外所有因素构成的。共生系统是在某种共生模式的状态下由共生单元构成的基于共生关系的一种集合，其中共生行为模式和共生组织模式的不同组合方式决定了其不同的共生状态。共生系统的三大要素相互影响，共同作用于共生系统的动态的共生变化。其中，共生单元是共生系统的基础，共生模式是共生系统的关键，共生环境是共生系统重要的外部条件。共生单元之间的物质、能量和信息的关系是通过共生关系反映的，共生单元之间物质、能量和信息关系的相互作用是共生关系产生和发展的基础。它既是共生单元生存和发展的前提，又是共生环境中同类共生单元生存和发展的基础，而且在本质上还表现为在共生过程中共生能量的产生，产生的共生能量是共生系统三大共生要素相互作用的结果。

1. 城乡一体化的共生单元

共生体或共生关系的基本能量生产和交换单位是共生单元，共生单元是构成共生体的基本物质条件。当我们把城市和农村两个不同物质空间实体看成一个共生系统时，居于共生系统的中心城市、城镇、乡村便也成了共生系统的基本单位，即共生单元，它们相互影响并相互依存，在物质、能量和信息等方面进行资源配置与整合，共同进化发展，城乡一体化成为城市与农村之间各共生单元关系发展的高级阶段。

在城乡一体化进程中，城市地域范围的扩大和社会经济实力辐射带动区域的增强、中小城镇数量的增加及城乡共生组织化程度的提高是共生新能量生成的主要表现。城乡一体化所产生的共生能量与共生度存在一定的对应关系，一般来说，城乡共生系统中各共生单元间的全要素共生度大于零，城乡共生系统会产生正向的共生能量，此时，才能保障城乡一体化的可持续发展。但是，城乡共生系统的共生单元间也存在着不对称现象，农村对城市的要素共生度大于城市对农村的要素共生度，这也在一定程度上深刻揭示了农业、农村、农民之间问题的深刻根源；在城乡一体化的共生单元中，中小城镇与农村之间的要素共生度较为均衡，但都比较大。如果说要素共生度是表明共生系统之间或共生系统各共生单位之间由于各自内在特性而相互影响的程度，那么要素关联度则是衡量共生单元整体之间相互关系的程度。在共生关系的形成过程中，共生对象的选择表现出一定的规律性，并不是随机选择的，即共生单元之间要素关联度会有一个选择的临界值，任何共生单元间的选择都会以"能力强、匹配性好"为原则优先选择符合条件的共生单元作为共生对象，候选的对象不会低于这个临界值。

从城乡一体化共生角度来看，城市与农村本是一个界定模糊的地域单元，社会经济、生活文化、生态环境等方面的内在融合性与依存性不置可否，尤其是在城市化、工业化迅速发展的当下，城乡之间各种资源、要素、市场的密切关联性越发使城市与农村成为难以分割的共同体，城市依托完善的公共服务、一流的基础配套设施、广阔的劳动就业市场、优越的生活条件保障等吸引着农村资源要素连续不断地涌进城市并在另一方面反向带动农村经济、文化的发展；同时，农村也因其安静的生活环境、清新的空气、丰富的资源及生产的大量初级农副产品等与城市进行资源的流动配置并保持着密切的联系，从而实现农村与城市统筹协调发展。

虽然城乡一体化带来了城市与农村互惠的现象，但自我国在计划经济时代形成城乡二元结构以来，城乡共生关系一直被人们误解，使其发展方向朝着寄生依存关系模式歪曲。从党的十一届三中全会至今，在社会总资源调配和国民收入分配中农村与城市相比仍处于不利地位，在发展市场和社会地位方面农村居民和城镇居民仍然不一致，这种关系可以称为非对称互利共生关系甚至偏利共生关系。短期内这种不平等的共生关系是难以改变的，因而，这需要共生政策的引导与共生环境的营造来影响共生关系的持续稳定。近年来，国家在相关方面已经指出了新型城乡关系的发展路径，如社会主义新农村建设的推行、对"三农"问题的关注，以及做出的"以城带乡、以工促农"宏观战略判断，这为早日形成城乡对称化互利共生关系提供了良好的共生环境。

2. 城乡一体化的共生系统状态

按某种共生模式由共生单元构成的共生关系的集合称为共生系统，而共生组织模式和共生行为模式的不同组合方式决定了共生系统的状态。

（1）城乡共生的行为模式。按行为方式的不同，共生关系模式可分为寄生关系、偏利共生关系、非对称互惠共生关系和对称互惠共生关系模式等四种。从时间角度考虑，各种城乡共生关系是在城市与农村长期不断相互融合发展中所形成的行为关系。城市起源的物质基础是从第一次社会大分工开始的，此时的城乡关系是一种混沌状态，属于对称互惠共生关系中的较低层面。城市作为单个共生体从原始部落中独立出来始于第二次社会大分工，城乡间共生行为模式属于一种偏利共生关系。此后，农村的发展逐渐被城市主导，城乡间共生行为模式逐渐成为非对称互惠共生关系。城市变成乡村的统治工具与手段是在集权社会时期，此时的城乡间共生行为模式便是一种寄生关系或偏利共生关系。城市对乡村的主导作用凸显是在工业革命以后，以城市为中心的发展格局决定了这一主导性作用，此时城乡间共生行为模式属于典型的非对称互惠共生关系，这种城乡间关系模式也是目前世界各发展中国家的城乡关系模式；其中我国在改革开放初期的城乡共生行为模式则更倾向于偏利共生关系。

（2）城乡共生的组织模式。按组织程度的不同，共生模式可分为点共生模式、间歇共生模式、连续共生模式、一体化共生模式等多种情形。其中，点共生模式具有不稳定性和随机性，因为这种模式是共生单元间只在某一特定时刻进行的一次相互作用；间歇共生模式是一种不连续的行为，是按某种时间间隔，共生单元间进行数次相互作用；连续共生模式的共生关系比较稳定且具有一定的必然性，是在某一封闭时间区间内共生单元间连续发生的多方面的相互作用；一体化共生模式的共生关系稳定且具有必然性，是在某一封闭时间区间内共生单元形成具有独立特质和作用的共生体，进行全方位的相互作用。点共生模式在城乡共生系统中非常稀少，仅存在于跨行政区的城乡对口支援或者城乡系统中某些产业的相互链接等方面；间歇共生模式在一定程度上存在着，如因供给季节性的农产品形成的城乡关系；最为现实且发生得最多的一种进化状态是连续共生模式，由于城市和农村之间经常性地进行物质、能量和信息的互换，因而在这种状态下形成的关系是一种在合作中形成的共生共荣的关系，一旦这种可持续性的作用关系形成，城乡间的共生状态也就趋向于一体化。在城乡共生系统中，城乡一体化共生只有形成一种城乡对称互惠的共生模式，才能切实实现城乡一体化的持续稳定发展。因此，城乡共生组织模式的最佳状态是城乡对称互惠的一体化共生模式，这也是城乡关系进化的理想状态和终极目标。

3. 城乡一体化的共生环境

共生模式存在和发展的外部环境称为共生环境，共生环境是独立于共生单元的所有影响条件的总和，其作用形式通常以物质、能量和信息的互相流通来表现。共生体与环境之间的相互作用可以分为正向、中性和反向三种关系，其中共生体与环境的双向激励是利于共生系统进化的积极类型，既是最佳共生状态，又是最为稳定的共生状态。在城乡一体化的共生系统中，共生环境主要包括在城乡一体化发展进程中所需面对的不同环境，如经济环境、政治环境、社会文化环境、制度环境及区域发展环境等。在城乡一体化进程中，城乡共生体与环境的双向激励效果越强烈，就可以进一步加快城乡一体化的进程；与此同时，城乡共生单元间互补的产业链、完善的配套制度建设、高水平的区域经济发展，这些有利因素会促进城乡共生体与环境的双向激励作用效果。反之，像我国20世纪50年代以来出现的典型的滞障性环境，如以城乡二元户籍制度为依托形成的城乡二元社会结构、二元经济结构和二元文化心理结构等（赵文明，2013），以及现在面临的乡村工业化困境、出现的"三农"问题等，都将阻碍城乡一体化的进程。

4. 城乡一体化的共生界面

共生界面是共生关系存在和发展的先决条件（韩芳等，2005），它是共生单元之间进行物质、能量和信息传导的通道、平台或载体，即共生单元、共生模式和共生环境相互作用的媒介。共生单元相互作用的机理及共生模式形成的内在动因依托共生界面向外界集中展现。需要借助共生界面的媒介作用进一步促进城乡一体化的发展，利用共生界面的畅通性进一步开通城乡共生单元间物质、能量及信息进行流通和交换的通道，不断生成城乡一体化过程中的共生新能量，从而促进共生系统进化。城乡一体化的共生界面涉及硬介质界面、软介质界面和主体性的介质界面等不同的介质界面，如涉及通信、路网等公共基础设施类的硬介质界面，市场、政策等软介质界面，公民、政府和第三部门等主体性的介质界面（罗湖平和朱有志，2011）。

在实现统筹城乡发展的进程中，共生界面涉及的市场、政策等层面的影响十分重要。城市与农村之间劳动力、人才、信息、技术、资本等要素市场可以以价格传递为依托实现要素在城乡间的自由流通配置，这有利于密切城乡间经济往来，从而有利于加强一体化共生关系；实施城乡一体化养老保险、社会救济、失业就业保障、教育卫生、公共安全等社会可持续发展政策，对称互惠的城乡一体化共生模式将会被直接催生形成。优化通信、路网等公共基础设施类的硬介质界面，有利于城乡之间联系日益密切并更加现实可靠，从而有助于加快城乡一体化进程（罗湖平和朱有志，2011）。公民的积极参与、政府的有序主导、第三部门不同形式合作的开展等将使得城乡间一体化的共生进程进一步加快。如果我们能够掌握不同介质的共生界面属性，构建基于最优介质融合的以"共生共荣"为前提的发展体系和传输机制，优化城乡共生界面，从而对城乡对称互惠共生模式和一体化共生界面的形成起到重要的推动作用（罗湖平和朱有志，2011）。

5.2.2 城乡共生主体要素构成

从城乡共生理论角度分析，统筹城乡发展是在城市与农村这两个共生单元有意愿且存在需求的基础上进行的。部分农民有强烈的进城发展的意愿，这是因为他们受到获取稳定的相对高的非农收入及良好的就业、丰富的社会文化生活及期望的较高的社会地位等影响，另一部分农村居民愿意留在农村，需要政府提供制度上的相关保障。随着城市的不断发展，在城乡一体化进程中出现城市大中小产业规模、人口数量不断激增的现象，由于位于城市中心地区地产价格的上升，需要将部分对初级产品进行加工的产业，或者工厂占地面积较大的产业，或者市场竞争力逐渐下降的产业，向周边乡村地区进行不同程度与规模的转移，从而在空间上形成原来的城市陆续向周边乡村地区或郊区蔓延与扩张的趋势。因此，充足的土地资源与农村剩余的劳动力，即土地与劳动力是城市的发展的条件。由共生理论分析得出，兼顾城乡发展中，城市与农村必须具备以下构成要素：具有技术、资金、土地及劳动力等要素的互补资源共生基质，城乡共生单元之间的生产要素流通与交换、物质与能量及信息传导的各种媒介或者载体的共生界面（吴超，2005），各种外部环境下共生所允许的由偏利共生方式转为对称互惠共生的共存方式。

5.3　基于综合集成法的构成要素研究

统筹城乡发展系统包括经济系统、社会系统、生态环境系统，以及空间和公共服务系统等，是一个复杂的巨系统。本研究借鉴复杂巨系统的综合集成法决策厅体系的方法和思路，结合我国城乡统筹的特点，构建"统筹城乡发展综合集成研讨厅"体系，分别由专家集合研讨厅、民主决策研讨厅和公众评议研讨厅三大部分组成（吴超，2005）。作为统筹城乡稳步发展的调控机制，各组成部分分别行使专家研究、民主决策和公众评议职能，它们之间通过计算机网络实施信息交互，既相互独立又相互联系，形成一个动态的可循环的研究、决策和调控体系。

5.3.1　复杂巨系统的研究方法和综合集成研讨厅的内涵

综合集成方法提出了针对开放的复杂巨系统，需要采用综合集成法来研究和处理的观点。综合集成方法的实质是专家体系（专家的经验、知识、智慧和创造力）、数据信息和计算机技术的有机统一，形成了人机结合的智能系统，从而有利于充分发挥人的各项潜能与机器的高性能处理能力，实现定性和定量处理的完美结合。在随后的研究中又在综合集成法的基础上提出了综合集成研讨厅体系，其强调在专家个体的基础上形成专家群体，从而获得的智慧会超越群体中的每个个体，通过"从不准确到精确的综合集成"，达到"智慧之大成"（刘湘辉等，2014）。通过引入"厅"这一个词语把专家们、数据信息系统和计算机技术在空间上组织起来。参与研讨的相关专家们在参与研讨的过程中发挥自己的"心智"，尤其是"性智"，来解决各种错综复杂的问题。研讨厅的机器体系由计算机的软硬件和服务器组成，通过发挥计算机数据运算能力和逻辑运算能力，帮助参与研讨的相关专家进行从不准确到精确的理解（刘湘辉等，2014）。作为研讨厅体系组成部分的研讨厅知识体系，主要是由与研讨问题相关的数据、信息、资料、知识等组成。

5.3.2　综合集成研讨厅体系的构成

专家集成研讨厅组织专家针对统筹城乡发展的相关政策、制度与策略进行研讨，借助研讨厅的机器体系建立统筹城乡发展的模型，通过全面分析、评估去统筹城乡可持续发展，并提出城乡协调发展规划。对受邀参加综合集成研讨厅的专家应该综合考虑，既要有在政府从事主管工作的相关领导和相关工作人员，也要有来自不同学科的理论工作者，如社会学、经济学、人口统计学、生态学、公共管理、城乡规划学等，将受邀专家按照不同的专业、职业、价值取向、利益关系等分别组织起来展开研讨。借助以综合集成研讨厅为基础的人工智能系统，专家小组构建基于不同研究方向、学科视角的系统模型，将受邀专家的"心智"与"性智"与计算机的"高性能"运算能力结合起来，运用计算机的数据运算能力和逻辑运算能力充分地进行分析研究（刘湘辉等，2014）。通过协商交流、时时通信系统与研讨厅中的其他小组进行进展交流，意见交换。

5.3.3 利用综合集成研讨厅体系获取统筹城乡发展构成要素的步骤

第一步，专家集成研讨厅的建设。在专家研讨厅的软硬件投入方面，建设专家研讨厅的硬件投入不大，专家们一般都具有网络接驳、计算机使用的资源；积极营造实施综合集成研讨厅体系的软件，建设通信基础设施、多媒体资源共享平台、人机交互平台、研讨服务平台等研讨厅的软件系统（图5-1）。

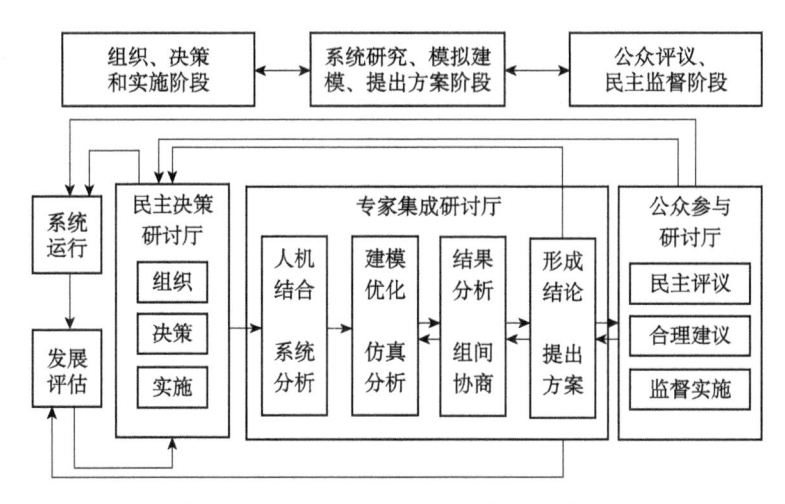

图 5-1 统筹城乡发展综合集成研讨厅体系

第二步，民主决策研讨厅的建设影响到统筹城乡发展的公平性及成功与否。民主决策研讨厅的民主代表由不同地域、不同职务的"生态人"组成，主要组成部分有不同地区的不同规模的城市按照一定比例派出具有较高行政职务的代表及综合发展较好的小城镇及农村的代表，民主决策在充分协商、协调一致的基础上制订作为实施城乡协调发展依据的发展规划，并评估发展现状，制定发展策略。

第三步，公众参与研讨厅的建设，主要途径包括建设、管理和维护网络"论坛"，通过宣传调动社会大众、社会组织、各种利益集团参与统筹城乡协调发展的讨论、评议和监督的积极性，并通过培训、教育等方式培养具有协调稳定发展观、独立思辨能力、团结合作精神的"智能理性生态人"主体来积极参与公众研讨厅的活动（吴超，2005）。

最终确定的统筹城乡发展系统是由经济发展子系统、社会发展子系统、空间子系统、生态环境子系统和公共服务子系统等五个子系统构成的。

小　结

本章通过对统筹城乡发展的内外部环境进行分析，不仅能够客观地评价各相关要素，同时也为指标体系构建提供理论依据。首先从制度、机制及政策因素到宏观经济环境等系统外部环境辨识角度，分析了影响统筹城乡发展的相关因素，并全面系统地分析了影响统筹城乡发展的外部因素；其次是运用共生理论，从系统内城乡共生角度，对统筹城乡发展的主体构成要素进行了细致的分析；最后，借鉴复杂巨系统的综合集成法决策厅体系的方法思路，结合我国城乡统筹的特点，最终确定了统筹城乡发展是由经济发展子系统、社会发展子系统、空间子系统、生态环境子系统和公共服务子系统等五个子系统构成的。

第 6 章
统筹城乡发展进程统计监测指标体系构建

将统筹城乡发展的理论体系转化成可操作的管理模式,并科学、全面、准确地反映统筹城乡发展的基本特征和动态变化规律,确定科学、合理的统筹城乡发展战略,明确工作重点,及时制定相关的政策措施:①需要建立科学的指标体系,以便对统筹城乡发展进程进行量化和测度,最终评价城乡发展能否朝着高质量的方向前进;②需要通过既相互联系又相互独立且可量化的指标来构建统筹城乡发展评价指标体系,该指标体系既能全面、科学地反映统筹城乡发展的进程,又能对统筹城乡发展进行综合评价与判断。

6.1 统计监测指标体系子系统的构建与划分

城市与乡村是作为一个整体系统存在的,统筹城乡协调发展的本质应在于将城市系统与乡村系统融入统一的城乡经济社会大系统中,从而实现城乡经济社会大系统整体结构的优化(李淑英,2013)。现有指标体系大多缺乏建立在多视角、多层面基础上的组合研究。对统筹城乡发展进程进行全面的监测与综合评价,就要用系统的观点,把建立城乡互惠共生系统这一个总目标系统按它包括的领域划分为若干个子系统,指标体系中各个指标应围绕这一子系统进行选择,要求每个指标要能从它所代表的某一侧面体现统筹城乡的内涵和本质特征,所有指标的组合能够从各个侧面、各个领域系统地反映统筹城乡社会发展整体状况（徐静珍和王富强，2004）。从系统论视角考虑，统筹城乡发展系统就是一个由经济、社会、环境、资源等要素彼此相互依赖、相互作用、相互制约而构成的巨系统，统筹城乡发展系统具有整体性特点，包括微观和宏观、内部和外部等多种相互关联并相互作用的影响因素。根据这一系统的组成，本书将该系统划分为五个子系统：统筹城乡经济子系统、统筹城乡社会子系统、统筹城乡空间子系统、统筹城乡生态环境子系统以及统筹城乡公共服务子系统。伴随着统筹城乡发展进程，统筹城乡发展系统及其子系统将是动态变化的。

6.2 监测子系统指标的构建思路及方法

监测子系统指标的选取是否恰当，会直接影响最后形成的综合评价结果。监测指标不是越多越好，指标选取过多，可能会减少每个指标相应的权重从而导致最终评价结果失真；反之，指标选取太少，就有可能导致选取的指标不具备足够的代表性从而产生一定的片面性。在本研究中，通过对各子系统构成要素的分析，我们采用理论分析法与频度统计法，建立具有描述及解释功能的统计监测基本指标体系，在此基础上，采用LOWA算子模糊综合评价进行定量筛选，最终建立监测评价指标体系。理论分析法是对统筹城乡发展各子系统构成要素进行分析比较与综合，选择针对性强、代表性高的指标；频度统计法则主要是对目前有关统筹城乡发展进程评价研究的著作、课题、论文、报告等进行频度统计，选择那些综合认可度较高的指标；LOWA算子模糊综合评价则是通过对指标的模糊判断得到判断矩阵并完成信息集结，筛掉那些具有明显相关性或相互重复的指标。通过综合运用这三种方法，就可以构建统筹城乡发展进程的统计监测指标体系（李淑英，2013）。这一监测评价指标体系的构建如图6-1所示。

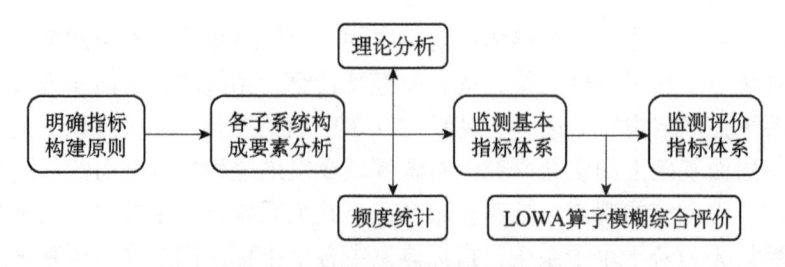

图 6-1　构建监测评价指标流程图

6.3 统计监测指标体系的功能

统筹城乡发展进程统计监测指标体系的作用在于，用科学的评价指标客观地反映城乡统筹发展进程，全面地反映统筹城乡发展的进展和问题，为政府制定、调整和落实政策提供参考。构建统筹城乡发展进程统计监测指标体系主要有描述、评价、监测、预警及反馈等功能，它们之间相互影响、相互渗透、相互支撑。

6.3.1 客观描述

客观描述主要表现在两个方面：首先，描述城乡统筹发展进程五个方面各自的具体统筹程度，从经济、社会、空间、生态环境、公共服务角度来反映城乡统筹发展的整体情况；其次，描述城乡统筹发展各方面间的相互关系，以反映出统筹城乡发展是各方面都和谐推进的结果。

6.3.2 综合评价

评价，即按照一定的准则，对研究对象的目标、方法、内容、实施和进展等情况做出事实叙述与价值判断。统筹城乡发展进程统计监测指标体系的主要作用是评价。这主要表现在两个方面：首先，为评价统筹城乡发展状况提供客观依据；其次，分析统筹城乡发展进程中存在的不良因素及其原因。能够承担分析、评价的指标，不仅要依据经济学、系统学等理论去设计，而且要从统计分析过程中选择。只有掌握了事物的现状，才能对其未来做出准确预测，才能对其动态发展进行监测。如果不能准确地评价当前统筹城乡发展巨系统的运行状态，对其未来发展进行预测或预警便无从谈起。

6.3.3 动态监测

监测是按照一定的要求或准则，对评测对象进行监测及督促。监测作用是统筹城乡发展进程统计监测指标体系的最关键作用。这主要表现在两个方面：首先，监察作用——通过运用科学方法选取的主观指标与客观指标、静态指标和动态指标、定量指标与定性指标、显示性指标和分析性指标对城乡统筹发展进程做出系统化、规范化的监察，以克服存在于过往评价中的模糊性、随意性；其次，督促作用——按照科学的标准，发现存在的不足和问题，通过对比识别差距、分析原因，从而寻求缩小城乡差距的可能途径。

6.3.4 预警与反馈

统筹城乡发展进程统计监测指标体系应该在城乡统筹发展系统运行不协调，或者可能发生重大转折之前，及时发出信息，起到预警作用。城乡统筹发展系统运行中的问题可以通过一些指标的变化率先暴露或反映出来，这类指标构成了城乡统筹发展系统运行的"晴雨表"或"报警器"。

预警并非终极目的，而是要对城乡统筹发展系统运行中的不正常状态及时调控，使其运行正常。根据信息论的观点，构建统筹城乡发展进程统计监测指标体系的过程，也是信息的获取、传递、加工、存储、转换的过程。统筹城乡发展进程统计监测指标体系的重要作用之一是反馈作用。其主要表现如下：首先，及时反映统筹城乡发展进程中的现象及出现的问题，提高各级政府统筹城乡发展的理解度和把握度，为各级政府出台、修订政策措施提供可靠的依据，为确定在不同阶段统筹城乡发展时的重点问题提供基础资料；其次，针对反馈的问题，各级政府通过计划、组织、控制、领导等方式，运用各种手段，协调城乡之间、地区之间的相互关系，以实现城乡一体化的目标。

6.4 统计监测指标体系构建原则

6.4.1 一般原则

（1）系统性原则。在统筹城乡发展进程统计监测指标体系的设计中，需要以协调、全面的科学发展观为指导思想，全面考虑各子系统构成要素及它们的内在联系，使指标之间既有相关性又具有独立性，通过综合评价全面反映统筹城乡发展进程。系统地表征统筹城乡发展的各个构成方面，形成一个包容性强、整体表现好的综合指标体系是构建统筹城乡发展进程统计监测指标体系的基本目标。

（2）导向性原则。统筹城乡发展进程监测指标体系是以科学发展观为指导思想构建的，因此，统筹城乡发展监测指标体系对统筹城乡发展的实践工作具有指导意义和导向作用，有助于政府部门及时发现并纠正实际工作中出现的偏差，正确引导全面协调发展。

（3）可操作性原则。指标体系必须能够反映城乡统筹发展进程的全貌，所以采用对城乡统筹发展能够产生最大限制的主导因素所构成的指标体系来描述和评价其发展进程，才能够把握城乡统筹发展最本质、最基本的特征。统筹城乡发展的测度研究，没有可靠规范的指标体系可以借鉴，在指标选取方面要保证数据的可信度和可获得性，尽可能减少难以量化或定性指标的数量，与目前已有的统计资料相容，在实际分析中易于计算和评价分析。指标体系中的定性指标通过一定的量化手段获得，定量指标通过统计部门发布的相关数据直接或间接计算得到。

（4）相对独立性原则。统筹城乡发展监测系统是一个复杂的巨系统，因此，要求统筹城乡发展评价指标之间完全独立，不具有重叠性是不可能的。所以只能用定量分析的方法选取那些相关性相对较小的指标，并尽量降低计算综合得分过程中多重共线性引起的计算误差，通过相关系数矩阵来定量判别或者对所评价对象的属性来定性判别。

（5）可比性原则。构建的统筹城乡发展进程统计监测指标体系不仅纵向可比还应该横向可比。纵向可比就是指标体系在一定时间段内都有较好的评价作用，对某一特定地区城乡统筹发展情况进行描述评价；横向可比即指标体系在各地都应该有较好的适用性，对不同地区统筹城乡发展进程进行比较分析。所以，必须充分考虑各地区在经济结构及自然环境等方面的差异，尽最大可能选取那些具有共性的综合性指标，从而与已有的一些指标相互衔接，以保证评价结果的可比性。

6.4.2 特殊原则

统筹城乡发展涉及城市与农村的经济、社会、生态环境、空间、公共服务等方面的内容，因此，应该采用多元化评价标准对统筹城乡发展进程进行评价。

（1）评价内容多元化。统筹城乡发展涉及经济、社会、生态环境、空间、公共服务等诸多方面的内容，因而对城乡统筹进程进行测度，应采用能全方位体现统筹城乡发展现状及动态进程的多方面的多元化指标体系（朱孔来等，2011）。在设计指标时，应该以各个子系统为基础，十分重视经济效益、社会效益和生态效益的统一，正确处理三者之间关系及它们在指标体系中的地位，合理体现其矛盾与一致性。

（2）评价主体多元化。国家、省市及县乡镇级政府部门与领导、农民等均可作为评价主体。中央政府从宏观层面把握全局，制定对应的政策与纲领，推进统筹城乡发展的进程；省市政府对地方相关政策的实施情况进行追踪与反馈，灵活运用与落实国家有关城乡统筹发展的政策和精神，及时纠正政策实施中的偏差；而县乡镇级领导对城乡统筹发展进程测度的目的是明确新一阶段的工作方向和重点，准确把握当地经济和社会发展状况，寻找提升当地发展的切入点（徐静珍和王富强，2004）。

（3）评价标准多元化。统筹城乡发展是一个动态过程，发展特点会因时间、空间的不同而存在巨大差异。目前，随着全国统一的生产要素市场、劳动力市场及产品市场的形成，探讨统筹城乡发展应该与当前的社会背景相适应，充分考虑城市、农村及周边城市等各方面社会和经济发展实体对对方的需求等。

6.5 统计监测指标体系

对城乡统筹发展巨系统进行客观评价，找出城乡关系表现的途径及影响城乡关系发展的主要因素是关键。影响城乡统筹发展进程的不单是物质空间，社会经济、政治力量、人类行为等因素也是主要影响因素（完世伟，2006）。要衡量统筹城乡发展的进程、反映城乡统筹发展水平，不能依据某一个或几个指标得到的评价信息进行评价，因此必须建立更完善的统计监测指标体系。根据该指标体系的预设功能，构建统筹城乡发展进程统计监测指标体系主要包括三个部分。

（1）基本指标体系。基本指标体系是构建评价指标体系和预警指标体系的基础，用来统一、协调各项指标的口径，侧重于解释和描述。基本指标通过数值大小反映研究对象的规模，在层次上反映研究对象的功能强弱与水平高低。

（2）评价指标体系。通过对不同子系统的基础指标分析，依据一定的原则进行加工、汇总形成以相对指标为主的评价指标体系。采用科学的评价方法对指标进行纵向与横向的比较，从而达到分析、评价城乡统筹发展进程的目的，探讨影响城乡统筹发展的因素，为加快城乡统筹发展进程提供科学依据（吴红兵，2007）。

（3）预警指标体系。以基本指标体系为框架，以评价指标体系为导向，选择一些敏感性、关键性的指标构建预警指标体系。该指标体系用于在不同时段监测统筹城乡发展进程的变化波动和发展趋势，在波动程度超过警戒线之前，提前进行预警，以便有相对充足的时间来控制统筹城乡发展进程保持在正常状态之下，实现宏观调控的最终目标。

综上，统筹城乡发展进程统计监测指标体系的三大组成部分共同实现了描述、评价、监测、预警和反馈的功能，三者关系见图6-2。

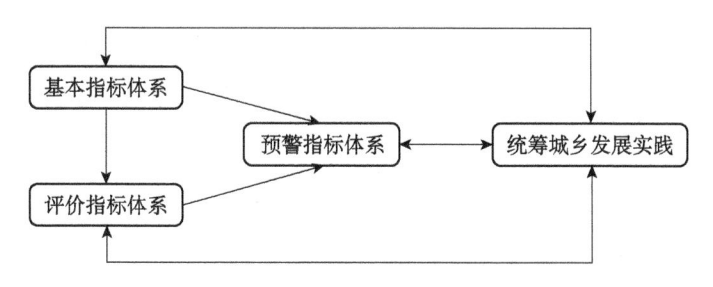

图 6-2　统筹城乡发展进程统计监测指标体系相互关系

6.5.1　指标的频度统计

根据统筹城乡发展进程评价指标的研究现状，结合理论分析结果，为了能够更加科学、合理地构建统筹城乡发展进程评价指标体系，本书参阅了 108 篇统筹城乡发展进程评价文献，并根据研究的需要从中整理选取了 80 篇有关可持续发展能力指标体系研究方面较有代表性的文献。对这 80 篇有关统筹城乡发展进程指标体系研究的文献进行了统计分析，对其中已有的 571 项统筹城乡发展进程评价指标进行了频度统计，计算了这 571 项统筹城乡发展进程评价指标的应用频度。结合频度分析，遵循科学性、目的性、系统性、可操作性和可比性的原则，选择了使用频度较高及较有代表性的指标，同时增加了一些因研究者主客观因素使用频度低或者未曾被使用过，但经考虑对统筹城乡发展进程有重要促进作用的指标。

按照频度统计分析，通过四个步骤选取指标。

（1）指标群 1 的选取：频度大于 10% 的指标。

（2）指标群 2 的选取：在指标群 1 中，排除掉指标内涵相近或反映内容相似的重复性指标，只保留数据可得且较有代表性的指标。

（3）指标群 3 的选取：考虑增加一部分因某些主客观因素而使用频度低或未被使用过，但目前对统筹城乡发展进程有重要促进作用的指标。

（4）通过专家咨询法，结合科学性、可比性、系统性及数据的可得性原则，针对指标群 3 进行调整，并最终确定出统筹城乡发展进程的基本指标体系。

6.5.2　统筹城乡发展基本指标体系

1. 统筹城乡经济子系统

统筹城乡经济发展，就是打破过去"重工轻农"的经济发展模式，通过生产要素等资源在城乡间的自由流动，优化产业结构和投资结构，加快农业生产规模化、产业化和现代化，实现城乡经济持续协调和共同繁荣。在统筹城乡发展过程中，应该高度重视与加快城镇化和非农化进程相适应的产业结构调整的客观要求。通过城乡新型市场机制的建立，使各种资源在城乡间、不同产业间实现有序流动及优化组合，保证城乡经济协调发展。

在理论分析法和频度统计法的基础上，该子系统基本指标体系包括：人均地区生产总值（人均GDP）、农村居民人均纯收入、城乡居民人均收入比（城乡居民收入比）、城乡居民人均消费比、城镇居民人均可支配收入、城乡人均固定资产投资比（城乡固定资产投资比）、第三产业增加值占GDP比重、第一产业人员占就业人员比重（第一产业从业人员比重）、R&D经费投入强度（R&D经费支出占GDP比重）、农林水事务支出比重、农业劳动生产率、非农产业从业人员比重、财政支农资金比重等。

（1）人均GDP：人们了解和认识一个国家或地区宏观经济运行状况的有效工具，是衡量经济发展状况的重要指标之一。

（2）城乡居民收入比：城镇居民人均可支配收入与农村居民人均纯收入之比，衡量城乡收入差距最直观的指标。

（3）城乡居民人均消费比：城镇居民人均用于日常生活的全部支出与农村居民人均用于日常生活的全部支出之间的比。

（4）城乡居民人均固定资产投资比：城镇固定资产投资的人均值与农村固定资产投资的人均值的比值。

（5）第三产业增加值占GDP比重：一个国家或地区在一定时期内第三产业新创造的价值（以货币形式表现的生产活动成果扣除了在生产过程中消耗或转换的物质产品和劳务价值后的余额）占GDP的比重。该指标既反映了国家或地区产业结构服务化的程度，又可以比较或评价一国或地区经济结构现代化水平。

（6）第一产业从业人员比重：从事第一产业人员人数占社会总从业人数的比重。

（7）R&D经费支出占GDP比重：又称为R&D经费投入强度，是用于衡量一国或一个地区在努力进行科技创新方面投入程度的重要指标。

（8）农林水事务支出比重：农林水事务的支出在财政支出中所占的比重。

（9）农业劳动生产率：衡量农业劳动者生产效率的指标，是生产单位农产品消耗的劳动时间，或平均每个农业劳动者能够在单位时间内生产的农产品量或产值。

（10）非农产业从业人员比重：从事二三产业就业人员在全部就业人员中的比重，是反映产业结构的指标。

（11）城镇居民人均可支配收入：能用于日常生活的那部分现金收入，用以衡量城市居民收入水平和生活水平的最重要的指标。

（12）农村居民人均纯收入：农村居民家庭可直接用于进行生产性、非生产性建设投资，生活消费和积蓄的那部分收入。用来观察农民实际收入水平和农民扩大再生产及改善生活的能力。

（13）财政支农资金比重：财政支出中国家用于农村、农业、农民方面的支持资金所占比重，该指标主要体现国家与农民之间的分配关系。

2. 统筹城乡社会子系统

城乡社会统筹主要是为了协调城乡社会事业发展，确保城乡居民在教育、居住、就业等方面享受同等待遇，城乡居民共同享受高度发展的精神文明成果和物质文明成果。统筹城乡社会发展的关键是城市社会事业发展的同时加快发展农村社会事业。要达到这个目的，政府必须加大对农村社会事业投入力度，进行制度改革，彻底改变农村社会事业落后的局面。

城乡恩格尔系数比、城镇化率（城镇化水平）、失业率、城乡居民文化娱乐消费支出的比重、城乡居民家庭每百户耐用消费品拥有量比、农村卫生厕所普及率、自来水普及率、燃气普及率、基本社会保险覆盖率、城乡最低生活保障支出比、基尼系数等构成了该子系统基本指标体系。

（1）城乡恩格尔系数比：城镇家庭恩格尔系数与农村家庭恩格尔系数的比值。

（2）城镇化率：城镇人口占该地区总人口的比重，是一个国家或地区经济发展的重要标志，同时也是衡量一个国家或地区的社会组织程度及社会管理水平的重要标志。

（3）失业率：一定时期满足全部就业条件的就业人口中仍未有工作的劳动力所占比重，是体现一个国家或地区失业状况的关键指标，旨在评价处于闲置的劳动产能。

（4）城乡居民文化娱乐消费支出的比重：城镇居民在文化娱乐消费方面的支出占总消费支出的比重与农村居民在文化娱乐消费支出占总消费支出的比重的比较。

（5）城乡居民家庭每百户耐用消费品拥有量比：城镇居民家庭每百户拥有耐用消费品数量与农村居民家庭每百户拥有耐用消费品数量的比值。

（6）农村卫生厕所普及率：在农村总人口中使用卫生厕所的人口所占的百分率。

（7）基本社会保险覆盖率：已参加基本养老保险和基本医疗保险人口占政

策规定应参加人口的比重。

（8）城乡最低生活保障支出比：城镇最低生活保障支出与农村最低生活保障支出的比值，该指标越低说明城乡居民生活水平差异越小。

（9）自来水普及率：能够饮用自来水的人口数目与该地区总人口的比率，该指标是反映居民生活质量的指标之一。

（10）燃气普及率：用天然气做燃料的家庭占所有家庭的比例，是反映居民生活质量的指标之一。

（11）基尼系数：根据洛仑兹曲线所定义的判断收入分配公平程度的指标，是国际上用来综合考察居民内部收入分配差异状况的一个重要分析指标。

3. 统筹城乡空间子系统

城乡统筹发展不仅包含城乡经济协调、资源流动和产业分工，还包括城乡空间结构的优化和调整。作为典型的两种社会经济活动的空间组织形式，城乡空间结构是由点到线构成的拓扑结构，点是指城镇等点状设施，线则是交通等线状设施。城乡统筹发展，必须研究城乡体系与交通、信息体系的空间构建等问题。因此，城市规模的合理规划与配置，加上城乡交通和信息网络的有效连接，既能促进城镇繁荣，还能从根本上解决"三农"问题，实现城乡优势互补与协调发展。

该子系统选取的基本指标体系包括：建制镇密度、交通网密度、人均城市道路面积（城市人均道路面积）、互联网普及率、公交线路网密度、货物周转量及城镇居民家庭百户家用电脑拥有量等指标。

（1）建制镇密度：经省、自治区、直辖市人民政府批准设立的镇的个数占该地区行政区域面积的比。

（2）交通网密度：运输线路长度与地区行政区域面积比。

（3）城市人均道路面积：用城市道路的总面积除以城市人口数，可以表示出城市道路面积是否合理。

（4）互联网普及率：互联网用户数占地区常住人口总数的比例。反映一个国家或地区经常使用互联网的人口比例，通常国际上用来衡量一个国家或地区的信息化发达水平。

（5）公交线路网密度：有公交线路的道路中心总长度与有公共交通服务的城市用地面积之比。反映居民出行接近线路的程度，是公共交通服务水平评定的重要指标。

（6）货物周转量：一定时期内，运输部门实际运送的货物吨数和它的运输距离的乘积。

（7）城镇居民家庭百户家用电脑拥有量：城镇居民平均每百户家庭拥有电脑的台数。

4. 统筹城乡生态环境子系统

城乡生态环境统筹需要将城市环境和农村环境统一纳入同一个大系统中规划，形成城乡生态环境高度融合互补，经济、社会与生态环境协调发展的格局。城乡生态环境统筹对于推进城乡经济与社会可持续发展至关重要。这就需要城乡共识，实现以保全生态系统为重心，建立、健全城乡生态环境协调体系，加速推进城乡有机融合的生态系统建设（吴红兵，2007）。

选取的该子系统基本指标体系包括：建成区绿化覆盖率、人均公园绿地面积、工业废水排放达标率、工业固体废物综合利用率、环境保护费占财政支出的比重、万元 GDP 能耗及垃圾集中处理率等指标。

（1）建成区绿化覆盖率：城市建成区绿化覆盖面积占城市建成区面积的百分比。

（2）人均公园绿地面积：体现城市整体环境水平和城镇居民生活质量的重要指标。其计算公式是人均公园绿地面积＝公园绿地面积/城市人口数量。

（3）工业废水排放达标率：工业废水排放达标量占该地区工业废水排放总量的比重。

（4）工业固体废物综合利用率：工业固体废物综合利用量占工业固体废物产生量的比重。

（5）环境保护费占财政支出的比重：财政支出中环境保护投入支出所占比重。

（6）万元 GDP 能耗：一个地区在报告内（如一个季度、一年等）创造每一万元 GDP 所耗费的综合能源量。该指标说明一个国家经济活动中对能源的利用程度，反映经济结构和能源利用效率的变化。

（7）垃圾集中处理率：生产性、生活性垃圾集中处理的程度。

5. 统筹城乡公共服务子系统

统筹城乡公共服务要求改变过去重城轻乡的财政预算方式，加大对农村的投入力度，包括城乡教育、医疗、交通等社会事业统筹。统筹城乡公共服务是实现城乡和谐与稳定的保障，有助于提高农村居民素质，推动农村剩余劳动力顺利向城市转移。

选取的该子系统基本指标体系包括：城乡每千人口卫生技术人员比、城乡每千人口医院和卫生院床位比、平均每百个劳动力中高中及以上文化程度人数、农村有线电视广播入户率、每万人拥有公共交通车辆、人均医疗卫生支出、每万人拥有医生数及教育事业费占财政支出比重等指标。

（1）城乡每千人口卫生技术人员比：城镇每千人口中所分摊的卫生技术人员数与农村每千人口中所分摊的卫生技术人员数之比。

（2）城乡每千人口医院和卫生院床位比：城镇每千人口中所分摊的医院和卫生院床位数与农村每千人口中所分摊的医院和卫生院床位数之比。

（3）平均每百个劳动力中高中及以上文化程度人数：高中及以上文化程度人数占地区劳动力人数的比重。

（4）农村有线电视广播入户率：农村有线电视入户数占农村家庭户数的比重。

（5）每万人拥有公交车辆数：平均每一万个城市建成区内常住人口拥有的公交车辆数，主要包括公共汽车、电车、地铁、轻轨和城市铁路等。其是反映城市公共交通发展水平和交通结构状况的指标，作为判断道路的总体交通负荷和管理难易度的参考指标，也是判断公共交通优先政策和措施是否落实的参考指标。

（6）人均医疗卫生支出：医疗卫生费用支出总额与该地区人口的比值，该指标用来衡量地区医疗卫生状况。

（7）每万人拥有医生数：该地区医生数与地区以万人计的人口总数相除。

（8）教育事业费占财政支出比重：教育经费、文化事业费占地区财政支出的比重。

统筹城乡发展进程基本指标体系表，如表6-1所示。

表6-1 统筹城乡发展进程基本指标体系表

目标层	准则层指标	序号	指标层指标	单位	属性
城乡统筹	城乡经济统筹	1	人均GDP	万元	+
		2	城乡居民人均收入比	—	−
		3	城乡居民人均消费比	—	−
		4	城乡人均固定资产投资比	—	−
		5	第三产业增加值占GDP比重	%	+
		6	R&D经费投入强度	%	+
		7	农林水事务支出比重	%	+
		8	农业劳动生产率	万元/人	+
		9	非农业产业从业人员比重	%	+
		10	城镇居民人均可支配收入	万元	+
		11	第一产业人员占就业人员比重	%	−
		12	财政支出占GDP比重	%	+
		13	农村居民人均纯收入	万元	+
		14	财政支农比重	%	+

续表

目标层	准则层指标	序号	指标层指标	单位	属性
城乡统筹	城乡社会统筹	15	城乡恩格尔系数比（农村=1）	—	+
		16	城镇化率	%	+
		17	失业率	%	−
		18	城乡最低生活保障支出比	—	−
		19	城乡居民文化娱乐消费支出比	—	−
		20	城乡居民家庭每百户耐用消费品拥有量比	—	−
		21	农村卫生厕所普及率	%	+
		22	自来水普及率	%	+
		23	燃气普及率	%	+
		24	基本养老保险覆盖率	%	+
		25	基尼系数	—	−
	城乡空间统筹	26	建制镇密度	个/千米^2	+
		27	交通网密度	千米/千米^2	+
		28	互联网普及率	%	+
		29	人均城市道路面积	米^2	+
		30	公交线路网密度	千米/千米^2	+
		31	货物周转量	吨/千米	+
		32	城镇居民家庭百户家用电脑拥有量	台	+
	城乡生态环境统筹	33	建成区绿化覆盖率	%	+
		34	人均公园绿地面积	米^2	+
		35	工业废水排放达标率	%	+
		36	工业固体废物综合利用率	%	+
		37	环境保护费占财政支出比重	%	+
		38	万元GDP能耗	吨标准煤	−
		39	垃圾集中处理率	%	+
	城乡公共服务统筹	40	城乡每千人口卫生技术人员比	—	−
		41	城乡每千人口医院和卫生院床位比	—	−
		42	平均每百个劳动力中高中及以上文化程度人数	人	+
		43	农村有线电视广播入户率	%	+
		44	每万人拥有公共交通车辆	标台	+
		45	人均医疗卫生支出	元	+
		46	每万人拥有医生数	人	+
		47	教育事业费占财政支出比重	%	+

6.5.3 基于 LOWA 算子的评价指标体系构建

由于人类思维的模糊性和指标体系构建的复杂性，在选择或判断指标时，一般倾向于在一定的原则下，用"优、良、中、差"等模糊语言加以描述。美国学者 Yager 提出了一种集结决策信息的有序加权平均算子（LOWA），该方法可以用于以模糊语言形式来对方案进行选优。首先通过初选的基础指标进行模糊判断，得到以模糊语言形式给出的判断矩阵；再利用 LOWA 算子对模糊语言偏好信息进行汇总，并以此为依据选择指标，完成评价指标体系构建（朱龙杰等，2006）。设 $f: S^n \rightarrow S$，若 $f = (a_1, a_2, \cdots, a_n) = \max_j \min(w_j, b_j)$，其中 $w = (w_1, w_2, \cdots, w_n)$ 是与 f 相关的模糊加权向量，$w_j \in S$，而 S 是模糊语言标度集，b_j 则是集合 $(a_1, a_2, \cdots, a_n)$ 中第 j 个最佳元素，f 就是语言有序加权平均算子，也即 LOWA 算子。

1. 于 LOWA 算子的指标筛选步骤

第一，设 $X = (x_1, x_2, \cdots, x_n)$ 是初选指标集，$G = (G_1, G_2, \cdots, G_t)$ 是属性集，$D = (D_1, D_2, \cdots, D_m)$ 代表指标评价者。若 $D_k \in D(k = 1, 2, \cdots, m)$ 给出 $x_i \in X(i = 1, 2, \cdots, n)$ 的在属性 $G_j \in G(j = 1, 2, \cdots, t)$ 下模糊语言评价值是 r_{ij}^k，并由此得到第 K 个专家的评判矩阵 $R_k = (r_{ij}^k)_{n \times t}$，$r_{ij}^k \in S$，可以令 $S=$（优，良，中，差）。

采用 LOWA 算子汇总的评判矩阵中第 i 行的模糊评价值，得到 D_k 所给出的指标综合模糊值 y_i^k：

$$y_i^k = f(r_{i1}^k, r_{i2}^k, \cdots, r_{it}^k) = \max_j \min(w_j, b_{ij}^k) \qquad (6.1)$$

一般，我们需要在一定的指导原则下确定 w，比如按照"五条原则不低于三条，指标判断结果达到优"作为选择原则。

第二，采用 LOWA 算子来对 m 位专家给出的各指标综合模糊值进行汇总，得指标的群体综合模糊值 z_i：

$$z_i = g(y_i^1, y_i^2, \cdots, y_i^m) = \max_k \min(v_k, b_i^k), i = 1, 2, \cdots, n; k = 1, 2, \cdots, m \qquad (6.2)$$

其中 b_i^k 是 $y_i^1, y_i^2, \cdots, y_i^m$ 第 k 个最大元素，$v = (v_1, v_2, \cdots, v_n)$ 是与 g 相关的模糊加权向量。

第三，根据最后的评价结果来对指标进行取舍，以评价结果优作为指标的取舍标准，把非优的评价结果去掉。

2. 统筹城乡发展评价指标体系的建立

完成了城乡统筹发展描述性指标体系的分析和判断，再结合我国国情，可以分别从经济、社会、空间、生态环境与公共服务这五个方面来监测区域城乡统筹发展进程。在基本指标体系的基础上，请三位专家从导向性、可操作性及可比性三个方面对所有指标进行评判，采用基于 LOWA 算子的指标体系构建方法，确定评价指标体系。

完成后的统筹城乡发展进程评价指标体系是由成递阶层次结构的三层指标构成，分别是第一层的目标层、第二层的准则层和第三层的指标层，它们之间的关系是准则层反映目标层，而准则层本身则由具体评价指标层加以反映。

（1）目标层 A：以城乡统筹发展指数来作为目标层的综合指数，其反映了统筹城乡发展的总体状态。

（2）准则层 B：由五部分构成，具体为城乡经济统筹（$B1$）、城乡社会统筹（$B2$）、城乡空间统筹（$B3$）、城乡生态环境统筹（$B4$）、城乡公共服务统筹（$B5$），分别从经济、社会、空间、生态环境及公共服务五个方面体现区域统筹城乡发展的状况。

（3）指标层 C：设计由 28 项指标构成，如表 6-2 所示。

表 6-2 统筹城乡发展评价指标体系

城乡经济统筹（9）	人均GDP($C11$)、城乡居民收入比($C12$)、城乡居民人均消费比($C13$)、城乡人均固定资产投资比($C14$)、第三产业增加值占GDP比重($C15$)、R&D经费支出占GDP比重($C16$)、农业劳动生产率($C17$)、农林水事务支出比重($C18$)、第一产业从业人员比重($C19$)
城乡社会统筹（6）	城乡恩格尔系数比($C21$)、城镇化率($C22$)、失业率($C23$)、城乡居民文化娱乐消费支出比($C24$)、城乡居民家庭每百户耐用消费品拥有量比($C25$)、农村卫生厕所普及率($C26$)
城乡空间统筹（4）	建制镇密度($C31$)、交通网密度($C32$)、互联网普及率($C33$)、城市人均道路面积($C34$)
城乡生态环境统筹（4）	建成区绿化覆盖率($C41$)、人均公园绿地面积($C42$)、工业废水排放达标率($C43$)、工业固体废物综合利用率($C44$)
城乡公共服务统筹（5）	城乡每千人口卫生技术人员比($C51$)、城乡每千人口医院和卫生院床位比($C52$)、农村居民家庭中平均每百个劳动力中高中及以上文化程度人数($C53$)、农村有线电视广播入户率($C54$)、每万人拥有公交车辆数($C55$)

小　结

本章在频度统计法和理论分析的基础上，从系统论的观点出发，构建了包含 47 项指标的统筹城乡发展基本指标体系。以统筹城乡发展的基本指标体系为基础，基于 LOWA 算子对不同层次的基本指标、不同的子系统进行分析，按照一定原则加工、汇总成由 28 项指标构成的统筹城乡发展评价指标体系。

第 7 章
统筹城乡发展评价方法研究

综合评价的对象是一个多维空间，具体的被评价对象等同于多维空间的若干个点，各项指标相当于用来衡量被评价对象的不同维度（完世伟，2006）。因此，综合评价方法弥补了统计指标体系的不足，便于被评价对象在不同时空的整体排序。在进行综合评价之中，指标的无量纲化是基础，综合评价方法的选择是关键。因此，要根据实际的研究问题，选取合适的处理方法，才能实现客观、科学地评价被研究对象。

通过大量相关文献研究可以发现，在综合评价方面经常被专家学者采用的方法有多指标综合评价法、多元统计分析法、层次分析法、熵值法等。其中多指标综合评价是采用最普遍的综合评价方法，其次是确立权重的多元统计分析法。由于构造多指标综合评价方法的核心是确定权数，权数直接影响到综合评价结果，所以确定权数的方法选择非常重要。

7.1 多指标综合评价方法

为了寻找适合本次研究的统筹城乡发展评价方法，需要对常用方法进行评述。不论是哪种现代综合评价方法，其整体思路是统一的：确定评价对象—确立指标体系—确定指标权重—确定评价等级—建立数学模型—价结果分析。

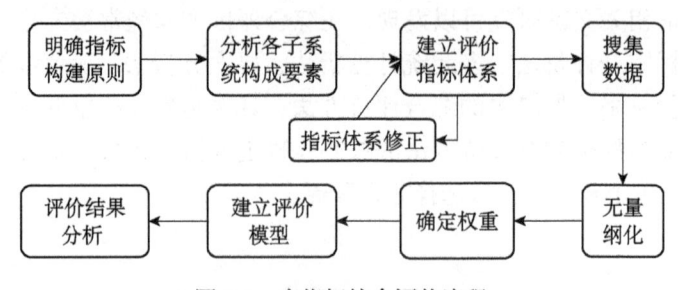

7.1.1 多指标综合评价方法

多指标综合评价方法是将描述现象的性质不同、量纲不同的统计指标转化成无量纲的相对评价值，通过汇总这些信息得出一个综合指标，来综合反映被评价对象的整体情况，是对多指标进行综合的所有的有效方法的统称（完世伟，2006）。该方法的特点主要是：第一，不同的评价指标说明被评价对象的不同方面，彼此间往往是不同度量的；第二，由于不同指标反映不同的侧面，所起作用也不尽相同，它们之间有主次之分，所以各指标的权重不同，该方法通过赋予评价指标不同的权重来综合各指标的信息；第三，该评价方法对被评判对象做出最后的整体性评价，一般通过编制一个总值系数表来反映被评价对象的水平。本研究通过采用多指标综合评价方法对城乡统筹发展的进程进行测度，以便于更好地对城乡统筹发展进行整体评价、区域评价和历史评价。

多指标综合评价方法的一般步骤见图7-1。

（1）第一步，建立统筹城乡发展的评价指标体系。

（2）第二步，根据指标数值的特点，选择合成公式进行无量纲化处理，将指标实际值转化为指标评价值。

（3）第三步，确定各项指标的权重。

（4）第四步，综合各项指标评价值，得出综合评价值。

（5）第五步，对综合评价值进行排序。

图7-1 多指标综合评价流程

7.1.2 多元统计分析法

在利用多指标体系评价时，利用多元统计的方法对各个指标进行综合，其中又以主成分分析法和因子分析法最多。美国哈佛大学的波特教授采用因子分析法构造竞争力指数，并通过比较得到竞争力排名。东南大学徐康宁教授在《中国城市竞争力排行榜》一书中，利用因子分析法对辽宁市的竞争力进行比较分析，并对其 14 个城市的综合竞争力进行了实际测算。中科院倪鹏飞博士采用主成分分析法合成综合指数，利用特征向量加权构造城市竞争力评价指数的权数，对中国 200 个地级以上样本城市的综合竞争力进行了分析和评估。杭州商学院陈钰芬利用主成分分析方法对全国 31 个省（自治区、直辖市）1998 年的统计数据进行了分析，提出用第一主成分作为经济实力的度量；用第二主成分反映地区发展特征。以主成分对应的特征向量作为权数，计算综合指数并将全国 31 个省（自治区、直辖市）进行排名。

1. 因子分析法

因子分析法是指从研究指标相关矩阵内部的依赖关系出发，把一些信息重叠、具有错综复杂关系的变量归结为少数几个不相关的综合因子的一种多元统计分析方法。基本思想是：根据相关性大小把变量分组，使得同组内的变量之间相关性较高，但不同组的变量不相关或相关性较低，每组变量代表一个基本结构，即公共因子。

应用因子分析法的主要步骤如下。

（1）对数据样本进行标准化处理。

（2）计算样本的相关矩阵 R。

（3）求相关矩阵 R 的特征根和特征向量。

（4）根据系统要求的累积贡献率确定主因子的个数。

（5）计算因子载荷矩阵 A。

（6）确定因子模型。

（7）根据上述计算结果，对系统进行分析。

2. 主成分分析法

在实证问题研究中，为了全面、系统地分析问题，我们必须考虑众多影响因素（变量），亦称为指标。因为每个变量都在不同程度上反映了所研究问题的某些信息，并且指标之间彼此有一定的相关性，所以所得的统计数据反映的信息在一定程度上有重叠。变量太多会增加计算量和分析问题的复杂性，因此，研究者在进行定量分析的过程中，希望涉及较少的变量而得到较多的信息量。主成分分析法正是适应这一要求产生的，是解决这类题的理想工具。

主成分分析法是设法将原来众多的具有一定相关性的变量重新组合成一组新的相互无关的几个综合变量，同时根据实际需要从中可以取出几个较少的综合变量尽可能多地反映原来变量的信息，是数学上处理降维的一种方法。最经典的做法就是用 F_1（选取的第一个综合变量）的方差来表达，即 Va（rF_1）越大，表示 F_1 包含的信息越多，称 F_1 为第一主成分。如果第一主成分不足以代表原来变量的信息，再考虑选取 F_2，为了有效地反映原来信息，F_1 已有的信息就不需要再出现在 F_2 中，称 F_2 为第二主成分，依此类推可以构造出第三、第四、……，第 P 个主成分。

主成分分析法的优点如下。

（1）可消除评估指标之间的相关影响。因为主成分分析法在对原始数据指标变量进行变换后形成了彼此相互独立的主成分，而且实践证明指标间相关程度越高，主成分分析效果越好。

（2）减少指标选择的工作量。由于难以消除评价指标间的相关影响，所以其他评价方法在选择指标时要花费不少精力，而主成分分析法由于可以消除这种相关影响，所以在指标选择上相对容易些。

（3）主成分分析中各主成分是按方差大小依次排列顺序的，在分析问题时，可以舍弃一部分主成分，只取前面方差较大的几个主成分来代表原变量，从而减少了计算工作量。用主成分分析法作综合评估时，由于选择的原则是累计贡献率≥85%，不至于因为节省了工作量却把关键指标漏掉而影响评估结果。

主成分分析法的缺点有三个。

（1）在主成分分析中，我们首先应保证所提取的前几个主成分的累计贡献率达到一个较高的水平（即变量降维后的信息量须保持在一个较高水平上），其次对这些被提取的主成分必须都能够给出符合实际背景和意义的解释（否则主成分将空有信息量而无实际含义）。

（2）主成分的解释其含义一般多少带有点模糊性，不像原始变量的含义那么清楚、确切，这是变量降维过程中不得不付出的代价。因此，提取的主成分个数 m 通常应明显小于原始变量个数 p（除非 p 本身较小），否则维数降低的"利"可能抵不过主成分含义不如原始变量清楚的"弊"。

（3）当主成分的因子负荷的符号有正有负时，综合评价函数意义就不明确。

7.2　指标的无量纲化处理

所选取的评价指标体系中的各项指标，因为类型、性质不同，量纲和数量级也不一致，所以各项指标的评价标准、评价方向和价值都各不相同（岳中亮，2008）。在综合评价中，需要对这些不同类型和不同性质的指标进行一致化的变化，也称为指标的无量纲化过程。指标无量纲化的最终结果就是将所有指标都转化为区间 [0，1] 的一个数值。对不同类型的指标，归一化方法是不同的。通常用的三类是直线型无量纲化方法、折线型无量纲方法和曲线型无量纲方法。本书采用直线型无量纲化方法中的阈值法，采用的指标无量纲化处理公式如下：

正指标无量纲化：$r_j = \begin{cases} 1, & x_j > x_j^{\max} \\ \dfrac{x_j - x_j^{\min}}{x_j^{\max} - x_j^{\min}}, & x_j^{\max} > x_j > x_j^{\min} \\ 0, & x_j < x_j^{\min} \end{cases}$

逆指标无量纲化：$r_j = \begin{cases} 0, & x_j > x_j^{\max} \\ \dfrac{x_j^{\max} - x_j}{x_j^{\max} - x_j^{\min}}, & x_j^{\max} > x_j > x_j^{\min} \\ 1, & x_j < x_j^{\min} \end{cases}$

x_j 为第 j 个指标的实际值，$x_j^{\max}$、$x_j^{\min}$ 分别为第 j 个指标的规定上限值和下限值。

7.3 确定统计监测指标体系中指标的权重

权重是通过某种数量形式的部分与整体的比较，权衡被评价现象总体中各构成因素相对重要性的量值（欧阳建国，2006）。权重大小对综合评价的结果起着直接决定作用，它的变动将会引起被评价对象排名的顺序改变。所以，合理确定综合评价中各主要因素指标的权重，是综合评价能否成功的最关键因素，同时也是最为困难的问题。

确定权重的方法有很多，在研究中较为常用的有如下三种。

（1）客观赋权法，即根据各项评价指标所提供信息量的大小确定其权重的方法，主要有主成分分析法、熵值法、相关系数矩阵法等。

（2）主观赋权法，即根据专家经验主观对各评价指标的重视程度来确定其权重的方法，主要有专家调查法、层次分析法、判断矩阵法等。

（3）组合赋权法，是在综合主观赋权法与客观赋权法的基础上提出来的一种确定权重的方法。该方法既能够具备充分体现指标自身价值重要性的主观赋权优点，又能客观体现各指标实际数值的客观赋权优势，主要有专家协调赋权法、方差最大化赋权法、组合最小二乘法等。

7.3.1 熵值法

在信息论中，熵是对不确定性的一种度量。信息量越大，不确定性就越小，熵也就越小；信息量越小，不确定性越大，熵也越大。根据熵的特性，我们可以通过计算熵值来判断一个事件的随机性及无序程度，也可以用熵值来判断某个指标的离散程度，指标的离散程度越大，该指标对综合评价的影响越大。

熵值法计算步骤如下。

（1）由于各指标的量纲、数量级均有差异，所以为消除因量纲不同对评价结果的影响，需要对各指标进行标准化处理；计算第 j 项指标第 i 年份指标值的比重。

（2）计算第 j 项指标的信息熵值，某项指标的信息效用值取决于该指标的额信息熵与 1 之间的差值，其数值大小直接影响权重的大小，信息效用价值越大，对评价的重要性就越大，权重也就越大。

（3）利用熵值法估算各指标的权重，其本质是利用该指标信息的价值系数来计算，其价值系数越高，对评价的重要性就越大，对评价结果的贡献越大。

（4）采用加权求和公式计算研究对象的评价值。

7.3.2 相关系数矩阵法

传统的多指标体系，要求尽量使指标之间相互不能替代，即尽量消除指标之间的重复信息。但是，由于客观经济现象的复杂性，构成多指标体系的指标数越来越多，各指标间经常存在着重复信息。而一个指标与其他指标的重复信息越多，说明该指标可以被其他指标替代，在综合指数中的作用越小，应赋予较小的权数；反之，权数应大些。因此，相关系数赋权法是依据指标所重复信息的多少来确定权数。

为了避免重复信息对综合评价指数的影响，利用相关系数作为衡量指标间信息重复的尺度。两个指标的相关系数越接近 1，信息重复越严重；两个指标的相关系数接近 0，则没有重复信息；两个指标的相关系数越近 -1，虽然一个指标可以反映另一个指标的变动，但是变动的方向相反，说明二者所反映的信息是异质的。各个指标间信息的重复程度由相关系数矩阵反映，它表明了某个指标与其他指标间重复信息的大小。

艾玛·坎蒂雷认为某一指标的权数同该指标与综合评价指数之间的相关系数成正比，即一个与综合评价指数高度相关的指标应赋予较大的权数；反之，应赋予较小的权数。

孟生旺提出将相关系数矩阵中的负数用零替代，然后按列求和，得到一个反映各指标与其他指标信息重复程度的行向量。一个指标与其他指标信息重复程度越高，该指标在综合评价中起的作用越小，应赋予较小的权数。因此，将行向量求倒数并进行归一化处理，就可以得到各指标的权数，文中称之为独立性权数。

在进行统筹城乡评价时，权重对整个评价结果产生的影响是不能忽视的。假设权重设定得不合理，即使构建了科学合理的评价指标体系，评价结果仍将会出现与实际情况不符的偏差（王晓沛，2010）。鉴于主观赋权与客观赋权方法各有优劣，本书在对各种赋权方法进行分析研究的基础上，考虑到指标的相关性、指标值差异的显著性及指标聚合模型的选择，为体现主、客观相结合，准确、科学地确定指标权重，本书采取了层次分析法与主成分分析法相结合的组合赋权法。

7.3.3 层次分析法赋权

层次分析法是把一个需要解决的决策问题作为一个完整的系统，将决策目标化解为多个准则，再把每个准则分解为多个指标的方案层，通过对指标的模糊量化处理计算得出层层排序，最后根据各指标所占权重作为优化决策的方法。运用层次分析法获得的权重能够体现出评判者对各指标的主观价值判断大小，要求评价者详细掌握评价对象的性质、构成要素及要素之间的逻辑关系。

层次分析法的流程如图 7-2 所示。

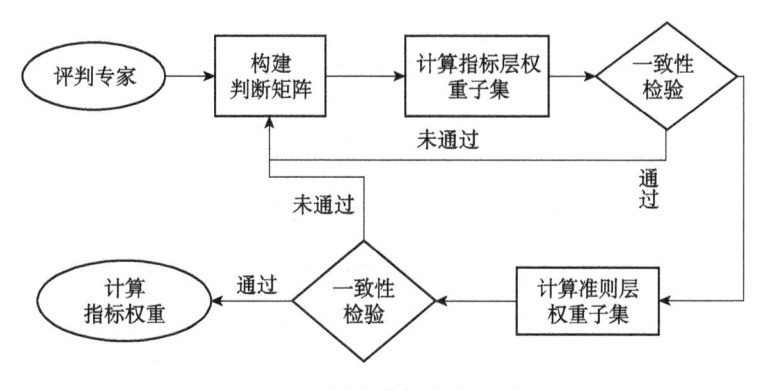

图 7-2 层次分析法流程图

层次分析法可具体分为以下步骤。

第一步，将决策问题进行条理化、层次化分析，首先明确各因素之间的关系，用线将各因素连接起来，建立递阶层次结构。递阶层次结构一般分为三层，目标层是分析问题的预定目标；准则层是实现目标所涉及的各项要素；方案层是为实现目标可供选择的方案。

第二步，根据递阶层次结构的上下隶属关系，对层次分析模型采用两两重要性强度判断比较，构造判断矩阵。请专家采用 Satty 九标度法（如表 7-1）赋值。每一个专家会得到六个不同的判断矩阵，分别为一级指标的判断矩阵和五个二级指标的判断矩阵。

表 7-1　判断矩阵 1-9 标度法

标度	含义
1	两个元素相比，具有同等重要性
3	两个元素相比，前者比后者略微重要
5	两个元素相比，前者比后者明显重要
6	两个元素相比，前者比后者强烈重要
9	两个元素相比，前者比后者极端重要
2，4，6，8	表示上述两个相邻判断标度的中间值
倒数	若元素i与元素j的重要性之比为m，那么元素j与元素i的重要性之比为1/m

第三步，对判断矩阵进行一致性检验。使用层次分析法计算指标权重，专家在判断指标的重要性时，判断思维的一致性是非常重要的，因此，为保证层次分析法分析得到的结论合理，需要对判断矩阵进行一致性检验（李灵芝，2007）。如果判断矩阵没有通过一致性检验，就将有关结果反馈给评判专家，由评判专家对判断矩阵进行修正，直到通过一致性检验为止（本研究舍弃了未通过一致性检验的矩阵）。其步骤如下。

为检验判断矩阵的一致性，需要计算它的一致性指标：

$$CI = \frac{\lambda_{max} - l}{l - 1} \quad (7.1)$$

式中，λ_{max} 是判断矩阵的最大特征值；l 是判断矩阵的阶数。当 CI=0 时，判断矩阵通过一致性检验；CI 越大，判断矩阵的一致性就越差。衡量不同阶判断矩阵一致性，要引入判断矩阵的平均随机一致性指标 RI_K 值。当阶数大于 2 时，判断矩阵的一致性指标 CI_K 与同阶平均随机一致性指标 RI_K 之比称为随机一致性比率，记为 CR_K（张薇薇，2007），见表 7-2。

当判断矩阵满足 $CR_K = \dfrac{CI_K}{RI_K} < 0.1$ 时，矩阵通过一致性检验，由此计算出来的特征向量（也即单权重）是可以被认可的，否则，说明专家构造的判断矩

误差较大，超过了允许的范围，需要调整。

表 7-2　平均随机一致性指标表

1	2	3	4	5	6	7
0	0	0.58	0.9	1.12	1.24	1.32
9	10	11	12	13	14	15
1.45	1.49	1.52	1.54	1.56	1.58	1.59

第四步，根据判断矩阵计算准则层与指标层权重。对判断矩阵计算其最大特征值 λ_{max} 及相应的标准化向量 $W_k=(w_1^{(k)},w_2^{(k)},\cdots,w_n^{(k)})'$，所得特征向量即为与子系统关联的各指标相对于该子系统的相对重要性的权重。计算方法有方根法、和根法及幂法。

第五步，计算总权重。在计算出准则层与指标层权重之后，用各准则层的权重与所属各指标权重相乘得总权重，对总权重进行一致性检验（王晓沛，2010）。目前最新研究指出，使用层次分析方法可以不必对总权重进行一致性检验。换言之，在实际操作中，可以省略总权重的一致性检验（陈阳，2007）。

7.3.4　主成分分析法赋权

针对统筹城乡发展评价中指标多、数据信息量大的特点，运用主成分分析方法，不仅可以保障城乡统筹发展系统大量信息的损失尽可能小，同时还简化了数据结构。根据主成分的方差贡献率客观赋权，还能避免评价指标之间的双重共线性和权重确定的人为因素影响，使评价结果更趋客观合理（冯长春和侯玉亭，2007）。主成分分析法是将原有多个指标转化为几个彼此线性无关的综合变量，最大可能地保留原有变量的信息，并且信息互不重叠（王晓沛，2010）。变动幅度较大的变量权重大，变动幅度较小的变量权重小，最后生成的权重更能体现变量间的差异性。过程如下。

设有 m 个单位 n 项指标构成的评价指标体系，原始数据矩阵 $\boldsymbol{X}=(x_{ij})_{m\times n}$。

第一步，计算指标数据相关系数矩阵 $\boldsymbol{R}=(r_{ij})_{n\times n}$。

$$r_{ij}=\frac{\sum_{i=1}^{m}(x_{ij}-\bar{x}_i)(x_{ij}-\bar{x}_j)}{\sqrt{\sum_{i=1}^{m}(x_{ij}-\bar{x}_i)^2\sum_{j=1}^{m}(x_{ij}-\bar{x}_j)^2}},\ i,j=1,2,\cdots,n \quad (7.2)$$

第二步，计算 $\boldsymbol{R}=(r_{ij})_{n\times n}$ 的特征根、特征向量和贡献率，确定主成分。求

解 $|R-\lambda I|=0$，得到特征根 $\lambda_g(g=1,2,\cdots,n)$，从大到小进行顺序排列。每个特征根对应一个特征向量 u_g。$c_g = \lambda_g \Big/ \sum_{g=1}^{n} \lambda_g$ 代表第 g 个主成分说明原始数据的信息量，即为方差贡献率。$\sum_{g=1}^{p} \lambda_g \Big/ \sum_{g=1}^{n} \lambda_g$ 是前 p 个主成分的累积贡献率，根据累积贡献率确定主成分个数。

第三步，根据一定的原则选取 p 个主成分，$F_i = \sum_{j=1}^{n} u_{ij} Z_j (i,j=1,2,\cdots,n)$，$Z_j$ 是第 j 个指标的标准化数据，F_i 为第 i 个主成分，u_{ij} 是特征向量。

第四步，将前 p 个主成分加权求和 $F = \sum_{i=1}^{p} c_i F_i$，得综合评价值，权数为每个主成分对应的方差贡献率。

第五步，计算主成分权系数 ω。由 $F = \sum_{i=1}^{p} c_i \sum_{j=1}^{n} u_{ij} Z_j = \sum_{j=1}^{n} \sum_{i=1}^{p} c_i u_{ij} Z_j$ 得到指标 X_j 的权数为 $w_j = \sum_{i=1}^{p} c_i u_{ij}$。

7.3.5 组合赋权法

综上所述，主观赋权法与客观赋权法在理论机制方面存在较大差异，评价效果不尽相同，各有优缺点。主观赋权容易受主观判断影响，客观赋权则因为对数据的过分依赖而缺失对实际问题的诠释。本研究通过选择层次分析法和主成分分析法分别计算权重，以最小偏差平方和作为确定权重的最优评价模型，达到充分利用各种方法确定权重，取长补短，使评价结果更加符合统筹城乡发展的真实情况（王晓沛，2010）。

假设多指标综合评价问题有 n 个评价指标，s 种评价方法，第 k 种方法的指标权向量为 $W_k = (w_1^{(k)}, w_2^{(k)}, \cdots, w_n^{(k)})', k=1,2,\cdots,s$，其中 $\sum_{i=1}^{n} w_i^{(k)} = 1$。则组合评价权向量 W_0 与第 k 种评价方法的权向量的偏差是

$$W_0 - W_k = (w_1^{(0)} - w_1^{(k)}, w_2^{(0)} - w_2^{(k)}, \cdots, w_n^{(0)} - w_n^{(k)})', k=1,2,\cdots,s$$

构造最优化模型，使得残差平方和最小。

$$\begin{cases} \min \sum_{k=1}^{s} \|w_0 - w_k\|^2 = \min \sum_{k=1}^{s} \sum_{i=1}^{n} (w_i^{(0)} - w_i^{(k)})^2 \\ \text{s.t.} \sum_{i=1}^{n} w_i^{(0)} = 1 \end{cases} \quad (7.3)$$

利用拉格朗日乘数法，该模型的唯一解即为最优组合权重。

$$w_i^{(0)} = \frac{1}{s} \sum_{i=1}^{n} w_i^{(k)} + \frac{1}{n}(1 - \frac{1}{s} \sum_{i=1}^{n} \sum_{k=1}^{s} w_i^{(k)}), i = 1, 2, \cdots, n \quad (7.4)$$

总权重为 $W = W_0$。

7.4 统筹城乡发展指标综合集成——统筹城乡发展指数

统筹城乡发展评价是一个多指标多层次的复杂的系统评价问题，多指标综合评价合成方法的选择是非常重要的步骤。建立综合评价指标体系、确定各个评价指标的权重及进行无量纲化处理是基础，在此基础上通过一定的数学表达式将多个指标不同方面的评价值综合起来，得到一个整体性的综合评价。根据评价目的，本研究采用线性加权和法进行指标集成，并将所得综合评价值命名为统筹城乡发展指数，以实现对不同时空层次统筹城乡发展水平的测度。统筹城乡发展指数不仅综合了多方面的指标信息，而且各个指标信息的重要程度也在此得以显现，根据统筹城乡发展指数大小判断统筹城乡发展水平。统筹城乡发展指数的基本公式是

$$f(x) = \sum_{i=1}^{n} w_i x_i \quad (7.5)$$

式中，$f(x)$ 为被评价事物的综合评价值；w_i 为各指标的权重；x_i 为各指标的评价值；n 为指标个数。

由此可见统筹城乡发展指数是用于测度统筹城乡发展状态和进程的综合性指标，"刻画"和"模拟"了城市与农村的关系，定量描述了城市发展水平与农村发展水平之间的耦合程度及相互作用的程度。由于城乡系统是动态变化的，系统内部要素间的关系在不断调整变化中，可借助统筹城乡发展指数的变化考察城乡生态环境变化、城乡经济增长变化、城乡社会发展变化、城乡公共服务水平及城乡空间发展格局等综合变化的轨迹，分析影响统筹城乡发展的因素及

存在的问题（李淑英，2013）。

7.5　统筹城乡发展多研究对象相似性的聚类分析法

聚类是将许多个研究对象的集合分解成由类似的对象组成的多个簇的过程。同簇中的对象具有相似性，不同簇中的对象具有相异性，一个簇中的对象可以作为一个整体进行分析研究。

聚类分析分为系统聚类法、快速聚类法和两步聚类法三种类型。系统聚类法是诸聚类分析方法中使用最多的一种，按下列步骤进行：先将 n 个样品各作为一类，并计算 n 个样品两两之间的距离，构成距离矩阵，再计算新类与当前各类的距离。再合并、计算，直至只有一类为止，最后画聚类图，解释类与类之间的距离。两步聚类首先是准集群过程。使用分层集群中针对大样本集群产生的 BIRCH 算法划分子类；其次是具体的群集分析。使用对数似然函数作为距离测量公式，在第一步基础上对每个样本进行再次群集。对在一定范围的每个群集成员计算一些判别值，并用来估计类的最初数目。快速聚类法也叫动态聚类、逐步聚类、迭代聚类，具体步骤如下。

第一步，选择初始凝聚点，然后根据欧氏距离将每个研究对象归类，各类的重心代替初始凝聚点。

第二步，通过欧氏距离将某个研究对象划归离中心最近的类，并重新计算失去与获得研究对象的类的中心坐标。

第三步，重复以上步骤，直到所有研究对象分配完为止。

7.6　基于灰色关联度分析的灰色综合评价模型

关联度分析是灰色系统分析、评价和决策的基础，常用来描述因素间关系的强弱、大小和次序。灰色关联度分析是对系统态势的量化比较分析，其实质就是比较若干数列所构成的曲线数列与期望数列所构成的曲线几何形状的接近程度，几何形状越接近，其关联度越大（杨婕，2007）。因此，利用灰色关联度可以对评价对象的优劣进行比较分析。其一般步骤如下。

第一步，确定最优指标集 $X_{0k} = (x_{01}, x_{02}, \cdots, x_{0n})$，$x_{0k}(k=1,2,\cdots,n)$ 是第 K 个指标在 n 个评价对象中的最优值。在指标中，如某一指标取值越大越好，则取该指标在各评价对象的最大值；如越小越好，则取最小值（李灵芝，2007）。在各评价对象中选取最优指标构成最优理想对象，采用灰色关联度评判各评价对象与最优对象的关联程度，以此得到各方案的优劣次序。

第二步，计算关联系数，将经归一化处理后的最优指标集 $Z_{0k}=(z_{01},z_{02},\cdots,z_{0n})$ 作为参考数列，规范化处理后的各评价对象指标值 $Z_{ik}=(z_{i1},z_{i2},\cdots,z_{in})$ 作为被比较数列，第 i 个被评价对象的第 k 个指标与第 k 个最优指标的关联系数 ε_{ik} 可用下列公式求得。

$$\varepsilon_{ik}=\frac{\min\limits_{i}\min\limits_{k}|z_{0k}-z_{ik}|+\xi\max\limits_{i}\max\limits_{k}|z_{0k}-z_{ik}|}{|z_{0k}-z_{ik}|+\xi\max\limits_{i}\max\limits_{k}|z_{0k}-z_{ik}|} \tag{7.6}$$

分辨系数 ξ 的作用是为了减少极值对计算结果的影响，$\xi\in[0,1]$，在研究过程中，分辨系数根据序列间的关联程度进行选择，一般情况下选择 $\xi\leqslant 0.5$。当计算关联程度的数列出现不同量纲时，需要进行无量纲化处理。

第三步，建立灰色单层次评价模型。

灰色综合评判的主要依据模型是

$$Q=E\times W$$

式中，$Q=(q_1,q_2,\cdots,q_m)'$ 是 m 个被评价对象的综合评判结果的向量；$W=(w_1,w_2,\cdots,w_n)'$ 是 n 个评价指标的权重分配向量；E 是各指标的评判矩阵，

$$E=\begin{bmatrix}\varepsilon_{11} & \varepsilon_{12} & \cdots & \varepsilon_{1n}\\ \varepsilon_{21} & \varepsilon_{22} & \cdots & \varepsilon_{2n}\\ \vdots & \vdots & & \vdots\\ \varepsilon_{m2} & \varepsilon_{m2} & \cdots & \varepsilon_{mn}\end{bmatrix}$$，ε_{ik} 是第 i 个被评价对象的第 k 个指标与第 k 个最优指标的关联系数。

第 i 个被评价对象的综合评判结果即关联度 q_i 可由式（7.7）求得

$$q_i=(w_1,w_2,\cdots,w_n)\cdot(\varepsilon_{i1},\varepsilon_{i2},\cdots,\varepsilon_{in})'=\sum_{k=1}^{n}w_k\varepsilon_{ik} \tag{7.7}$$

若关联度 d_i 最大，说明该指标集与最优指标集是最接近的，也就是表明该评价对象比其他对象更优，根据此结论可以排出各个方案的优劣顺序。

第四步，灰色多层次综合评判模型。

当系统中的指标构成为多层次时，需要建立以单层次评判模型为基础的多层次评判模型。首先对最底层的指标进行层次综合评判，该层的评判结果成为

下一层的原始指标，重复进行下一层次单层次评判，依此类推至直至最高层（李灵芝，2007）。

小　结

本章在上章统筹城乡评价指标体系的筛选和构建基础上，对统筹城乡发展进程统计监测模型的构建进行了详细的阐述。详细介绍了评价指标权重的确定方法及综合评价方法的选择；确定了城乡统筹发展评价模型选用层次分析法和主成分分析相结合的组合赋权法。根据评价目的，采用线性加权和法进行指标集成，建立城乡统筹发展指数，以此实现对不同时空、区域城乡统筹发展水平的测度。根据城乡统筹发展研究对象指标的相似性，对全国31个省（自治区、直辖市）进行了聚类分析，并确定采用灰色关联度分析对综合评价加以验证。

第 8 章
我国统筹城乡发展进程的综合评价

综合评价是运用多个指标对多个对象进行评价，评价结果的客观性、公正性与合理性是进行正确决策的前提，因此，正确决策是以科学的综合评价结果为基础的。在明确了统筹城乡发展进程监测的目标及可选用的评价方法之后，本章利用前所述的评价方法，以我国 31 个省（自治区、直辖市）为实证研究对象，综合评价 2014 年各省（自治区、直辖市）城乡统筹发展的状况。

8.1 数据采集与处理

数据分析结果的准确度受数据质量影响重大。从统计的观点来看，处理的数据样本越多，分析的精准度越高。在条件允许的情况下，选择更多的数据进行分析，但在数据采集过程中，特别是宏观经济数据存在很大的不确定性。因此，在数据采集过程中，数据在满足量的同时，还要达到质的要求。一般研究数据要满足下列要求：①完整性，要求数据尽可能完整，这是对数据进行全面分析的基础；②真实性，要求数据必须反映事物的客观实际情况，真实可靠，分析研究的依据才可靠；③连续性，数据要有可追溯性，反映随时间推移的趋势。受各种因素的影响，在采集实际指标数值的过程中，部分数据的缺失会在一定程度上影响数据分析结果。这就要求研究者根据掌握的情况，运用统计方法处理原始数据，同时修正分析结果。

本书进行实证分析所用数据主要是 2014 年我国 31 个省（自治区、直辖市）

的各评价指标数值，部分指标是由其他指标经计算得到。这些数据主要来源于以下统计资料：《中国统计年鉴》（1980～2015年）、《中国城市统计年鉴》（2015年）、《中国农村统计年鉴》（2015年）、《中国民政统计年鉴》（2015年）、《中国社会统计年鉴》（2015年），以及各省（自治区、直辖市）统计年报。西藏缺失农村卫生厕所普及率和工业废水排放达标率数据，改用同处西南地区的重庆、四川、贵州、云南四省市的平均值代替；我国31个省（自治区、直辖市）的2014年城镇化率数据以2013年的数据为基准，乘以2014年的全国城镇化率增长率推得。

为避免计算结果受指标不同量纲和数量级别的影响，保证研究结论具有客观性和科学性，在运算分析之前，必须要对各项指标的原始数据进行无量纲化处理，从而使评价结果具有可比性。根据前面章节介绍的归一化方法，对数据进行无量纲化处理。

8.2 指标权重的确定

根据前面研究中对评价方法中权重确定的相关理论介绍，运用层次分析法进行主观赋权计算得到一组指标权重，利用主成分分析法进行客观赋权计算得到一组指标权重，然后利用组合赋权模型优化组合两组权重，最终得到相对理想的指标权重。权重确定的具体步骤如下。

（1）利用层次分析法对指标进行主观赋权，根据所有判断矩阵通过一致性检验为标准，最后得到一组权重。

（2）利用主成分分析法对指标体系进行客观赋权，由公式：

$$F = \sum_{i=1}^{p} c_i \sum_{j=1}^{n} u_{ij} Z_j = \sum_{j=1}^{n} \sum_{i=1}^{p} c_i u_{ij} Z_j$$ 得到关于所有指标的一组权重。

（3）运用最优组合模型，利用以上两组权重确定最终的合理权重。

8.2.1 层次分析法

根据前面所构建的统筹城乡评价指标体系，将问题所包含的各个因素分为三个层次：第一层是目标层，是统筹城乡发展程度；第二层是准则层，由五个部分组成——"城乡经济统筹、城乡社会统筹、城乡空间统筹、城乡生态环境统筹、城乡公共服务统筹"；第三层是指标层，即28项具体指标，见图8-1。

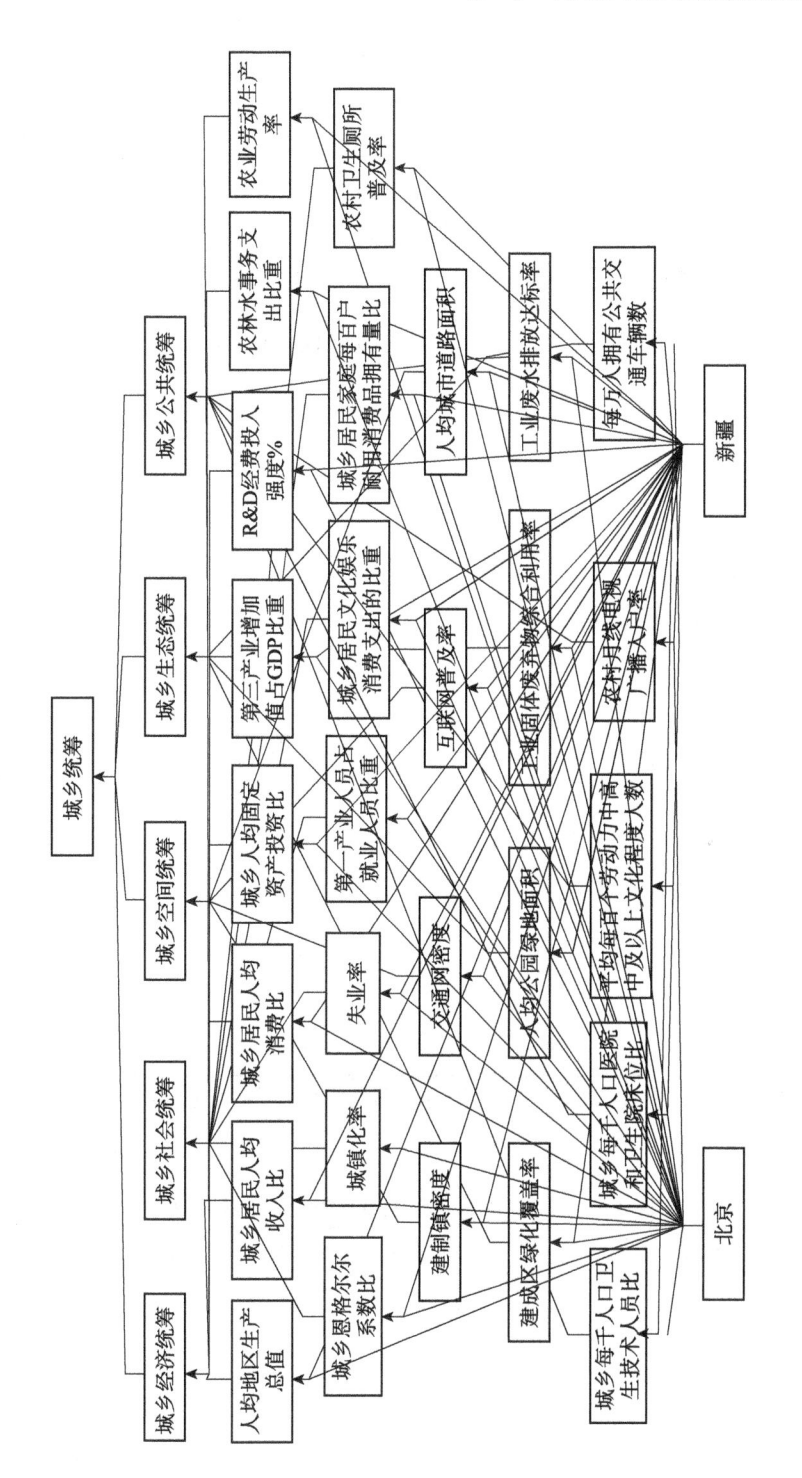

第8章 我国统筹城乡发展进程的综合评价 | 111

图 8-1 层次分析法赋权关系图

为了避免个别评价者的主观因素影响判断矩阵的客观性，本研究在咨询了高校、政府机关、研究所等相关领域的 15 位专家对指标之间的相对重要程度进行判断，同时也参考了大量相关文献的研究成果，构造各层次指标判断矩阵。通过 yaahpV7.5 确定各层次指标的权重，各专家判断矩阵采用加权几何平均法进行集结。为使图表简洁，且与软件输入判断矩阵一致，在表中判断矩阵仅用整数表示。专家判断集结后的各层判断矩阵及权重如表 8-1～表 8-6 所示。

表 8-1 城乡统筹层集结后的判断矩阵及权重

指标	B1	B2	B3	B4	B5	权重
B1	1	1	3	2	1	0.2622
B2		1	3	2	1	0.2622
B3			1	1/2	1/2	0.0913
B4				1	1/2	0.1402
B5					1	0.2440

该判断矩阵 CR=0.0088<0.1，通过一致性检验，表明权重设计符合一致性要求，所得权重比较合理。

表 8-2 城乡经济统筹层集结后的判断矩阵及权重

指标	C11	C12	C13	C14	C15	C16	C17	C18	权重
C11	1	1/3	1/7	1/2	1	2	3	2	0.1033
C12		1	1/3	2	2	2	3	2	0.1673
C13			1	4	3	3	3	2	0.3084
C14				1	2	1	2	1	0.1044
C15					1	1/2	2	1	0.0779
C16						1	2	1	0.0954
C17							1	1/2	0.0514
C18								1	0.0919

该判断矩阵 CR=0.0563<0.1，通过一致性检验，表明权重设计符合一致性要求，所得权重比较合理。

表 8-3 城乡社会统筹层集结后的判断矩阵及权重

指标	C21	C22	C23	C24	C25	C26	C27	权重
C21	1	1/3	4	1	1	2	1/2	0.1296
C22		1	6	2	2	3	1	0.2638
C23			1	1/2	1/3	1/2	1/3	0.0482
C24				1	1/2	2	1/2	0.1125
C25					1	2	1/2	0.1449
C26						1	1/3	0.0739
C27							1	0.2271

该判断矩阵 CR=0.0194<0.1，通过一致性检验，表明权重设计符合一致性要求，所得权重比较合理。

表 8-4　城乡空间统筹层集结后的判断矩阵及权重

指标	C31	C32	C33	C34	权重
C31	1	1/3	1/2	1/3	0.1105
C32		1	1	1/2	0.2502
C33			1	1/2	0.2224
C34				1	0.4170

该判断矩阵 CR=0.0172<0.1，通过一致性检验，表明权重设计符合一致性要求，所得权重比较合理。

表 8-5　城乡生态环境统筹层集结后的判断矩阵及权重

指标	C41	C42	C43	C44	权重
C41	1	1/3	1	1/2	0.1467
C42		1	2	1/2	0.2974
C43			1	1/3	0.1398
C44				1	0.4161

该判断矩阵 CR=0.0388<0.1，通过一致性检验，表明权重设计符合一致性要求，所得权重比较合理。

表 8-6　城乡公共服务统筹层集结后的判断矩阵及权重

指标	C51	C52	C53	C54	C55	权重
C51	1	1	2	3	1	0.2599
C52		1	2	3	1	0.2599
C53			1	2	1/2	0.1333
C54				1	1/3	0.0822
C55					1	0.2599

该判断矩阵 CR=0.0022<0.1，通过一致性检验，表明权重设计符合一致性要求，所得权重比较合理。

8.2.2　主成分分析法确定权重

使用 SPSS13.0 的因子分析模块中的主成分分析法计算各指标的权重。

首先，选取以下城乡统筹程度为一个解释变量，选择五个准则层为我们评价的内容，这五个准则层又可以细分为28项具体的指标，鉴于所研究的问题，选取的指标应具有代表性、可行性、科学性、准确性等，所以应该选择一套更为准确而可靠的度量指标，本研究选取2014年度我国31个省（自治区、直辖市）体现城乡统筹程度的主要指标，以下选取的28项指标作为实证研究的指标体系。各指标情况见表8-7。

表8-7　统筹城乡五大子系统28项指标

目标层	准则层指标	指标层指标（单位）
城乡统筹	城乡经济统筹	人均地区生产总值（万元）
		城乡居民人均收入比
		城乡居民人均消费比
		城乡固定资产投资比
		第三产业增加值占GDP比重（%）
		R&D经费投入强度（%）
		农林水事务支出比重（%）
		农业劳动生产率（%）
	城乡社会统筹	城乡恩格尔系数比（农村=1）
		城镇化率（%）
		失业率（%）
		第一产业从业人员比重（%）
		城乡居民文化娱乐消费支出的比重（%）
		城乡居民家庭每百户耐用消费品拥有量比
		农村卫生厕所普及率（%）
	城乡空间统筹	建制镇密度（%）
		交通网密度（%）
		互联网普及率（%）
		人均城市道路面积（千米/千米^2）
	城乡生态环境统筹	建成区绿化覆盖率（%）
		人均公园绿地面积（米^2）
		工业固体废弃物综合利用率（%）
		工业废水排放达标率（%）
	城乡公共服务统筹	城乡每千人口卫生技术人员比
		城乡每千人口医院和卫生院床位比（千人/床）
		农村居民家庭中平均每百个劳动力中高中及以上文化程度人数（人）
		农村有线电视广播入户率（%）
		每万人拥有公共交通车辆（标台）

其次根据各指标情况查阅相关资料计算可得 28 个具体指标数据件附录，为了计算的准确性和可行性，对 28 个指标利用前面介绍的无量纲化方法进行无量纲处理数据可得数据列表如表 8-8 所示。

表 8-8 指标无量纲化处理结果

2014年指标数据	北京	天津	河北	山西	内蒙古	辽宁	吉林	黑龙江
C11	0.922 437	1	0.229 694	0.190 191	0.601 337	0.502 825	0.322 679	0.217 81
C12	0.079 832	0.025 741	0.255 512	0.613 235	0.522 589	0.219 545	0.152 96	0
C13	0.000 998	0.217 306	0.179 577	0.098 126	0.431 539	0.425 946	0.198 51	0.142 097
C14	0.015 165	0.349 005	0.113 675	0.062 201	0.268 932	0.105 447	0.076 555	0.024 544
C15	1	0.352 579	0.096 135	0.169 661	0.099 231	0.156 772	0.084 009	0.209 294
C16	0.534 668	0.992 717	0.348 273	0.419 863	0.241 755	0.566 516	0.223 855	0.304 825
C17	0.116 122	0	0.537 673	0.567 871	0.736 652	0.364 079	0.617 349	0.772 875
C18	0.011 363	0.220 093	0.305 415	0.094 729	0.734 915	0.648 217	0.700 387	0.824 34
C21	0.253 375	0.370 336	0.431 602	0.373 192	0.299 166	0.307 562	0.269 428	0.318 664
C22	0.949 429	0.873 573	0.306 688	0.379 445	0.485 155	0.614 192	0.419 25	0.471 452
C23	0	0.793 103	0.827 586	0.689 655	0.827 586	0.793 103	0.827 586	1
C24	0.010 022	0.004 793	0.034 423	0.020 915	0.364 706	0.175 163	0.210 022	0.639 651
C25	0.216 649	0.075 148	0.158 864	0.135 699	0.136 978	0.064 324	0.044 38	0
C26	0.110 318	0.137 886	0.090 829	0.258 548	0.246 64	0.191 436	0.200 276	0.094 266
C27	0.981 516	0.913 124	0.219 963	0.153 42	0.038 817	0.375 231	0.584 104	0.495 379
C31	0.593 086	0.614 742	0.349 694	0.258 402	0.009 41	0.302 935	0.130 211	0.069 663
C32	0.562 098	0.554 053	0.356 13	0.360 321	0.040 009	0.297 987	0.200 202	0.135 128
C33	1	0.686 499	0.297 483	0.359 268	0.237 986	0.496 568	0.231 121	0.141 876
C34	0.169 253	0.669 253	0.667 313	0.373 909	0.659 069	0.362 27	0.413 676	0.375 849
C41	1	0.300 371	0.677 379	0.530 284	0.380 099	0.627 318	0.242 274	0.368 356
C42	0.433 484	0.313 122	0.626 244	0.338 462	0.763 801	0.344 796	0.351 131	0.422 624
C43	0.787 668	1	0.371 5	0.693 404	0.442 828	0.426 391	0.671 88	0.733 103
C44	0.787 668	1	0.371 5	0.693 404	0.442 828	0.426 391	0.671 88	0.733 103
C51	0.158 606	0.050 435	0.432 504	0.344 133	0.340 426	0.287 105	0.088 148	0.237 393
C52	0.335 045	0.127 218	0.541 655	0.393 475	0.508 906	0.384 527	0.289 308	0.486 566
C53	1	0.400 932	0.419 58	0.414 918	0.361 305	0.193 473	0.205 128	0.153 846
C54	0.713 634	0.335 956	0.185 629	0.332 543	0.279 279	0.442 519	0.438 625	0.395 938
C55	1	0.628 205	0.258 852	0.086 691	0	0.247 863	0.164 835	0.257 021

续表

2014年指标数据	上海	江苏	浙江	安徽	福建	江西	山东	河南
C11	0.893 824	0.662 061	0.594 367	0.123 627	0.449 927	0.123 736	0.436 383	0.160 475
C12	0.103 257	0.196 741	0.165 804	0.466 216	0.401 315	0.252 616	0.354 089	0.348 867
C13	0.097 629	0.021 506	0	0.389 041	0.280 273	0.268 066	0.175 246	0.404 611
C14	1	0.156 259	0.002 044	0.095 986	0.076 827	0.060 327	0.062 532	0.072 685
C15	0.648 275	0.276 077	0.314 103	0.038 718	0.183 066	0.081 417	0.198 66	0
C16	0.918 025	1	0.843 731	0.592 092	0.589 333	0.332 528	0.902 375	0.398 068
C17	0.043 444	0.525 089	0.444 631	0.537 075	0.405 868	0.700 773	0.584 558	0.550 407
C18	0.127 268	0.425 195	0.136 331	0.140 226	0.398 282	0.203 696	0.301 69	0.168 772
C21	0.223 652	0.581 309	0.283 086	0.486 13	0.182 17	0.541 99	0.410 255	0.487 661
C22	1	0.570 962	0.574 225	0.301 794	0.515 498	0.318 271	0.398 532	0.235 4
C23	0.620 69	0.620 69	0.586 207	0.827 586	0.793 103	0.586 207	0.689 655	0.620 69
C24	0.006 1	0.041 83	0	0.055 338	0.018 301	0.125 054	0.004 793	0.022 222
C25	0.295 26	0.089 589	0.239 609	0.322 933	0.176 031	0.279 134	0.151 785	0.233 081
C26	0.215 072	0.278 375	0.259 323	0.501 357	0.519 344	0.643 073	0.314 126	0.325 05
C27	1	0.868 762	0.879 852	0.282 81	0.824 399	0.748 614	0.820 702	0.536 044
C31	1	0.367 663	0.388 042	0.315 806	0.263 436	0.267 137	0.348 387	0.425 563
C32	1	0.719 788	0.494 127	0.502 425	0.325 406	0.378 825	0.662 47	0.622 929
C33	0.913 043	0.491 991	0.697 941	0.064 073	0.750 572	0	0.265 446	0.043 478
C34	0	0.886 033	0.669 253	0.697 866	0.487 391	0.529 098	1	0.339 476
C41	0.511 125	0.750 927	0.608 158	0.542 645	0.742 274	0.984 549	0.747 837	0.425 216
C42	0	0.592 76	0.487 783	0.438 009	0.454 299	0.635 294	0.840 724	0.194 57
C43	0.974 89	0.914 025	0.915 525	0.853 183	0.892 183	0.538 91	0.931 465	0.758 024
C44	0.974 89	0.914 025	0.915 525	0.853 183	0.892 183	0.538 91	0.931 465	0.758 024
C51	0.019 515	0.170 83	0.138 076	0.209 539	0.360 008	0.318 888	0.074 39	0.404 787
C52	0.199 415	0.266 868	0.352 114	0.293 817	0.337 862	0.461 293	0.122 267	0.592 249
C53	0.589 744	0.389 277	0.428 904	0.254 079	0.382 284	0.312 354	0.456 876	0.384 615
C54	0.873 218	1	0.803 692	0.135 968	0.604 442	0.562 374	0.525 207	0.158 867
C55	0.296 703	0.385 226	0.421 856	0.188 645	0.311 966	0.180 708	0.348 596	0.094 628

续表

2014年指标数据	湖北	湖南	广东	广西	海南	重庆	四川	贵州
C11	0.256 769	0.187 441	0.468 059	0.112 193	0.172 427	0.261 411	0.134 734	0
C12	0.315 445	0.428 37	0.429 275	0.786 975	0.406 079	0.559 615	0.447 119	1
C13	0.291 354	0.266 967	0.561 333	0.495 124	0.575 061	0.732 881	0.447 649	0.688 994
C14	0.069 243	0.058 794	0	0.045 426	0.033 642	0.180 983	0.129 953	0.146 354
C15	0.130 79	0.177 449	0.341 227	0.098 165	0.350 882	0.185 708	0.078 815	0.372 81
C16	0.576 09	0.498 419	0.942 952	0.240 785	0.102 829	0.494 419	0.270 467	0.199 749
C17	0.561 249	0.537 287	0.226 109	0.667 549	0.771 938	0.323 091	0.637 193	0.734 603
C18	0.404 273	0.250 659	0.189 478	0.229 335	0.933 539	0.130 486	0.200 647	0
C21	0.906 531	0.457 919	0	0.648 353	0.248 487	0.603 313	0.500 622	0.675 363
C22	0.415 987	0.304 241	0.642 741	0.253 344	0.384 992	0.472 757	0.359 217	0.137 194
C23	0.862 069	1	0.413 793	0.724 138	0.241 379	0.689 655	0.931 034	0.689 655
C24	0.044 88	0.014 815	0.019 172	0.114 161	0.649 673	0.191 721	0.006 1	0.010 893
C25	0.244 168	0.279 962	0.423 37	0.413 921	0.268 816	0.037 578	0.269 874	0.345 765
C26	0.455 826	0.561 63	0.576 86	1	0.646 361	0.772 334	0.725 849	0.880 418
C27	0.606 285	0.386 322	0.826 248	0.534 196	0.482 44	0.312 384	0.434 381	0
C31	0.187 232	0.330 376	0.254 495	0.145 336	0.184 219	0.361 844	0.281 26	0.248 763
C32	0.499 342	0.473 578	0.468 807	0.185 606	0.291 036	0.625 214	0.246 838	0.384 577
C33	0.265 446	0.109 84	0.791 762	0.130 435	0.347 826	0.283 753	0.075 515	0.002 288
C34	0.570 805	0.456 353	0.452 958	0.516 974	0.716 295	0.319 593	0.419 011	0.131 911
C41	0.546 354	0.432 015	0.692 831	0.462 299	0.690 358	0.798 517	0.535 847	0.171 817
C42	0.309 502	0.158 371	0.790 95	0.392 76	0.446 154	1	0.335 747	0.208 145
C43	0.751 203	0.634 601	0.870 994	0.670 163	0.612 341	0.823 494	0.450 961	0.612 491
C44	0.751 203	0.634 601	0.870 994	0.670 163	0.612 341	0.823 494	0.450 961	0.612 491
C51	0.253 659	0.341 093	0.476 563	0.213 315	0.280 799	0	0.185 609	0.498 841
C52	0.415 642	0.438 345	0.580 981	0.225 895	0.359 676	0	0.187 553	0.439 776
C53	0.393 939	0.442 89	0.433 566	0.326 34	0.370 629	0.272 727	0.205 128	0.160 839
C54	0.462 944	0.211 161	0.504 158	0.281 003	0.240 851	0.306 903	0.370 866	0.248 63
C55	0.256 41	0.203 297	0.388 889	0.130 037	0.277 778	0.119 048	0.384 005	0.106 838

续表

2014年指标数据	云南	西藏	陕西	甘肃	青海	宁夏	新疆
C_{11}	0.033 827	0.043 913	0.256 646	0.030 873	0.183 371	0.227 108	0.191 743
C_{12}	0.976 653	0.581 704	0.820 14	0.931 836	0.647 189	0.612 008	0.394 961
C_{13}	0.584 86	1	0.558 486	0.616 17	0.166 07	0.347 127	0.342 395
C_{14}	0.129 684	0.395 429	0.089 936	0.309 509	0.048 671	0.071 005	0.038 244
C_{15}	0.222 929	0.504 278	0.081 761	0.202 782	0.044 62	0.242 244	0.111 57
C_{16}	0.154 535	0	0.389 807	0.271 529	0.191 86	0.279 809	0.150 072
C_{17}	0.855 349	0.963 304	0.577 051	0.869 787	0.599 913	1	0.760 892
C_{18}	0.162 99	0.101 725	0.257 4	0.133 876	0.217 769	0.246 311	1
C_{21}	0.517 552	0.716 114	0.964 756	0.495 162	1	0.587 055	0.845 272
C_{22}	0.184 502	0	0.359 217	0.175 367	0.317 129	0.369 821	0.269 168
C_{23}	0.931 034	0.448 276	0.655 172	0.482 759	0.724 138	1	0.724 138
C_{24}	0.059 259	1	0.025 708	0.084 532	0.008 279	0.159 913	0.051 852
C_{25}	0.234 537	1	0.205 748	0.131 844	0.252 432	0.201 041	0.328 476
C_{26}	0.767 695	0.771 826	0.392 138	0.220 536	0.034 329	0	0.356 107
C_{27}	0.273 567	0.255 083	0.140 481	0.417 745	0.345 656	0.282 81	0.377 079
C_{31}	0.092 798	0.000 495	0.195 538	0.074 28	0	0.093 047	0.002 151
C_{32}	0.224 62	0	0.318 846	0.102 27	0.017 272	0.154 77	0.020 767
C_{33}	0	0.109 84	0.297 483	0.057 208	0.306 636	0.270 023	0.345 538
C_{34}	0.380 213	0.491 756	0.515 519	0.411 251	0.343 841	0.653 734	0.488 846
C_{41}	0.573 548	0.147 713	0.639 061	0	0.153 276	0.516 069	0.362 176
C_{42}	0.303 167	0.209 955	0.407 24	0.220 814	0.247 059	0.780 995	0.264 253
C_{43}	0.487 638	0	0.607 716	0.532 131	0.549 104	0.686 577	0.508 647
C_{44}	0.487 638	0	0.607 716	0.532 131	0.549 104	0.686 577	0.508 647
C_{51}	0.435 35	0.654 812	0.177 365	0.173 166	1	0.370 597	0.435 608
C_{52}	0.407 472	0.461 01	0.258 716	0.292 609	1	0.531 283	0.431 808
C_{53}	0.193 473	0	0.386 946	0.372 96	0.195 804	0.237 762	0.230 769
C_{54}	0.170 713	0.046 233	0.258 036	0.022 079	0.016 34	0	0.226 211
C_{55}	0.195 36	0.094 017	0.520 757	0.182 54	0.583 028	0.330 281	0.418 803

第三步用SPSS13.0软件进行主成分分析，通过得到的相关系数矩阵（表8-9）可以发现各变量之间存在较大的相关系数，说明选取的28个变量之间具备做主成分提取的必要性。

表 8-9　相关系数矩阵

相关系数	C11	C12	C13	C14	C15	C16	C17	C18	C21	C22	C23	C24	C25	C26
C11	1.000	−0.656	−0.554	0.361	0.553	0.729	−0.785	0.006	−0.470	0.932	−0.262	−0.234	−0.303	−0.483
C12	−0.656	1.000	0.652	−0.085	−0.251	−0.513	0.545	−0.316	0.461	−0.671	0.075	−0.045	0.282	0.493
C13	−0.554	0.652	1.000	0.078	−0.108	−0.501	0.421	−0.092	0.255	−0.572	−0.078	0.458	0.529	0.657
C14	0.361	−0.085	0.078	1.000	0.372	0.208	−0.281	−0.202	−0.108	0.330	−0.044	0.093	0.174	−0.071
C15	0.553	−0.251	−0.108	0.372	1.000	0.248	−0.401	−0.275	−0.343	0.553	−0.644	0.138	0.243	−0.084
C16	0.729	−0.513	−0.501	0.208	0.248	1.000	−0.759	−0.232	−0.398	0.708	−0.086	−0.477	−0.288	−0.267
C17	−0.785	0.545	0.421	−0.281	−0.401	−0.759	1.000	0.242	0.414	−0.843	0.252	0.460	0.269	0.214
C18	0.006	−0.316	−0.092	−0.202	−0.275	−0.232	0.242	1.000	−0.090	0.007	0.174	0.383	−0.281	−0.207
C21	−0.470	0.461	0.255	−0.108	−0.343	−0.398	0.414	−0.090	1.000	−0.531	0.206	−0.038	0.233	0.156
C22	0.932	−0.671	−0.572	0.330	0.553	0.708	−0.843	0.007	−0.531	1.000	−0.251	−0.277	−0.395	−0.448
C23	−0.262	0.075	−0.078	−0.044	−0.644	−0.086	0.252	0.174	0.206	−0.251	1.000	−0.145	−0.295	−0.054
C24	−0.234	−0.045	0.458	0.093	0.138	−0.477	0.460	0.383	−0.038	−0.277	−0.145	1.000	0.416	0.153
C25	−0.303	0.282	0.529	0.174	0.243	−0.288	0.269	−0.281	0.233	−0.395	−0.295	0.416	1.000	0.503
C26	−0.483	0.493	0.657	−0.071	−0.084	−0.267	0.214	−0.207	0.156	−0.448	−0.054	0.153	0.503	1.000
C27	0.672	−0.663	−0.537	0.159	0.445	0.703	−0.616	−0.076	−0.443	0.686	−0.360	−0.245	−0.116	−0.196
C31	0.678	−0.504	−0.424	0.525	0.501	0.698	−0.815	−0.385	−0.406	0.730	−0.237	−0.411	−0.178	−0.163
C32	0.539	−0.416	−0.377	0.343	0.341	0.789	−0.711	−0.375	−0.301	0.584	−0.195	−0.446	−0.217	−0.039
C33	0.851	−0.529	−0.469	0.236	0.628	0.643	−0.770	−0.032	−0.485	0.869	−0.436	−0.237	−0.135	−0.393
C34	0.031	−0.135	−0.134	−0.342	−0.343	0.236	0.226	0.275	0.029	−0.146	0.133	0.079	−0.081	−0.094
C41	0.319	−0.350	−0.305	−0.255	0.200	0.393	−0.378	−0.059	−0.290	0.414	−0.273	−0.23	−0.214	0.074
C42	0.107	−0.071	0.005	−0.355	−0.130	0.211	0.001	0.075	−0.196	0.099	−0.016	0.019	−0.273	−0.018
C43	0.559	−0.385	−0.545	0.038	0.169	0.785	−0.629	−0.139	−0.349	0.633	−0.048	−0.52	−0.480	−0.212
C44	0.559	−0.385	−0.545	0.038	0.169	0.785	−0.629	−0.139	−0.349	0.633	−0.048	−0.52	−0.480	−0.212
C51	−0.443	0.374	0.236	−0.229	−0.173	−0.485	0.401	−0.028	0.364	−0.493	0.029	0.174	0.462	0.038
C52	−0.284	0.121	−0.059	−0.276	−0.182	−0.366	0.314	0.085	0.200	−0.291	0.047	0.093	0.210	−0.273
C53	0.640	−0.357	−0.533	0.077	0.569	0.501	−0.624	−0.240	−0.374	0.666	−0.530	−0.438	−0.240	−0.307
C54	0.682	−0.603	−0.583	0.175	0.409	0.696	−0.581	0.005	−0.425	0.694	−0.261	−0.260	−0.241	−0.117
C55	0.566	−0.354	−0.450	−0.120	0.509	0.347	−0.489	−0.103	0.003	0.578	−0.391	−0.318	−0.130	−0.410

续表

相关系数	C_{27}	C_{31}	C_{32}	C_{33}	C_{34}	C_{41}	C_{42}	C_{43}	C_{44}	C_{51}	C_{52}	C_{53}	C_{54}	C_{55}
C_{11}	0.672	0.678	0.539	0.851	0.031	0.319	0.107	0.559	0.559	−0.443	−0.284	0.640	0.682	0.566
C_{12}	−0.663	−0.504	−0.416	−0.529	−0.135	−0.350	−0.071	−0.385	−0.385	0.374	0.121	−0.357	−0.603	−0.354
C_{13}	−0.537	−0.424	−0.377	−0.469	−0.134	−0.305	0.005	−0.545	−0.545	0.236	−0.059	−0.533	−0.583	−0.450
C_{14}	0.159	0.525	0.343	0.236	−0.342	−0.255	−0.355	0.038	0.038	−0.229	−0.276	0.077	0.175	−0.120
C_{15}	0.445	0.501	0.341	0.628	−0.343	0.200	−0.130	0.169	0.169	−0.173	−0.182	0.569	0.409	0.509
C_{16}	0.703	0.698	0.789	0.643	0.236	0.393	0.211	0.785	0.785	−0.485	−0.366	0.501	0.696	0.347
C_{17}	−0.616	−0.815	−0.711	−0.770	0.226	−0.378	0.001	−0.629	−0.629	0.401	0.314	−0.624	−0.581	−0.489
C_{18}	−0.076	−0.385	−0.375	−0.032	0.275	−0.059	0.075	−0.139	−0.139	−0.028	0.085	−0.240	0.005	−0.103
C_{21}	−0.443	−0.406	−0.301	−0.485	0.029	−0.290	−0.196	−0.349	−0.349	0.364	0.200	−0.374	−0.425	0.003
C_{22}	0.686	0.730	0.584	0.869	−0.146	0.414	0.099	0.633	0.633	−0.493	−0.291	0.666	0.694	0.578
C_{23}	−0.36	−0.237	−0.195	−0.436	0.133	−0.273	−0.016	−0.048	−0.048	0.029	0.047	−0.530	−0.261	−0.391
C_{24}	−0.245	−0.411	−0.446	−0.237	0.079	−0.230	0.019	−0.520	−0.52	0.174	0.093	−0.438	−0.260	−0.318
C_{25}	−0.116	−0.178	−0.217	−0.135	−0.081	−0.214	−0.273	−0.480	−0.48	0.462	0.210	−0.24	−0.241	−0.13
C_{26}	−0.196	−0.163	−0.039	−0.393	−0.094	0.074	−0.018	−0.212	−0.212	0.038	−0.273	−0.307	−0.117	−0.41
C_{27}	1.000	0.603	0.581	0.665	0.087	0.410	0.027	0.648	0.648	−0.421	−0.279	0.560	0.751	0.510
C_{31}	0.603	1.000	0.888	0.591	−0.238	0.384	−0.134	0.597	0.597	−0.533	−0.435	0.635	0.598	0.323
C_{32}	0.581	0.888	1.000	0.448	−0.037	0.491	0.062	0.720	0.720	−0.549	−0.455	0.574	0.641	0.179
C_{33}	0.665	0.591	0.448	1.000	−0.119	0.382	0.071	0.522	0.522	−0.243	−0.141	0.654	0.644	0.635
C_{34}	0.087	−0.238	−0.037	−0.119	1.000	0.205	0.513	0.105	0.105	−0.135	−0.133	−0.081	0.026	−0.018
C_{41}	0.410	0.384	0.491	0.382	0.205	1.000	0.545	0.338	0.338	−0.344	−0.275	0.518	0.558	0.301
C_{42}	0.027	−0.134	0.062	0.071	0.513	0.545	1.000	0.192	0.192	−0.199	−0.158	0.070	0.117	−0.018
C_{43}	0.648	0.597	0.720	0.522	0.105	0.338	0.192	1.000	1.000	−0.541	−0.368	0.509	0.569	0.318
C_{44}	0.648	0.597	0.720	0.522	0.105	0.338	0.192	1.000	1.000	−0.541	−0.368	0.509	0.569	0.318
C_{51}	−0.421	−0.533	−0.549	−0.243	−0.135	−0.344	−0.199	−0.541	−0.541	1.000	0.883	−0.393	−0.501	−0.065
C_{52}	−0.279	−0.435	−0.455	−0.141	−0.133	−0.275	−0.158	−0.368	−0.368	0.883	1.000	−0.201	−0.367	0.003
C_{53}	0.560	0.635	0.574	0.654	−0.081	0.518	0.070	0.509	0.509	−0.393	−0.201	1.000	0.512	0.568
C_{54}	0.751	0.598	0.641	0.644	0.026	0.558	0.117	0.569	0.569	−0.501	−0.367	0.512	1.000	0.314
C_{55}	0.510	0.323	0.179	0.635	−0.018	0.301	−0.018	0.318	0.318	−0.065	0.003	0.568	0.314	1.000

对各变量无量纲化的数据进行主成分分析提取公因子，由下面的结果我们可以看出来对该变量我们可以选取前六个样本主成分累积贡献率已经达到 79.232%，λ_1=11.357，λ_2=3.152，λ_3=2.581，λ_4=2.118，λ_5=1.901，λ_6=1.076，六个主成分特征根均大于 1（表 8-10），符合我们的主成分选取要求，故选取前六个主成分代表原变量的所有信息量。

表 8-10　方差分解主成分提取分析表解释的总方差

成分	初始特征值 合计	方差/%	累积/%	提取平方和载入 合计	方差/%	累积/%
1	11.357	40.561	40.561	11.357	40.561	40.561
2	3.152	11.256	51.818	3.152	11.256	51.818
3	2.581	9.217	61.034	2.581	9.217	61.034
4	2.118	7.566	68.600	2.118	7.566	68.600
5	1.901	6.788	75.388	1.901	6.788	75.388
6	1.076	3.844	79.232	1.076	3.844	79.232
7	0.946	3.380	82.612			
8	0.877	3.131	85.743			
9	0.770	2.749	88.492			
10	0.669	2.388	90.880			
11	0.455	1.626	92.506			
12	0.438	1.563	94.069			
13	0.423	1.510	95.579			
14	0.282	1.008	96.587			
15	0.223	0.797	97.384			
16	0.178	0.636	98.020			
17	0.140	0.499	98.519			
18	0.116	0.414	98.933			
19	0.101	0.361	99.294			
20	0.064	0.230	99.524			
21	0.050	0.178	99.701			
22	0.030	0.107	99.808			
23	0.024	0.084	99.892			
24	0.012	0.044	99.936			
25	0.010	0.035	99.971			
26	0.006	0.022	99.993			
27	0.002	0.007	100.000			
28	-7.2×10^{-17}	-2.57×10^{-16}	100.000			

注：提取方法——主成分分析

从输出结果我们还能得到 Component Matrix（初始因子载荷矩阵），提取的六个主成分基本可以反映全部指标的信息，因此，这六个新组合变量可以代替原来的 28 个变量，但这六个变量的表达式不能从 Component Matrix 看出。将得到的特征向量与标准化后的数据相乘，得主成分表达式的相关系数矩阵，见表 8-11。由 $F = \sum_{i=1}^{p} c_i \sum_{j=1}^{n} u_{ij} Z_j = \sum_{j=1}^{n} \sum_{i=1}^{p} c_i u_{ij} Z_j$ 得到指标 X_j 的权重 $w_j = \sum_{i=1}^{p} c_i u_{ij}$，见表 8-12。

表 8-11　主成分表达式的相关系数矩阵

相关系数	$F1$	$F2$	$F3$	$F4$	$F5$	$F6$
$C11$	0.259 614	0.045 724	−0.147 47	0.032 553	−0.125 98	−0.000 14
$C12$	−0.197 59	0.100 396	0.229 879	−0.121 52	0.246 56	−0.215 12
$C13$	−0.193 03	0.206 447	0.243 851	0.198 44	−0.011 91	−0.082 32
$C14$	0.072 802	0.303 599	0.131 631	−0.130 63	−0.423 26	0.082 324
$C15$	0.151 825	0.385 483	−0.107 56	0.173 619	0.024 704	−0.126 54
$C16$	0.252 528	−0.083 41	0.112 817	−0.050 08	0.024 452	0.310 074
$C17$	−0.254 18	−0.093 74	−0.027 35	0.108 152	−0.007 15	0.018 186
$C18$	−0.043	−0.253 71	−0.269 58	0.221 19	−0.333 57	−0.079 62
$C21$	−0.155 59	0.003 213	0.034 273	−0.224 17	0.195 063	0.088 027
$C22$	0.271 62	0.043 672	−0.123 9	0.005 086	−0.115 93	−0.122 57
$C23$	−0.089 1	−0.312 01	0.101 149	−0.302 43	−0.250 97	0.110 903
$C24$	−0.129 9	0.125 213	−0.131 65	0.420 86	−0.312 02	0.100 252
$C25$	−0.116 51	0.373 102	0.030 342	0.168 297	0.106 412	0.470 247
$C26$	−0.107 97	0.148 496	0.409 289	0.209 572	0.133 609	0.106 034
$C27$	0.240 672	0.031 019	−0.046 52	0.097 253	0.016 76	0.302 095
$C31$	0.247 578	0.159 375	0.157 957	−0.123 18	−0.080 38	0.024 197
$C32$	0.234 387	0.039 982	0.270 517	−0.072 42	0.030 7	0.156 456
$C33$	0.242 526	0.128 871	−0.200 56	0.061 572	0.028 945	−0.007 97
$C34$	−0.002 05	−0.351 44	0.005 971	0.274 717	0.084 756	0.365 409
$C41$	0.156 759	−0.112 44	0.073 29	0.307 025	0.305 034	−0.090 23
$C42$	0.039 567	−0.290 97	0.067 707	0.364 526	0.213 62	−0.092 29
$C43$	0.234 832	−0.160 05	0.146 062	−0.122 46	0.065 408	0.087 115
$C44$	0.234 832	−0.160 05	0.146 062	−0.122 46	0.065 408	0.087 115
$C51$	−0.177 29	0.122 674	−0.294 79	−0.142 73	0.236 369	0.300 056
$C52$	−0.121 36	0.026 7	−0.410 29	−0.195 15	0.188 884	0.248 28
$C53$	0.226 659	0.095 057	−0.070 08	0.012 755	0.230 136	−0.259 51
$C54$	0.236 951	−0.014 69	0.020 83	0.131 48	−0.039 59	0.169 167
$C55$	0.163 161	0.080 182	−0.290 64	−0.037 02	0.285 029	−0.121 71

8.2.3 组合赋权重

根据层次分析法与主成分分析法计算得到两组指标权重的具体数值如下：

$W1$=（0.0271, 0.0439, 0.0809, 0.0274, 0.0205, 0.0251, 0.0135, 0.0241, 0.0341, 0.0692, 0.0127, 0.0295, 0.0381, 0.0194, 0.0596, 0.0101, 0.0229, 0.0203, 0.0381, 0.0206, 0.0417, 0.0196, 0.0584, 0.0635, 0.0635, 0.0326, 0.0201, 0.0635）；

$W2$=(0.0421, 0.0225, 0.0010, 0.0188, 0.0487, 0.0525, 0.0500, 0.0370, 0.0278, 0.0425, 0.0453, 0.0168, 0.0165, 0.0184, 0.0543, 0.0553, 0.0590, 0.0467, 0.0003, 0.0456, 0.0130, 0.0414, 0.0414, 0.0318, 0.0355, 0.0477, 0.0511, 0.0280)。

表 8-12 主客观赋权及组合赋权所得权重表

目标层	准则层指标	序号	层次分析法权重	主成分分析法权重	组合赋权权重
城乡统筹	城乡经济统筹	C11	2.71	4.21	3.76
		C12	4.39	2.25	2.892
		C13	8.09	1	3.127
		C14	2.74	1.88	2.138
		C15	2.05	4.87	4.024
		C16	2.51	5.25	4.428
		C17	1.35	5	3.905
		C18	2.41	3.7	3.313
	城乡社会统筹	C21	3.41	2.78	2.969
		C22	6.92	4.25	5.051
		C23	1.27	4.53	3.552
		C24	2.95	1.68	2.061
		C25	3.81	1.65	2.298
		C26	1.94	1.84	1.87
		C27	5.96	5.43	5.589
	城乡空间统筹	C31	1.01	5.53	4.174
		C32	2.29	5.9	4.817
		C33	2.03	4.67	3.878
		C34	3.81	0.03	1.164
	城乡生态环境统筹	C41	2.06	4.56	3.81
		C42	4.17	1.3	2.161
		C43	1.96	4.14	3.486
		C44	5.84	4.14	4.65
	城乡公共服务统筹	C51	6.35	3.18	4.131
		C52	6.35	3.55	4.39
		C53	3.26	4.77	4.317
		C54	2.01	5.11	4.18
		C55	6.35	2.8	3.865

通过权重对比,可以发现两组权重的侧重有所不同:第一组在城乡居民人均收入比、城乡固定资产投资比、城乡每千人口医院和卫生院床位比、平均每百个劳动力中高中及以上文化程度人数所赋权重较高;第二组在第三产业增加值占GDP比重、农业劳动生产率、城乡居民文化娱乐消费支出比、人均公园绿地面积、农村有线电视广播入户率所赋权重较高,主、客观赋权法的差异性显而易见。为取长补短,充分利用各种方法的信息,本书采用组合赋权法将主客观赋权法所得权重组合成新的最优权重,其模型是以最小偏差平方和作为目标函数,采用拉格朗日乘数法算得组合权重。经计算算得的组合最优权重见表8-12。

8.3 综合评价

8.3.1 各省市统筹城乡发展综合评价指数及排名

根据统筹城乡发展指数计算公式(8.1),以及我国各省(自治区、直辖市)统筹城乡发展评价指标标准值和各评价指标的组合权重,计算得到我国31个省(自治区、直辖市)统筹城乡发展指数,见表8-13。

统筹城乡发展指数计算公式:

$$f(x)=\sum_{i=1}^{n}w_i x_i \qquad (8.1)$$

其中,$f(x)$为被评价对象的综合评价值,w_i为第i个监测指标的权重,x_i为第i个监测指标的评价值,n为指标个数。

表8-13 31个省(自治区、直辖市)统筹城乡发展指数计算结果及排名

省(自治区、直辖市)	指数	排名	省(自治区、直辖市)	指数	排名
北京	68.667 333 18	1	海南	43.205 664 23	10
上海	66.309 895 2	2	湖北	42.798 714 49	11
江苏	58.981 630 18	3	辽宁	41.241 425 87	12
广东	57.184 912 5	4	黑龙江	39.118 877 3	14
浙江	57.184 912 5	4	重庆	38.537 697 58	15
天津	55.879 898 92	6	湖南	38.337 242 6	16
山东	52.181 546 95	7	河北	38.283 480 58	17
福建	51.428 719 53	8	山西	38.111 926 13	18
江西	43.328 580 56	9	吉林	37.685 808 36	19

续表

省（自治区、直辖市）	指数	排名	省（自治区、直辖市）	指数	排名
安徽	37.637 766 74	20	广西	34.107 347 81	26
宁夏	36.320 357 94	21	四川	33.863 812 42	27
新疆	35.650 705 33	22	云南	29.894 039 1	28
内蒙古	35.212 641 75	23	贵州	29.056 163 58	29
青海	34.662 512 02	24	甘肃	27.909 977 69	30
陕西	34.357 631 93	25	西藏	23.620 158 98	31

由以上计算结果可以看出各省（自治区、直辖市）的统筹城乡水平差异还是很大的。这主要是我国经济发展的不均衡和地区政策的差异性导致的，其中既有经济、人文也有政治等多方面的原因。总体来看，北京、上海、江苏和浙江等地区都以其较高的城乡融合度位居各省（自治区、直辖市）统筹城乡水平之上，其各指标的统筹城乡化水平远高于其他省份的一般水平。所以上海、北京、江苏和浙江为全国率先建构统筹城乡发展新格局的示范区、引领区，其既为我国经济发达地区也是我国实现"共同富裕"的示范基地，尤其是统筹城乡水平第一的北京市更是在城乡统筹各个方面都领先于其他地区，这些是北京市在经济发展中不仅仅追求快速的经济效益，更加注重统筹城乡发展和城乡差异矛盾化解所取得的成就。

8.3.2 灰色关联度及排序

灰色系统理论从信息的非完备性出发研究和处理复杂系统，通过对系统某一层次的观测资料进行数学处理，达到在更高层次上掌握系统内部变化趋势、相互关系等机制（张辉和高德利，2008）。灰色综合评价方法是利用各方案与最优方案之间关联度的大小对评价对象进行比较、排序。将其应用于我国 31 个省（自治区、直辖市）城乡统筹发展的评价中，步骤如下：

第一步，确定最优指标集 X_{0k}=（1，1，1，1，1，1，1，1，1，1，1，1，1，1，1，1，1，1，1，1，1），因为数据已进行归一化处理，所有指标的最优值均为 1。

第二步，根据公式，计算关联系数，ξ 采用 0.5。

第三步，求 31 个省（自治区、直辖市）的综合评判结果即关联度，并排序，结果见表 8-14。图 8-2 是 31 个省（自治区、直辖市）统筹城乡关联度评价结果饼图。

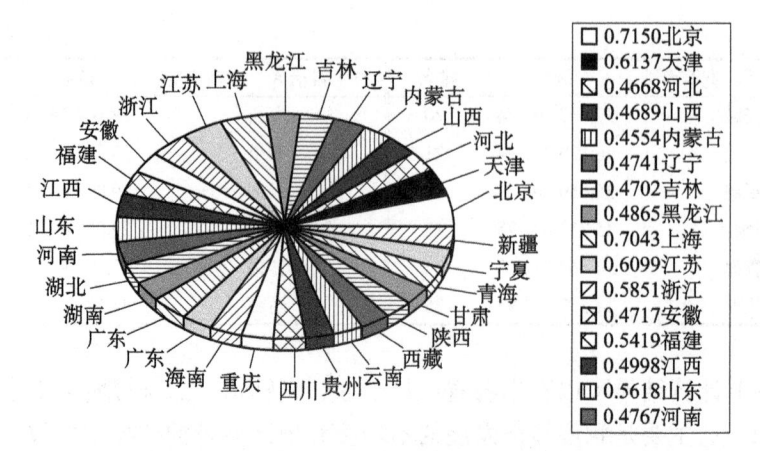

图 8-2　31 个省（自治区、直辖市）城乡统筹关联度饼图

表 8-14　31 个省（自治区、直辖市）统筹城乡发展关联度及排名

省（自治区、直辖市）	关联度	综合排名	省（自治区、直辖市）	关联度	综合排名
北京	0.715	1	安徽	0.471 7	17
上海	0.704 3	2	吉林	0.470 2	18
天津	0.613 7	3	宁夏	0.469 9	19
江苏	0.609 9	4	山西	0.468 9	20
浙江	0.585 1	5	河北	0.466 8	21
广东	0.580 7	6	湖南	0.465 3	22
山东	0.561 8	7	新疆	0.465	23
福建	0.541 9	8	内蒙古	0.455 4	24
江西	0.499 8	9	广西	0.452 8	25
海南	0.491 9	10	陕西	0.448 8	26
湖北	0.487 2	11	四川	0.446 4	27
黑龙江	0.486 5	12	云南	0.437 2	28
青海	0.482 8	13	贵州	0.436 6	29
重庆	0.480 9	14	西藏	0.429 9	30
河南	0.476 7	15	甘肃	0.429 3	31
辽宁	0.474 1	16			

8.3.3　聚类分析结果和评价

应用聚类分析方法对我国 31 个省（自治区、直辖市）统筹城乡发展水平进行聚类分析，目的是通过聚类分析，利用同类之间的相似性和异类之间的差异性的研究，对我国统筹城乡水平有一个更加深入的了解和准确的定位。

本研究采用快速聚类法，利用SPSS13.0软件进行基于主成分分析的 K-meams 聚类分析，分析结果见表 8-15～表 8-18。

表 8-15　初始的类中心点

指标	聚类 1	聚类 2	聚类 3
C11	0.92	0.18	0.04
C12	0.08	0.65	0.58
C13	0.00	0.17	1.00
C14	0.02	0.05	0.40
C15	1.00	0.04	0.50
C16	0.53	0.19	0.00
C17	0.12	0.60	0.96
C18	0.01	0.22	0.10
C21	0.25	1.00	0.72
C22	0.95	0.32	0.00
C23	0.00	0.72	0.45
C24	0.01	0.01	1.00
C25	0.22	0.25	1.00
C26	0.11	0.03	0.77
C27	0.98	0.35	0.26
C31	0.59	0.00	0.00
C32	0.56	0.02	0.00
C33	1.00	0.31	0.11
C34	0.17	0.34	0.49
C41	1.00	0.15	0.15
C42	0.43	0.25	0.21
C43	0.79	0.55	0.00
C44	0.79	0.55	0.00
C51	0.16	1.00	0.65
C52	0.34	1.00	0.46
C53	1.00	1.00	0.00
C54	0.71	0.02	0.05
C55	1.00	0.58	0.09

表 8-16　快速聚类分析中的迭代过程

迭代	聚类中心内的更改 1	2	3
1	1.414	1.325	0.993
2	0.000	0.000	0.000

注：由于聚类中心内没有改动或改动较小而达到收敛，任何中心的最大绝对坐标更改为 .000。当前迭代为 2。初始中心间的最小距离为 2.222

表 8-17 聚类结果

案例个数	地区	聚类	距离
1	北京	1	1.414
2	天津	1	0.908
3	河北	2	0.780
4	山西	2	0.632
5	内蒙古	2	1.024
6	辽宁	2	0.931
7	吉林	2	0.863
8	黑龙江	2	1.137
9	上海	1	1.454
10	江苏	1	0.788
11	浙江	1	0.459
12	安徽	2	0.687
13	福建	1	0.797
14	江西	2	0.911
15	山东	1	0.996
16	河南	2	0.743
17	湖北	2	0.703
18	湖南	2	0.565
19	广东	1	0.965
20	广西	2	0.803
21	海南	2	0.993
22	重庆	2	1.218
23	四川	2	0.615
24	贵州	2	1.169
25	云南	2	0.855
26	西藏	3	0.993
27	陕西	2	0.748
28	甘肃	2	1.011
29	青海	3	1.325
30	宁夏	2	0.844
31	新疆	2	0.933

表 8-18 不同发展水平省份的数量分布情况表

类别		数量/个
聚类	1	8
	2	21
	3	2
有效		31
缺失		0

根据以上聚类分析结果可以看出我国现在的统筹城乡的分类情况：第一类为北京、天津、上海、江苏、浙江、福建、山东、广东等我国城乡统筹高水平地区，这些地区都属于我国经济发展水平高的地区，经济发达，农村科技水平高，统筹城乡发展水平较好；第二类是我国经济发展水平较好，统筹城乡发展水平差异不是特别严重的地区，主要有河北、山西、内蒙古、辽宁、吉林、黑龙江、安徽、江西、河南、湖北、湖南、广西、重庆、四川、贵州、云南、陕西、甘肃、海南、宁夏、新疆；第三类属于我国边远地区，该类地区的经济发展水平较低，整个社会城乡文化融合水平低，教育水平和社会统筹不如意的省份，如青海、西藏。

城乡的统筹协调涉及教育、卫生、医疗、文化、基础设施等各方面的权衡，而我们这里的分类并不是仅仅代表城乡居民经济发展水平差异的分类，还包括对软指标的评价。本研究主要从空间、经济、社会、生态四个维度 28 个指标的综合统筹情况、分类，反映的是一个城乡发展各个方面的综合性情况。所以，测评结果中名次在前的省份其公共服务水平并不一定高，如在西部区域中由于城市与农村差距较小，我们则完全可以认为其城乡发展已达到低水平一体化。因此，具体到每个区域的城市，我们应在全面考虑经济发展大环境的基础上，再去分析具体排名，以确保测评结果的科学性。

8.3.4 对比分析及类别划分

根据我国 31 个省（自治区、直辖市）城统筹乡发展指数排名及关联度排名绘成雷达图，可以清楚地看到各省（自治区、直辖市）在统筹城乡发展方面所处的地位，了解各省（自治区、直辖市）统筹城乡发展的情况，以及在全国的发展位次，这有益于各省（自治区、直辖市）在制定城乡统筹发展政策中针对发展中的不足而有所侧重。分析结构见图 8-3。

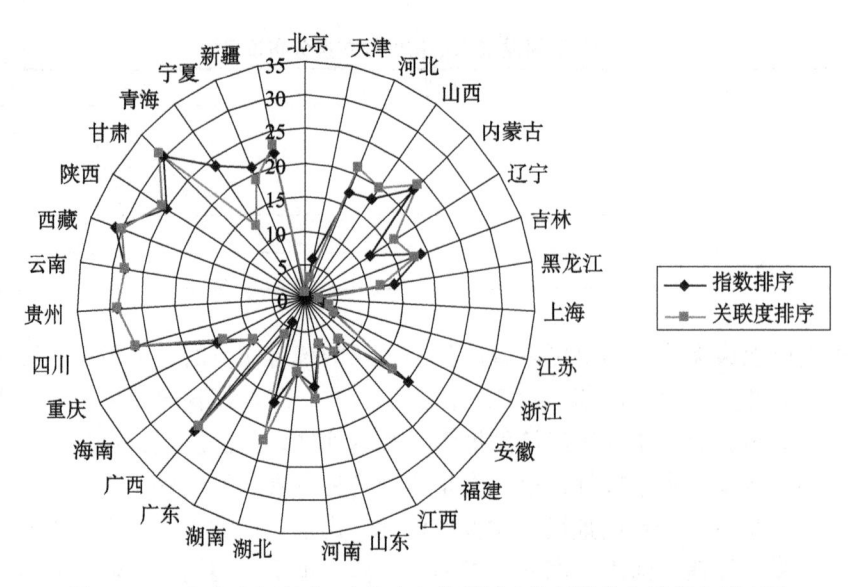

图 8-3 31个省（自治区、直辖市）统筹城乡发展指数和关联度雷达图

由图 8-3 的雷达图可以看出，尽管全国 31 个省（自治区、直辖市）统筹城乡发展指数和关联度的排名有所不同，但分组结果十分吻合，组合赋权统筹城乡发展综合指数与统筹城乡发展的灰色关联度两种评价方法得出的结果共同验证了城乡统筹发展综合评价的可行性。而聚类分析的结果与以上两种评价方法的评价结果基本相符，较为一致地体现了我国统筹城乡发展水平存在明显的区域差异性，总体上呈现出东高西低、南高北低的分布状态。

根据全国 31 个省（自治区、直辖市）统筹城乡发展指数和关联度雷达图，结合聚类分析及国，将全国 31 个省（自治区、直辖市）统筹城乡发展水平划分为四类。

第一类包括北京、天津、江苏、上海、浙江、山东、广东和福建。这八个省市位于东部沿海地区，有非常好的经济发展基础，对外开放程度与市场化程度都比较高，城镇化水平高，农村经济多元化发展，农村居民人均收入水平较高，城乡总体差异小。

第二类包括海南、江西、湖北、黑龙江、重庆、安徽。这六个省市所处位置受东部沿海省市的经济辐射比较大，经济发展水平与城镇化水平相对较高，处于全国的中上游水平。

第三类包括河北、湖南、河南、辽宁、吉林、山西、宁夏、新疆，地处中北部内陆地区，第一产业发展后劲比较足，对当地的经济发展具有很强的推动作用。山西煤炭产业和湖南旅游业的发展，促进当地农民增收。

第四类包括陕西、四川、甘肃、青海、内蒙古、云南、广西、贵州、西藏、分布在我国的西部地区，城镇化水平与工业化水平都非常低，城市经济的总体水平较低，城市的集聚效应与扩散作用都非常薄弱，城乡的基础设施都比较落后。由于当地的自然地理环境大多为高原、山地及沙漠区，这导致该类地区的人口密度低，人力资源短缺，其他物质技术基础相对薄弱，城乡差异显著。

小　　结

　　该部分利用全国 31 个省（自治区、直辖市）城乡统筹五大模块共 28 个指标作为研究对象，利用层次分析法和主成分分析法的组合赋权方法获取权重，计算统筹城乡发展综合指数并进行排序；通过聚类分析及灰色关联度分析分别对综合评价结果进行验证及进一步评价；最后把 31 个省（自治区、直辖市）按照城乡统筹程度分成四个级别，从而更加有效和准确地对我国目前的城乡统筹发展状况和发展趋势做出判断，分析其中缘由，为下一步城乡统筹一体化发展对策提供参考。

第三篇
统筹城乡发展监测

第 9 章
统筹城乡发展风险监测系统模型

9.1 风险监测系统概述

9.1.1 统筹城乡发展风险监测的内涵

统筹城乡发展风险监测是为预防统筹城乡发展可能出现偏离正常发展产生风险而建立的监测机制，包括咨询、决策、执行和监督四个部分，这涵盖了从确定监测指标、寻找风险源、分析风险、准确及时评定风险等级、确定评定风险等级到排除风险并收集反馈信息的全过程（敖慧，2007）。由于统筹城乡发展运行环境的复杂性，统筹城乡发展风险监测问题易受到各种风险因素的影响而影响协调发展。因此，建立风险监测系统成为统筹城乡发展与管理的一项重要组成部分。这种监测系统的建立可以帮助决策者及早发现潜在危机，并第一时间制订出危机解决方案并加以实施，将危机化解于萌芽之中。本书所研究的统筹城乡发展监测系统，就是对统筹城乡发展风险监测过程中的风险因素进行预测、研究、确定和测度进而对风险在时间和空间范围内发生的可能性及其危害水平进行预报，保证决策者能够提出更好的解决方案。

统筹城乡发展风险监测是一种建立在主动管理上的风险感应机制，即有计划地对各种风险进行识别、测度以及分析评价，适时、主动采取可行方案进行风险防控，确保风险处理的经济性、合理性及可行性，保障整个统筹城乡发展监测系统有效运行，避免管理失控过程。统筹城乡发展风险监测系统主要强调积极预防，从统筹城乡发展监测整体风险监测出发，通过有计划地识别统筹城乡发展监测中隐含的各种不确定因素，识别潜在的各种风险、评价风险等级和风险严重性，并提供经济、可行的预防措施，从而将风险所带来的损失降至最小。

9.1.2 监测系统的结构

统筹城乡发展风险监测系统由五部分组成：风险信息源获取系统、风险监测指标体系、风险监测专家小组、风险监测制度体系和风险监测信息辅助决策系统。这五个部分作为风险决策工作流程的五个重要因素，紧密地组合在一起（陈艳华和席元凯，2010）。

1. 风险信息源获取系统

统筹城乡发展监测风险信息源的主要职能是识别和收集统筹城乡发展风险因素，对各种风险因素进行分类，预估各种风险的破坏程度。

2. 风险监测指标体系

风险监测指标体系是指一组用于描述统筹城乡发展监测过程中风险程度的指标集合，主要功能是为统筹城乡发展监测风险提供一个监控范围和评价标准。由统筹城乡发展监测系统根据各指标运行状况以及协调情况，设定的临界值阈值。在输入各种风险影响因素指标的测定值后，便可以确定一个风险指数；若该数指数的值超出监测阀值范围的临界值时，系统产生相应的监测信号，从而显示系统的风险等级。

3. 风险监测专家小组

风险监测专家小组根据获取的可测风险值，参照统筹城乡发展风险监测体系测定值来预测风险发生概率及危害程度，经过风险监测系统分析评价得出可靠的风险监测信息，并根据各项指标的风险值制定相应可行的风险管控措施。

4. 风险监测制度体系

统筹城乡发展风险监测制度体系主要由风险监控管理者、风险监控系统运行人员、风险监测指标体系及其阀值、风险预案四个体系组成，是确保监测体系有效运作的制度集合。

（1）风险监控管理者。统筹城乡发展风险监测是政府高层的管理职责，风险的产生具有系统性、长期性的特点，因此需要从政府高层通盘考虑，并建立一整套高效完整的管理体系。

（2）风险监控系统运行人员。除了高层管理者以外，还需要执行日常监测工作的监测人员，从事统筹城乡发展风险监测工作的人员应具备统计学、经济学、社会学等相关知识以提高风险监测的质量和效率，确保风险监测工作的系统性、专业性和政策性。此外，还应注重提升相关工作人员风险意识，将风险教育渗透到监测体系的每一环节阈。因此，建立长效规范的监测工作人员教育培训体系势在必行。

（3）风险监测指标体系及其阈值。技术标准是统筹城乡发展风险监测的技术支撑，包括保证监测数据库的完备与连续，确保风险监测评价指标体系，监测模型（方法）标准体系和信息管理体系有效运行。

（4）风险预案。风险预案就是根据以往经验和分析推断各类风险因素，提前制订出完备的危机处理方案，以尽可能将损失降至最小，避免出现统筹城乡发展不协调因素。监测预案体系是顺利处理解决风险问题的必要组成部分，在预案计划书中会有详尽的预防措施、预防计划、人员配备，以及消除风险运作的详细步骤，其实质是针对特定风险而提供的可参考的风险处理计划。

5. 风险监测信息辅助决策系统

统筹城乡发展风险监测系统采用最新的计算机人工智能交互系统，以现代人工智能技术为手段，以统计分析、政策分析等多种科学为知识背景，发现统筹城乡发展监测过程中的风险问题，通过检索统筹城乡发展相关材料、分析统筹城乡发展问题要素、建立预测模型、分析影响统筹城乡发展的重要因素，为降低统筹城乡发展的风险建立预案，为政府决策提供帮助。

9.1.3 监测系统的功能

监测的对象主要集中在统筹城乡发展监测过程中所面临的各种风险上，进而协助国家相关部门及时发现统筹城乡发展中的风险因素，降低统筹城乡发展失调带来的社会经济损失风险，并在建立和运行监测机制的过程中树立风险意识，增强国民经济发展的抗风险能力。通过对统筹城乡发展监测进行系统分析，统筹城乡发展风险监测系统应具有的基本功能如下。

（1）监测功能。根据前述方法获取的统筹城乡发展风险监测指标体系，通过有效渠道汇总统筹城乡发展运行中的静态信息和动态数据，分析、监测和识别隐藏于内部体系和外部环境的风险早期征兆及诱因，确定风险行为所引发损失的可接受区域，将监测值与设定的阈值进行比对研究。在运行过程中对统筹城乡风险监测指标实时监控，一旦发现监测指标超出监测阈值，即可以指示灯的形式直观表示出来。

（2）诊断功能。根据跟踪监控反馈的异常情况，对统筹城乡发展风险监测指标进行分析、诊断，及时发现统筹城乡发展中的不协调因素，并确定风险产生的根本原因。

（3）辅助风险规避功能。通过风险监测机制诊断出的统筹城乡发展潜在危机及其可能的损失后，监测系统可对危机早期征兆及诱发因素做出提示，提供可行的降低风险的解决指导方案，保证统筹城乡有效运行。辅助风险规避功能的关键是针对统筹城乡风险指标变化反应的敏感程度，发现系统对潜在危机的洞察力。

（5）辅助免疫功能。监测系统可以全面详细地记录统筹城乡发展监测过程中的风险因素，以及其纠偏、规避措施等，对类似性质的风险进行预测识别，并及时提供可行的处理方案，从而不断增强统筹城乡协调发展抵抗风险的免疫能力。

9.1.4 监测系统运作流程

统筹城乡发展风险监测系统将在人工智能技术支持下，实现对潜在风险的监测，并促进统筹城乡发展风险监测工作的规范化、制度化、科学化。统筹城乡发展风险监测体系运行的具体步骤如下。

第一步，通过统筹城乡发展监测管理信息系统，根据监测指标库对统筹城乡发展各个过程的风险信息源进行采集和监视。

第二步，将采集的数据传给统筹城乡发展风险监测辅助决策系统，统筹城乡发展风险监测系统通内嵌的风险监测模型运算分析，做出风险识别和险情分析。

第三步，借助统筹城乡发展风险监测系统中内嵌的各种风险监测模型，比对风险监测事项，判断影响统筹城乡发展的风险指标发展趋势，以及可能造成的影响的程度和范围。

第四步，判断统筹城乡发展监测风险监测值，如果监测值处在安全阈值之间，则说明统筹城乡发展处于正常状态，则继续采集数据；如果监测值超出安全阈值，或发展趋势将会超出安全阈值范围，则说明统筹城乡发展处于风险状态，系统发出提示信号。

第五步，如果系统输出结果为安全信号，则系统持续重复运行第一步，如果系统输出信号为风险信号，则分析模块输出产生风险的原因（某些特定风险指标超越阈值），给出应降低风险的建议，使风险朝着缓解的方向进展。

完成第五步之后，系统重新回到初始状态，形成了统筹城乡发展风险监测体系的循环监测状态。在这个系统中，各模块之间的工作流程如图9-1所示。

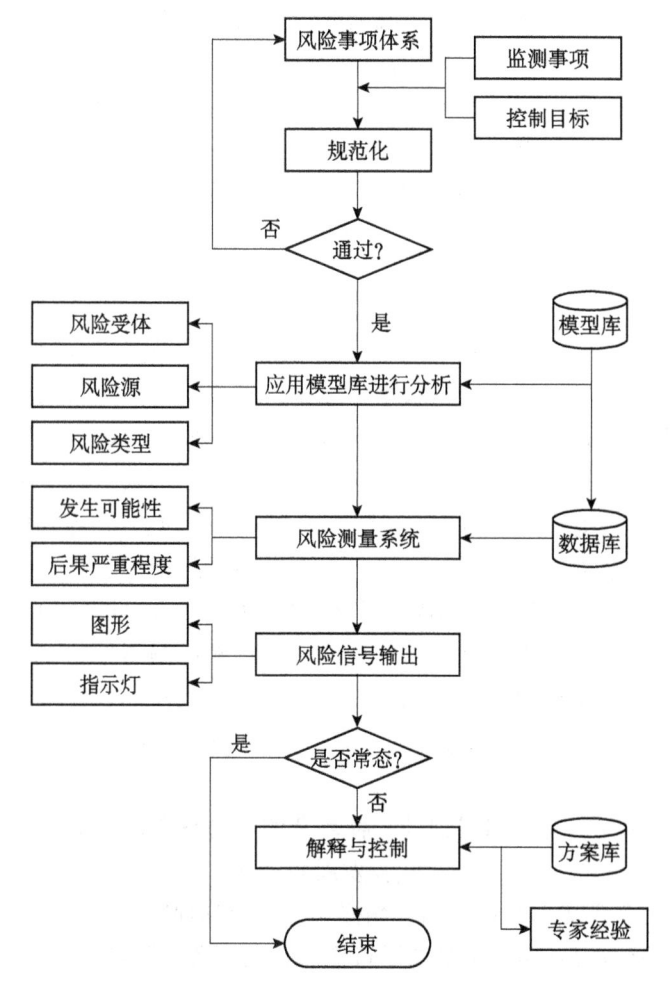

图 9-1 统筹城乡发展监测风险监测系统运行流程示意图

此外，如果在风险状态下，统筹城乡发展风险监测系统不能有效地处理风险，便进入危机状态，此时需要成立一个专家小组根据模型推理条件制订应对方法。政府可以根据统筹城乡发展的实际情况对社会经济发展提出新的指导方案，如果新方案能够有效避免风险，则此方案就可作为监测方案进入方案库。

9.1.5 监测系统的关键技术

1. 风险监测指标的选择

统筹城乡发展风险监测指标在统筹城乡发展风险监测分析中起到至关重要的作用。在选择监测指标体系时，既需要各项指标完整反映统筹城乡发展的全面情况，又需要根据指标间的相关性反映统筹城乡发展主体的差异性，尽可能使用统筹城乡发展评价指标体系内已经存在的指标作为风险监测体系的指标集。这样既可以达到风险监测体系尽可能包含统筹城乡发展进程监测评价所需的主要变量的效果，从而达到监测目的，又能及时发现关联程度较低的非主要监测指标，修正统筹城乡发展进程监测评价系统。

2. 临界阈值的确定

在统筹城乡发展风险监测系统中，必须要确立一个基于监测指标体系的合理临界阈值区域，用以衡量统筹城乡发展是否正常运作，并以此为标准判别统筹城乡发展中是否存在危机及其严重程度。这种反映统筹城乡发展运行中将发生的风险严重程度等级界限的合理测度就被称为"临界阈值"。"临界阈值"是监测区间的上下限也称为监测线，是区分安全的警戒线。"临界阈值"的科学设定关系到监测系统能否有效运行。当一种以上的监测指标超过该指标的临界值时，就可认定该指标在特定时期爆发危机的可能性偏大。设定的临界值偏离正常值太多或太少，都会影响到监测系统的有效预测：偏离程度太大，因为无法及时识别危机而产生监测惰性；偏离程度太小会导致监测系统过于敏感而失去监测意义。为此，应按照每个指标的具体含义和现实情况的正常范围对比，找出临界阈值的最大最小值。

统筹城乡发展风险监测问题是一种复杂的经济现象，不能通过仪器、仪表等工具对其定等分级。由于统筹城乡发展过程中"好"或"不好"、"正常"或"不正常"是一个无法精准量化的模糊概念，确定其程度大小要考虑的因素也复杂多样，这既要考虑到体系本身的运行情况，又要考虑到各个评价主体的臆测、偏好及主管评判。所以，与自然科学研究的定等分级相比，统筹城乡发展风险监测临界值的确定要困难得多。这种困难主要表现为作为统筹城乡发展正常运行衡量标准的合理程度难以具体化和明确化。在确定临界阈值时，应在国家实际情况和经济发展状况的基础上，借鉴历史经验、专家建议再做决定。临界阈值确定之后，风险指标就可以通过监测指标在临界阈值之间的变动情况，判断风险状况，通过持续监测及智能学习，预测风险的趋势。

3. 风险信号指示

为及时直观地观测到统筹城乡发展可能遇到的风险和变化,需要利用每个时期的监测指标的数值,制作监测指标信号图,并观察信号变化,判断是否进入危机阶段,及时制定对策。为了直观地预报不同类型的信号,可以采用国家统计经济监测预警的做法,分为无风险、轻度风险、中度风险、重度风险和巨大风险五个等级的风险程度(黄芳和耿勇,2009)。①无风险:统筹城乡发展没有明显风险,无须做出反应;②轻度风险:统筹城乡发展有轻微的风险,由一般人员例行处理即可;③中度风险:表示风险有一些,但在可以接受的范围内,此时静态监控即可;④重度风险:表示已出现一定的风险,政府相关决策人员需要采取动态监控,提高监控力度,及时反馈信息,尽可能地化解风险;⑤巨大风险:说明统筹城乡发展的风险已经很大,此时应采取强有力的措施,提防随时可能出现的可能严重影响统筹城乡发展正常运作的事项,否则,危机可能很快就会来临。

4. 信息搜集与整理

大量的有效风险信息是通过对风险的监测活动获得的,这些可知信息通过量化标准对结果进行评估与解析,并收集预测将来运行态势的信息。对这些信息进行整合,观察监测指标的变动,制作增率时间序列,除去影响因素,最后得到的时序资料就是监测的依据。

5. 建立监测模型

以选取统筹城乡发展过程监测指标数据为基础,基于事例的推理技术(Case-Based Reasoning)的人工智能风险预测方法,探索性地建立了城乡统筹发展监测模型,将风险监测指标与风险等级之间建立输入和输出关系,再经由神经网络的训练,最终使用系统专家知识库来分析风险事项,并判断城乡统筹协调发展的风险状况。

6. 确定综合评价结果

在统筹城乡发展风险监测体系中,每个风险事项是通过某个与之对应的监测指标来反映系统风险的,实际上统筹城乡发展的整体风险就是各种监测指标波动的结果,各种监测指标之间是相互影响的。因此,在做最后的评价时应综合考虑各种相关因素。

9.2 统筹城乡发展风险事项的测度

9.2.1 风险的识别与风险分析

风险识别是风险监测系统运作的第一步，首先需要尽可能全面地收集统筹城乡发展风险监测体系的信息，用定量的方式来描述风险的可能性和后果的严重性，是风险监测的基础数据来源。

1. 风险识别

风险识别是在统筹城乡发展风险监测体系范围内搜索，找出对统筹城乡发展产生影响的潜在事项，并且确定它们是否会给统筹城乡发展带来消极影响。带来消极影响的事项意味着风险，应该对其监测和处置。对系统风险带来正面影响的事项意味着统筹城乡发展朝着协调良好的方向发展。通过这两方面因素的分析，将风险事项在统筹城乡发展战略和目标设定中反馈出来；将可能影响统筹城乡发展协调性的风险，以及引发这些风险的内外部因素识别出来，以便于消除、转化、规避这些风险。为了保证这些风险事项识别的能力，我们可以使用风险识别与风险管理理念相一致的技术工具来识别统筹城乡发展过程中的风险。常用的风险事项识别的方法如下（武俊芳，2009；黄芳，2010）。

（1）风险事项目录——风险事项识别的出发点，根据统筹城乡发展风险监测体系中设定的不同监测指标，列出的具体风险事项清单。

（2）风险触发器阈值——通过与提前设定好的标准阈值对比，发现统筹城乡发展风险事项及偏离的程度，找到相关的事项，并对此事项进一步评估或者即刻应对。

（3）推进式的研讨与访谈——通过讨论的方式，用相关政府管理人员的知识和经验来识别风险事项。

（4）过程流动分析——通过构建一个过程，分析系统的输入、处理、输出的组合，以及风险监测指标的变化，通过考虑影响一个过程内部和外部的因素，来识别可能影响过程目标实现的事项。

（5）损失事项数据方法——通过监测统筹城乡发展进程的指标数据，并分析与之关联的损失事项。

2. 风险分析

风险分析的主要内容是粗略估计风险的大小、确定风险来源并按照风险大小进行风险排序。

首先，了解风险管理与控制的主要内容，通过收集并跟踪与统筹城乡发展的绩效指标有关的内容，同时明确这些指标的关联性质。其次，要明确各监测项指标是否存在超出预设阈值范围的可能，这也同时可以确定风险来源，并对这些风险进行分类，对这些风险的可能性和发生类型进行评估，评估方法采用定性定量法。再次，由统筹城乡发展监测人员分析这些指标偏离的原因，找出风险产生的原因；最后，按照风险程度和特点规则排序，找出重点监控影响后果较严重的风险，并让有关人员审查它们，以便对风险做出回应。

9.2.2 属性值特征化

利用风险事项的属性对风险事项进行分类，建立知识系统库，分析各类风险的依赖性和对最终风险集成的重要性。而风险事项属性值特征是确定风险分类的基础，对每个属性按特征分割为若干特征值，然后将属性值用特征值替代。由于属性特征化计算过程复杂，在不设定条件下可能会有太多的特征值，从而导致计算速度缓慢（黄芳，2010）。本书根据统筹城乡发展过程数据的监测信息，利用神经网络的方法来确定属性的特征值。

统筹城乡发展风险评估是一种协调发展风险的综合评估，它以确定统筹城乡发展整体风险水平的过程为基础，确定风险事项的权重，也即风险事项对风险结果的影响。现代综合评估的方法中有很多确定权重的方法，其中大致可以分为主观赋权法和客观赋权法两类，不过它们都有各自的特点，也都有各自的优缺点。因为统筹城乡发展风险监测是围绕统筹城乡发展这个核心事项运作的，从具体时间来看，它们主要依靠人的主观经验和感受来判断，大多缺乏原始数据的支持，也很难有客观的概率分布状况，所以给统筹城乡发展风险的判断带来很大的模糊性，因此，根据城乡发展风险评估的特征，本研究选择模糊论域评估来量化风险。

设 $\Omega = \{\Omega_1, \Omega_2, \cdots, \Omega_n\}$ 表示统筹城乡发展风险事项集合，其中，$i = 1, 2, \cdots, n$，n 为风险事项集合 Ω 的个数；$\Omega_i = \{\upsilon_{i1}, \upsilon_{i2}, \cdots, \upsilon_{im}\}$，$j = 1, 2, \cdots, m$，$m$ 为风险事项集合 υ_{ij} 的个数。

1. 确定事项评语

考虑到统计口径的变化，目前可供使用的历史数据有限，因此对于统筹城乡发展风险监测来说，不能利用统计方法和准确数字来描述事情发生的概率，在这种情况下就要利用专家知识来评估事件发生的概率，评价方式可以是模糊性的语言。设 $\Pi = \{\Pi_1, \Pi_2, \cdots, \Pi_p\}$，其中，$\Pi_k$ 为事项评语，$k = 1, 2, \cdots, p$，p 为评语等级。对风险事项评语的确定，可以通过专家对训练样本评语进行打分，在人工智能系统中输入训练样本集进行训练、输入测试样本集测试分类效果，经过多次调整输入输出之间的关系，最终由人工智能系统学习并可以给出风险分类规则和评语。评语和风险事项之间的关系为从集合 Ω 到评语 Π 之间的模糊映射 $f: \Omega \to \Pi$。则综合评估矩阵 Γ_i 为：

$$\Gamma_i = \left(\phi_{ijk}\right)_{m \times p} = \begin{bmatrix} \phi_{i11} & \phi_{i12} & \cdots & \phi_{i1p} \\ \phi_{i21} & \phi_{i22} & \cdots & \phi_{i2p} \\ \vdots & \vdots & & \vdots \\ \phi_{im1} & \phi_{im2} & \cdots & \phi_{imp} \end{bmatrix}$$

式中，$i = 1, 2, 3, \cdots, n$，ϕ_{ijk} 表示事项 υ_{ij} 对 k 级风险评级的隶属度。

2. 计算风险隶属向量

设 Ψ_i 为风险事项子项，$\Psi_i = (\psi_{i1}, \psi_{i2}, \cdots, \psi_{ip})$，评语为 Π_{im}，根据事项层级关系，逐级向上归纳，最终的事项映射关系为

$$\Gamma = \begin{bmatrix} \Gamma_1 \\ \Gamma_2 \\ \vdots \\ \Gamma_n \end{bmatrix} = \begin{bmatrix} \phi_{11} & \phi_{12} & \cdots & \phi_{1p} \\ \phi_{21} & \phi_{22} & \cdots & \phi_{2p} \\ \vdots & \vdots & & \vdots \\ \phi_{m1} & \phi_{m2} & \cdots & \phi_{mp} \end{bmatrix}$$

$$\mathcal{R} = \Psi \times \Gamma = (\psi_1, \psi_2, \cdots, \psi_n) \times (\Gamma_1, \Gamma_2, \cdots, \Gamma_n)^{\mathrm{T}} = (\eta_1, \eta_2, \cdots, \eta_m)$$

根据最大隶属度原则，风险事项集合的风险评级 η^* 为

$$\eta^* = \max\{\eta_1, \eta_2, \cdots, \eta_m\}$$

也即统筹城乡发展风险的评价值。

9.2.3 风险事项评估

统筹城乡发展风险事项评估是为了确定统筹城乡发展整体风险的水平，并且以评估单个风险事项风险水平为基础。从实践的角度来说，统筹城乡发展风险事项评估主要靠人的主观经验来判断，它们大多缺乏原始数据作为支撑，也不能提供客观的概率分布。但是统筹城乡发展风险评估多依靠专家的知识，主

观性强，并且有很大的模糊性。主观估计、客观估计、行为估计是风险可能性估计和后果估计的主要方法。

1. 主观估计

主观估计是风险评估专家根据统筹城乡发展过程监测数据，用主观估计的方法，在 1～0 内取一个数值来描述事件发生的可能性。主观概率是风险评估专家对风险事项是否发生，以及风险事项的影响的严重程度的主观估计，这种主观估计的方法经常在已知信息较少的情况下使用，统筹城乡发展风险监测中的定性描述风险的历史信息较少，符合这种方法的应用条件。

2. 客观估计

客观估计是利用统筹城乡进程监测指标值对风险事件进行描述，客观估计需要使用多年的统计数据或试验信息的计算或者分析得出，统筹城乡发展风险监测中的定量数据，为具有多年连续数据的指标，适合使用这种方法。

3. 行为估计

除了针对统筹城乡发展风险监测指标值进行主客观估计，还可以按照研究城乡统筹监测指标引发的特定行为造成的风险来修正主客观估计结果。

9.2.4 风险值的计算

统筹城乡发展中可能受到很多不确定性因素的影响，统筹城乡发展风险有可能造成统筹城乡发展失衡，从而导致经济发展失衡。统筹城乡发展风险的含义主要包括两个方面，一方面是出现风险可能代表着统筹城乡发展会遭遇损失或威胁；另一方面，这些损失和威胁是否出现是不确定的，可以用概率进行表示。如果以 C 表示统筹城乡发展中出现的风险因素或不协调结果，以 P 表示这种风险发生的概率，那么可以用 $R=F(C, P)$ 来表示统筹城乡发展的风险 R，该式表明，统筹城乡发展的风险是若干超越阈值的指标共同影响统筹城乡进程风险总体数据的概率的函数。

除了普通的衡量方法之外，近几年有很多学者提出了三维和四维的风险衡量公式，比如钟登华等（2003）提出了三维的风险值衡量方法：$R=f(C, P, D)$，其中，R 表示风险值；P 表示风险发生的概率；C 表示风险发生的不利结果或损失；D 表示风险的不可控制性（区分风险的可控制和不可控制，目的是考虑它们的风险应对措施）。于洋和冯耕中（2003）等提出了用四项指标来衡量风险的方法：$R=f(C, P, D, M)$，其中，R 表示风险值；P 表示风险发生的概率；C 表示风险发生的不利结果或损失；D 表示风险的不可控制性；M 表示故障恢复的难易程度。

风险值的衡量标准是不同的，主要原因是风险事件的特征和控制目标不同。了解风险的衡量标准，会对风险的量化、分类、估计和评价带来很大便利，为了方便研究，本研究采用二维划分法来进行风险量化和评价研究。

9.2.5 风险监测阈值的处理

我们根据统筹城乡发展风险的不同种类，选取相应的评价指标体系作为风险监控事项，将风险事项的特征值的上下限设置为监控的阈值上下限。根据统筹城乡发展中的风险监测系统运作情况，通过分析、比较统筹城乡发展监测指标数据的实际测量值与预设阈值，确定风险级别。例如，用 $x(t)$ 表示在风险库中存有该指标的信息；xO 表示一个确定监控阈值；xOL 表示阈值下限；xOH 表示阈值上限；即当监控信号值 $x(t) \in C$ 时监控系统报警。在阈值与测量值比对过程中，可以有三种监测信号输出方式：确定性阈值监控、不确定性阈值监控、分段确定性阈值监控。风险值的输出是根据风险信号和阈值特征函数计算得出，确定性风险警情计算是采用风险事项是否发生的符号函数表示，当风险事项监控信号达到某个阈值，发出风险警示信号；不确定风险警情计算采用线性函数表示，风险输出，如有多个不确定风险事项同时发生，该函数可以叠加。计算过程如下图 9-2 和图 9-3 所示。

集合 $C = \{x \mid x_{OL} \leqslant x \leqslant x_{OH}\}$ 是确定性的风险阈值集合，阈值集合 x 的特征函数 $u(x)$ 定义如下：对于 $\forall x \in X$，若 $x \in C$，则规定 $u_C = 1$；若 $x \notin C$，则规定 $u_C = 0$。即

$$u_C = \begin{cases} 1, & x \in C \\ 0, & x \notin C \end{cases}$$

确定性阈值监控的最大缺陷是监测信号的阶跃特征，当达到阈值后马上报警，而临界阈值前没有任何征兆，同时，风险程度的大小程度无法从监测信号得知。所以，当风险事件比较模糊的时候，一般采用不确定性阈值监控，这可以从风险信号获得监控信号值的大小。不确定性阈值定义为

$$u_C(x) = \begin{cases} 1, & 0 \leqslant x \leqslant x_O \\ 0, & 其他 \end{cases}$$

不确定性阈值监控系统，采用值域 C 上的连续的实数来描述监控信号

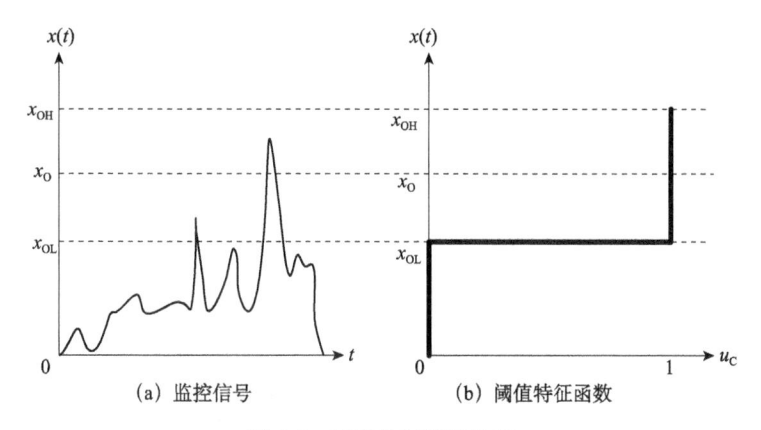

图 9-2　确定性阈值监控图

（$C \in [0, 1)$），监测指标所对应的数值接近 1，表示该指标属于阈值集合的程度越大，判断为风险性指标的可能性越大。如图 9-3 所示，$u_C(x)$ 不再会从 0 突然变动为最大值。

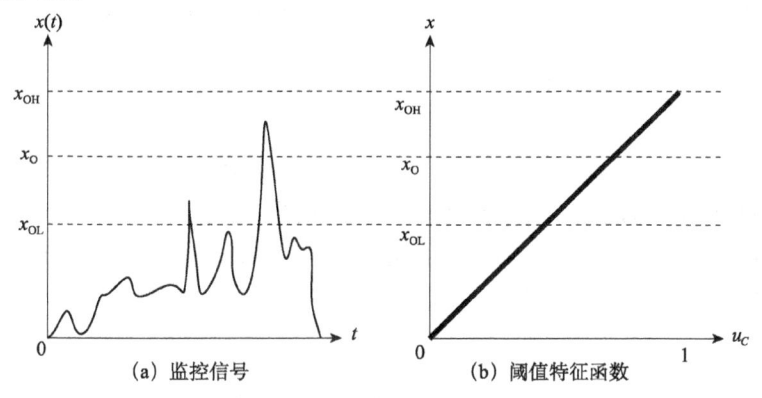

图 9-3　不确定性阈值监控图

由于确定性阈值监控的最大缺陷是监测信号的阶跃特征，而不确定性阈值不够直观，影响用户的判断。本书为了弥补确定性阈值和不确定性阈值的缺陷，采用分段确定阈值监控方法，对于监测指标取值域 C 中的每个指标用 -1，-0.5，0.5，1 等符号元素来指示监测指标属于阈值域的不同程度，如图 9-4 所示，$u_C(x)$ 为分段函数。

$$u_C(x) = \begin{cases} 1 \\ 0.5 \\ 0 \\ -0.5 \\ -1 \end{cases}$$

(a) 监控信号　　　　(b) 阈值特征函数

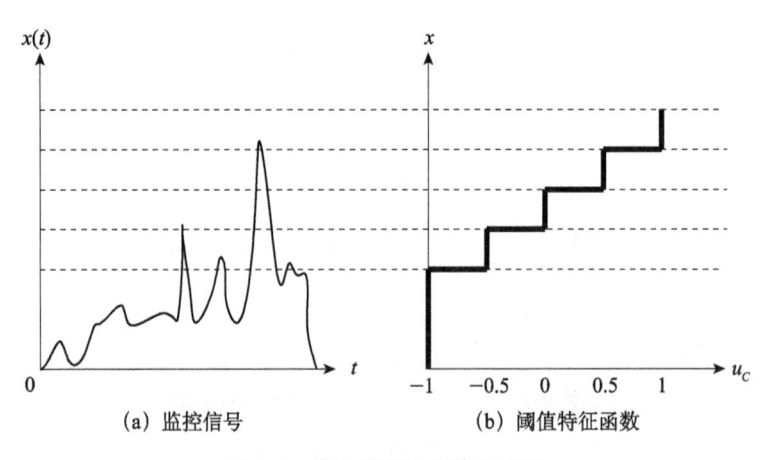

图 9-4　分段确定性阀值监控图

统筹城乡发展风险监控系统指标库中各类风险的监控指示标准是确定风险的主要参考依据。通过实时监控这些指标，并比对监测阈值，发现统筹城乡发展过程中的风险，并发出监测信号，给以后降低风险、控制风险工作做好准备。

9.2.6　风险评估映射规则

因为本书是以统筹城乡发展为研究对象，对风险的判断按照二维划分法来进行风险量化和评价研究。评价风险主要依靠两个方面：一是影响着统筹城乡发展的风险后果；二是风险发生的可能性。我们对高可能性、严重后果用深色表示，将低可能性和低严重影响的事项用浅颜色表示，获得风险控制表如表 9-1 所示。

表 9-1　统筹城乡发展风险的可能性 - 影响分析表

	a：可忽略	b：较小	c：中等	d：较大	e：灾难性
A：几乎可能	中度风险	中度风险	重度风险	大风险	大风险
B：很可能	轻度风险	中度风险	重度风险	重度风险	大风险
C：有可能	轻度风险	轻度风险	中度风险	重度风险	重度风险
D：不太可能	无风险	轻度风险	轻度风险	中度风险	中度风险
E：很罕见	无风险	无风险	轻度风险	轻度风险	轻度风险

注：风险事件的可能性包括 A～E 五个等级，风险事件发生的可能性需要结合威胁源的内因（动机和能力），以及弱点和控制这两个外因来综合评价；

风险事件影响包括 a～e 五个等级，通常来说，对于较大风险和灾难性风险是不可接受的，必然要选择并实施相应的对策来消减这种风险。对于中等风险和低风险，组织可以选择接受。

风险等级：①巨大风险：需要立即采取措施，②重度风险：需要采取措施，③中度风险：需要高度关注，④轻度风险：需要制定措施防范，⑤无风险：例行处理。

资料来源：蔡永明，2007

借助情景分析法（scenario analysis）对每一个统筹城乡发展监测指标，找出引起风险的场景，同时考虑到统筹城乡发展具体实践，这种情景分析即是发现风险、确定风险等级的过程，也就是度量并且评价威胁到统筹城乡发展的风险事项，同时要对风险场景进行描述，只有这样才能根据控制重点优先控制和应对重点风险，最终实现统筹城乡协调运行。

9.3 统筹城乡发展风险交互式监测模型设计

9.3.1 人机交互的系统结构

因统筹城乡发展风险评估活动属于长期监测行为，我们时刻都可能要对其发展进行重新评估，一次性评估方法与我们的需求不相符。如果在较长时间范围内组织多次监测判断，每次重新组织专家对统筹城乡发展的各个风险事项进行评估，不仅会耗费大量人力物力，并且专家不同也会给出不一致的结论。本书使用了人工智能技术，该技术可以将统筹城乡发展研究专家对历次风险评估做出判断的知识保存在数据库里，作为训练样本，经过长期模拟训练，得到风险监控模型，可以通过这个模型调用专家知识库来分析统筹城乡发展风险事项，并判断统筹城乡发展的风险级别。一方面，人工智能技术的采用能够使评估速度提升；另一方面，评估结果也不会受部分专家的个人专断而导致系统性偏差。

以风险事项识别风险，以统筹城乡发展风险评估系统为基准构建的模型结构如图 9-5 所示。

统筹城乡发展风险评估系统主要有四个部分构成——人机交互模块、风险问题分析与处理模块、通信模块及决策模块（黄芳，2010）。

（1）人机交互模块。人机交互模块主要是可视化的输入界面，是风险监测系统和风险评估用户之间交互的信息交流纽带，通过 Web 技术和交互输入技术的应用，可使人机交互模块非常简单地录入统筹城乡发展风险评估数据。同时，人机交互模块还是一个知识获取工具，通过评估人员与统筹城乡发展风险监测系统的交互学习，使统筹城乡发展风险评估系统不断获取相应的知识，实现智能化交互应用。

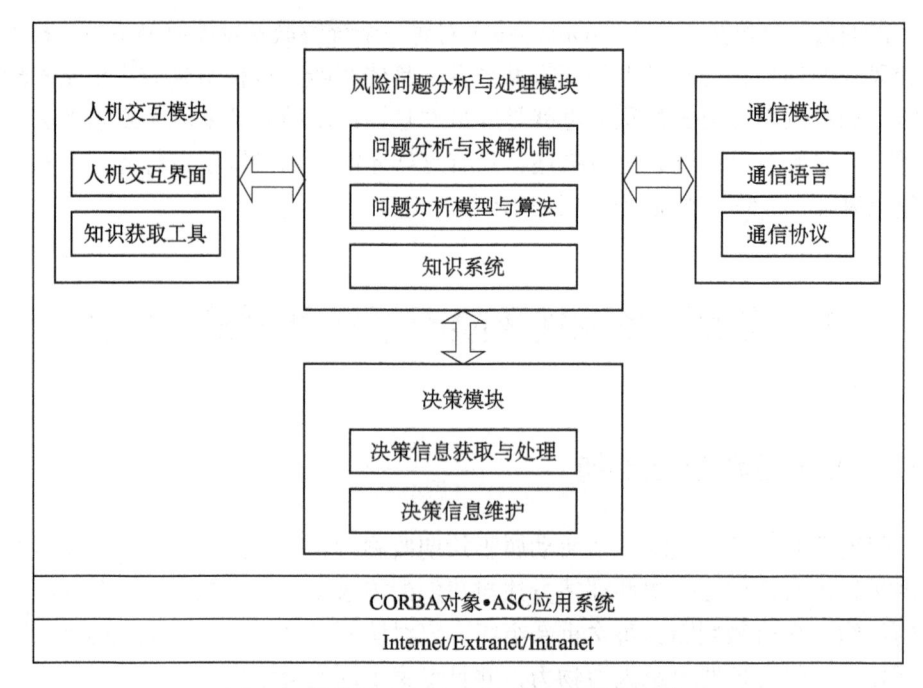

图 9-5 统筹城乡发展风险评估系统的结构模型

（2）风险问题分析与处理模块。首先，分析统筹城乡发展风险问题，分解这些风险，然后对产生这些风险的一系列原因进行分析。而统筹城乡发展风险监测的知识系统包含了分析判断风险等级问题的智能决策系统。为了对决策功能对象的框架结构进行抽象描述，本研究采用面向统筹城乡发展问题的模型、方法、知识等一体的风险监测系统，以具体问题为主要目标进行评估、结合统筹城乡发展管理中某一问题领域，与实时性要求较高的评估问题相协调。通过这种结合实现评估模型与算法描述在统筹城乡发展过程中的决策问题的统一。

（3）通信模块。通信模块是一种用于统筹城乡发展风险评估专家成员之间的通信，以及与统筹城乡发展监测系统外部进行信息交互的模块。通信模块给评估群体提供了交互协商的场合，它包含通信语言和通信协议两方面的内容。

（4）评估信息管理模块。此模块由分布式共享数据库组成，包括统筹城乡指标监测数据库、统筹城乡风险评估模型库、统筹城乡风险处置方法库等几部分。该模块是评估系统的风险评价信息来源，实现对相关信息进行搜集、处理和维护，获得系统风险水平评级。

9.3.2 知识系统的构建

如果统筹城乡发展风险评估系统里的每个监测指标的属性值都已经特征化，

这时即可建立风险评估知识系统。这个知识系统是一个面向统筹城乡发展主题的、集成历史信息的数据仓库。在与联机分析处理、数据挖掘、人工智能等技术结合后，可提供强大的风险分析能力。因为统筹城乡发展检测指标体系存在异质性问题，所以在数据仓库技术的基础上建立了统筹城乡发展风险知识储备系统，来确保统筹城乡发展风险数据和信息的收集、汇总、分析。通过该系统，实现风险评价的量化分析，输出科学合理的结论，降低了风险评价的主观性。同时，风险信息的共享和传递也可通过监测的过程得以实现，提高整个统筹城乡发展风险管理的水平，降低系统风险性。

为使分析标准化，我们对统筹城乡发展风险分析建立统一的、全面的风险事项体系和明细评语系统。在大量数据的采集和持续分析之后，最终形成标准化和规范化的风险知识库。在知识库的建设中应注意以下几点。

(1) 确保数据输入格式的规范化。风险数据报表系统包括主表和明细表：主表包括部分汇总表和整体汇总表。主表是风险量化的汇总数据，明细表是对分析过程或变化进行详细注释，汇总表是根据最终用途将各部分监测数据进行汇总，是进行各种风险分析和评价的客观基础。

(2) 依据统筹城乡发展风险的性质与特点，拟定具体的操作流程，通过神经网络工具包的智能处理，以确保风险评级结果的准确性。

(3) 风险监测知识库的丰富性和规范性。知识库是智能学习的基础，为提高风险监测系统的准确性，需要确保风险监测知识系统要符合统筹城乡发展风险的性质与特点，并按照数据测量的可获得性、历史数据完整性和模型求解的可行性的原则进行设计，并保证风险评级的准确性。

在统筹城乡发展风险监测系统的需求下，应建立一个面向统筹城乡发展的全局数据仓库结构，然后在此基础上设计面向风险监测业务的实时监测数据仓库和面向风险评级的决策层数据仓库。统筹城乡发展的数据仓库完全独立于任何应用逻辑。而在监测实现层数据仓库和决策层数据仓库中，为提高数据分析处理效率，应将数据的组织流程与演算逻辑有机结合。

为确保统筹城乡发展风险评估数据仓库完备有效，我们不仅需要完善各级数据库建制、规范操作数据存储、确保数据仓库完整，还需要严格定义和区分不同的数据库、操作数据存储或处理及应用数据仓库上的数据，严格规定软硬件及各类资源的配置（武俊芳，2009）。根据统筹城乡发展风险评估中各项监测指标数据准备的实际情况，满足城镇发展风险评估最为迫切的需求，获取最快的回报，进而再不断扩展和完备。将"从整体到局部"的逻辑基础作为全局数据仓库设计框架，数据集市有较强的一致性、可重用性和易调整性。当数据集市逐步增多并进入备用状态，数据在原子级或准备状态便可以连接，从而使数据集市逐步整合为统筹城乡发展风险评估体系的全局数据仓库。

9.3.3 基于 Web 的分布式 OLAP 结构的风险事项分析机制

据上述分析，统筹城乡发展风险信息化水平较高，从而伴随着风险信息数据的规模化和无序性。随着我国经济发展变化越来越快，决策者希望能从历史经验数据中窥探到有利于现实决策的相关信息，但现行系统——联机事务处理（on-line transaction processing，OLTP）——已不能满足现实需求。这便导致了我们无法从事务型环境中构建分析型应用。因此，我们必须把数据进一步组织整合，构建一个能够保证数据准确分析处理的运行池，即体系化环境。在此基础上，基于面向分析处理的数据存储技术和 OLAP 的分析，可以更好地发挥数据仓库的作用，提高系统的科学性和洞察力。OLAP 可以为统筹城乡发展风险分析提供决策支持：迅速响应风险分析人员的需求，展示复杂数据及分析掌握统筹城乡发展风险现状、制定有效决策。

为满足统筹城乡发展风险监测的要求，本书选取基于 Web 的分布式联机分析处理三层结构方案，如图 9-6 所示。

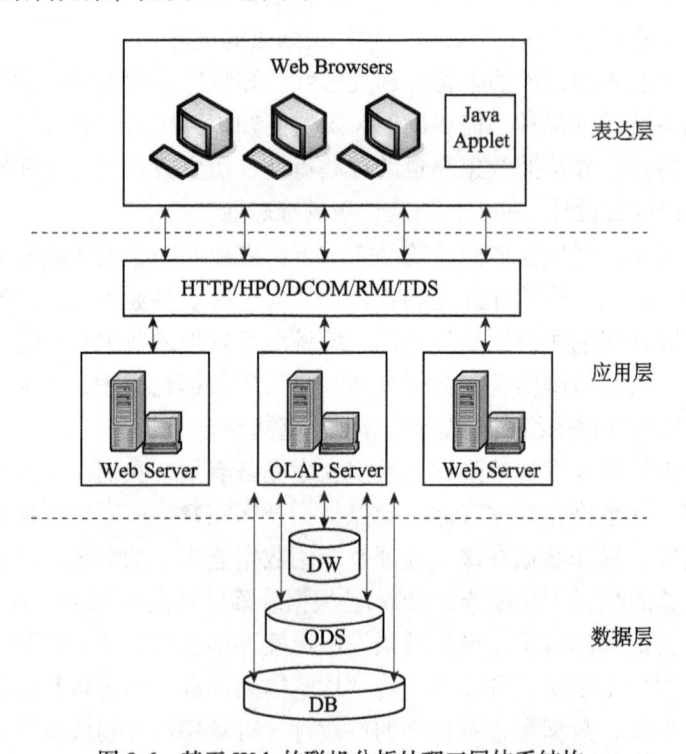

图 9-6 基于 Web 的联机分析处理三层体系结构

基于 Web 的联机分析处理三层体系结构的优点是在图形用户界面的管理系统的基础上，严格区分表达层、应用层和数据层，实现多维数据模型的高速数据缓存，以及联机分析处理后台数据的快速存取。统筹城乡风险评估用户始终面对信息一致的分析界面，简化操作。此外，本研究还采用了一种新型的操作数据存储环境（operational data store，ODS），以适应大规模数据的联机分析处理，同时使得建立数据仓库更加容易（綦方中等，2003）。

严格地讲，统筹城乡发展风险监测过程是统筹城乡发展指标体系进行重组和再分配的过程。数据库体系化环境的完善可以确保统筹城乡发展风险监测有效运行。在进行统筹城乡发展监测过程时，我们遇到数据挖掘规模化问题、风险控制问题和管理决策问题，基于对信息呈现层次化的需求，需要直接建立联机事物处理和联机分析处理操作数据存储。基于统筹城乡发展指标监测的数据库、各类基于风险事项分类的数据库，构建了完整的统筹城乡发展监测数据库体系，从而满足统筹城乡发展风险监测的所有应用需求。统筹城乡发展风险监测系统内部模块由松散耦合、有机集成的几大部分组成。完整涵盖统筹城乡发展监测所有操作和分析需求的数据库体系结构如图 9-7 所示。

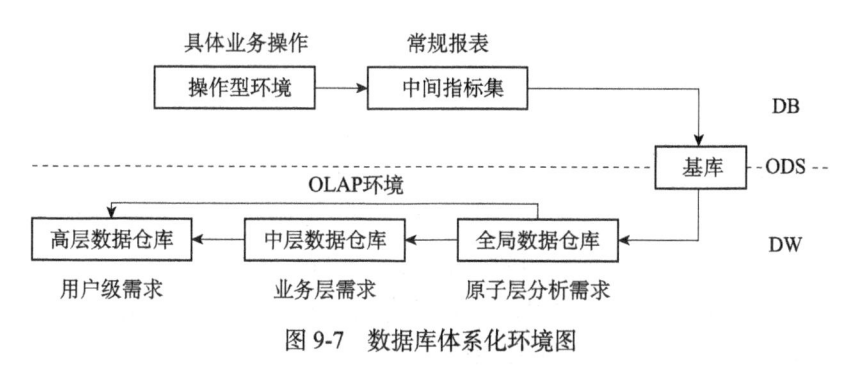

图 9-7 数据库体系化环境图

9.3.4 事例推理 (CBR) 风险监测系统总体框架

受到统筹城乡发展内部条件及外部环境等各种不确定因素的影响，统筹城乡发展进程监测是一个持续的风险监测过程，根据每次监测的风险事项的独特性调整监测内容与监测分类，并贯穿于整个风险监测过程当中。基于这一特点，从 1990 年开始，以理论研究为代表的学术界和以实际应用为代表的企业界开始把知识管理作为风险监测中的重要方法，如 Holsapple 和 Joshi（2001）将知识管理体系运用于风险控制管理上，并通过完善、共享、传播风险知识库，从而提高风险识别能力及处理能力；而像通用、惠普这样的世界 500 强企业也已开始了知识管理的实践。

CBR技术是一种基于历史经验进行类比推理的模拟分析技术，该技术可形成一个完备的基于众多专家和决策者的经典案例库，而案例本身则可以通过关键词节点、规则、体系或内容并按一定模式被排列、组织及储存，以备随后的决策者随时调用。CBR技术是处理相似性问题的重要方法之一。CBR将曾经处理过的问题案例库作为学习样本，解决一些非结构化决策问题，能够有效地解决统筹城乡发展风险知识表达困难的问题，其自我学习能力保证基于CBR的系统推理能力不断增强，这种解决问题的逻辑方式不仅是人们最普遍的思维习惯，而且是够提高决策质量的根本所在。这种方式非常适合用于理论知识、模型定义、数据等基础信息不完整，但实践经验丰富的监测分析环境中，它在医疗诊断、工程创新等领域得到普遍使用。

本研究基于CBR技术，通过人工神经网络模型实现事例的完善和拓展，从而建立统筹城乡发展风险监测系统。监测系统有四个组成部分：监测指标体系、监测信息及反馈系统、监测结果评价系统及监测信号输出系统（赵吉博等，2005）。以此设计的统筹城乡发展风险监测系统结合了内部系统模块化和外部数据共享化两大特点。统筹城乡发展风险监测系统的核心模块结构如图9-8所示。

1. 人机交互系统界面

该系统能够为用户提供统一的界面，以供风险监测人员建立交互式信息交流。由于统筹城乡发展风险监测系统具有知识学习能力，信号采集系统必须具备自动化的数据存储和管理功能，为统筹城乡发展风险监测系统运行提供必要基础数据保障。统筹城乡发展风险监测数据采集与监控系统采用Internet/Intranet技术，使得形成的信息交互和共享平台具有开放性和动态性，实现了在时间上和空间上风险生产的全程数据采集和信息跟踪（武俊芳，2009）。

2. 数据库

统筹城乡发展风险监测系统的数据库通过采用事例式推理，可模拟人的记忆，能够存储曾发生案例的历史经验，并按特定方式组织归档，以便随时调用。

3. 指示处理模块

统筹城乡发展风险监测系统的指示处理模块主要采用自然语言处理工具，将非结构化数据信息进行加工整理并归类储存。通过人机交互式的选择统筹城乡发展中风险分类，或修改风险分类。

4. 模型库

模型库的主要功能是对各类已知的监测模型进行规模存储和系统管理，并通过添加、修改、删除等操作不断完善系统模型。

5. 风险度量模块

风险度量模块主要通过调用统筹城乡发展风险系统监测模型库中的各种监测模型，实现对统筹城乡发展风险状况的评级监测。

6. 信号输出模块

信号输出模块能够输出数据、语言、图形等不同性质元素的分析结果，从而达到各类用户的要求，保证监测信号识别主体的多样性。

7. 解释与控制模块

解释与控制模块拥有部分辅助决策功能，在对监测结果自动调用方案库中的方案进行解释后，协助决策者分析风险成因、制订风险规避初步方案，为政府宏观决策者提供决策智力支持。

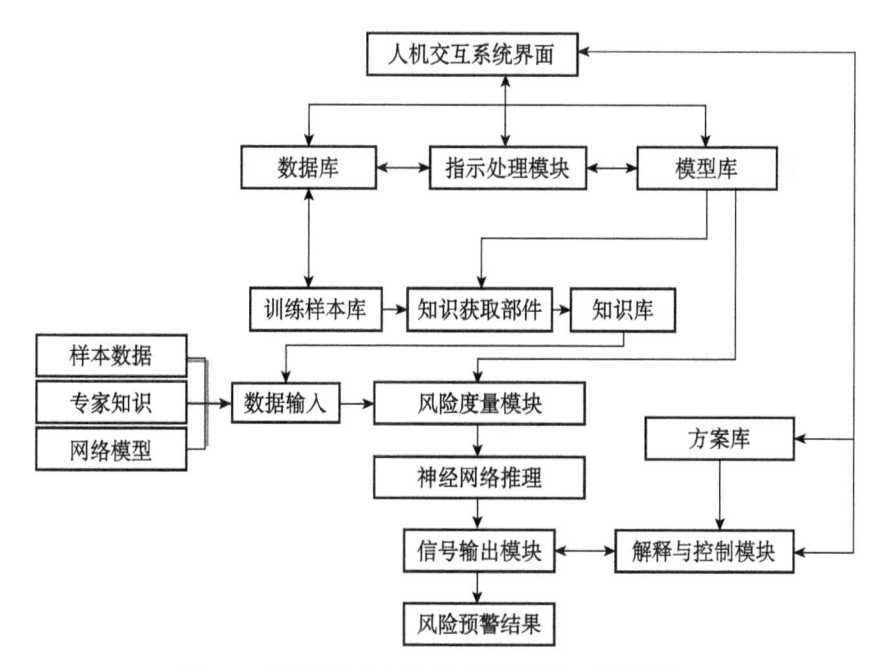

图 9-8 统筹城乡发展风险监测系统核心模块结构图

小　结

　　本书所研究的统筹城乡发展风险监测系统，就是对统筹城乡发展监测过程中可能出现的风险进行预测、研究、确定和测度，进而对风险在时间和空间范围内发生的可能性及危害水平进行预报，保证决策者能够提出更好的解决方案。本研究主要使用了基于事例推理技术的人工智能风险评级方法，该技术可以将统筹城乡发展监测风险的知识保存在数据库里，再通过神经网络技术对样本的训练，获得风险评级模型，输入风险事项，结合专家知识库来判断统筹城乡协调发展的风险状况。一方面，事例推理技术是一种结合历史经验进行类比推理的决策模拟技术，能够使评估速度提升；另一方面，基于事例推理技术的统筹城乡发展风险监测系统形成一个完备的基于众多专家和决策者的经典案例库，而案例本身则可以通过关键词节点、规则、体系或内容并按一定模式被排列、组织及储存，以备随后的决策者随时调用。评估结果也不至于依赖专家的主观判断而发生偏差。

第 10 章
统筹城乡发展风险监测实证

10.1 统筹城乡发展风险监测系统建设

10.1.1 监测指标体系及监测阈值的确定

　　统筹城乡发展中的每一种类风险都将表现出一些外在的特征，把这些表现特征加以归纳总结就可以得出风险的指标值。这些指标不足以揭示风险的根源，但是透过各个风险指标的优劣变化能分析出统筹城乡发展的风险，然后对风险加以控制。统筹城乡发展风险由初步酝酿到恶化，绝非瞬间完成，一般都是历经了一个逐步积累转化的过程。而且在这一过程中，各种风险因素将直接或间接在一些敏感性指标值不同的变化上体现出来。因此，通过观察这些敏感性风险事项的发展情况和优劣变化，可以对统筹城乡发展风险发挥监测的作用。

　　在统筹城乡发展过程中，每个指标都应运行在一个合理的范围之内，若超越了这个范围，必然会造成系统功能失调、效率下降，城乡差距扩大，严重妨碍统筹城乡发展进程的稳步推进。表 10-1 是对统筹城乡发展过程中的各指标波动阈值的界定。

158 | 统筹城乡发展：评价监测与实践探索

表 10-1　城乡统筹发展监测指标体系及指数化的监测阈值

	序号	指标层指标	单位	属性	巨大风险	重度风险	中度风险	轻度风险	无风险
统筹城乡经济	1	人均地区生产总值	万元	+	<5.81	5.81~7.28	7.28~8.75	8.75~10.22	>10.22
	2	城乡居民人均收入比	—	-	>4.37	4.00~4.37	3.25~3.63	3.63~4.00	<3.25
	3	城乡居民人均消费对比	—	-	>4.04	3.69~4.04	3.34~3.69	2.99~3.34	<2.99
	4	城乡人均固定资产投资比	—	-	>194.26	156.61~194.26	118.96~156.61	81.31~118.96	<81.31
	5	第三产业增加值占GDP比重	%	+	<50.40	50.40~59.50	59.50~68.61	68.61~77.71	>77.71
	6	R&D经费投入强度	%	+	<1.33	1.33~1.71	1.71~2.10	2.10~2.48	>2.48
	7	农业劳动生产率	万元/人	+	<1.50	1.50~1.92	1.92~2.34	2.34~2.75	>2.75
	8	农林水事务支出比重	%	+	<13.51	13.51~15.80	15.80~18.09	18.09~20.39	>20.39
	9	第一产业从业人员比重	%	-	>21.53	16.94~21.53	12.35~16.94	7.76~12.35	<7.76
统筹城乡社会	10	城乡恩格尔系数比（农村=1）	—	+	<1.20	1.20~1.32	1.32~1.44	1.44~1.55	>1.55
	11	城镇化率	%	+	<66.08	66.08~78.34	78.34~90.60	90.60~102.86	>102.86
	12	失业率	%	-	>5.64	5.06~5.64	4.48~5.06	3.90~4.48	<3.90
	13	互联网普及率	%	+	<3.66	3.1~3.665	2.64~3.1	2.14~2.64	<2.14
	14	城乡居民家庭每百户耐用消费品拥有量比	—	+	>2.41	2.20~2.41	1.98~2.20	1.77~1.98	<1.77
	15	农村卫生厕所普及率	%	+	<81.59	81.59~92.41	92.41~103.23	103.23~114.05	>114.05
统筹城乡空间	16	建制镇密度	个/千米²	+	<0.01	0.01~0.02	0.02~0.03	0.03~0.04	>0.04
	17	交通网密度	千米/千米²	+	<1.39	1.39~1.86	1.86~2.34	2.34~2.81	>2.81
	18	人均城市道路面积	%	+	<51.44	51.44~60.18	60.18~68.92	68.92~77.66	>77.66
	19	人均城市道路面积	米²	+	<18.29	18.29~22.42	22.42~26.54	26.54~30.67	>30.67
统筹城乡生态环境	20	建成区绿化覆盖率	%	+	<41.69	41.69~44.93	44.93~48.16	48.16~51.40	>51.40
	21	人均公园绿地面积	米²	+	<14.04	14.04~16.25	16.25~18.46	18.46~20.67	>20.67
	22	工业废水排放达标率	%	+	<24.21	24.21~32.79	32.79~41.37	41.37~49.95	>49.95
	23	工业固体废弃物综合利用率%	%	+	<86.83	86.83~106.47	106.47~126.11	126.11~145.75	>145.75
统筹城乡公共服务	24	城乡每千人口卫生技术人员比	—	-	>6.03	5.16~6.03	4.30~5.16	3.44~4.30	<3.44
	25	城乡每千人口医院和卫生院床位比	—	-	>4.96	4.30~4.96	3.65~4.30	2.99~3.65	<2.99
	26	农村居民家庭平均每个劳动力中高中反以上文化程度人数	人	+	<24.21	24.21~32.79	32.79~41.37	41.37~49.95	>49.95
	27	农村有线电视广播人户率	%	+	<48.08	48.08~64.73	64.73~81.38	81.38~98.03	>98.03
	28	每万人拥有公共交通车辆标台	标台	+	<15.11	15.11~18.39	18.39~21.67	21.67~24.94	>24.94

注：风险等级划分如下：①巨大风险—需要立即采取措施；②重度风险—需要采取措施；③中度风险—需要高度关注；④轻度风险—需要制定措施防范；⑤无风险—例行处理

10.1.2 风险事例库的建立

在城乡统筹发展风险运营系统中,风险事项的模糊性决定了常规统计方法不再适用,因此本书采用基于知识管理的事例式推理技术。事例式推理主要是利用先前的经验来解决当前问题,以过去的事例来表示知识。当需要解决相似问题时,则使用这些经验来进行引导推理(蔡玫,2005)。基于事例式推理的城乡统筹发展风险监测系统就是利用旧的风险评测结果和经验来进行分析未来风险问题,并根据经验提供初步的解决方案,解释风险成因和理解新风险的可能性等情况。

基于事例式推理构建的城乡统筹发展风险监测系统,城乡统筹发展风险知识库来源于过往城乡统筹发展风险评测结果,并存储一些过去评测的风险事例和相关化解风险的经验与策略,结构化地组织这些风险事项好的化解经验,方便系统提取。新的风险评估过程则是从城乡统筹发展风险库之中检索到相关事例的一个过程。新的化解方案是将对应风险事项和风险知识库的匹配,当新的城乡统筹发展风险事例和风险库中存储的事例不完全一致时,需要对这些不完全一致事例的特征进行重新属性化,以便找出对应的风险级别。新的风险事例在确认风险级别后,经过实际情况的验证,加入城乡统筹发展风险库。最终,经过持续运行,建立起庞大的城乡统筹发展风险知识库,一步步将城乡统筹发展现有风险的知识进行识别、分类、结构化存储,形成系统且动态发展的城乡统筹发展风险知识资产。

通过城乡统筹发展风险事项识别建立风险知识库。首先将风险知识库划分为城乡经济统筹风险事项、城乡社会统筹风险事项、城乡空间统筹风险事项、城乡生态环境统筹风险事项、城乡公共服务统筹风险事项五大类别28个小类别,并为每类风险设定特征值变化的范围。根据已有的统筹城乡发展风险监测的典型风险事例,提取特征值作为指标阈值输入系统,完成初次分类;这些指标的二级指标又形成了次级风险类别。以后再次进行新统筹城乡发展风险评估时,可以按照下面五个步骤,将新的风险事项和风险知识加入风险库和知识库。

第一步:输入城乡统筹发展风险监测的风险事例,并求出其特征值。

第二步:在城乡统筹发展风险监测事例库中检索,如果不能找到与新输入事项的特征值相近的原有风险事例,则转向第三步,否则转向第四步。

第三步:计算城乡统筹发展风险库之中的每一个原始事例的特征值与输入风险事项的特征值相匹配,根据两者的匹配程度来确定是否属于同一类型风险。如果匹配系数为1(或者接近1),则两者的风险完全重合,可以用该历史风险事项的风险评级,给新输入事项的风险确定评级,迭代并结束。否则循环调整备选匹配风险事项,遍历风险事项数据库,直到找到匹配的风险特征值,转向第五步。

第四步：新建一个风险事例评级模型，并记录其风险的特征值。

第五步：通过系统的模糊评价结合专家评判，确定新风险事项所属的风险类别，完成新城乡统筹发展风险库的新建记录，并结束。

经过以上五个步骤构建一个城乡统筹发展的风险知识库，将城乡统筹发展作为整体来进行风险评估和风险规避，同时避免城乡统筹发展的风险事项的内部重复。完善的风险事项库和风险知识库不仅包含以往的评级结论，还包含以往的评级知识经验，城乡统筹发展风险评估系统通过智能算法系统地学习新的知识。

10.1.3 事例式推理过程

事例式推理技术的原理是模拟人类的认知活动，通过联想过往记忆，做出类似的判断。城乡统筹发展风险评估系统中遇到新的风险问题，类似于人类的联想，城乡统筹发展风险评估系统的事例式推理先对这件新事物分类，然后与记忆中同类相似问题进行对比，最后得出过往风险评估的解决经验或知识，并根据过往评估的情况进行修正，以解决新的问题；如果该问题非常复杂，事例式推理技术则会将复杂问题分解为若干相对简单的子问题，进行递归求解，然后获得各层次子问题的解决方案，最后通过某种综合方法得到整个复杂问题的综合解。

1. 事例式推理过程

事例式推理的一般推理模式是 4R 推理模式（图 10-1），该模式由检索、重用、修订、存储四个过程组成（胡小鹏，2007）。

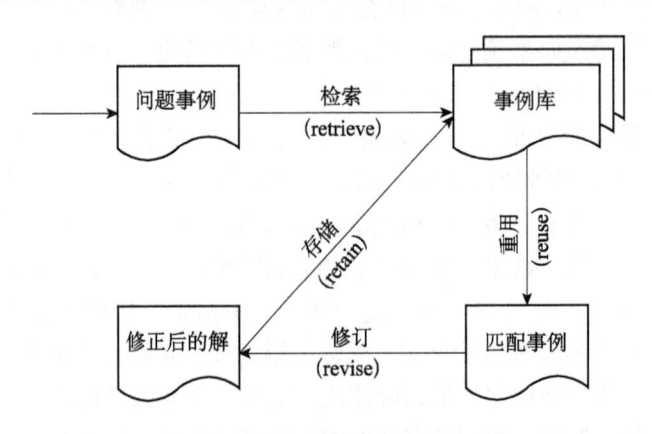

图 10-1 事例式推理过程

（1）检索。检索是从事例库中查询具备参考价值的类似事例的过程，类似事例往往是属性的特征值相同或相似的事例。检索质量将影响后续监测结论的正确性，检索过程分为三个部分：特征识别、初步匹配、最佳匹配（胡小鹏，2007）。

（2）重用。事例式推理的重用分为两种：一种是结果重用，是针对属性特征值相同的事例，这表明新事例与事例库中的事例相同或非常接近，其结果可以直接使用事例库中的结论；另一种是方法重用，是针对属性特征值相近的事例，这表明新事例与事例库中的事例有部分差异但也有部分相似，事例库中的结论不能直接使用，但推理过程可以参考，根据两者的不同，修正部分参数，重用这个方案的推理过程，得出新的结论。

（3）修正。如果检索事例库，找不到合适的事例（即属性特征值相差超出统计判断范围），则需要进行事例修正，这时候需要系统管理人员的介入，通过人机交互的修正过程，以使新事例适合当前环境。

（4）存储。经过修正的事例作为新的一个决策结论，附带修正过程的知识，将会存储在事例库中。至此已经录入了新的决策过程和决策结论，我们得到一个与旧有事例相似却又有所不同的新事例，存储这个新事例的特征值，以备今后使用。

经过检索、重用、修订、存储四个过程的循环往复，事例库能够实现自我进化，从而适应新的推理环境。

2. 进化和适应性

事例式推理系统有一个非常重要的特性就是进化，通过进化技术不断获取新知识和改进旧知识，并且以规范化的形式加以存储，提高和完善推理能力和学习能力。首先，事例式推理系统的学习能力来自于进化调整能力的提高，进化选择的算法决定了事例式推理系统的工作效率；其次，事例式推理系统的事例存储量的增加反过来推动着事例式推理系统的进化能力，使系统求解能力增强。进化算法随着事例的增多而得到更多指示，因此可以得到更好的解答。错误的经验也很重要，在进化中起到预见并避免以前的错误的作用。

适应性（case adaptation）是事例式推理系统进化学习后，获得相似事例后，重用相似事例的解的正确率，以及应用新加入的事例，求解更新的问题的解的正确率。事例式推理系统的适应性调整是把已存储的事例结论求解过程方案的某一部分用其他内容进行替换，或修改整个事例匹配方案以提高正确率。

Janet 和 Kolodner（1992）列出了提高事例的适应性调整的 10 种方法。

（1）事例替换：使用其他更加匹配的事例代替原有匹配不好的事例，增加问题求解的知识结构。

（2）特殊化搜索技术：通过改进事例搜索技术，在下一次匹配过程中采用特定启发性搜索技术，将类似检索结果匹配到新的事例上，知识结构及事例存储内容不变。

（3）记忆式的查询：在检索系统中添加记忆查询过程的功能，保存过往查询记录及事例式学习结论，在查询过程中提供辅助知识结构或者建议查询事例，帮助决策者检索出具有特定描述的内容。

（4）局部搜索：通过限定检索范围，去除不适合新情况的特征值及知识结构的方法，这种方法往往会丢掉可能的近似解，需要加强语义网络检索功能。

（5）调整参数：针对新旧事例的数值参数的对比，来进行调整推理机的参数，这样，在推理过程中，根据调整后的参数推理，可输出不同的结果。

（6）重新事例化：用新事例重新求解一个旧结论。

（7）过程回放：根据旧有的事例求解过程、构建方法，求解新的事例结论。

（8）特定调整：通过修改某些特定规则，调整系统的适应性，对新问题做出不同过往的结论。

（9）基于模型的修改：通过某种因果模型，指导事例的转化。

（10）常识转化：使用一些常识性的知识，启发性地修正旧有知识，来对一个事例的求解的成分完成增加、修改、替换、删除操作。

（1）~（6）的方法属于替换方法，更适合于新事例的值替换旧事例求解过程中的值，（7）~（10）均属于转化方法，通过转化把旧的事例求解转化为新事例中有效知识的过程。

10.2　事例式推理的人工神经网络建模

10.2.1　风险监测系统的人工神经网络结构

事例式推理需要通过某种智能算法实现，人工神经网络（ANN）技术是从输入空间到输出空间的一个非线性映射，其通过调整权重与阈值来"学习"或发现变量之间的关系，从而实现对事物的分类（阎平凡，2005）。事例式推理中的数据分布一般是非正态分布，变量间的关系也是非线性关系，这一类问题很难用传统方法实现。人工神经网络恰好擅长处理信息不完整和推理规则不确定的情况，同时，人工神经网络模型中的权重通过样本学习自我确定，指标权重不需事先计算，因此，人工神经网络可以很好地解决监测系统中事例式推理的信息采集与学习功能。

根据风险监测理论，风险监测过程是对已存在的风险进行识别、测定与分析评价的过程，技术实现路线可以描述为：信息的采集→预处理→特征的提取→识别评价→风险评级（胡玉涛，2004）。从模式识别技术的角度看，风险监测的人工神经网络实现是一个判别最优化过程，其中，风险的识别评价是最重要的部分，它是风险监测系统的核心，风险的识别评价是将"风险征兆指标"转化为"风险指标"的过程，映射关系采用人工神经网络函数逼近，其学习能力强，容错性也好，适合评价信息不完整、规则不明确的问题。我们采用专家系统与人工神经网络模型相结合的方法进行城乡统筹发展风险监测系统的建模。图10-2为人工神经网络知识处理系统基本结构框架。

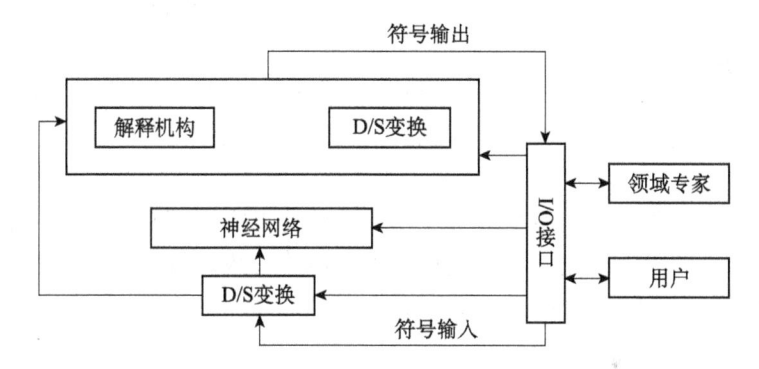

图10-2 人工神经网络知识处理系统的基本结构框架图

建立城乡统筹发展风险监测神经网络（BP）模型首先要确定网络结构。本书研究的人工神经网络拓扑结构采用的是三层带偏差单元的递归神经网络，见图10-3。

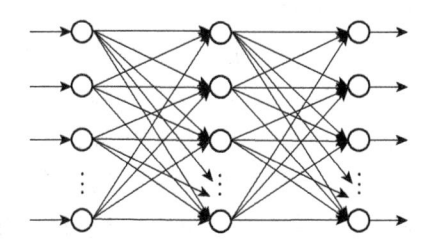

图10-3 城乡统筹发展风险监测神经网络拓扑结构图

基于神经网络构建城乡统筹发展风险监测模型，网络输入设计为能够全面描述城乡统筹发展风险的事项。根据本文城乡统筹发展风险事项识别分类，将所有风险事项列为分析对象，分为五大类别（城乡经济统筹、城乡社会统筹、城乡空间统筹、城乡生态环境统筹、城乡公共服务统筹）28个子类别。

1. 确定输入节点

根据前文的风险事项体系，构建城乡统筹发展风险监测的人工神经网络模型。我们归纳出的风险事项包括五大类别、28个子类别，可知模型输入节点数为28个。每项风险事项皆具有两个属性——风险事项的影响和风险事项发生的可能性。

城乡统筹发展风险监测的人工神经网络模型输入层有 n 个神经元，输入向量记作 $X \in R^n$，其代表每一风险变量对城乡统筹发展的影响程度。

$$X = (x_1, x_2, \cdots, x_i, \cdots, x_m, x_{m+1}, \cdots, x_j, \cdots, x_n)^T$$

式中，x_i（$1 \leqslant i \leqslant m$，这里 $m=15$）是风险事项发生的可能性判断值，其取值范围有五个等级标准（1.0、0.5、0、-0.5、-1.0），按分值顺序对应风险事件的可能性分别为"A：可能性极高"、"B：可能性较大"、"C：可能性一般"、"D：可能性较小"、"E：可能性极低"五个等级；x_j（$m < j \leqslant n$，这里 $n=30$）是风险事项的影响，也分为"1.0、0.5、0、-0.5、-1.0"五个等级标准，分别对应"a：可忽略程度"、"b：较低程度"、"c：中等程度"、"d：较高程度"、"e：灾难性程度"五个等级。

指标的输入值可以由城乡统筹发展风险监测专家审核并分析，再结合数据库中类似事例评价的结论和评价过程，评定风险等级，将结果存储到知识系统中，通过知识系统的持续运行，获得智能分析能力。

2. 确定输出节点

假设输出层有 p 个神经元，$Z \in R^p$，$Z = (z_1, z_2, \cdots, z_k, \cdots, z_p)^T$，则输出结果分为"风险最高、风险高、风险严重、风险较高、风险较低、"五种程度，输出节点为5。

输出节点确定与风险等级相对应：

若输出为[10000]，则表示风险级别为巨大风险，需要立即采取应对措施；
若输出为[01000]，则表示风险级别为重度风险，需要采取应对措施；
若输出为[00100]，则表示风险级别为中度风险，需要进行高度关注；
若输出为[00010]，则表示风险级别为轻度风险，需要制定对应措施防范；
若输出为[00001]，则表示风险级别无风险，例行处理即可。

3. 确定隐含层节点

确定隐含层单元数比较复杂，有限个输入到输出的映射，不需要无限个隐含层节点，如何选择隐含层节点数很难找到一个确定的解析式。为了确定隐含层的个数，应先确定隐含层中节点数目的范围，通过设计一个隐含层神经元数目可变的BP网络，进行误差对比，以确定最佳的隐含层神经元的个数（蒋翠清和李有为，2007）。

10.2.2 风险事例学习机制

风险事例的学习机制是通过神经网络的学习训练完成的,通过神经网络算法的反复迭代,再参考网络输出层的误差,调整网络输出层的权值和阈值,最终使得输出的均方的误差最小,而得到所谓正确知识表达。按照神经网络算法,基本学习步骤如下(巩春领,2006)(图 10-4)。

第一步:初始化,对所有权值赋以随机任意小值,同时对阈值设定初值。
第二步:给定训练数据集,提供输入向量 X 与期望输出值。
第三步:计算实际输出 Y 与网络误差 E。
第四步:调整权值,依据误差反向传播方向,可以从输出层开始返回到隐含层直至输入层,以修正所有权值。
第五步:返回第二步重复,直到误差满足要求为止。

神经网络算法的学习将一组样本的输入、输出问题变成了一个高度非线性映射优化问题,使用优化问题中的梯度下降法,使用迭代运算求解权值,以得到更精确的解。

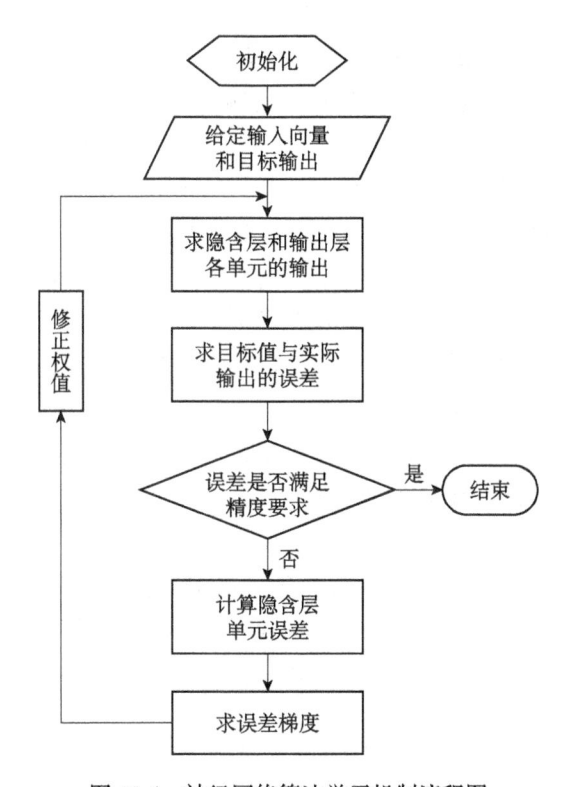

图 10-4 神经网络算法学习机制流程图

神经网络监测系统的训练学习算法如下。

输入层有 n 个神经元，输入向量为 $X \in R^n$，$X=(x_1, x_2, \cdots, x_i, \cdots, x_m, x_{m+1}, \cdots x_j, \cdots, x_n)^T$；隐含层有 m 个神经元，$Y \in R^m$，$Y=(y_1, y_2, \cdots, y_j, \cdots y_m)^T$，输出层有 p 个神经元，$Z \in R^p$，$Z=(z_1, z_2, \cdots, z_k, \cdots, z_p)^T$。

三者之间的关系为

$$y_j = f\left(\sum_{i=1}^n w_{ij} x_i - \theta_j\right), \quad j=1,2,\cdots,m$$

$$z_k = f\left(\sum_{j=1}^m w_{jk} y_j - \theta_k\right), \quad k=1,2,\cdots,p$$

式中，f 称为神经元的激励函数，通常选取单调递增且有界的非线性函数：

$$f(u) = \frac{1}{1+\exp(-u)}$$

w_{ij} 为输入层神经元 i，w_{jk} 为隐含层神经元 j，通过神经网络训练算法可获得隐含层神经元 j 和输出层神经元 k 之间的连接权值。

神经网络算法是有导师的学习算法，若输入的学习样本 H 数量为 c，即 $H^{(1)}$，$H^{(2)}$，$H^{(3)}$，$\cdots$，$H^{(c)}$，并用 $T^{(1)}$，$T^{(2)}$，$T^{(3)}$，$\cdots$，$T^{(c)}$ 代表目标输出，则学习算法是利用实际输出值 $y^{(1)}$，$y^{(2)}$，$y^{(3)}$，$\cdots$，$y^{(c)}$ 的误差来修改权值和阈值，在输出值 y 和目标值 T 无限趋近的目标下，迭代步骤如下。

第一步：根据城乡统筹发展风险监测指标，根据标准化方法，消除城乡统筹发展风险指标的数量级、与单位之间的差异。

第二步：设定城乡统筹发展风险指标阈值的范围，权值不需要人工指定，通过神经网络自我学习获得。

第三步：输入城乡统筹发展风险事项的学习样本，这主要是过往的评测结论样本，按照第四步和第五步迭代计算，找出隐含层和输出层的节点输出。

第四步：由神经网络系统自我修正节点间的权值。反向传播的神经网络算法从输出层开始，按照误差信号最小化的路径，不断修正权值，即

$$w_{is}^{(1)}(k+1) = w_{is}^{(1)}(k) + \eta^{(1)} \delta_s^{(1)} x_i$$

$$w_{is}^{(2)}(k+1) = w_{is}^{(2)}(k) + \eta^{(2)} \delta_s^{(2)} y_i$$

这里，$\eta^{(1)}$ 和 $\eta^{(2)}$ 为增益项，$\delta^{(1)}$ 和 $\delta^{(2)}$ 为误差项，x 和 y 分别为输入层

和隐含层的值。

对于输入层的节点：

$$\delta_j^{(2)} = z_j(1-z_j)(t_j-z_j)$$

式中，t_j 为导师输出信号。

对于隐含层节点：

$$\delta_s^{(1)}(k+1) = y_s(1+y_s)\sum_{j=0}^{1}\delta_j^{(2)}(k)\delta_{sj}^{(2)}(k)$$

第五步：当达到了误差精度时，完成神经网络系统的训练过程，即

$$\Delta E(k) < \varepsilon$$

其中，$\Delta E(k)=E(k+1)=E(k)$，$E(k)=\frac{1}{2}\sum_{i=1}^{n}(z_j(k)-t_j(k))^2$。$\varepsilon$ 为精度误差，且 $0 \leqslant \varepsilon \leqslant 1$；

$$k < K^0$$

式中，K^0 是一个很大的正整数。

这时得到最终的权值和阈值，否则 $k+1 \to k$，转向第三步，迭代训练。

城乡统筹发展风险监测知识库经由神经网络学习后获得，在不断添加新的知识库之后，完善知识体系结构，成为监测的知识的载体。一般而言，城乡统筹发展风险知识库主要储存两类知识：一是来自城乡统筹发展数据库中的那些原始数据，需要对其进行属性的特征化处理；二是经由神经网络训练得出，也就是一组输入、输出、转换关系。

城乡统筹发展监测数据具有模糊性，经过神经网络算法，得到基本的输入、输出、转换的映射关系，并存储这个结果导出到风险信号输出子系统。

10.2.3 监测模型实现

神经网络可通过 Clementine 神经网络节点来实现，设计步骤如下。

1. 乡统筹风险监测系统建模

建立神经网络节点后，先设置该节点参数，输入阈值的初始值（图10-5）。

2. 数据审核

首先，针对城乡统筹风险监测系统数据进行数据质量审核（图10-6），即在信息系统中进行数据准确性和完整性方面的结构化调查，它对整个数据文件范围内或数据文件范本内进行调查，有效地解决极值、离群值和缺失值。

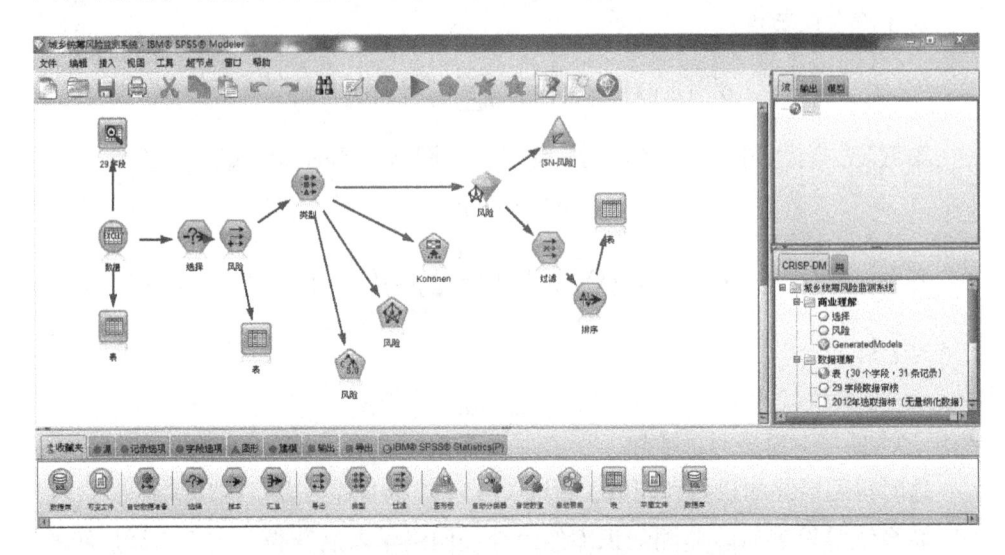

图10-5　城乡统筹风险监测系统神经网络建模

图10-6　城乡统筹风险监测数据审核

3. 样本数据规范化

Clementine 数据预处理节点提供了多种标准化函数，本文采用最大最小型函数 Premnmx（ ），其格式为

$$[pn, minp, maxp] = premnmx(p)]$$

式中，p 为网络输入向量；pn 为量化后输入向量；$minp$ 为输入向量最小值、$maxp$ 为输入向量最大值，输出到标准化的区间 [-1, 1] 内。这种处理将不同数量级、不同单位的数据进行归一化处理，有利于提高神经网络训练速度。

4. 神经网络的创建极其隐含层确定

城乡统筹发展风险监测的神经网络所需输入为 5 个二维向量组，而输出为 5 个一维向量，选取隐含层为 1 层（隐含层的确定是通过参数 Alpha=0.9，初始 Eta=0.3 的递归迭代得到）。该模型可以返回新的权值和误差值（图 10-7）。

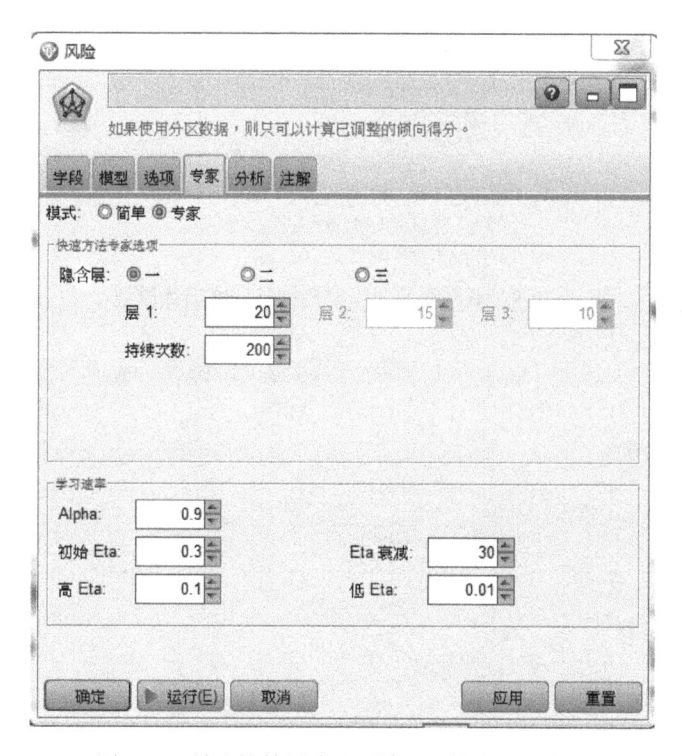

图 10-7　城乡统筹风险监测神经网络隐含层确定

5. 神经网络的训练

该神经网络输入层为 28 个神经元，隐含层为 3 个神经元，输出层为 6 个神经元，目标为集合字段"风险"（图 10-8、图 10-9）。

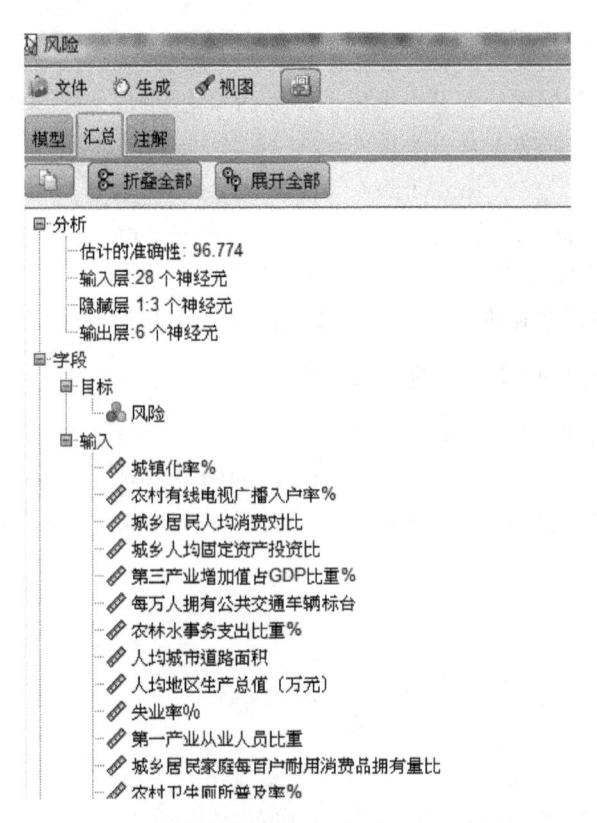

图 10-8　城乡统筹风险监测神经网络训练模型

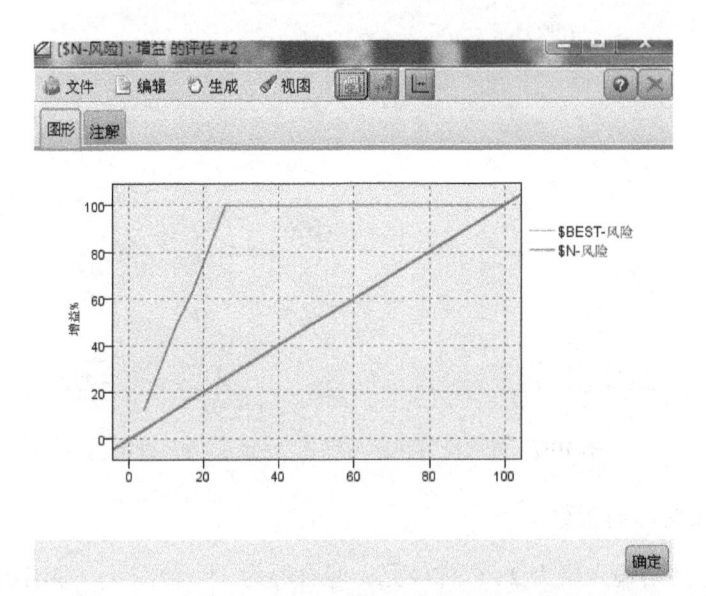

图 10-9　城乡统筹风险监测神经网络训练模型响应曲线

根据相应曲线,该模型能够迅速达到峰值,并一直保持,模型有效。

10.3 城乡统筹发展风险分析与监测信号输出

10.3.1 城乡统筹发展数据的输入与预处理

模型输入数据的预处理需要在模型建立伊始完成,定量输入样本的预处理(也就是标准化处理)通常采用加权平均函数化为 [-1,1] 区间上的量值。

数值为百分比形式的指标间相似度为 $1-|x-y|$。

数值为数字形式的指标间相似度为 $1-(|x-y|)/(x+y)$。

描述型指标之间的比较:根据混合相似度算法(FSM)来进行,如表10-2所示。

表 10-2 模糊属性之间的相似度比较表　　　单位:(%)

	差	较差	一般	好	很好
差	100	0	0	0	0
较差	20	100	0	0	0
一般	0	12.5	100	0	0
好	0	0	14.6	100	0
很好	0	0	0	14.3	100

所采用的比较描述算法如下:

```
for(i=1;i<NUM;i++)
{
```
从 DB 中得到所需的 E_i 的各个 Item 的值,
```
Value(E´, E, year₁)-->year₁Vᵢ;
}
Max{year₁V₁, year₁V₂, ···year₁V_NUM, ···, year_jV₁, ···, year_jV_NUM}-->Value_Max
```

根据 $Value_{Max}$ 先检索出相同(相近)的特征值,然后调出该事例的信息表,作为对照事例进行下一步风险预判。

对 Value 函数的定义为
```
float Value(E₁, E₂, year)
{
```
取 E_2 第 year 的 Item 指标

```
Value= ∑_{j=1}^{15} cov(E₁.ltem_j, E₂.ltem_j) ω_j

return Value;
}
```

这里 cov（x，y）是 x，y 的相关度函数，其中 x，y 的属性是描述型的，数据存储类型为数值型，计算方法如下：

$$\begin{cases} 1-\dfrac{|x-y|}{100}, & x,y \text{为百分比} \\ 1-\dfrac{|x-y|}{x+y}, & x,y \text{为数字} \\ \text{FSM 算法}, & x,y \text{为描述属性} \end{cases}$$

10.3.2 风险分析

（1）监测的特征抽取。反映系统发展的特征重在选择变量，所以用神经网络方法进行诊断监测时必须考虑监测信息的特征抽取。

（2）监测的输出信号。城乡统筹发展风险监测信号的输出均是离散布尔向量，定义向量（0，0…（1）_j，…，0，0）为输出信号，这样就将城乡统筹发展风险状态划分为 j 个等级，根据最大隶属度原则，确定风险状态。

（3）数据处理。神经网络可以处理连续型数据，也可以处理离散型数据，而最终城乡统筹发展风险监测信号的输出是离散型的布尔向量。这样需要在神经网络训练样本过程后输出离散型的布尔向量。训练样本是根据一般由过往的城乡统筹发展风险监测分析结论，结合相关专家意见的具体情况评定，选取各时期的输入信号值。经过长期的神经网络训练学习，达到理想精度要求后，作为应用系统投入使用。这种数据转换处理的过程如下：

如果选取 T 个时期不同数据 X_{it}（i=1，2，3，…，n；t=1，2，3，…，T），作为训练样本，则当输入第 T 个样本时，输出层的输出是

$$z_{kt}=f\left(\sum_{j=1}^{m} w_{jk} y_{jt} - \theta_k\right)$$

选用的误差函数为平方型：

$$E_{kt}=\frac{1}{2}\sum_{k}\left(Z_{kt}-\overline{Z}_{kt}\right)^2$$

式中，$\overline{Z}_{kt}$ 是输出层的节点 k 所对应的第 t 个训练样本的实际输出，Z_{kt} 是对应的期望输出。根据下式计算得出总误差：

$$E = \frac{1}{2T}\sum_{t=1}^{T}E_t = \frac{1}{2}\sum_{t=1}^{T}\sum_{k=1}^{p}\left(Z_{kt}-\overline{Z}_{kt}\right)^2$$

将此函数作为目标函数并据此确定神经网络的结构，其中，E 是关于参数 $w_{ij}, w_{jk}, \theta_j, \theta_k$ 的无穷阶连续可微函数。

各偏导数 $\dfrac{\partial E}{\partial w_{ij}}$，$\dfrac{\partial E}{\partial w_{jk}}$，$\dfrac{\partial E}{\partial \theta_j}$，$\dfrac{\partial E}{\partial \theta_k}$ 则可以通过以下网络模型算法求出。

首先，确定阈值 θ_j，θ_k 的初始值（一般取零点附近的值），并在样本上学习获得网络权重系数 w_{ij}，w_{jk}。

其次，计算偏导数 $\dfrac{\partial E}{\partial w_{ij}}$，$\dfrac{\partial E}{\partial w_{jk}}$，$\dfrac{\partial E}{\partial \theta_j}$，$\dfrac{\partial E}{\partial \theta_k}$ 中的某一偏导数，当偏导数为 0 时停止，此时，可以获得目标函数优化路径（递减/递增方向）。

最后，当所有偏导数都取 0 点，或者目标函数 E 的误差小于允许范围时，迭代停止，将结果与评语集进行匹配，网络模型输出的是布尔逻辑的数值，也即该事项风险监测指数 R，输出风险监测的信号。

$$R_i = \frac{\sum\limits_{j=1}^{}w_{ij}w_{jk}}{\sum ABS\left(\sum\limits_{j=1}^{}w_{ij}w_{jk}\right)} \quad (k=1)$$

事例式推理统筹城乡发展风险神经网络预测模型的核心算法是把一组样本的输入输出问题转化成非线性优化问题，再通过梯度算法或迭代运算求解权值问题（黄芳，2009）。能够分析出城乡统筹发展面临风险的大小，比较得出影响城乡统筹发展风险的主要风险事项，依据风险严重性和主要风险事项的分析结论，还可以对城乡统筹发展的政策指定做出提高与修正，为降低及预防风险提供参考。

10.3.3 风险信号输出

城乡统筹发展风险信号输出是最终风险信号的输出，主要是将基于事例式推理的风险神经网络预测模型的预测结论输出来，主要方法是在风险输出子系统增加一个门限处理器，这个门限处理器一般采用多输入单输出的结构，也就是如果存

在着节点 $\gamma^{(1)}$, $\gamma^{(2)}$, $\gamma^{(3)}$, …, $\gamma^{(c)}$, P, 所有输入节点 $\gamma^{(i)}$ 都连接至输出节点 P, 那么 $\gamma^{(1)}$, $\gamma^{(2)}$, $\gamma^{(3)}$, …, $\gamma^{(c)} \to P$ 构成一个门限。设定临界值为 $\gamma^{(c)}$, 如果事例式推理的风险神经网络预测模型训练完成, 提交新的监测原始变量给输入层节点 X; 若实际输出 $\gamma^{(i)}$ 的值处于临界值 $\gamma^{(c)}$ 范围内, 则可设置为 0; 否则可设置为 1。迭代处理后最终输出风险状态 $(0, 0, (1) f, 0,)$, 意味着城乡统筹发展风险状态处于第 f 个状态, 以使输出信号充分实例化, 供管理者做出决策。

系统风险监测是长期而连续的活动, 通常将城乡统筹发展风险监测信号绘制成监控趋势图 (图 10-10), 监测输出信号图中的横轴表示时间序列, 记录历次城乡统筹发展风险评测结论; 纵轴表示评测时间相对应的风险状态。当风险评测次数比较多时, 连接各次结论可构成一个连续风险波动趋势图, 风险监控趋势图直观表示风险状态的发展状况, 向城乡统筹发展政策制定者提示风险所处状态, 以及可行的纠偏或回避风险的措施。

(a) 监控信号

[00001] [00010] [00100] [01000] [10000]
无风险 轻度风险 重度风险 中度风险 巨大风险

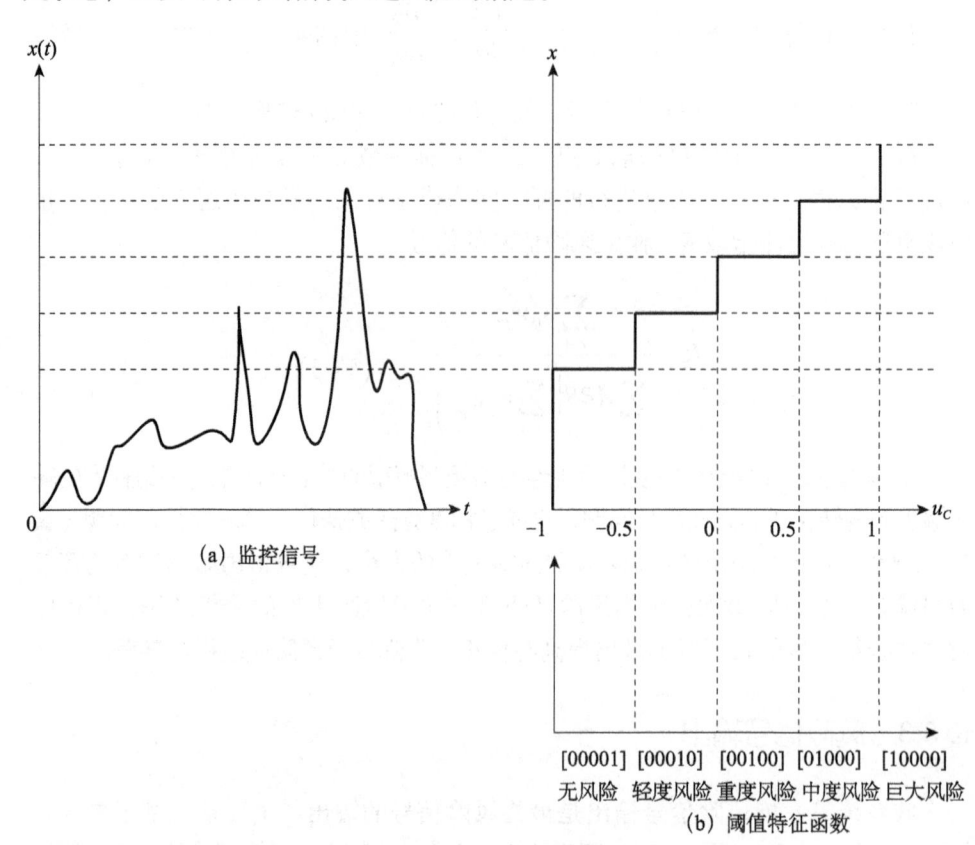

(b) 阈值特征函数

图 10-10　监测信号图

这个风险波动趋势图既可以反映整个城乡统筹发展风险的综合状况, 也可以反映某一风险事项的风险状况。再结合预测与控制技术，就可以对可能发生的风险事项的发展趋势进行预测，掌握和控制风险，最大限度地降低风险发生可能造成的损失，以使整个城乡统筹发展风险度控制在整体可接受的区间内。

10.3.4　基于 2014 年城乡统筹指标数据的风险监测

将 31 个省（自治区、直辖市）的 28 个指标信息录入系统，针对 28 个指标做描述性统计分析，得到各个指标的最大值、最小值、偏度峰度等指标（图 10-11、图 10-12），发现 31 个省（自治区、直辖市）的这些指标基本符合正态分布。

设置神经网络的输入和输出变量：输入信息为 31 个省（自治区、直辖市）的 28 城乡统筹发展检测指标矩阵（31×28）；输入层则有 n（$n=28$）个神经元，其中输入向量为 $X \in R^n$，其代表每一风险变量对城乡统筹发展的影响程度。$X = \left(x_1, x_2, \cdots, x_i, \cdots, x_m, x_{m+1}, \cdots x_j, \cdots, x_n \right)^T$，用于分析所评价事项结果，结合数据库中的相关事项评价状况，再结合专家的经验，给出对应指标的风险等级，并存储到专家系统中，通过系统长时间训练图 10-13，下次遇到类似情况时，系统就自动给出分析结果。

神经网络的输出层将有 p（$p=6$）个神经元，$Z \in R^p$，$Z=（z_1, z_2, \cdots, z_k, \cdots z_p）^T$，输出值的取值范围为"1.0，0.5，0，-0.5，-1"这 5 个等级标准，分值顺序所对应风险事件的可能性为"A：几乎是可能的""B：很可能的""C：有可能的""D：不太可能的""E：很罕见的"5 个等级；x_j，$m < j \leqslant n$（本例中 $n=28$）为分析指标数量：分为"1.0，0.5，0，-0.5，-1"5 个等级标准，并对应"a：可忽略的""b：较小的""c：中等的""d：较大的""e：灾难性的"5 个等级。同时，输出结果是："无风险、轻度风险、中度风险、重度风险和巨大风险"5 种不同的风险等级，输出节点为 5。

通过变量重要性分析得出："每万人拥有公共交通车辆""建成区绿化覆盖率 %""城乡恩格尔系数比""人均城市道路面积城镇化率 %""城乡居民人均收入比"这五个要素是影响城乡统筹发展风险的最重要的因素；其次，"城乡每千人口卫生技术人员比""农村卫生厕所普及率 %""第三产业增加值占 GDP 比重""农村居民家庭中平均每百个劳动力中高中及以上文化程度人数"等重要性居于其次。各项要素在风险成因中的重要性比例如图 10-14 所示。

字段	图形	最小值	最大值	总数	范围	平均值	平均值标准误	标准差	方差	偏度	偏度标准误	峰度	峰度标准误	唯一	有效
人均地区生产总值…		1.971	9.317	134.504	7.346	4.339	0.355	1.974	3.896	1.197	0.421	0.692	0.821	-	31
城乡居民人均收入比		2.064	3.934	89.230	1.870	2.878	0.092	0.510	0.260	0.482	0.421	-0.366	0.821	-	31
城乡居民人均消费…		2.023	3.769	81.916	1.746	2.642	0.074	0.413	0.170	0.610	0.421	0.322	0.821	-	31
城乡人均固定资产…		17.610	205.862	1353.331	188.252	43.656	6.344	35.321	1247.598	3.548	0.421	15.089	0.821	-	31
第三产业增加值占…		30.938	76.456	1280.176	45.518	41.296	1.649	9.183	84.334	2.251	0.421	6.566	0.821	-	31
R&D经费投入强度%		0.076	1.998	29.212	1.923	0.942	0.098	0.545	0.297	0.681	0.421	-0.549	0.821	-	31
农林水事务支出比…		4.712	16.174	347.678	11.462	11.215	0.504	2.805	7.868	-0.620	0.421	0.332	0.821	-	31
城乡恩格尔系数比		0.802	1.388	33.644	0.585	1.085	0.025	0.138	0.019	0.486	0.421	0.055	0.821	-	31
城镇化率%		28.000	89.300	1668.550	61.300	53.824	2.467	13.733	188.605	0.988	0.421	1.281	0.821	-	31
失业率%		1.300	4.200	103.000	2.900	3.323	0.114	0.634	0.402	-1.232	0.421	2.471	0.821	-	31
城乡居民文化娱乐…		1.034	3.571	50.476	2.537	1.628	0.081	0.451	0.203	2.682	0.421	11.182	0.821	-	31
城乡居民家庭每百…		1.124	2.191	48.220	1.067	1.555	0.052	0.288	0.083	0.488	0.421	-0.769	0.821	-	31
农村卫生厕所普及…		43.900	98.000	2193.900	54.100	70.771	2.771	15.428	238.021	0.244	0.421	-0.974	0.821	-	31

图 10-11 2014年城乡统筹指标数据的描述性统计分析（1）

字段	图形	最小值	最大值	总数	范围	平均值	平均值标准误	标准差	方差	偏度	偏度标准误	峰度	峰度标准误	唯一	有效
互联网普及率%		28.500	72.200	1323.600	43.700	42.697	2.183	12.153	147.703	0.972	0.421	0.119	0.821	1	31
人均城市道路面积		4.080	24.700	439.260	20.620	14.170	0.768	4.277	18.291	0.116	0.421	0.829	0.821	1	31
建成区绿化覆盖率%		30.020	46.200	1192.100	16.180	38.455	0.687	3.826	14.640	-0.132	0.421	-0.047	0.821	1	31
人均公园绿地面积…		7.080	18.130	366.580	11.050	11.825	0.453	2.522	6.363	0.728	0.421	0.203	0.821	1	31
工业废水排放达标…		—	—	—	—	—	—	—	—	—	—	—	—	0	0
工业固体废弃物综…		1.613	99.807	2082.924	98.194	67.191	3.794	21.126	446.297	-0.820	0.421	1.560	0.821	1	31
城乡每千人口卫生…		1.303	5.620	79.803	4.317	2.574	0.156	0.871	0.759	1.424	0.421	3.837	0.821	1	31
城乡每千人口医院…		1.100	4.374	72.480	3.274	2.338	0.107	0.596	0.356	0.966	0.421	3.597	0.821	1	31
农村有线电视广播…		1.481	84.726	974.422	83.246	31.433	3.743	20.838	434.242	0.825	0.421	0.405	0.821	1	31
每万人拥有公共交…		7.050	23.430	367.000	16.380	11.839	0.585	3.257	10.608	1.645	0.421	4.228	0.821	1	31

图 10-12 2014 年城乡统筹指标数据的描述性统计分析 (2)

图 10-13　神经网络模型训练情况汇总

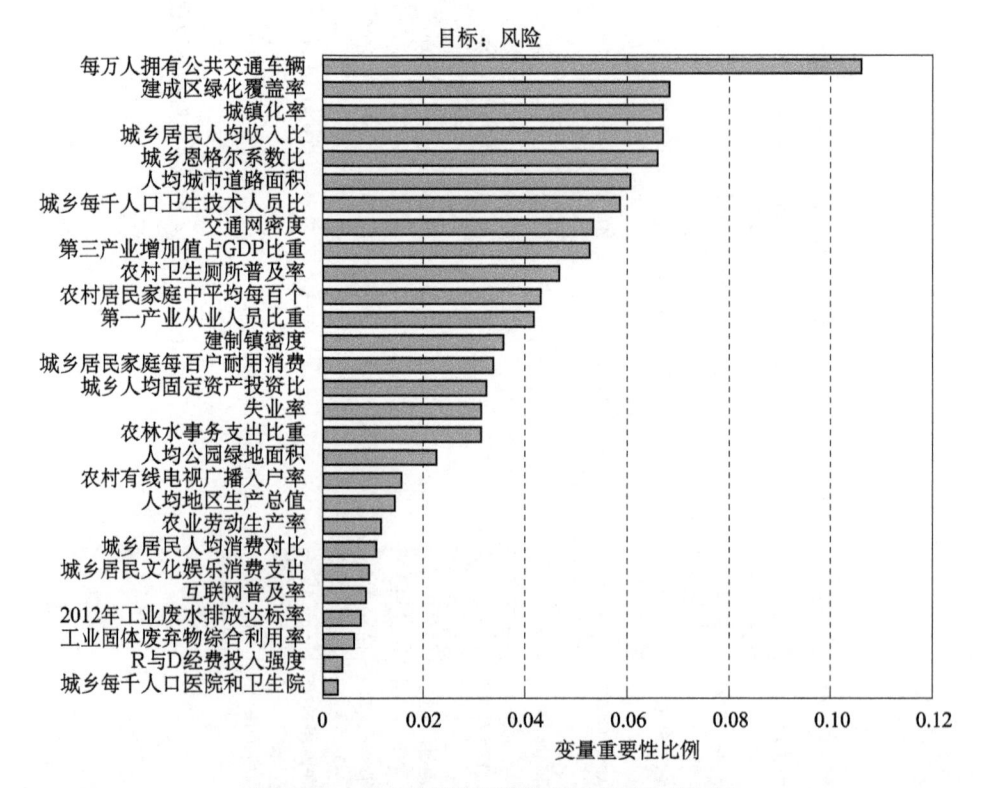

图 10-14　城乡统筹发展风险变量重要性分析图

通过神经网络的风险预测，将 31 个省（自治区、直辖市）分为三种类型，广东、山东、福建、浙江、江苏、上海、天津、北京八个省（直辖市）的城乡统筹发展风险等级为"无风险"；新疆、宁夏、陕西、西藏、四川、重庆、海南、广西、湖北、江西、安徽、辽宁 12 个省（自治区、直辖市）的城乡统筹发展风险等级为"轻度风险"；青海、甘肃、云南、贵州、湖南、河南、黑龙江、吉林、内蒙古、山西、河北 11 个省（自治区）的城乡统筹发展风险等级为"中度风险"。具体如图 10-15 所示。

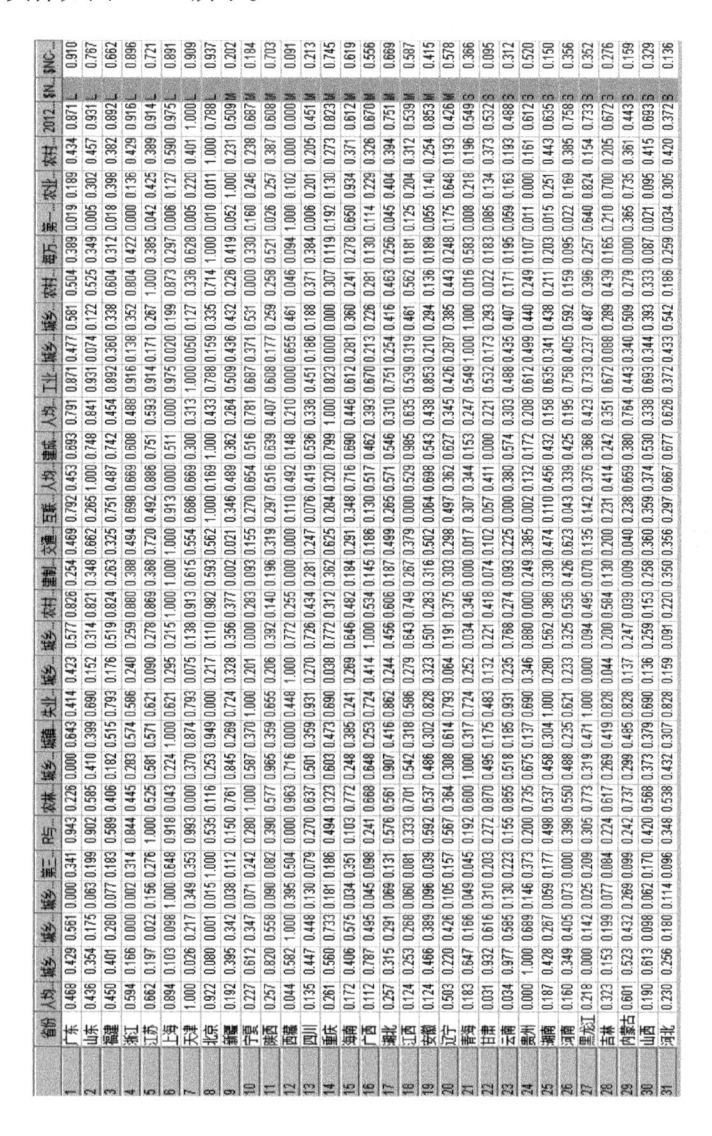

图 10-15 城乡统筹发展风险等级预测结果

小　结

　　本章确定了统筹城乡发展风险监测系统的神经网络的结构，包括连接方式、网络层次及各层节点数。统筹城乡发展风险监测的现实数据通过模糊优选的方法处理，得到了现实数据的优等相对优属度。优属度特征值根据训练好的神经网络知识库中的权值和阈值，使用神经网络算法得到结果并进入风险输出子系统。

　　通过变量重要性分析，得到：失业率是影响城乡统筹发展的最重要的因素，其影响力远远超过其他变量；广播电视入户率、人口卫生技术人员比、交通网络密度、互联网普及率、农林水事务支出比、厕所普及率等重要性居于其次。通过神经网络的风险预测，31个省（自治区、直辖市）分为三种类型，广东、山东、福建、浙江、江苏、上海、天津、北京8个省（直辖市）的城乡统筹发展风险等级为"无风险"；新疆、宁夏、陕西、西藏、四川、重庆、海南、广西、湖北、江西、安徽、辽宁12个省（自治区、直辖市）的城乡统筹发展风险等级为"轻度风险"；青海、甘肃、云南、贵州、湖南、河南、黑龙江、吉林、内蒙古、山西、河北11个省（自治区）的城乡统筹发展风险等级为"中度风险"。

第 11 章
我国统筹城乡发展问题分析

近十多年来，尽管国家出台了一系列富农、惠农的政策措施，"三农"问题得到了前所未有的高度重视，随着社会主义新农村建设步伐的大力推进，农业现代化水平较以前有了很大提高，农民收入也有相当大的增幅。但是，统筹城乡发展是一个循序渐进的过程，就目前来看，我国在推进城乡统筹发展过程中还存在不少问题。结合前面章节的评价与预警研究分析结果，总结问题具体如下。

11.1 统筹城乡发展的区域发展问题

根据因子分析与聚类分析的评价结果可以看出，我国城乡统筹发展呈由东到西递减的阶梯状分布，具有明显的区域差异性。

11.1.1 地理区位差异明显

1986 年，全国人大六届四次会议通过了"七五"计划，从政策上将我国划分为东部、中部和西部地区，东部地区地理位置优越，均属于沿海地区，有利于发展经济，各项经济指标比较发达，包括北京、天津、河北、辽宁、上海、江苏、浙江、福建、山东、广东和海南等地区；中部地区传统上以农业为主，工业经济和第三产业发展相对落后，经济发展质量相对于东部地区要落后一些，包括山西、内蒙古、吉林、黑龙江、安徽、江西、河南、湖北、湖南、广西等地区；西部地区则因为地理位置相对偏僻，历史上经济发展状况也存在局限性，经济发展水平比较落后，包括四川、贵州、云南、新疆、陕西、甘肃、青海、宁夏、西藏等地区。根据聚类分析结果和评价，地理区位差异将统筹城乡发展水平也化为了三个明显的发展水平，其中以北京、上海、天津、山东、浙江、江苏等为代表的经济发展水平好的东部沿海地区，其城乡统筹水平也高；以河北、安徽、江西、河南、湖北、湖南、重庆、四川等为代表的经济发展水平一般的广大中部地区，其城乡一体化水平差异不是特别严重；以青海、甘肃、西藏等为代表的西部边远地区经济发展水平较低，其统筹城乡发展也不尽如人意。

11.1.2 地区经济差异明显

1. 地理区位导致经济差异

我国统筹城乡发展水平与经济社会发展存在较大的相关性。由于不同区域的经济社会发展水平不同，工业与农业、农村与城市的关系存在多种不同的表现形式。对于东部发展水平高的地区而言，其工业化水平、城市化水平也较高，该类地区统筹城乡发展更多地依靠工业的反哺和带动实现产业的均衡发展，发挥城市对农村的辐射和扩散作用；而对于西部发展水平相当落后的地区而言，工业化水平、城市化水平也较低，处于起步阶段，该类地区的统筹城乡发展依靠农业的支持加快工业发展，并统筹第一、第二、第三产业协调发展，互相促进和带动，尤其利用人力优势和资源优势，强化城市功能，最终实现对农村人口、产业的吸引和集聚。因此，统筹城乡发展应该探索在普适的政策法律框架下区域差异性发展路径。

2. 工农业发展速度失衡

美国权威学者库兹涅茨的统计研究表明各发展中国家（未包括中国数据）工农业二元结构强度（农业与非农业产业间的相对国民收入差距）最大为 4.1 倍，而我国在改革开放之前的工农业二元结构强度各统计年度均超过了这一数值，甚至多次出现 6~7 倍的差距，也体现了我国工农业发展速度严重失衡的状况。我国工业的增长率一直高于农业的增长率，即使近年来随着农业发展，工农业二元结构强度比以前略有降低，但大多数年份该数据仍旧远高于发展中国家平均水平。值得重视的是 1997 年以来我国工农业二元结构强度再次呈上升趋势，绝对量在持续增长。

二元结构问题是目前我国城乡发展一切不均衡的根源，是阻碍中国经济社会发展的一个十分严重的问题。城乡之间的户籍壁垒、城乡之间两种不同的资源配置制度与以户籍制度为基础的城乡壁垒是我国城乡二元结构的核心内容。长期以来我国各级政府在城市发展和农村发展中以城市为重、在工业发展和农业发展中以工业为重的城乡差别发展战略，尤其是计划经济体制时代形成的二元经济结构，使得城乡差距明显，出现了各种不平等现象甚至于不平等的制度，包括户籍制度造成的身份差异、教育资源配置下的教育水平差异、城乡保障水平差异化下的就业差异等，最终导致了我国城乡政策失衡、福利失衡、经济失衡、教育失衡、城乡收入失衡，城乡生活质量有较大差距。二元经济结构长期的影响，导致产业结构与劳动力结构的矛盾日益突出，这对农村经济发展、劳动力转移产生了负面影响，同时也对城市经济发展、产业布局调整甚至生活水平提高造成了障碍。

根据全国31个省（自治区、直辖市）的数据资料分析结果，我国不同地区二元经济结构的程度是不同的，存在明显的区域差异。青海、甘肃及云南等地区的城乡统筹发展落后，其农业部门的比较劳动生产率常年在低水平徘徊，非农业部门的比较劳动生产率与农业部门对比则处在高位，二元化程度处于高水平；山东、广东、浙江、江苏、上海、北京等地区的统筹城乡发展水平高，其农业部门的比较劳动生产率相对较高并呈逐年升高的趋势，二元化程度要远远低于全国一般水平。因此，统筹我国城乡经济社会发展的当务之急，就是要转变二元经济结构。从我国的实际情况出发，通过大力发展农村经济，努力实现农业经济信息化和现代化，以城镇化建设带动经济转型，变二元结构为一元结构。

11.1.3 地区文化差异明显

在农村，与城市居民和劳动者一样，越来越需要科技及文化，不同的受教育水平影响了农村劳动者的文化水平，进而使得其在市场机会判断、经济政策解读、劳动工具学习和使用、信息化工具支配、文化娱乐开支等方面体现出差别。总体来讲，改革开放30多年来，随着农村劳动力受教育水平的逐步提高和教育文化资源的逐步丰富，以中西部为典型的农村劳动力文化程度实际上在不断提高，文盲率尤其是青年人文盲率已经极低，文化结构优化明显，但是农村劳动力文化程度指数呈现从东向西逐渐递减的趋势。

调查表明，形成中西部农村劳动力文化素质普遍低于全国平均水平有诸多历史原因和现实困难。首先，过去很长时间以来，我国农村尤其是中西部地区对文化生活的需求不旺盛，教育观念与东部地区相比有差距，对教育投入的重视程度不够，同时因为这些地区经济发展相对落后，也缺乏提高科学文化水平的条件和动力。其次，农村教育硬件环境建设不足，经费保障弱于城市。全国教育经费向城市倾斜比较明显，农村的教育经费以当地居民自筹为主，越是经济欠发达地区，越是缺少教育资金来源。农村教育的教学条件、办学资源、师资水平等都赶不上城市教育，并且差距正继续拉大。此外，扎根农村或面向农村教育的教育人员和科技人员数量不足，中西部农村居民的文化水平及科技水平大幅度落后于东部城市居民。

11.1.4 地区政策差异明显

1. 区域规划发展战略差异

中国区域发展的层次性是非常明显的，乃至于从国家总体战略层面就是这样规划的：从改革开放初期开始逐步形成的东部优先发展的战略，到后来出台的西部大开发战略，再到促进中部崛起和东北老工业基地振兴等区域发展战略，均证明了这一点。中国于2001年加入世界贸易组织（WTO），面临越来越大的国际竞争压力，2004年后在省级行政区域层次，各地方政府开始普遍强调区域发展的思路。中央政府则着手对区域规划进行宏观指导，区域规划集中在产业方面，特别是钢铁、汽车、船舶、石化、纺织、轻工、有色金属、装备制造业、电子信息及物流业十大产业振兴规划，更加注重推动经济发展方式转变和经济结构调整。这一政策的指导作用强化了城市聚集效应，对于区域内的统筹城乡发展起到了重要的推进作用，但是区域外的统筹城乡发展受政策覆盖范围的影响较小，容易形成统筹城乡发展的区域分离。

2. 体制机制创新不足

部分政府部门和少数领导干部对于经济发展非常重视，但对于提供公共服务的态度则比较淡漠。因为历史和文化因素，一些政府部门在提供公共服务时定位不准确，把自己当作资源分配者而不是服务提供者，政社、政企、政事纠缠不清甚至刻意不分，导致政府在提供基本公共服务时有时候出现越位管理，而有时候又出现管理缺失，没有统一标准，缺少基本公共服务指标的设计和重视。资源统筹与整合水平较差，投入不合理，公共设施利用率较低。公共服务政策的传导机制不完善，决策流程、办事流程等都存在不科学或低效率的地方，并且对于改进意见不重视、不积极，整体公共服务质量不能让居民满意。

11.2 统筹城乡发展的维度发展问题

11.2.1 经济发展不均衡

农业产业化水平低是阻碍统筹城乡进程的关键。城乡统筹的最终目的是缩小城乡差异，解决"三农"问题，实现我国全面小康社会的战略目标。农村产业结构不合理，产业化水平低成为阻碍农民收入增加的主要原因。农民收入水平低已经严重影响我国全面建成小康社会的进程，因此实现全面小康的关键是增加农民收入。城镇居民人均可支配收入与农村居民人均纯收入是反映城乡居民收入水平的最主要指标，从全国 31 个省（自治区、直辖市）的 2012 年数据来看，北京（2.11）、上海（2.26）、浙江（2.37）、江苏（2.43）等地区的城乡居民人均收入比远低于贵州（3.93）、云南（3.89）、甘肃（3.81）等地区的该项指标值，农村居民人均纯收入水平低的地区，农业产业化水平相对较低，经济发展水平也较为落后，区域的统筹城乡进程较慢；农村居民人均纯收入水平高的地区，农业产业化水平相对较高，经济发展水平较为发达，区域统筹城乡进程较快。农村居民的收入水平与区域统筹城乡程度有很强的相关性。因此，解决农民收入水平的问题不能仅仅是解决农村剩余劳动力进城就业问题，更应该关注基于农业和农村自身发展的农业经济现代化，通过合理调整农村产业结构，促进农业产业化发展等措施从根本上解决农村问题，增加农民收入。

11.2.2 社会发展不均衡

1. 城镇化进程缓慢

经济发达国家的发展历史已经证明，城市化和工业化是相辅相成的，无法实现没有工业化的城市化，也无法实现没有城市化的工业化。我国则在过去走上了"工业城市化、人口农村化"的道路，社会发展的平衡关系和良性路径未能建立。现存的以城乡分割为特征的户籍管理体制使得我国的人口城市化进程无法满足工业化进程的要求。

与工业化发展进程和速度相比，我国城市化水平和质量明显不足，并且滞后的绝对数量和相对比率都体现出滞后程度有继续扩大的隐患。以 2000 年中国人均 GDP 水平作为参照，当年中国的城镇化水平指数应为 46.3%，而实际水平则只有 36.2%。城镇化水平的滞后拖累了农业经济现代化，也阻碍了农村劳动力转移，对中国的工业结构调整和城乡结构调整均非常不利。

2. 农业基础薄弱、农村基础设施落后比较严重

解决"三农"问题尤其是解决经济结构中的农业问题是推动国民经济发展的基础，是我国全面建成小康社会的关键。我国的农业基础薄弱是一个历史性问题，长期以来，我国总人口数量较大，可用耕地面积则相对有限，使得我国人均耕地在全世界偏少，而我国按人均计算的自然资源也偏少，在人口基数下，"地大物博"被人均拉低。同时，我国农业基础设施建设薄弱一直是农业发展的短板，技术设备的更新、农业技术的现代化、农业生产的信息化水平等都与我国经济发展地位不符。

农村基础设施建设工作的长期发展滞后直接导致一系列问题难以解决：农村的生态环境持续恶化、农业经济发展缓慢、与发达国家相比农作物产量水平很低，这些问题严重制约着农村经济的发展。农村居民人均纯收入不但在世界范围内偏低，就算与我国城镇居民人均可支配收入相比也是有很大差距。农村居民消费水平低，购买农业生产资料和农业现代化技术的投入更是显著不足，长此下去，难以扭转城乡发展不平衡的局面，进而影响我国经济社会发展。我国农村无论生产性、生活性基础设施还是服务性基础设施均建设不足，不能满足农村居民生产、生活要求，尤其是遇到重大自然灾害或病虫灾害时抗害抗灾能力较低，影响着农民的收入水平。例如，我国部分地区电力设施落后，不能满足广大农民的用电问题，农业现代化生产、农村现代化生活都因为大量缺电而难以改善和实现。整体来看，农村地区交通环境和条件均较差，不管生活中的农民出行还是生产中的农产品流通都因此受到很大影响。

11.2.3 空间发展不均衡

1. 户籍制度是影响城乡统筹发展的主要因素

现行的户籍制度造成了公民身份的不平等，严重阻碍着劳动力的自由迁徙与流动，从而延缓了我国城镇化进程的步伐。户籍制度人为地把我国公民分成了农民和市民两种身份，而这种身份差异在社会运行中又产生了诸多不平等和不平衡，造成了农民和市民在享受就业机会、教育资源、社会保障、经济发展成果等方面存在明显差异。我国现行的户籍制度是造成很多问题的直接原因，也是影响到了城乡统筹的各个方面，尤其限制了农村劳动力向城市转移的进程，不利于发挥人口迁移特别是农村人口迁徙对城乡统筹发展的促进作用，阻碍了我国经济社会的快速发展和高质量现代化市场经济体制的建立。

随着我国改革的深入发展，城镇化水平有了很大的提高，中心城郊区的绝大多数农民实际上已经实现了由农业向非农业的转移。尽管该部分农民已经改

变了以前的生活方式，过上了城市居民的生活，但是从深层次看，传统意义上的乡镇和行政村还存在于城市中，生活在城市中的农村居民还属于农村户口，在医疗、社保、就业及教育等方面与城市居民还存在巨大差异，农民没有享受到与市民一样的文明和实惠。随着社会的不断发展，人口流动较为频繁，从业结构也日趋多样化，原来的农业户口、非农业户口的划分已经不能准确反映居民的居住区域，反而给户口登记与管理工作带来很大的不便，同时也给相关人员在就业、医疗及子女的受教育等方面带来很大的困难，从而影响了劳动力资源的合理流动，最终会影响我国统筹城乡发展的水平和进程。可以认为，我国城乡发展失衡的根源之一是现行的户籍制度，不利于中国农业现代化建设和城镇化进程的推进。

2. 农村土地制度存在的缺陷影响城乡统筹发展进程

我国现行的农村土地制度严重限制着土地要素的自由流动。"三农"问题的核心是农民问题，农民收入低、增收难是最根本的表现。我国现在实行的农村土地制度还不完备，主要问题是无法保障农民的土地资源权利，无法构成农民收入增长一个长期的基础性的保障条件。农村土地所有权、农村土地使用权均存在制度缺陷，并导致土地征用制度、管理制度也存在其他问题，降低了土地管理水平，影响了农业经济发展。

通过调查研究发现，地区间经济发展水平存在巨大的梯度差异，导致了农村土地在流转规模、流转速度及流转方式等方面出现明显差异。因为农村土地流转方面的差异又继而影响着地区的经济发展，导致区域间经济发展差距再次扩大。人均 GDP 作为衡量地区经济发展水平的主要指标，根据 2012 年统计数据，天津（93 713 元）、北京（87 475 元）、上海（85 373 元）、江苏（68 347 元）等城乡统筹发展水平高的地区在土地流转效能上明显优于贵州（19 710 元）、甘肃（21 978 元）等西部城乡统筹发展水平较低地区。农村土地合理流转与农村土地市场机制的完善是分不开的，我国目前土地市场发育滞后，土地流转的价格机制尚未形成，导致农村土地资源不能优化配置；尽管我国在土地管理法、农业法、农村土地承包法等相关法律中都有土地流转的相关规定，但是在执行过程中有法不依、执法不严等现象仍然较为普遍，导致土地流转不畅通、流转效率低等问题的存在；作为土地承包经营权的拥有者，农户在土地流转过程中并没有成为真正的主体，基层政府作为一级政府为了提高工作效率，直接介入土地流转环节，以行政手段强行推动，征地补偿方案达不到农民期望，征地范围不受严格约束，征地流程或程序比较随意，对失地农民的后期安置无长效机制等问题时有发生，最终损害农民赖以生存的土地资源和农民的根本利益。

11.2.4 生态环境发展不均衡

城乡生态环境的发展受城乡经济、社会、空间和公共服务的共同作用，但是生态环境的不均衡也会直接在统筹城乡发展过程中体现出来。生态环境状况有不断恶化趋势，大气污染尤其是城市雾霾的出现越发频繁，饮用水源面临排污等污染，海洋污染导致生态失衡，野外生存的动植物发展环境破坏更加严重，绿色森林的过度砍伐，耕种土地面临重金属污染，城市生活垃圾填埋问题日益突出，矿产资源过度开采，这一切都对人类生存与发展提出了挑战。

尤其是贫困地区经济发展与生态环境保护存在既对立又统一的关系，在经济发展的不同社会阶段，人们对经济效益发展与生态效益保护的态度是有差异的，在经济发展水平低的阶段，人们对生态效益保护的观念比较淡漠，而对经济效益提升非常热衷，同时也会产生以牺牲生态效益来换取经济效益的行为。这体现在人们如何看待经济效益的评价值及生态效益的评价值。目前西部地区人们对生态效益的评价值远远低于经济效益的评价值，但是相反东部地区的生态效益的评价值要远高于西部地区生态效益的评价值，从东部地区到西部地区，经济效益评价值呈现逐步递增的趋势，而生态效益评价值呈现逐步递减的趋势。

11.2.5 公共服务发展不均衡

1. 农村医疗与社会保障发展滞后制约城乡统筹发展

尽管我国农村社会事业受到极大关注，但是由于历史因素和国家经济实力的限制，农村社会与农村经济发展不协调，乡村建设与城镇建设未能同步进行，差距越拉越大。由于国家一直以来对城市医疗保健投入的持续倾斜，而对农村卫生保健事业投入不足，农村特别是乡镇卫生院和村卫生室的生存极为困难，机构和人员极不稳定。城乡每千人口医疗卫生机构床位数比是衡量一个地区城乡医疗设施水平差异的主要指标，根据全国 31 个省（自治区、直辖市）2012 年有关数据，青海（4.13）、西藏（4.35）等欠发达地区的城乡每千人口医疗卫生机构床位数比明显高于重庆（1.18）、天津（1.44）、上海（1.54）及山东（1.60）等发达地区的数值。尽管我国的农村合作医疗制度已经深入展开，农民也从中获得了极大的实惠，但是医疗保障制度仍然不够健全，亟待进一步改善。

构建完善的农村社会保障体系是解决民生问题的重中之重。从目前来看，不论是农村最低生活保障制度还是农村养老保险制度都亟需健全与完善。一直以来，土地保障是我国农村社会保障制度的主要内容，但随着市场改革的深入发展，这种非正式的保障制度的地位及功能逐渐弱化。一些富裕地区开始建立社会养老保险、农村合作医疗及农村最低保障制度的试点,并取得很好的效果,但是大部分农民和农村地区正式的社会保障制度依然严重短缺。从全国各地区参保基本养老保险、基本医疗保险与失业保险的人数占全国总参保人数的比重来看,东中西部地区在社会保障水平方面存在巨大的区域差异,东部发达地区的社会保障水平最高,中部次之,西部最低。从全国城乡间的社会保障水平来看,差异更为巨大。由于一直以来,国家把本应该平等投向全社会的社会保障资金中大部分投向了城市,导致农民无法享受这种福利,最终导致城乡居民收入差距的扩大。

国家和社会都应该更加重视实现教育公平,进而促进和实现社会公平。我国城乡教育水平所呈现的差距,不仅削弱了农民平等地参与和享受教育资源及教育的机会,而且也制约了农民的文化水平和从业技能的提升,其表现就是农民增收困难和就业困难。中国有大约50%的应受教育人口分布在农村,而农村学校及专任教师人数严重低于城市水平,农民受教育的机会明显少于市民。城市义务教育经费是由政府出资的,而农村义务教育经费的筹措基本上是以向农民摊派的方式来完成的,城市初中和小学的人均义务教育经费是农村的3倍还多。有关统计数据证明,农户的收入水平与文化水平呈正相关,文化水平决定收入水平;而农村产业结构调整水平也与当地平均文化程度呈正相关关系。

随着教育现代化程度的深入展开,其运行成本与维护费用也在急剧增加,尽管国家、地方政府在财政经费投入方面逐年增加,但由于长期以来农村地区教育投入严重不足,中小学义务教育阶段的学生人均公用经费与实际需要数额相差巨大;师资力量薄弱是农村教育资源匮乏的主要体现,农村教师在年龄结构、学科比例及区域分布方面都存在不合理性,导致本来就有限的资源不能做到有效利用,从而不能有效提高农村居民的受教育程度,影响其文化水平与基本素质,最终会影响其收入水平。因此,改革城乡之间不公平的教育制度,保证教育机会平等是提高农民生活质量、保障农村经济可持续发展的重要政策,也是统筹城乡发展的一项重点内容。

2. 城乡就业制度的不平等影响城乡一体化发展

城乡就业制度的不平等影响着我国城乡统筹发展,城乡劳动力市场的不完善严重阻碍着农村劳动力资源要素的合理流动。从预警分析中得出,失业率是影响我国城乡统筹发展的最重要因素。目前,我国农村剩余劳动力人数较大,据统计有1.7亿以上的隐性失业人口,使得这部分农村人口收入水平不高、收入增长速度和幅度也提升较慢较低。根据2012年统计数据分析,宁夏地区失业率(4.2%)是北京失业率(1.3%)的3.2倍。全面建设小康社会的关键在农村,"三农"问题的核心是农民收入问题,而农民收入问题的本质在于解决剩余劳动力的就业问题,这关系着农村经济的发展和全面建设小康社会目标的实现。

农村剩余劳动力素质普遍偏低、技能较为单一成为其转移困难的主要原因。政府应该加大就业资金支付力度，相关的人社部门与乡镇政府应该积极组织培训，同时做到边培训边对接，及时搭建一个用人企业与有转移愿望的农村居民的桥梁，为农村剩余劳动力的顺利就业搭建一个好的平台。从全国各地区的情况来看，当地政府在农村剩余劳动力流动方面做得好的地区，城乡一体化程度相对较高。提升农民的就业率应该成为各级政府的政策导向，通过更多宏观措施激励农民就业，帮助农民获得就业机会，提高就业能力，实现农村劳动力与城市劳动力同工同酬，力争达到公平就业，制定并实施有关机制，让农民享受与城市职工同等的社会福利与收入保障、医疗保障、养老保障，逐步实现城乡劳动力市场一体化。

3. 农村基本公共服务体系不健全

真正解决城乡二元经济结构问题，统筹城乡发展一体化是必然选择。它将通过对经济、社会发展的各个方面进行一系列广泛而深刻的变革，来统筹解决发展过程中已经出现的全局性问题和矛盾，而这就决定了政府必须提供更全面的基本公共服务来完成协调。无论从各国完成该过程的历史经验来看，还是从我国前期实施的实践情况来看，政府的基本职责已经被认定为提供基本公共服务，凡是与之不符的职能和权力都应该通过推进政府制度改革来进一步完善。应该通过制度设计，努力把健全农村基本公共服务体系作为政府的重要政策，努力保证政府在公共服务供给中的主导作用。

小　结

城乡之间的制度差异及体制缺陷等加大了城乡差距，严重阻碍了城乡统筹发展的步伐，成为我国城乡一体化发展中不容忽视的问题。二元结构体制的存在导致城乡社会经济发展不协调，是制约城乡同步发展的根本因素；从社会结构看，二元户籍制度、土地制度、就业制度等限制了农民的部分合法权益，致使农民无法同城市居民一样完全享受社会主义发展的各项丰硕成果；另外，我国在教育、基础设施、公共设施投入等资源配置方面均向城市倾斜，城乡在养老、医疗、就业等社会保障方面也存在巨大差异，而农村产业结构不合理，农业现代化水平较低，这些问题的存在进一步拉大了城乡收入差距，造成了城乡发展的两极分化，严重影响着统筹城乡发展的进程。

第四篇
对策与建议

第四章

文獻回顧

第 12 章
我国统筹城乡发展的区域对策借鉴

我国经济、社会、空间、生态环境及公共服务存在很大的地区差异,通过统筹城乡发展,实现工业反哺农业、城市反哺农村的城乡一体化战略需要探讨不同地区的发展模式。在我国统筹城乡发展的实践中,形成了众多有地方特色的区域模式,这些模式为推进城乡统筹发展进程提供了科学、可行的实践经验,值得在条件成熟的地区进行推广。本章将选取有代表性地区的做法加以介绍。

12.1 东部典型地区的统筹城乡发展对策

12.1.1 大都市城市圈城郊一体化发展对策——上海

从第 7 章的研究结论可以看出,上海充分发挥了其特大型国际城市的综合实力优势,强化了大都市的辐射带动作用,并以此加快推进郊区城市化和城乡统筹一体化的进程,在城乡统筹发展中综合指标位列第二,上海模式对东部沿海的大城市、特大城市的城乡统筹发展都具有重要的借鉴意义。

上海从经济、社会、生态发展、空间、公共服务五方面入手,遵循非均衡整体发展战略原则、双向演进互动发展原则、市场取向与政府有效干预相结合的原则、制度创新原则和系统协调原则等五大战略原则,建立起以工促农、以城带乡的长效机制,在土地制度改革、就业和社会保障、城镇体系建设、社会公共服务提升、经济产业发展、城乡建设管理、生态环境建设等方面取得重大突破，在城乡间实现公共资源的合理配置及生产要素的自由流通，最终实现了城乡之间多角度、全方位的一体化，使改革发展成果惠及所有居民。上海市主要从以下六个方面探索了城乡统筹融合发展。

1. 加快深化农村土地制度改革的步伐

上海市将深化农村土地制度的改革作为其推进城乡一体化发展的突破口和切入点。切实落实好相关土地承包经营权的流转制度，进一步推动承包地的经营权流转市场完善与壮大，建立城乡统筹的建设用地流转市场，完善集体建设用地的相关流转制度，并推进农村集体建设用地合理流转。具体做法如下。

一是完善承包地经营权流转制度。上海市现已全面推进农村土地延包的后续完善工作，从而确保土地承包经营权的发证到户，并开展好土地承包权的确权、登记、发证等试点工作。贯彻落实本市土地承包经营权流转办法，严格按照"依法、有偿、自愿"的原则，积极鼓励农民以转包、出租、互换、转让、股权合作等各种形式办理土地承包经营权的流转，构建市级统筹的管理服务监督平台。加快建立以乡镇为单位的土地承包经营流转管理服务中心，积极推进经营权流转市场建设，支持发展专业合作社、家庭农场、农业龙头企业等规模经营。

二是实现农村集体建设用地的合理流转和确权工作。首先，需要根据当地自身情况建立统筹城乡发展的建设用地的自由流转市场，从而提高农村集体建设用地入市交易的服务、管理功能；在保障权益平等的基础上，从建设用地的划拨、出让、转让、出租、抵押等各方面制定与完善相关管理办法。其次，加快村庄规划。加强村庄规划与土地利用规划的衔接，完善农村集体建设用地流转收益分配制度，保障农村集体经济组织和农民的长期收益分配权。

三是推行城乡建设用地增减挂钩。加强规划引导，明确拆旧区和建新区的选址，分解落实挂钩总指标和年度指标。在保障农民切实利益的前提下，积极推进产权制度改革，有序推进城乡建设用地的增减挂钩，完善宅基地的置换和退出机制，并推进相关工作进程。

2. 构建互动融合的城乡建设格局

加快推进新型城市化战略，按照长三角城市群的分工协作和上海市建设国际大都市的要求，构建城乡协调发展的城乡建设格局，并根据地方实际情况，大力推进相关的郊区重点新城建设，并引导城市的人口和产业等要素向重点新型城镇集中，进一步加快形成产城融合、功能有序、宜业宜居的城市化发展格局。将城镇建设方式由粗放型转变为集约型,积极推进产业规划、人口居住、土地利用等在合理的区域内集中发展,全面提高土地利用率,实现各区域的最优化发展。处理好城镇化和新农村建设的关系,按照"城市像城市,农村像农村"的要求,推进新农村建设。

一是加快推进新城建设。严格按照建设区域中心城市的要求,合理推进新城区的规划与发展,实现城市空间的优化、居住人口的集聚及经济产业的发展。在提升土地利用率、促进产城融合的同时,全面提升新城区在长三角城市群发展中的领导带头作用。一方面,积极推进青浦、嘉定、奉贤南桥等新城区的创新化、特色化发展,实现产业融合及社会公共资源的合理配置,丰富城市功能,完善新城区的开发、建设机制;另一方面,创新投融资模式,引导社会资本参与新城建设。在继续推进城区间快速交通连接的同时,合理调动各区县的积极性,实现全面协调发展。

二是大力培育发展特色城镇。一方面,分类有序推进小城镇建设,发展特色经济。完善近郊城镇配套城镇功能;加快中远郊城镇基础设施建设,调整产业结构;在一般城镇中聚焦于民生型社会服务设施完善及市政交通设施的建设,致力于培育一批具有较强产业承载能力、人居环境优良、资源节约、功能完善、社会和谐、各具特色的郊区示范城镇,承担起提升区域实力、服务周边地区的功能,进一步提升区域竞争力和服务功能。另一方面,以新市镇建设为契机,加大城镇危旧房改造力度。加强基础设施建设,提升公共服务水平,搞好生态保护、环境治理和资源节约利用,强化公共管理和服务职能。

三是积极推进新农村建设。综合运用宅基地置换、增减挂钩、集体土地流转等政策,同步推进新农村建设。按照"两规合一"的要求,编制村庄规划,完善行政村的规划布局,加大自然村归并力度。统一规划村庄改造、生活污水处理、农村道路和危桥改建等项目,继续推进薄弱村的村庄道路和危桥改造,加强资源整合和政策聚焦,统筹推进实施,提高资金使用效率,加快改善村容村貌。

四是加强郊区城市化地区和城郊结合部的社会建设和管理。加强和创新大型居住社区社会管理,将资源配置、管理力量和财政投入向大型居住社区倾斜。加快推进"城中村"改造。加强综合整治,加大对违章建筑的拆除力度。强化对来沪人员的管理和服务。

3. 提高郊区农村就业和社会保障水平

立足全市城乡居民共享改革发展成果,完善城乡一体的就业促进机制和社会保障体系,实现农村居民与城镇居民享受相同的就业政策和就业服务,整合形成上下对接、城乡统筹、规则公平、梯次合理、水平适度的社会保障体系。

一是优化农村富余劳动力的就业环境。在农村内部积极推进新增非农就业岗位计划的落实，对相关人员进行专业的技能培训，提升农民素质与整体就业能力；加大农村富余劳动力跨区就业补贴和低收入农户非农就业补贴，并提升相关政策扶持力度，鼓励农村富余劳动力非农就业；整合社会各类创业扶持资源，在融资、经营场地、创业教育和培训、初创期培训等方面，加大政策落实力度，鼓励农民发展各类正规创业组织。

二是建设城乡协调发展的社会保障体系。首先，加强社会保险制度的建设与完善，促进包括社会养老保险制度、就业制度等在内的社会保障体系的合理建设，提高各项社保、医保制度的覆盖度及实施度。鼓励农民通过参加更高层次的社会保险来提高保险待遇水平，不断缩小城乡居民在医保筹资水平方面的差距，促使养老及医疗保障制度的各项政策惠及城乡居民，实现城乡的统筹、合理、协调发展。另外，进一步完善各类保险制度的衔接通道，确保参保人员保险关系的顺畅接续。

三是健全城乡一体的社会救助体系。实现农村低保的合理、及时发放，加强对农村贫困户的供养与扶持。同时，要完善专项救助设施，确保农村住房水平、医疗及教育等社保体系与城镇差距控制在合理范围内。另外，积极发展社会福利及慈善事业，重点进行扶老、助残、救孤、赈灾等社会救助。鼓励有条件的区县在困难家庭帮扶方面，加快实现城乡一体化进程，健全社会救助体系。

4. 推进城乡社会事业和谐发展

统筹城乡社会事业发展，重点推进教育、医疗资源的均衡布局，合理配置社会公共资源及公共服务，确保城乡居民都能享受优惠政策，进而提高郊区居民享有优质公共服务的可及性。

一是优化城乡教育资源配置。教育资源的优化首先要健全和完善学前教育的公共服务体系，确保学前教育三年行动的合理安置，积极应对每年一度的入园高峰。同时需要加快郊区的幼儿园建设，进一步提高农村幼儿园的办园质量，规范地方早期教育的指导服务机构建设，促进学前教育城乡均衡发展。其次，研究探索"上海市教育公共平台建设专项资金"，依据办学条件、经费及教师队伍资源等条件，加大市级财政对区县教育的统筹力度，重点支持远郊区县和人口导入区县发展义务教育，争取到2015年全市义务教育资源配置基本均衡。同时，要实施城乡义务教育一体化的建设工程，科学调整基础教育的学校布局，引导城区的优质教育资源向郊区新城、大型居住社区的流动和辐射，通过名校办分校、名校托管等形式，扩大郊区优质教育资源覆盖面，提升郊区学校整体办学水平。最后，加快推进郊区和新型社区示范性职业技术培训和开放实训中心的建设，进一步扩大郊区的优质职业教育资源全面的覆盖。加强镇乡社区学校、成人文化学校建设，为镇乡社区居民、农业从业人员的职业技能培训、农村转移人员培训提供高质量的公共教育培训服务。

二是推进城乡医疗卫生事业的均衡发展。以技术、人才、管理和资产为纽带，继续推进中心城区 33 家三级医院与郊区医疗机构的纵向合作，实现医技共享、资源共享、行政共管。深化医疗卫生体制改革，加强郊区三级医疗机构的内涵建设，加大对中高级医护人员的引进和培养力度。加强基层医疗机构的改革，不断提升医疗水平，为城乡间人口迁移提供就医便利。培养新一代乡村社区医生，推进乡村社区医生订单定向免费培养，"十二五"期间培养 1500 个乡村社区医生。进一步完善村卫生室建设，推进镇村一体化管理，提升农村基层医疗服务的水平。另外，要针对老年人加强养老护理服务，完善养老基础设施，建设由机构护理、社区护理、居家护理组成的老年护理服务体系，建立区与区之间养老床位调剂建设机制，推进规划养老床位的落地，全面保障老年人医疗事业的发展与完善。

三是引导城乡公共服务信息平台的合理发展。进一步统筹城乡公共服务信息网络体系的合理发展，健全农村信息服务体系，确保"千村通工程"相关成果惠及城乡。引导为农综合信息服务平台的合理发展，促使农业信息网、农科服务热线等平台完全延伸至农村，保证服务信息畅通。进一步完善郊区村级卫生室、文体活动点、公共事务受理点等服务网点建设。发挥基层自治组织管理优势，健全郊区农村公共服务网络，为农村居民提供便捷、优质、满意的公共服务。

四是加强城乡公共文化服务体系建设。完善城乡基层公共文化设施网络建设，提高公共文化服务品质，满足城乡居民的精神文化需求。加强文化基础设置建设，在增加城乡社区文化活动中心数量的同时，丰富公共文化的传播形式，确保传播内容的数量及质量。同时，要进行文化服务体系的合理调整及创新，营造良好的文化氛围。

5. 推进城乡三次产业融合发展

合理调整工、农、制造、服务等行业的发展及结构模式，统筹城乡产业结构的合理发展，推动三次产业融合发展，促进郊区产业向集约化、现代化转型，实现城乡产业协同发展。

一是发展都市高效生态农业。在农业发展中，要根据实际情况不断调整发展方式，积极落实有关农业发展的各项政策及规划。全面建设水稻、绿叶蔬菜、西甜瓜、河蟹等现代产业技术体系，加强先进实用技术的集成推广。另外，在发展低碳生态农业的同时，积极促进农企联合发展，大力发展现代种植业，加快选育高商品性、高附加值蔬菜、花卉、瓜果、食用菌等新品种，促进种子产业的规模化、集约化发展。加快农产品安全监管，严格执行产地准出和市场准入制度，逐步建成农产品全程质量追溯体系。提高农业设施化程度，加强浦东等地区的国家级农业示范区和市级现代农业园区的建设，进一步提高农业的综合生产能力和产出效能。

二是提升制造业的发展能级。积极支持郊区培育和发展战略性新兴产业，大力推进高新技术产业化，优化提升先进制造业，培育和壮大一批行业龙头企业，提升郊区产业发展水平促使各类相关产业融合发展，实现地域上的集中，建设各类工业园及开发区等，节约工业用地。在优化郊区产业布局的同时，提升管理水平，增强整体的竞争力及可持续发展能力。加快郊区产业结构调整，调整淘汰高耗能、高污染、高危险、低附加值的劣势企业、劣势产品和落后工艺。推进郊区生产方式转变，鼓励推行节能低碳、绿色环保的生产方式。加强公共服务设施配套，推进产业基地、工业区块与周边城镇融合协调发展，促进产业与人口、资源、环境相协调。

三是加快郊区服务业发展。拓展服务经济发展规模，增强郊区经济实力，提升郊区居民生活便利度。在发展基础产业的基础上，实现制造业、物流业等相关产业的相互融合发展，加快建设高科技研发平台和以产品技术孵化为主的总部经济服务平台。在以迪士尼、崇明生态岛等旅游资源为基础，大力发展旅游业的同时，统筹规划、整合资源，加快发展特色服务业。结合郊区城镇化建设和长三角联动发展要求，积极发展文化创意产业、软件制造、电子商务等，重点发展郊区服务业。结合上海国家高技术服务产业基地建设，不断提升高技术服务业在郊区服务业的占比。

6. 推进城乡建设和管理无缝对接

积极推进城乡建设和管理一体化，转变轻郊区、重中心城区的城市建设理念和管理方式，逐步改变城乡面貌和管理方式的二元结构状况。

一是积极推进近郊基础设施建设。积极发展城乡公交设施，改善郊区与新城区之间的交通状况，确保公共交通网络的顺畅和通达。进一步加快推动轨道交通网络向郊区农区的延伸，完善郊区新型城镇到中心城区的轨道交通网络。另外要研究和增大郊区交通网络的密度，做好郊区的路桥改造与建设，全面提升郊区道路建设质量。另外，应实现城乡供水一体化，确保农村水利设施建设完善及生活污水得到正确处理。

二是加快郊区环境配套基础设施的建设与改造。加强饮用水水源地的管理，实现郊区供水的集约化建设和改造，关闭所有以内河及地下水为水源的郊区中小水厂，新建及改扩建一批中心水厂，确保农村用水安全。统筹城郊污水处理系统的完善与合理，在保证污水处理厂数量的前提下，提高污水的处理率及利用率。按照"一主多点"布局原则，加快推进郊区生活垃圾转运处置设施建设、完善农村生活垃圾"户分类，村收集，镇（乡）运输，区（县）处置"的转运处置系统。加强河道系统的治理与维护，积极推进农村电网改造，确保用电安全与质量，实现城乡用电"同网同价同服务"。完善郊区综合减灾和应急体系，建立多种灾难的应急监测系统，加大检测设备的建设力度，提高郊区减灾应急能力。

三是构建覆盖城乡的现代化城市管理体系。普及推广城市网格化管理模式，建立"发现及时、处置快速、解决有效、监督有力"的城市管理长效机制，进一步提高城市管理的信息化水平。注重管理实权的合理下放，进一步提高郊区建设和管理工作的效率。重点加强郊区建设保障机制和城市运营维护机制的建设，逐步提高郊区城市管理和服务的水平，促进城乡管理方式的合理衔接，形成城乡统筹一体化的城市管理格局。

四是推动信息基础设施建设的城乡一体化。加强信息基础设施规划和建设，深入推进基础通信管线、通信机房、无线通信基站等信息基础设施的集约共建和资源共享。建设光纤宽带网络，推进农村地区光纤接入改造；优化第三代移动通信（3G）网络，推进郊区城镇化地区及主干道路 3 兆比特/秒（Mbps）以上无线宽带接入。加快郊区有线电视网络整合、改造、数字电视整体转换，推进郊区下一代广播电视网络（NGB）建设，实现广播电视网、电信网、互联网"三网融合"。确保信息技术在农业生产经营中得以运营，支持测土配方等农业基础数据库建设和应用。鼓励农产品交易中的电子商务应用，促进农业增产、农民增收。

为了建成上面规划的上海大都市圈，我们需要在建立上海模式的城乡一体化过程中从组织、规划、资金、管理、人才等方面采取以下一系列保障措施。

第一，健全统筹城乡发展的推进机制。

打破条块分割、统筹整合资源，市、区（县）联手创建"部门联动、政策集成、资金聚焦、资源整合"的统筹城乡发展运作机制，成立由市领导牵头，市相关部门及区县参加的联席会议制度，上下联动、条块协作。加强对城乡一体化发展所涉及的重大问题、重大项目进行研究与决策；研究和制订统筹城乡一体化发展的指导意见与行动方案；滚动推进实施"城乡一体化发展三年行动计划"；建立城乡统筹发展水平综合评价指标体系，定期发布城乡一体化发展指数,综合评价城乡一体化发展水平;完善各区域不同部门的考核办法,确保工作绩效与水平的改善、提升,推进城乡一体化建设。鼓励有条件的区县先行试点,探索建立城乡一体化发展的示范区,确保农民持续增收、各项权益得到维护、集体经济产权制度顺利改革。

第二,构建城乡一体化的规划发展体系。

合理规划区域建设,牢固树立城乡一体化的理念,拓展各类规划的覆盖面,积极推动发展空间拓展和配置资源优化。按照城乡全面协调可持续发展的要求,加快建立全面覆盖城乡的一体化规划体系,强化对市域空间的整体规划。优化完善新城规划布局,编制完善城镇及村庄规划,加快完善城乡建设敏感区规划,促进城乡一体化的发展规划与城市总体规划、土地利用的总体规划、产业布局的规划、区县和重点镇的规划等各项规划有机衔接、协调统一。

第三,建立市、区(县)两级的投入机制。

发挥资金保障在城乡一体化发展中的引领作用,形成市、区(县)两级政府主导的财政投入机制,严格按照中央关于"三个高于"(财政支农资金的增量要高于上一年度,直接用于改善农村生产和生活条件的资金要高于上一年度,预算内资金用于农村建设的比重要高于上一年度)的规划要求,加强财政支持力度。有条件的地区试点推行农村土地流转费补贴、务农农民直接补贴、村级组织运行费用补贴等相关政策,进一步促进农民持续增收。结合城市建设重点逐步转向郊区的发展趋势,进一步完善市、区(县)体制分工,对近、远郊加大分类指导力度。以区(县)政府投入为主,市级财政补助为辅,建立健全城乡统筹发展的政府投入机制,加强城乡基础设施的建设,鼓励农民自主创业,进一步提高社会公共服务的支持力度等,减少资金投放的中间环节,提高资金使用效率。

第四,建立更为灵活的城乡统筹管理体制。

通过制度创新和管理创新,加强市级层面的统筹协调,提高区(县)级层面的贯彻执行力。进一步下移管理重心,给予郊区更大的自主发展权,增强区(县)统筹城乡发展的积极性和主动性。打破行政区划界限,在社会事业、公共服务、要素流动等方面,探索跨区域的联动共享机制。鼓励和支持浦东、闵行等有条件的地区在农民增收及创新城市支持农村、工业反哺农业的体制机制方面先试先行,以点带面,有序推进全市城乡统筹发展。

第五,强化统筹城乡发展的人才保障机制。

加强统筹城乡发展的人才队伍建设,通过政策引导、挂职锻炼、岗位交流等多种手段,促进中心城区与郊区、镇村之间行政人员、管理人才、专业人才的相互流动。完善村级组织管理人才选拔任用制度,从本乡本土优秀人才中选拔村级组织带头人。建立高效的人力服务中心，确保城乡人力资源的合理规划、开发、培训与交流，完善包括人才推广、服务等在内的各项功能，全面做好农村的人才信息完善、培训、招聘、就业指导等工作，实现城乡人才公共服务的一体化和均等化。

12.1.2 侧重农村发展城乡一体化发展对策——广东

从第7章我们的主成分分析结果来看，广东城乡统筹一体化发展综合排名位居第四，从这一点上看广东或许不足以成为全国典型，但是广东作为我国改革开放的前沿，在城乡一体化的进程进行了很多成效卓著的探索，广东的统筹城乡发展模式也是重点研究的样板。

广东模式的特点是着重加快农村发展，改变城乡二元结构，在工业化、城镇化过程中把解决"三农"问题放在首要位置，在制定政策、分配资源时充分考虑农民的利益诉求。正确处理工农、城乡关系，全面实现城市引导农村的发展模式，形成城乡联合、以城带乡、整体发展的发展格局。

在我国城乡一体化发展过程中，城乡二元结构一直是不容忽视的问题。自党的十八大提出推动城乡发展一体化，坚持走中国特色新型城镇化道路以来，广东以提高全省城镇化发展水平为主线，以促进粤东西北地区振兴发展、加快珠三角区域一体化发展为重点，形成了打造"区域协调、城乡一体、集约高效、宜居适度、山清水秀"城乡建设的新局面。特别是在党的十八届三中全会《中共中央关于全面深化改革若干重大问题的决定》要求健全城乡发展一体化体制机制所涉及的各个领域以来，广东省坚持先行先试，重点突破，成果丰硕。

作为改革开放的先行者，广东面临着城镇化发展的一体化、城乡产业发展的一体化、城乡空间发展的一体化、城乡基础设施的一体化、城乡公共服务的一体化和城乡生态安全统筹等一系列问题。2013年年初，一份"提高城市化发展水平，建设美丽宜居珠海"的合作框架协议悄然签订，珠海斗门镇被确定为城乡一体化建设试点，以强化城乡产业联动和城乡空间有序发展。省住建厅有关负责人表示，斗门的试点有望成为广东城乡一体化的示范标杆，从而以点带面推动全省工业与农业、城镇与乡村协调发展。

此后，广东又吹响了振兴粤东西北的号角，将粤东西北中心城区扩容提质作为促进城乡一体化的三大抓手之一。战略谋定，经过反复研究，《关于加快推进粤东西北地级市中心城区扩容提质的实施方案》出台。在其指引下，粤东西北大力统筹现有建成区和周边地区协调发展，促进区域协调和特色化发展，科学推进新区规划建设，培育壮大城市产业基础，积极吸引人口集聚，优化提升城市功能。

粤东西北作为广东加快发展的新引擎，不仅将为区域、城乡协调发展发挥重要的作用，也将为新型城镇化探索道路。在广东统筹城乡发展模式中，城乡一体化所涉及的构建新型农业经营体系、赋予农民更多财产权利、推进城乡要素平等交换等改革，其基础是农村土地集体所有权、农民土地承包经营权、农户宅基地物权等农村集体土地所有权的产权明晰。近年来，广东高度重视这项事关农村经济社会发展的基础性工作，推进农村集体土地确权登记发证。最新数据显示，广东共完成农村集体土地确权登记发证140多万宗，发证率达到99.5%，占全国已发证总数的五分之一强。此外，全省集体建设用地使用权和宅基地使用权初始登记发证率也完成了96.6%和94%。

而党的十一届三中全会提出，建立城乡统一的建设用地市场，稳步推进农民住房财产权抵押、担保、转让，广东先期积极探索，为这项工作提供了有益的经验。例如，东莞作为全国土地产权制度改革试点，允许农村宅基地超标面积部分实施有偿使用和流转出让；农村宅基地实施在本市范围内转让；对以联合建房形式改变土地用途的农村宅基地实施补交土地出让金、调整土地用途后流转出让；实施流转出让集体建设用地使用权和抵押登记。截至2013年11月，东莞全市已办理宅基地流转登记3030宗，面积66.06万米^2。

这些成就都是广东省政府在推进城乡一体化进程中探索出来的处理模式和处理措施取得的效果。其经验可以在全国大部分地区推广。

基于以上广东省城乡统筹发展特点，需要在今后的工作中做好以下战略布局，力争打破城乡市场分隔，实现生产要素市场化流动。以下是广东模式今后可以采取的战略部署。

1. 制订城乡统筹发展中长期规划目标

科学制订和贯彻城乡空间发展一体化的战略规划，调整空间发展的布局，优化郊区发展环境，形成中心城市和郊区相互交融的格局，并以政治文化功能区、生活娱乐功能区、工商业发展功能区和生态循环功能区等设定各自发展的阶段性目标，并分别考虑和制订广东边缘地区城乡一体化的相关规划，对郊区和乡村的人口、社会、经济、生态和卫生问题进行统一规划。

2. 创建特色产业集群

以中心城、卫星城和县城为载体，以特色产品的生产为契机，发展农业特色产品加工业，充分突出"名、特、优、新"等特点，以特色经济区域为载体，把特色产品的生产和研发作为工作中心。构建现代城郊特色农业生产体系，充分发展特色无污染、纯天然的绿色农产品加工业、旅游业等相关产业，做好农产品深加工，延长产业链，把农村发展成为有特色的产业农村。

3. 完善城乡一体化的制度体系

继续深化农村产权制度改革，推动宅基地市场化和承包土地的转让新政策，进一步根据我国土地政策改革农村的土地征用制度，充分保障农民的利益，进一步深化农村土地使用制度创新，把农村土地推向市场化。

对农村征地制度改革，要大胆打破现有的农村土地流转制度，充分引入市场机制和相关土地流转法规，从根本上解决好农民的就业、生活等问题，政府可以考虑从土地出让金中拿出部分资金，"取之于农，用之于农"，利用这部分资金建立农业发展和风险基金，使农民真正地从土地流转中获利，使农村可以拥有自己的循环生养方式。另外我国目前已经对户籍制度进行了改革，取消了"农业"和"非农业"的户籍登记制度，但是与户籍制度相对应的就业和待遇不平等问题却依然存在。

4. 推进基础设施一体化建设

目前，广东的基础设施一体化整体水平一直都在快速提升，城乡之间基础设施建设差距也在缩小，但由于城乡基础设施建设起点不同，差距仍然较大。今后一个较长的时间段内，应该继续加大基础设施的统筹规划，将基础设施建设向农村延伸，以交通和信息网络为重点，更加积极地推进城乡交通网络的一体化、生活设施建设的一体化、信息基础设施建设的一体化和环境基础设施建设的一体化。

12.1.3 协调区域发展双力推动一体化对策——江苏

在推进城乡统筹发展的过程中，江苏侧重农业现代化、农村城镇化、城乡一体化的整体推进。统筹区域协调发展，缩小区域发展差距，合理调整产业布局，推进城乡经济融合、产业联动、设施共享。充分发挥政府的宏观调控作用，加大对三农的资金投入和帮扶力度，积极营造有利于城乡统筹发展的体制。

要建立城乡统筹发展的一体化新格局，建立起一套一体化发展的体制是一项长期而艰巨的历史任务。首先，要发挥"看不见的手"的内生动力作用，遵循市场经济的发展规律；其次，通过"政府之手"辅助引导资源要素的合理流动，并保证政府在政策创新、体制改革和政策修正等一系列制度安排中的核心推力作用不变，确保各方力量共同推动城乡一体化发展。江苏在城乡一体化进程中，既要坚持现代市场经济体制的发展模式，又要遵守市场经济规律、充分发挥市场机制的作用，确保资源要素的合理配置及产业机构的合理调整，为一体化发展提供各项机制保障，从而促进城乡统筹、协调发展。下面将分别介绍市场机制与政府两方面在一体化进程中的作用。

1. 以市场机制引导城乡统筹一体化

一是逐步优化城乡资源的要素配置，提升城乡一体化进程的效率。城乡之间各项资源与要素的合理流动、配置是一体化的重要影响因素。市场机制作为城乡一体化机制的内生动力，在遵循市场规律的同时，必须按照由内而外、自上而下的运作规律推动城乡统筹。目前，苏州等地已实施"三置换"和"三集中"的发展模式，严格尊重农民的个人意愿，追求农业的规划化、集约化发展。在市场机制的运行中，首先，必须建立统一的人力资源市场，完善就业、失业的等级制度，保证再就业，确保居民收入，引导人力资源的合理流动及有效配置；其次，要不断深化土地制度改革，严格按照同地同价原则，建立城乡统一的建设用地市场。不断完善农产品市场价格机制，在保证城乡农产品产出、供应、交换顺畅的同时，确保农产品进出价格的统一、合理，健全农产品市场体系，积极探索新型的农产品流通方式及态势。

二是推进城乡产业聚集发展，提升产业支持力度。在城乡一体化发展的过程中，必须通过产业机构的升级、调整，产业区域的聚集、融合，不断发展特色产业，探索符合区域发展要求的支柱产业，从而实现工业带动农业、城市带动农村的联动融合发展，全面发展农村经济、促进农业现代化、增加农民收入。首先，全面发挥市场及相关企业的带头领导作用，通过调整发展模式及规模，将城市企业的发展延伸至农村区域，或建立城乡互通的产业生产基地、加工园，以富带贫，统筹城乡产业的协调发展；其次，通过园区辐射及劳动力转移提升农村发展效率，引导建设社会主义新农村。城乡建设中要准确把握时机，积极发展产业的同时，提高劳动力整体素质，提升生活品质；最后，以企带农、以企带村，通过城市企业发展引导农村经济的发展及农民收入的增加，企业在进行产品创新、模式改变的同时，引导农民改善落后思想，培育社会主义新型高素质农民。

三是城市合理发展并反哺与引导农村发展，形成有效长期保障。城乡二元结构的存在及差距的不断扩大，给城乡一体化发展带来一定阻力。要改变这种状况，城市建设发展中必须发挥积极主动的作用，以城市较高的经济综合实力为基础，促进工业带动农业，实现城市反哺农村，在维护市场机制的前提下，全面提升农村经济发展水平。同时，由于城市区域空间的不断扩大，大量农村人口流动至城市，为城镇发展引入大量劳动力，带来发展机会与空间，推动城镇化进程。目前江苏经济发展较快，已具备"工业反哺农业、农村依靠城市"的条件，应该也必须继续推进城乡统筹、合理引导农村发展，特别是要优化农村发展空间，改善生活环境及方式，逐步推进农业现代化、农民职业化、农村现代化，促进江苏农村又好又快发展。另外，城市发展集聚效应在良好的市场机制下，应逐渐转变为城乡平衡发展，可通过不同途径逐渐支持、引导农村发展：一是由于目前城市内部各行业的竞争加剧且在新形势下不同产业面临着转型与调整的新机遇，城市可以此为契机在农村寻找发展空间，从而带动农村经济发展、社会风气及文明程度的提升；二是富余劳动力的自由流动，特别是在城市的流通，带来整体素质的提高及思想转变，从而为传统农村的改革提供空间，带动农业现代化发展及转型，有效促进城镇一体化。

2. 发挥政府的核心带头作用，加快城乡经济社会一体化进程

一是落实好城乡规划，实施政策性指引。城乡一体化进程中必须将"有形"的政府与"无形"的市场紧密结合起来，在保障市场体制合理的前提下，发挥政府的政策指导、体制改革等相关作用，全面促进一体化又好又快发展。因此，政府必须合理做好城乡规划，突破传统的二元结构，弥补目前各部门规划分类所带来的不足，形成标准统一的城乡规划体系，为城乡一体化发展提供基础条件，同时，充分发挥群众、社会舆论的监督作用，必要时可通过法律途径解决相关问题。

二是合理引导工农业发展，创新发展方式。城乡二元结构下的农业发展相对滞后，必须改变传统的耕作模式，通过政府的政策支持、引导土地制度改革，规范土地经营权的流转，采用现代化科技设施，提高农业产量，发展现代化的新型农业。另外要通过对农业发展制度的创新和改革，不断提升农业整体的生产效率和产出水平。而工业发展，要在创新模式与发展方式的同时，注重产业聚集，发展新型工业，在促进工业现代化的同时保证以工带农、城乡协调发展。

三是提升"三大合作"的作用，构建新型组织载体。农村"三大合作"组织可以有效促进农业现代化发展、增加农民收入，进而推进农村经济的整体发展。苏南地区在土地股份合作与农民专业合作方面不断进行改革、尝试，实施农业现代化发展模式，农民整体收入不断提升，且集体资产股权惠及居民，农民满意度提升。另外，政府应充分发挥财税杠杆作用，加大对合作组织的扶持力度，不断推进合作组织的规范化、制度化、创新化，进而带来整体效益提升，资产机构优化。

四是健全城乡社保体系，实现城乡合理衔接。城乡一体化建设必须全面考虑社会医疗、卫生、养老、救助等各项保障的顺利开展。要积极推进城乡养老

保险体系的一元化，特别是农村"老有所养"，健全养老保险体系；城乡医疗制度应不断改进，促进新型农村医疗保险制度与社会基本保险制度的完善建立；统一城乡的低保标准，缩小城乡差距，并完善赈灾、抗灾等救助系统，加强城乡社会医疗系统的规划、管理。

五是合理配置基本公共服务资源，创造良好的发展平台。政府应重复发挥统筹调度功能，合理配置社会公共服务资源，促进城乡居民的生活方式不断发生转变，并建立和健全公共服务体系。同时，要推进城乡在电力、水利、交通和电信网络等各项基础设施建设方面的合理配置，做好基础设施的定期维护工作，进而为城乡协调发展创造良好的发展平台，确保行政高效、综合配套及统筹发展。

六是以政府为主推进社会管理体制改革，提升综合治理水平。对城乡及区县的行政管理机构进行合理改革，健全、完善包括城市管理、环境保护等在内的社会管理体制，从而促进生产资源要素及社会经济的一体化发展。政府应积极推动现代化社区建设，提升社区服务质量，健全服务体系与机制。同时，将先进的城市管理方法与理念引入农村，推动"大城管"的区域管理模式，全面提高综合治理水平。

因此，江苏模式不是采取简单直接的摒弃农业、让农民进城的模式实现一体化的省份，"工业反哺于农"让农业生产尽快进入机械化、现代化，提高"三农"收益是江苏省政府近几年努力的方向，这一模式是我国东部地区城乡一体化发展进程中的典型，也是发展中仍然注重"三农"发展的典型。

12.1.4　城乡互动发展构建一体化发展对策——山东

由第 7 章主成分分析结果和聚类分析结果可以知道，山东作为东部沿海的一个大省，无论是经济、人口还是耕地占有面积都属于较大的省份，这样一个大省的发展也可以从一个侧面反映我国经济发展的水平和城乡统筹进度。而根据我们的分析结果来看，山东目前在我国城乡统筹进度中属于较领先水平，在全国位居第七，属于我国城乡统筹发展的第一阵营。

基于以上研究，山东需要也正在建立适合自己的城乡互动发展模式，这个模式主要需要做好以下几个方面的工作。

1. 深化体制改革，构建城乡互动融合的一体化发展模式

为了构建城乡互动融合的一体化发展模式，山东省要出台新政策，并加大改革的力度，以"十三五"为发展契机在推动土地、户籍、就业、金融、卫生

和社会保障等各项制度改革方面勇于创新和探索,尤其在我国户籍政策已经取消"农业""非农业"户籍二元结构的情况下,山东应该在此基础上出台一系列相对应的保障制度。因为目前很多地方虽然已经在形式上取消了"农业"与"非农业"的二元户籍制度,但改制前"二元"户籍制度背后的公共服务的差距却依然存在。虽然户口性质上取消了差别,不再有"农业"与"非农业"的区别,但户籍制度背后的基本公共服务能力的差异却依然很大,各项基础设施的均衡投入和其他制度层面的各项改革也需进一步做好跟进工作。从户籍层面看,取消户口性质的差别是我国户籍体制改革和城乡统筹发展前进了一大步,但目前看来这种进步现在还仅仅只是捅破了表面的窗户纸,以后的工作还任重道远,今后的工作就是要推倒原有户籍制度后面厚厚的墙壁,也就是要建立合理的农村居民进城落户制度,并兼顾农村居民进城落户的需求和城市自身承载力的发展。因此在下一步新型城镇建设中,需要在实行城乡统一的户籍登记制度的基础上,逐渐放开县域户口的自由迁移政策,以降低农村居民的进城门槛,并以合法固定的住所为落户的基本条件,鼓励农村剩余劳动力的就近有序向城区转移,支持和鼓励地方政府结合地方实际制定自己的购房落户政策,并落实优秀农民工的优先落户政策。让进城务工的农民工与城市的其他居民享受公平的落户和就业待遇。

为了实现上面要求的各项制度,要加快建立城乡统一的公平的劳动就业制度、城乡统一的公平的社会保障体系、城乡统一的公平的义务教育体系。因此改革城乡分割和区域封闭的"二元"户籍制度和其对应的就业制度,需要建立公平的统一的城乡劳动力市场。要勇于打破目前城乡的二元结构,实行新型的按照居住地登记的一元户籍制度和一系列与之相对应的统一公平的社会保障体系。因此积极地构建城乡整合的社会保障制度,重点在于促进农村居民的社会保障水平的提高,并加快土地征用制度的试点改革,切实维护好农民的既得权益。

2. 加快城镇化进程,构建城乡互动发展的新型城镇

新型城镇化是构建城乡一体化新格局的强大动力,其作用主要体现在以下几个方面。一是城镇化的快速发展将形成以消费为主导的新的发展格局,促进城乡二元结构的转换,并推动城乡一体化的发展。二是合理建立新型城镇体系,将有利于将城市的能量通过城市网络从高到低、有序地向整个体系进行渗透和辐射。为此当前的首要任务是从中心城市、县城、小城镇和新型农村等四个层面,构建起一套完善的合理的新型城镇体系。但目前山东城市的拉动力不足,辐射带动功能较弱。因此,确立好山东中心城市的拉动作用和经济地位无

疑将成为增强山东城市综合实力的关键，这不仅仅有利于山东区域经济整体水平的提升，更可以为解决城乡差距问题，建立新农村、新型城镇化提供有力的保障。因为中心城区的设立有利于以此为中心向周边辐射建立相对应的卫星城镇，并在此基础上建立农村新型社区，由此建立城镇体系，建立一条大中城市向农村传递活力的通道，使其成为城乡互动发展的纽带，为城乡互动发展提供桥梁。

3. 推动城乡产业融合，构建城乡互动发展的支柱产业

目前山东已经成为我国的经济大省，具有了相当的经济基础。现在面临的重要任务就是按照城乡互动发展的要求进一步壮大各产业规模，并在规模提升的基础上提升产业层次，以此推动整个城市产业向农村地区的辐射和延伸。同时要大力提升农村地区的自身生产力，农村要通过提高产业化经营来实现农业的工业化水平，从根本上保障农村地区的独立快速发展，实现农区与城市的对接和融合发展。对于为了实现城乡互动而发展的支柱产业，要按以下原则确定产业支持的重点：首先要坚持有利于加速农业产业化经营的原则。应该认识到农业的产业化是联结城乡和推动城乡一体化的纽带。县域经济的发展应与农业产业化的发展紧密地结合起来，实现以城带乡，充分发挥县域工业发展的优势。面对这种局势，山东省地方政府，一是应该转变陈旧的观念，积极地为当地龙头企业的发展创造各种优惠条件，并对符合优惠条件的龙头企业给予财政、信贷和税收等其他政策方面的重点扶持。二是要坚持有利于提高农民就业率的原则。当前山东农区仍存在大量的剩余劳动力还没有得到利用，山东已经开始加速城镇化进城，这又会催生更多失地农民，从而出现更多的闲散劳动力。因此，山东在统筹城乡发展的产业选择上只有侧重考虑新型产业对农村劳动力的可吸纳能力，才能建立好城乡互动发展模式。三是坚持有利于可持续发展的原则毫不动摇。现在由于城区对排污产业的限制，污染由城市向农村蔓延的趋势日益明显。因此政府选择的城乡互动发展支柱产业还需要符合科学发展观的要求。从根本上保证重型污染企业对我国资源造成的不可恢复的摧毁，要努力避免和杜绝城市严重污染产业向农村地区的秘密转移。今后，山东农区的发展要以发展可循环农业为基础，构建城乡互动发展的环保支撑。近年来，控制农村生产的环境污染，发展可循环可持续的农业是我们工作的重中之重。

综合上海、广东、江苏和山东几个经济发达地区的统筹城乡发展做法，我们可以看出，这些地方在促进城乡产业融合、工业反哺农业、城市带动农村发展、城市与农村互动发展等方面采取了积极的措施，目的在于连接城市与农村，逐渐减少和淡化城乡差别，实现城市与农村的无缝链接。在这一过程中，政府

起到了关键的主导作用,通过出台相关政策和规范管理机制,理顺城乡统筹发展的管理架构。在政府主导的同时,注重发挥市场对资源的配置作用,促进资金、物资和人力资源等各项要素在城乡之间的合理配置和流动,使之从根本上形成有利于城乡和谐发展的总体环境。

12.2 中部典型地区统筹城乡发展对策

党的十八大后,在各项政策指引下,中部地区的工业、农业等得到全面发展,且其城镇化进程不断加快,城乡统筹发展步伐加速,但在新形势下,中部地区必须进行发展模式及对策的不断创新、改进。

12.2.1 利用外资促进产业转移

目前,整体社会经济及产业发展呈现从东部沿海向中、西部区域梯度转移的现象。作为过渡区的中部,通过承接东部产业转移,产业化、城镇化水平也在逐步提升。另外,与西部内陆、东部沿海相比,中部地区的外资利用率不断提高。特别是 2012 年其实际利用外资占全国总额的 8.4%,较去年增长了 16.5%。外部资金的大量流动,增加了企业融资机会,外资企业规模扩大,在促进经济发展的同时,解决劳动就业问题,全面带动城乡统筹发展。因此,中部各省要把握好当前发展机会,做好招商引资工作,根据实际发展情况,引导出口加工型和劳动密集型外资企业不断向皖北、赣南和湘南等中部欠发达地区转移,在利用富余劳动力及独特资源条件的同时,不断完善基础设施建设、扩大市场空间,发展"中国制造"的高端制造业及现代服务业,从而促进农业现代化、工业化、城镇化及对外开放。

12.2.2 推进城市圈建设

2013 年年初,长沙、合肥、南昌、武汉达成了《武汉共识》,全面推进以长江中游城市圈为依托的经济发展区,致力于提升聚集经济效益。目前中部地区已有武汉城市圈、郑州城市群、环鄱阳湖城市群、太原城市群等重要城市圈,聚集效益明显,整体城镇化水平不断提升。在建设以省会城市为中心的发展圈时,必须严格把握发展进程,依实际情况发挥城市的特色,不断调整城市的发展模式及产业结构的选择,推动新型城镇化的协调和可持续发展。同时,注重区县经济整合，发展农村经济，缩小城乡差距，合理推进城乡一体化。

推进城市圈建设需要大力培育与提高城市的辐射功能，增强城市对农村的渗透能力，实现城乡之间的融合协调发展。在我国统筹城乡协调发展的进程中，城市的历史使命就是通过自身的辐射能力带动农村发展，因此带头作用的城市的发展水平就直接决定和影响着农村的发展水平。在推进城市圈建设中必须大力培育与提高城市的辐射功能，提高城市自我成长能力和辐射带动能力的协调发展。一是要继续加强城市自身成长；二是要发挥各级中心城市及周边县镇对农村的辐射带动能力；三是进一步提高城镇发展对周边乡村的影响和带动作用。

提升城镇化水平还需要加快以新型工业化和城镇化为主线的县域经济的发展。大力提升县域经济的工业化水平对进一步减小城乡之间的差距起着积极的推动作用。推动县域经济的工业化水平提升可以使农业和农村的富余劳动力更多地转移到工业部门和城镇就业上来，从而缓解农村的剩余劳动力问题，提高农村居民工资性收入。建设城市圈就是在县域特殊地位的基础上，将县域建成为联结和沟通城乡的桥梁，提升农村的城镇化水平。

12.2.3 加强基础设施建设

中部地区按照区县城乡一体化的要求，加快农村公共基础设施的建设，缩小城乡空间差距，增强城乡联系，建立城乡系统配套和相互融合的公平的基础设施，致力于改变农村基础设施建设的滞后状况。

（1）不断加强供电、供水、通信、道路等基础设施建设，确保交通通达、信息传递顺畅，完善防灾、救灾、抗灾体系。在确保城市电话体系的基础上，做好农村供电工程的改造工作，保证用电安全、质量，实现用电"同网同价"。

（2）统一供水管理系统，保证水质合理前提下，确保城乡排水得当、分类处理污水；保证城乡通信系统完善，在农村修建信号塔，确保农村电话、网络信号的全面覆盖。

（3）实施城市公交系统，确保城乡道路通达，实现中部所有县市区 30 分钟内上高速的目标，保证农村道路通达，改善沥青路及水泥路数量少、质量差的现状，全面改善基础设施质量，提升对接力度，实现城市、农村的连通、交流。

12.2.4 健全城乡社会公共服务及保障体系

在实施财政倾斜、福利惠及的同时，健全中部各省区域的社会保障体系。首先，保证各项社会公共服务系统的合理、完善，确保财政支持及政策福利真正落实到实处。处理好政府与市场的关系，促进城乡的公平、合理发展。其次，进一步深化城乡在住房、教育和卫生等社会事业方面的体制改革，保障农村就业，提升农民收入，缩小城乡贫富差距，保障农民的合法权益。最后，要提升政府工作效能，针对城乡不同级别的区县制定、完善绩效考核办法，确保政府为民服务，促进制度创新的同时，统筹城乡行政体制的合理、协调发展。

12.2.5　完善城乡金融体系

与城镇相比，农村整体经济发展较为缓慢且融资困难，中部各区域应切实加大支农金融支持力度，不断加大农村信贷合理投放，降低城乡资金风险。一方面，政府部门积极向农村实施财税倾斜，落实各项有效金融政策，不断增加农村、农业、农民的各项金额、息税补贴；另一方面，银行等机构要针对城乡发展推出新型的惠农项目，不断改善农村的支付服务条件，畅通结算渠道。支持民营资本参与设立金融机构，完善担保体系。同时，在城乡统筹中要健全各项保险体系，可在农村开展农、林、牧、渔等保险保费补贴试点，逐步提高部分险种的费用补贴，完善风险分散机制，全方位入手实现城乡一体化。

中部是我国经济中等发展水平的地区，这一地区的统筹城乡发展根据自己的经济实力采用了联合发展的模式，通过地区间相互借力、相互支持，重点加强区域内农村地区的基础建设和相关配套措施，尽快完善进一步发展的基础。在中部地区，城市和农村整体的经济发展是目前的重点。

12.3　西部典型地区统筹城乡发展对策

12.3.1　综合配套改革试验区

成渝经济区是中国西部经济最发达和发展速度最快的地区，其经济实力亦超过了中国中部各经济区，是中国重要的城市带之一。成渝两市是中国西部主要的经济增长极，其城市规模、经济实力、人才水平、基础建设均不逊于沿海城市。成渝两市是西部地区工业重镇及高新技术产业的主要聚集地。目前，成渝地区经济增长为中国经济增长最快的城市带。

重庆从大城市带大农村方面寻找破解城乡二元结构难题的思路，并取得了初步成效。一是"百万农村劳动力转移就业工程"，加快劳动力转移；二是推进农村社会事业发展和社会保障体系建设，缩小城乡差距；三是"城乡总规"推动基础设施向农村延伸；四是减层次、降成本、提效率，建立新型行政管理体制；五是建立统筹城乡的公共财政框架，优化支出结构。

成都结合当地情况，遵循经济社会发展规律，走出了一条城乡一体化的经济和社会发展道路，即工业现代化和新农村社区化。一是发挥聚集优势和规模效益，推进工业集中；二是农业产业化，推进土地规模经营，发展特色高效农业；三是农民向城镇集中，专业化就业，改善农民生产生活条件；四是城乡资产经营市场化，农村建设投入社会化，农民耕地承包权资本化；五是政府尽其能，实施阳光政务，积极、合理引导。

总结过去的实践经验教训，要想进一步推进城乡协调发展，就必须高度重视和抓好工业现代化和新农村社区化工作。

1. 通过改善农民的生产生活条件推进农村的生态化

农村的生态环境好坏不仅直接关系到农民自身的生活质量，更直接关系到农村经济的可持续发展及城乡居民的健康安全。各级政府一定要高度重视农村的生态建设，严格按照"整体、协调、循环、再生"的相关原则，统一规划、系统安排农村的建设，从根本上改善农民的生活水平，合理地组织农业的生产活动，实现农村在生产、生活和生态方面的和谐共荣发展。

2. 创新农村基础设施建设的体制和机制

我国全面地开展新农村的建设工作，受益主体和主力军都是我国的亿万农民。因此在农村基础设施的建设过程中，一定要坚持政府主导和农民主体的地位不动摇，要通过政府强有力的政策和财政支持，组织和引导全体农民发扬好自力更生和艰苦奋斗的优良传统，努力用自己的辛勤劳动来改善自己的生产生活条件，摆脱落后现象，建设和谐的新农村。

3. 提高经济水平为统筹城乡协调发展提供强有力的物质保障

提高经济水平为统筹城乡协调发展提供强有力的物质保障，规划必须先行，要重点突出规划的整体性和先进性。按照我国城乡产业布局的一体化、城乡劳动就业的一体化、城乡市场流通的一体化、城乡基础设施建设的一体化、城乡社会事业发展的一体化的各项要求，科学合理地编制适合我国国情的城乡建设规划，同时一定要把生态环境保护、污水治理和生活垃圾的无害化处理等问题提前考虑好了，并通过相关的法律法规政策予以立法保证。其次，经济水平的提高需要进一步优化我国现行的经济结构，大力发展我国非公有制经济，合理促进一、二、三产业之间的协调发展。

进一步推动区域经济的协作，调动多方的参与，形成一个优势互补、资源共享、特色突出和集约发展的全新格局。增强外向型经济的发展地位，实施质量安全和名优品牌的战略，以更加积极的心态应对国际国内的竞争，提高我国经济发展的质量和效益。

12.3.2 西部地区统筹发展路径选择

根据我们第 7 章的评价结论，我国城乡发展一体化水平的空间差异性比较大，城乡发展整体以地理位置为依据呈现东高西低、南高北低的发展态势。西部、中部及东部沿海必须结合当地发展实际，提出可行的发展模式。

（1）西部地区的城乡统筹是整体发展中的重点。由于我国西部具有和东部、中部不一样的经济、社会和生态等环境因素，所以在城乡一体化建设中，西部区域必须选择切实的独特发展方法与模式，减少城乡差异与矛盾。首先，西部地区自然环境恶劣、人口数量少且分布不合理，山区面积大，交通闭塞，城乡一体化实施困难。上文主成分分析结论显示，西藏、青海、新疆在全国城乡一体化排名中居于后三位，其主要原因就是自然条件所致。然而，西部地区自然资源丰富、生态环境较好，可以以此为基础发展特色旅游业，在带动其他产业发展的同时，吸引游客消费，解决就业问题，增加当地居民的收入。

（2）中部是城镇化的过渡区域，而西部城镇化和城乡一体化将是一个漫长的过程，城镇化有利于推动中西部城乡一体化。另外，我国东南沿海一带城市的人口密度较大，而在西部推进城镇化，也将会面临人口向西部转移的战略性过程。这些对于西部发展来说无疑是一个机遇，对西部的城乡一体化带动会很明显，在这个漫长的过程中需要我们根据时事因素的情况变化，时时调整我们的城乡统筹措施和方针，有效于推进城乡统筹一体化的进程，促进城乡大融合。

根据第 7 章分析可知，东部沿海地区是统筹城乡发展最好的地区，也是工业化进程最快的地区，目前已进入大规模反哺阶段，也形成了不少有特色的城乡统筹发展模式，对中西部地区有很好的借鉴意义。中部地区的城市化和工业化进程相对滞后，城市对农村的支持作用较弱，工业对农业的带动作用还有很大的发挥空间。西部大开发战略加快了西部地区经济发展的步伐，人民生活得到较大改善，但是，仍然有诸多城乡发展不协调的复杂问题亟待解决。

西部地区的城乡统筹发展目前相对发达的东部地区还有很大差距。整体来说，它们的发展更多地注重加强广大农村地区第一产业的发展，但同时西部地区又具备巨大的发展潜力，通过大力发展第三产业和合理的产业布局，会同时带动城市与农村的发展，可以充分发挥它们的优势，打造新型的城乡发展模式。

12.4 推进统筹城乡发展的战略重点

针对我国东、中、西部地区在经济发展水平上的不均衡，以及在社会、自然、人文等方面存在较大差异，东中西的统筹城乡发展战略要有所区别。

（1）东部地区因其经济开发密度较大，面临较大的环境压力，其统筹城乡发展的重点应该放在：推进经济结构调整和产业优化升级，发展高新技术产业和资源消耗少、附加值高的出口产业，提升区域竞争力，实现可持续发展；完善和发挥市场机制的作用，提高工业化、城镇化质量；优化、改善城乡空间结构，创造良好的人居环境，提高城乡统筹程度，缩小城乡差距。

（2）中部地区的资源环境承载能力相对较强、经济开发密度小，具有坚实的工业化和城镇化基础，其城乡统筹发展的重点是推进工业化，大力发展民营和私营经济，提高城镇化水平和质量，通过产业结构的调整及资源要素的合理配置，形成聚集效应，全面提升城乡一体化程度。另外，要抓住中部崛起的契机，立足资源和劳动力优势，促进产业升级和经济快速发展。

（3）西部地区的资源环境承载能力比较强，生态环境保护相对较好，其城乡统筹发展的重点是完善基础设施和生态环境建设，合理、有序引导居民向大中小城市和城镇集聚，提高城镇化发展水平，发展特色优势产业。抓住自然资源丰富的独特优势，以旅游业、制造业、轻工业等为基础不断提升产业链附加值，全面提升区域的竞争力及可持续发展能力。与此同时，对于生态环境，要坚持保护优先、适度开发的原则，鼓励生态性移民，实现人与自然和谐发展的城乡统筹发展。

小　结

本章以协调城乡统筹步调和各地因地制宜地化解城乡发展失衡的矛盾为出发点，梳理了东中西地区极具特色的区域统筹城乡发展实践，分别阐释了不同实践下的城乡统筹发展策略，并由此归纳了我国推进统筹城乡发展的战略重点，以期对全国范围内的统筹城乡发展提供有价值的借鉴。对我国东、中、西部城乡统筹发展的不同做法和特点的分析让我们认识到，我国地域辽阔，文化多元，各地在统筹城乡发展方面要因地制宜，充分发挥自身特色和优势，避免一刀切和同质化发展，最终形成极具特色的城乡统筹发展模式和各具竞争优势的城乡综合体。

第 13 章
推进我国统筹城乡发展的多维思路

从评价体系构建的研究过程可以看出，城乡统筹的内容涉及经济、社会、空间、生态环境与公共服务等诸多方面，是一项全方位的系统工程，因而推进城乡统筹发展需要综合考量城乡统筹发展的现状及其凸显的问题，从多角度进行全面剖析。本研究对统筹城乡发展的分析分为经济、社会、空间、生态环境、公共服务等五个子系统，相应地，本章将从这五个维度阐述推进我国统筹城乡发展的思路。

13.1 经济发展维度

统筹城乡经济发展，需要打破旧有的"重工轻农"经济发展模式。通过城乡间各种资源及生产要素的自由流动，推动工业化、城镇化的发展，从而带动农业和农村经济发展；优化农业产业结构和投资结构，加快农业生产的规模化、产业化和现代化，实现城乡经济持续协调和共同发展。在统筹城乡发展过程中，要高度重视产业结构转型升级对非农化和城镇化进程提出的客观要求，并且务必关注三大产业之间、产业内部，以及产业在空间布局等方面所发生的变化。同时，一定要打破原有的体制机制中存在的各种障碍，引入城乡一体的市场化机制，充分发挥市场在资源配置中的主导作用，使资源、资金、技术、信息在城乡之间，在不同产业之间充分流动和优化组合，培育区域整体的竞争优势，促使城乡经济持续快速、健康协调发展。

13.1.1 建立城乡要素市场

建立有序的城乡要素市场，是资源、资金、技术、信息等在城乡之间自由流动，优化配置的重要条件。二元经济结构的长期存在，严重妨碍了市场对城乡要素的有效配置，使市场配置资源的优势长期受到抑制。所以，必须深化相关领域的改革，资源配置以市场为导向，取消政府的不合理干预和管制，把市场的任务还给市场。建立城乡统筹的劳动力就业市场，健全涵盖农村劳动力的完整的社会就业体系，完善对劳动力市场的管理，构建职业技能培训体系，提升劳动力就业技能。加快土地确权，建立土地入市制度，统筹城乡土地和资金市场，切实推动要素的合理有序流动，以促进城乡经济的良性互动与协调发展。

13.1.2 建立协调发展机制

建立城乡协调发展机制，实现城乡互动、工农互助，是促进城乡持续快速发展的重要保障。首先，必须为城乡一体化发展提供必要的制度保障，建立起城乡统一的劳动就业制度、社会保障制度，加快户籍管理制度改革，减少农民工"市民化"阻碍，促进城乡劳动力的合理流动和转移，加快推进人口城镇化进程，以城市发展带动农村进步；其次，还要为农村的发展给予充分的财政支持，建立城乡统一的财税金融制度，加大政府对农村发展的资金投入，各项经济政策向农村倾斜，逐步建立支农资金稳定增长机制，加速农村发展，缩短城乡差距，协调推进农业现代化和农村城镇化。

13.1.3 建立城乡产业结构

统筹城乡产业布局，建立合理的城乡产业结构，是统筹城乡发展的重要手段。①通过倡导、支持，指导农村结合实际、依托优势建立乡村企业，鼓励基层大胆创新，探索农村集体经济发展新模式；②通过规划、引导，明确农村工业的发展方向，允许合适的工业企业向农村转移，真正做到以工促农，以城带乡，逐步形成城乡分工合理、工农良性互动、区域特色鲜明、生产要素高效流动和资源优势充分发挥的产业空间布局，从而完善城乡产业结构，形成城乡紧密相连的产业互动链条。

13.1.4 提升农业综合生产能力

推动农业生产规模化、机械化、集约化，发展现代农业、特色农业、绿色农业，提高农业综合生产能力，增强农产品竞争优势。鼓励科技下乡，科技支农，为农业的发展提供必要的技术指导。减少农药、化肥使用量，加强耕地保护工作，促进林业、畜牧业、养殖业等健康发展。按照高产、高效、优质、生态、安全的要求，提高劳动生产率、土地产出率、资源利用率，推进农业科技进步、创新，健全农业产业体系，增强农业抗风险能力、可持续发展能力。

13.2 社会发展维度

统筹城乡社会发展的目的是实现城乡社会事业的协调发展，实现城乡居民在住房、就业、医疗、教育等方面享有同等待遇，实现城乡居民共同享有高度发展的物质文明与精神文明。统筹城乡社会发展的关键是在城市社会事业不断发展的同时，加快农村社会事业发展与不断提高村民文明程度。切实履行政府的主导责任，在养老、医疗、教育、就业等社会政策方面积极推进城乡统筹，逐步取消现有户籍制，建立健全农村社会保障体系，建立城乡统一制度。

13.2.1 教育、文化和卫生方面

在义务教育、医疗卫生、文化娱乐等方面统筹城乡发展，实现城乡之间差距的逐步缩小，使城乡居民学有所教，病有所医，闲有所乐。首先，建立公共财政体制，优化国家财政支出结构，加强财政对农村教育的支持力度，建立支持农村基础教育的责任制度。其次，合理界定中央和地方各级政府在城乡之间公平分配卫生资源的责任，各司其职，各负其责。完善对贫困地区的政府转移支付制度等措施，增强对村级卫生室的财政支持，深化改革农村卫生筹资体制，切实改善农村公共卫生服务。最后，以社会主义新农村建设为契机，改善农村卫生状况，解决农民精神生活相对匮乏的问题。

13.2.2 社会保障体系方面

统筹城乡社会保障体系，加大政府对农村社会保障的投入力度。与城镇社保体系相比，农村社保建设还处在起步阶段，是社会保障体系建设的短板，政府需要加大财政投入力度，建立农村医疗、养老，以及农民工的医疗、养老、就业、工伤及生育等社会保障基金。因此，应建立多层次的农村社会保障体系，优先解决农民的基本生活保障问题，逐步缩小城乡之间在社会保障方面的差距，

最终实现城乡一体化社会保障体系的建立。首先，完善农村最低生活保障制度。可以先从较发达地区开始，最终建立城乡一体化的最低生活保障制度，捍卫全体国民应享有的基本权利；其次，积极建立多层次、多类型的农村医疗保障制度。加快建立互助合作医疗制度，完善农村合作医疗制度，试点农民参加商业医疗保险；最后，在坚持家庭养老与社会养老相结合制度的同时，提高社会化养老的程度。

13.2.3 改革户籍制度和征地制度

加快户籍制度改革，取消在户籍制度上对农民的歧视，实行统一的居民身份证管理，允许农民自由流动，完善大城市落户制度，逐步放开中小城市落户限制，在制度上为农民的市民化提供可能，这既有利于解决就业和公平问题，又有利于协调城乡经济发展，促进城乡互动，实现城乡协调发展；将市场机制引入现行的农村征地制度中，加快完成土地确权工作，建立相应的市场准入制度，探索科学合理的征地制度，同时解决好失地农民的就业和生活保障问题。

13.3 空间发展维度

空间理论主要分析了城市与农村的相互关系及转变趋势。随着城镇化的加快发展，城乡之间的地域界线和传统差别日渐模糊，一种农业活动与非农业活动并存、城乡趋于融合的空间结构开始出现。作为两种典型的社会经济活动的空间组织形式，城市和农村的统筹发展包括城乡空间结构的调整和优化。改革城乡行政区划，完善大中小城市及乡村等建制单位的规模结构和空间结构；结合经济增长速度，优化城乡人口比例，加快新农村建设，村庄社区化；提升小城市和小城镇质量，加快实现农村城市化进程。

13.3.1 空间整体协调发展规划

根据各地的自然条件、资源分布、经济基础条件、城镇化和城乡一体化发展水平，以及生态保护要求等，打破行政区域界线，将全国的城乡分为五大板块模式，即中心城市发展核心区、城乡统筹发展融合区、城乡统筹发展提升区、城乡统筹发展协调区和城乡统筹发展互促区。对各分区实施分类指导、重点突破的非均衡发展方针，努力形成优势互补、良性互动、多级互促的区域城乡一体化发展新格局。城乡一体化规划是在综合考虑城乡关系基础上的空间整体协调发展规划，着眼于城乡作为有机整体的思路，强调体现城乡特色、区域差异和地域特点，在先行基础设施规划和管理的基础上，重视生态环境的规划。

13.3.2 基于城乡统筹规划基础上的乡村规划

社会主义新农村建设与统筹城乡发展是相互依存、相互补充的关系，建设新农村是统筹城乡发展的集中要求和体现，统筹城乡发展是新农村建设的宏观环境和条件。因此，乡村规划对于统筹城乡发展至关重要。我国的乡村规划应该按照地域相近、有利生产、群众认同、便于服务的原则，从农村居民居住点布局规划切入，以居住集中化、环境生态化、管理社区化、设施城镇化为目标，对规划区域内各乡镇、村庄进行系统和综合布局与规划协调，统筹安排各类基础设施与社会服务设施，全面改善乡村居住区的环境，提高农村居民生活质量，形成具有地方特色的自下而上的城乡空间统筹规划模式。

城镇等点状设施和交通等线状设施构成了城乡之间在空间上的拓扑结构，所以，统筹城乡的发展，还必须关注城镇体系与道路交通、电力电信、供水、供热燃气、信息等基础设施的空间布局问题。大中小城市与小城镇科学合理的配置，城乡交通和信息网络的通畅便捷，不仅有利于促进城镇繁荣，更有利于从根本上破解"三农"难题，促进农业健康发展、农村繁荣兴旺、农民安居乐业，最终实现协调发展。

13.4 生态环境发展维度

统筹城乡生态环境对于推进城乡经济社会的可持续发展至关重要。城乡生态环境同处于一个不可分割的大系统中，全面治理才能事半功倍。统筹城乡生态环境发展的最终目标是要形成城乡生态环境高度融合互补，经济社会与之协调发展的新格局。

13.4.1 破除经济和生态对峙观念

加大城乡的生态环境建设和保护力度，彻底打破经济与生态对峙的旧观念。破除先城市后农村、重城市轻农村的思维定式和工作惯例，逐步形成农村支持城市，城市带动农村的生态环境优化机制，走生态经济化和经济生态化的发展道路，基本形成城乡生态环境高度融合、互补，人与自然和谐相处的可持续发展模式。

13.4.2 建设资源节约型、环境友好型社会

在大力进行经济建设的同时，建设资源节约型、环境友好型社会。针对农村土质、水质恶化，水土流失及城市"三废"排放，制定切实可行的办法，加大人财物投入进行整治。提高原材料、水、土地等资源的节约和有效利用率，持续积极推进绿色能源的使用，加大控制人口增长的力度，实现城乡统筹的可持续发展。

13.4.3 建立生态环境协调体系

通过强化城乡生态功能，以保全生态系统为重心，统一规划，建立健全城乡生态环境协调体系，加速推进城乡有机融合的生态系统建设。最后，建立和完善包括考核机制、投入机制及公众参与机制在内的城乡环保长效机制，为推进城乡经济社会的可持续发展提供制度保障。

13.5 公共服务发展维度

城乡公共服务统筹发展是实现城乡和谐稳定的保障，有助于农村居民教育水平和素质的提高，推动农村剩余劳动力向城市顺利转移。因此，我国当前应该以实现城乡公共服务均等化为主要目标，通过户籍制度改革与城乡基本公共服务制度一体化，农村土地制度改革与城乡基本公共服务制度一体化的相互作用、相互结合，最终促进城乡经济社会一体化制度的建设。

13.5.1 建立城乡供给模式和保障体系

国家或者地方政府通过改变过去原有的重城轻乡的财政预算方式，加大对城乡教育、医疗、交通等社会事业统筹的投入力度，政策向农村倾斜，促进农村各项事业更快发展，实现城乡公共服务均等化，缩小城乡差距，同时建立多元化的城乡公共服务供给模式与城乡公共服务保障体系，提高区域城乡公共服务的使用效率。

13.5.2 推进乡镇设施建设

加速实施农村通达通畅工程，改善农村交通条件，扩大村级公路覆盖面积；加快饮水安全工程建设，进一步提高农村自来水普及率；推进农村电气化建设，提高信息网络化水平，扩大农民获取信息的途径；改善农村卫生条件，农村垃圾统一处理，实现村容整洁；加强大中型农田水利设施建设，增强农业抵御自然风险能力。

13.5.3 完善政府再分配职能

政府通过直接或间接补贴的方式，鼓励、帮助企业等非政府组织及私人提供公共产品，实施多主体、多渠道的公共服务供给模式，拓宽城乡公共服务建设融资渠道。

优先解决农民工的基本公共服务问题，为农民工提供基本而有保障的公共服务是缩小城乡基本公共服务差距的关键。由于农民工的公共服务问题不仅涉及城乡之间的对接，还涉及不同地区的协调问题，所以解决该问题需要在中央的统筹安排下，明确流入地和流出地政府的责任，切实解决农民工群体的基本公共服务问题。

小 结

本章在前面章节对我国整体统筹城乡发展的现状、问题和战略重点等分析的基础上，根据我们设计的统筹城乡发展进程评价模型所涉及的经济、社会、空间、生态环境、公共服务等五个维度提出了推进统筹城乡发展的对策建议，并从观念、制度、体系、规划和能力建设等方面提出具体的建议，为全国范围内的统筹城乡发展提供有价值的决策参考。

第 14 章
我国统筹城乡发展的对策措施

通过对第 12 章区域实践经验借鉴和第 13 章我国城乡统筹多维发展思路分析，本章着重从完善农村制度保障体系、推动农业发展方式转变、构建农村基础设施保障体系三个方面入手，提出统筹城乡发展的对策措施。

14.1 完善农村制度保障体系

14.1.1 稳定农村基本经营制度

1. 农民土地经营承包确权

农村土地承包经营权是农村集体组织成员及其他民事主体对国家或者集体所有的土地，依照合同规定对其依法承包的土地享有占有、使用、收益和一定处分的权利。以家庭承包经营为基础、统分结合的双层经营体制，适应社会主义市场经济体制，符合农业生产特点，是农村基本经营制度，是党的农村政策的基石，必须毫不动摇地坚持。若想赋予农民更加充分且有保障的土地承包经营权，现有的土地承包关系必须保持稳定并长久不变。切实稳定现存的农村土地承包关系，确保农民所有的土地经营承包权，可以保证承包经营权人自身拥有使用土地获得收益的权利，有助于土地地力的逐步改善和承包经营权人获得更大的土地收益，可以有效防范发包方对承包经营权人的干预和侵犯，确保承包权人在土地承包关系中与发包方处于平等的法律地位。

2. 规范土地承包权流转市场

改革开放以来，随着社会经济的快速发展，农村出现了诸如职业分化、经济分化等的阶层分化现象。进入21世纪以后，农村经济发展更加迅速，农村中各个阶层的收入结构发生了非常大的变化，土地不再是农民收入的主要或者唯一来源，农村经济来源呈现更加明显的多样化特点，土地对于一些农民来说不再那么重要，因此，一些农民不愿再为土地所束缚，受相对利益的驱使，开始离开土地，作为劳动力资源进入城市，成为进城务工人员。这在客观上为土地流转创造了重要的条件，为非农民投资农业创造了可能。

农村土地流转制度的建立，有利于土地承包经营权的流转，合理配置农村土地资源，将带来更大的经济效益，推进农村的市场化进程，同时对土地承包经营者的合法权益起到切实的保护作用。土地作为一种资源，一旦进入市场，就会追求利益的最大化，将从绩效差的承包者手中流转到经营效益好的承包者手中，使部分承包者扩大土地经营规模，有利于农业发展的现代化和规模化。转移承包权的农民脱离土地成为自由劳动力，为向城市转移提供了条件。这有利于土地价值的充分实现、农业的快速发展和农民收入的显著提高。

3. 完善征地补偿制度

土地制度长期存在的二元性不利于农民土地权益的保障，不利于土地资源的市场化，导致土地资源配置效率低下，甚至是浪费和流失严重。2007年年初出台的《中华人民共和国物权法》有利于这一问题的切实解决，因为它确认了耕地使用权的物权性质，同时提出对耕地实行特殊保护，严禁耕地转为建设用地，坚守耕地红线，控制建设用地总量。

完善的征地补偿制度应当减少征地农民的经济风险，除了合理的经济补偿外，在实践过程中还要探索不同的征地补偿安置办法。引入市场原则，改革征用农民土地的规则，新的征地规则应该确立土地收益分配优先向农民倾斜的原则，将对转为商用的农业用地在补偿支付上引入"市场机制"，对于征用非农业用地的补偿支付可以参照"市场补偿"标准执行；引入新的征地补偿机制，比如通过"土地入股""退二进一""三分制"等具体的办法来实现（"土地入股"其实是土地使用权入股；"退二进一"指对征地农民实行农业用地和建设用地按照2∶1的比例进行置换；"三分制"即把农民的土地分为三份，一份上交国家转为城市基础设施用地，一份作为农民享有使用权的城市用地，最后一份作为农民集体所有的农地置换到远郊)。同时，做好失地农民转岗就业工作，坚持土地征用与农民培训就业同步，坚持项目引进与扩大就业同步。

14.1.2 改革农村金融体制

1. 开放农村金融市场准入制度

当前，我国金融组织进入农村金融市场的总量较少，或者说农村金融市场上的金融组织进入尚不够充分。尽管这些年来中央银行为支持农村信用社进行小额信贷加大了针对农村地区的再贷款力度，但是小额贷款的覆盖率依然不高，仍然有为数不少的农民不能享受小额贷款的支持。因此，在当前我国农村金融需求旺盛但是农村金融有效供给不足的现实条件下应从政策上进一步放宽农村金融市场的准入，实现金融机构的多样化。应当在机制上有所创新，加快金融机构准入条件的明确和监管办法的制定，允许在农村建立多种所有制形式的金融机构，鼓励个体和企业进行小额信贷组织试点，最终能够形成国有控股商业金融、中型地方股份制商业金融、小型民间金融相互补充、相互竞争的农村金融市场主体。

2. 培育竞争型农村金融市场主体

目前，我国农村金融市场还存在组织结构不合理、主体竞争意识薄弱等不完善的地方。一个健康的金融市场，其组织结构应当既有大中型金融组织，也应当有小型甚至微型的金融机构，才能保证分工有序、竞争充分。遗憾的是，那些真正能够满足农村发展需要，而且距离贴近农民或居民的微型金融组织极度缺乏。所以仅有大型商业银行是不够的，它无法适应农村在金融需求上的特点，使得金融市场上长期存在着农村金融需求得不到满足与大型金融组织提供的金融供给闲置或浪费的结构性矛盾。

在逐步放开农村金融领域管制的同时，在法律框架内，要适当放松金融市场准入管制，在条件允许的情况下组建以民营资本为主体的区域性中小型商业银行，允许有组织的民间借贷在一定的法律框架内开展融资服务，从机制上解决农村金融信贷交易权垄断、货币政策承载主体单一的问题。

3. 完善资金回流导入机制

现阶段，我国农村金融市场上主要有四个金融服务提供主体，即中国农业发展银行、中国农业银行、中国邮政储蓄银行和各地方农村信用社。相比较而言，那些处于弱势地位的农村金融机构受到经营成本高、效率和质量偏低等因素影响，导致信贷资金高利率、低供给，资金有效供给不足等一系列问题。这一系列情况导致农村金融资金的供给严重不足，为了满足农户对资金的有效合理需求，必须进一步完善资金回流导入机制，鼓励、引导资金回流农村。

为解决农村金融市场的一系列问题，首先应增加农村金融领域信贷资金的有效供给，建立农村资金强制回流机制。具体表现为：用商业银行直接投入或缴存资金给农村金融机构增加其资金实力；深化农村信用社改革，允许民间资本参股吸引投资，改善农村信用社的股本结构，壮大其资金实力，增强其对宏观货币调控的风险平抑程度；在统一性货币政策的大背景下展开区域性的利率调整政策。

4. 健全农村贷款抵押担保制度

现阶段，我国金融机构对"三农"领域增加信贷投入的最主要障碍是农村贷款的抵押担保制度。为了解决新时期农户贷款难的现实问题，各级政府可以从以下几个方面进行突破创新。

一是适当放宽农民有效抵押资产范围。为了能够使农民及时、足额得到生产性贷款，国家应适时扩大抵押担保的资产范围，比如逐步放开对农村宅基地和集体土地使用权的抵押限制。"地随房走"的原则也应适用于农村房屋的抵押，就是说当房屋作为资产进行抵押时，其宅基地使用权自然随之同时抵押。

二是明确农村中小企业抵押品产权，使个体能够有效进行财产担保抵押。企业改制的不彻底，使得产权不清，房产证和土地证缺失，导致一些农村业主虽然有资产但是无法进行抵押担保贷款的办理。为了解决这方面的问题，就需要国家进一步明确农村私有房产的产权归属问题，尽快实现"房地合一，两证合一"，按照房地产市场化的客观要求，统一土地使用权和房屋所有权。

三是探索新的农村贷款抵押担保制度。随着改革开放的不断深入，创新农村贷款抵押担保制度是完全可能的，银行等金融机构和政府可以结合农村的实际情况，积极探索新的可行的抵押担保方式。可以由政府牵头，参照联保贷款的形式，组建农户联保贷款协会；可由地方政府出资为主，企业、个体筹资为辅，设立农户小额信用贷款担保基金；可将农户小额贷款的风险进行转移，鼓励保险公司拓展该领域的业务范围，当农户需要贷款时向保险公司投保，以消除农户和贷款机构的后顾之忧。通过以上方式不仅有助于解决农村贷款抵押担保不足问题，而且有效地分散了银行信贷风险。

5. 建立政策性农业保险制度

农业保险是处理农业非系统性风险的重要安排，是市场经济条件下现代农业发展的三大支柱（农业科技、农村金融和农业保险）之一。综合我国的具体国情，农业种植区域广阔，农业风险的高发性、频发性特征突出，农业生产经营方式的传统性与地域分布上的分散性使得商业保险公司无法抵御和承担农业风险及其损失。极高的赔付率也使得追求利润最大化的商业保险公司无法有效地加入农业保险制度体系中。因此，我国政策性农业保险制度的模式应当选择政府主导型，充分发挥其对农村经济、农民生活的风险保障与社会管理职能，推动我国国民经济的可持续发展，从而维护农业的基础性地位。

14.1.3 完善农民工权益保障制度

农民工是当代中国城市的特殊群体，特指具有农村户口，却在城镇务工的劳动者。根据国家统计局2015年数据，农民工在第二产业从业人员中占55.1%，在第三产业从业人员中占44.5%，在制造业从业人员中占31.1%，在建筑业从业人员中占21.1%。现阶段，农民工已经成为我国产业工人的主体，为了促进农村剩余劳动力向城市的有效转移、实现社会稳定和社会和谐，应该统一公正地对待城市劳动力和在城市务工的农村劳动力。在推动相关制度改革和政策落实基础上，共同配合加强农民工权益保障制度的建设。具体措施如下。

1. 加快建设城乡统一的劳动力市场和公平竞争的就业制度

我国劳动力市场机制的不完善，市场在劳动力资源配置中的基础性作用没能得到充分而有效的发挥，所以劳动力资源未能得到充分有效的开发与配置，导致劳动力市场呈现出明显的城乡二元结构的特征。建立城乡统一的劳动力市场有助于完善劳动力的供求机制，有助于市场对劳动力的有效配置，有助于劳动力在市场上的自由竞争与农村劳动力素质的提高，有助于经济的持续健康发展与社会的和谐稳定，有助于提高农民的收入，改善农民生活，进一步促进城乡的协调发展。

2. 健全农民工社会保障制度

当前我国的社会保障制度尚不健全，农村的社会保障制度建设更是处于起步阶段。由于城乡二元经济结构户籍制度限制，农民工在很大程度上往往被排除在城镇的社会保障体系之外，所以建立健全农村社会保障体系，确保农民工社会保障与农村、城市社会保障有效衔接，是加强农民工社会保障的必要措施。

3. 健全农民工子女教育工作管理机制

进入20世纪90年代，随着我国工业化、城镇化进程的不断推进，全国各地劳务产业得到了蓬勃发展，落后地区的广大农民纷纷脱离农业进城务工就业，随之而来的人口长久性迁移带来的农民工子女教育问题也日益突出。农民工子女教育问题由许多因素造成，它的解决是一个长期的过程，需要社会各方面的共同努力才能完成。具体对策如下。

一是打破城乡教育的二元结构，给予农民工子女和城市居民子女同等的待遇，努力实现城乡儿童受教育权利和机会的平等。应采取以公办学校接纳为主的教育制度，各地教育机构应根据本地区流动人口的子女数目编制基础数据库，在制订教育发展规划时，按照城市发展、产业结构和人口的空间分布进行合理科学安排。

二是进一步提升农民工子弟学校教育水平，规范办学制度。对于大城市郊区农民工子弟聚集的区域可采取统一规划管理，建设农民工子弟学校。强化管理分类指导，依法取缔不合格民办农民工子弟学校，通过积极引导与规范，不断缩小与公办学校办学水平的差距。

三是建立覆盖城乡的流动人口服务管理网络。各机关工委应经常开展农民工子女接受教育状况调研，建立政府统一协调、教育和相关部门紧密配合、学校和社区密切联系的农民工子女教育的工作机制。在整合社会各方面有效资源的同时，尽可能多地利用城市教育资源，保障农民工子女与城市子女的平等受教育权利。

14.1.4　改革乡镇和县乡财政制度

1. 深化乡镇机构改革，加强基层政权建设

乡镇机构改革必须充分认识到乡镇政权在国家政权中的地位和作用。2000年以后，从农村税费改革试点的启动到全面推进直接取消农业税，我国乡镇机构改革进入了一个新的发展阶段。新一轮乡镇机构改革的主要目的是解决全面取消农村税费后农村基层政府组织运行过程中凸显出来的财政困难和职能缺位、错位的矛盾。新一轮的乡镇机构改革需要将工作重点放在以下几个方面。

一是进一步调整乡镇布局，整合农村有效经济资源。通过撤并乡镇，适度扩大乡镇规模，调优调强，达到精简机构和人员、减轻财政负担的效果。按照精简、统一、高效的原则，以有利于资源整合、有利于推动经济社会协调发展、有利于行政管理和方便群众、有利于减轻财政负担和农民负担、有利于执法和维护社会稳定、有利于促进城乡一体化和城镇化水平提高为方向，适度调整乡镇行政区划。

二是核定乡镇政府行政编制，精简乡镇干部队伍。进行撤乡并镇的同时对乡镇内设机构进行重组，重新核定行政编制。

三是对乡镇政府职能进行重新定位，提高乡镇政府的公共服务能力。在农村税费改革的初期，部分乡镇政府甚至无法支付机构本身的刚性支出，导致该地区的转移支付仅仅能够维持政府机构运转和基本工资发放，导致乡镇政府的公共服务能力普遍降低。新一轮的乡镇机构改革应争取在减人的同时，维持并提高乡镇政府的办公效率和服务能力。

2. 加快转变乡镇政府职能，强化公共服务和社会管理能力

新一轮乡镇机构改革是以健全政府功能、强化乡村服务、节省多余人员开支为主要内容的。提高乡镇政府公共服务能力和社会管理能力则是乡镇机构改革所要实现的根本性目标。根据我国已有的乡镇机构设置，我们可以发现，由于乡镇间条块分割，各个乡镇职能均不健全，不能按照宪法或地方组织法履行单独一级政府职能。为了彻底解决乡镇政府行使自身职能过程中所遇"瓶颈"问题，使乡镇政府能够有效地管理本行政区域内政治、经济、文化和各项社会事务，需要从以下几个方面着手进行改革。

一是乡镇政府要依靠农民合作经济组织和村集体，建立健全市场化信息服务体系。提供给农户市场信息、生产技术等服务，组织和协调县域金融、物流机构为农户提供生产、生活等方面的资金信息服务。

二是组织并动员乡镇政府中的涉农服务部门，如种子站、农机站、农技站、畜牧兽医站开展科技下乡服务，为农户提供包括良种供应、技术推广在内的服务。

三是开展农村扶贫和社会救助工作，努力化解农村社会矛盾，保持农村社会的持续稳定。建立健全农民教育的培训体系，进一步推进农村民主政治建设和村民自治，提升基层自治能力和农民民主法治意识。

3. 完善县乡财政体制，增强基层财政实力

县乡财政是我国财政体系中的基层财政，因此是小城镇、农村基层政权和农村经济建设的重要组成部分。随着我国县域经济的快速发展，经济结构的不断优化，县乡财政收入的增长不论是质量还是效益都在明显提高。然而，随着农村税费改革的全面实行，县乡财政在运行中所遇到的诸多困难和出现的问题全面地表现出来，已经成为我国县域经济进一步发展面临的一个突出问题。

为完善县乡财政体制，解决县乡财政之间的矛盾，增强基层经济实力，要努力从以下几个方面着手。

一是完善县乡财政转移支付制度，理顺乡镇间平衡关系。定期调整转移支付基金规模使其随本级财政收入规模不断调整，从而达到不额外加重本级财政负担又使得转移支付实际效益最大化的目的。

二是理顺乡镇财政、县市财政之间的矛盾，平衡两者之间的利益联系。县市间、各个乡镇间、县乡财政间的财源建设规划要相互协调，邻近地区的建设项目要尽可能地错开。县级财政统一进行调配的同时要着力关注本地区各个乡镇财政的基本情况，做到本地区各个领域、各个产业共赢发展。

三是改革现行的县乡财政管理体制。考虑推行"省管县"财政体制。为了破除县域经济发展的管理层次多、办事效率低等主要障碍，必须为县域经济的发展创造出良好的外部环境。省直管县后，省财政按财政体制直接结算到县，使省财政职能及时解决县财政的困难。

4. 加强农村负担监督管理，防止农民负担反弹

现阶段，农民负担的反弹已经成为影响农村经济发展、导致干群关系紧张的焦点问题。农民负担反弹的主要原因有农业税费的减免转移为其他行业税费的征收，乡村两级存在严重乱收费现象。为了巩固农村税费改革的成果，切实减轻农民群众的生产、生活负担，可以从以下几个方面解决问题。

一是建立减轻农民负担源头的防范机制。严格规范村级组织乱收费现象，严肃查处违规违纪行为。推进农村综合改革，从体制上、源头上消除加重农民负担的隐患，从法制上强化对农民负担的规范和监督管理。

二是对农民负担实施有效监督与管理。进一步完善农民负担监测、专项审计、筹资筹劳项目审核管理工作，强化农民负担信访管理，重点查处违反有关规定，截留、挪用和平调农民各种补贴补偿款的行为。通过加强监督管理，健全保障农民权益法制，逐步建立减轻农民负担的长效机制。

三是落实党政领导负责制，加强组织保障制度。继续坚持主要领导亲自抓、负总责的工作制度。既要抓苗头、又要抓重点，把矛盾化解在萌芽状态，把问题解决在基层。建立减轻农民负担的领导工作考核制度，重点对减轻农民负担政策的落实、权益维护等多方面进行考核。

四是大力发展非农经济，发展农村经济增加农民实际收入。乡镇财政完全依赖于农业和农民，农民负担就不可能减轻。为了使农民能够尽早地摆脱负担并显著提高生活水平，发展多渠道、多模式的农村经济是根本途径。大力发展非农经济，使财政在农业中的比重降低到最低程度，也是最终为减轻农民负担提供最好的保证。增收是减负的根本，切实加强农业产业结构调整，实现农业产业化经营。

14.1.5 完善农村村民自治制度

1. 保障农民民主权利

我国农村实行以民主选举为基础、以村民自治为主要内容的民主制度。农村村民自治制度已经成为我国农村民主政治发展的一个重要标志。但是，在我国农村民主选举不断深入的过程中，一些地方出现了严重的贿选甚至舞弊行为。这些行为不仅阻碍了社会主义基层民主政治的建设，损害了法律的尊严，而且严重地损害了党在人民群众心目中的形象，也严重影响了党的信誉。

民主选举是最直接的民主形式，是宪法赋予人民群众和党员干部的民主权利，体现着基层领导干部队伍素质，也是当前实现依法治国、建立社会主义和谐社会的重要举措。在具体实施过程中，应从以下几个方面入手。

一是加强地方领导干部的法制观念和民主意识。在农村基层民主选举的过程中，要摆正农村领导干部民主治理的出发点，善待民主选举中出现的探索性、合理性做法，培养基层领导干部的责任意识和担当意识。

二是提高农民自身素质，增进农民的民主法制意识。农村基层民主法治建设，最根本的是需要培育农民群众的民主法制意识，使农民能够珍惜民主权利并履行相应的农村基层民主选举义务。民主政治的建设并不完全受制于经济发展水平，只要我们切实履行农村基层选举的宣传、教育工作，保障农民群众的参政权利，同样可以建立比较公平的农民基层民主体系。

三是健全完善农村基层选举的法律法规，及时查处违法行为。目前的村民委员会组织法对不正当选举行为的惩戒措施不明，执法主体的责任、权利和层级规范管理等也尚未涉及。当前亟待对农村基层民主进行法律上的规范和补充，针对农村基层民主选举过程中出现的违法乱纪行为要严格按照有关法律进行制止，对相关的责任人要进行法律制裁。

2. 完善民主制度

村民民主决策，对于农村村民自治的健康发展、维护广大农民的根本利益具有重要意义。目前，我国村民民主决策过程中村民（代表）会议制度缺乏制度保障，在农村基层民主实施过程中，部分乡镇政府和村委会决策关系严重错位。

要继续制定和完善农村基层民主的相关制度；在农村基层民主的实施过程中要建立基层干部考核结构公开制度，全面公布乡村干部的绩效考核结果，广泛接受群众监督；建立健全基层民主管理和监督制度，特别要坚持和加强政务、村务公开，规范公开的范围、内容、程序、时间，为群众监督创造条件等；建立村民对基层干部的反馈意见管理制度,定期收集征求群众对基层领导干部的反映。

3. 坚持"一事一议"制度

"一事一议"制度,是指在农村税费改革这项系统工程中,取消了乡统筹和改革村提留后,原由乡统筹和村提留中开支的"农田水利基本建设、道路修建、植树造林、农业综合开发有关的土地治理项目和村民认为需要兴办的集体生产生活等其他公益事业项目"所需资金,不在固定向农民收取,采取"一事一议"的筹集办法。但是目前该办法存在诸多问题,如有的不能按民主决策程序办事,筹资管理不透明;有的地方工作简单化,将"一事一议"变成固定的收费和筹劳项目;有的地方执行政策不严肃,筹资筹劳超出规定的限额,加重了农民负担;也有的村组干部不愿担当,不敢集体议事,农村基础设施建设停止不前。在"一事一议"具体实施过程中,各级农村基层政府、村集体要坚持做到以下几个方面。

一是全方位公开议事项目,增强议事透明度。把公议的项目及有关内容及时向大家公布,使村民有充分沟通和酝酿的时间,充分发表自己的意见。

二是依法贯穿"一事一议"制度,严禁议事范围的盲目扩大。"一事一议"政策法律规定的范围只限于村内兴办农田水利基本建设、修建村级桥梁、造林植树等集体公益事业。各村都应建立起相关的制度,同时规定对超出议事范围的事,村民有权抵制,并向上级领导举报。

三是排除村民议事干扰,杜绝形象工程。部分地区乡镇干部在乡村"一事一议"执行过程中存在严重的越位管理现象。个别地区借"一事一议"之机催收欠款,追求个人政绩,以"一事一议"的名义逼农民上项目、搞形象工程。要杜绝此类现象的发生,依法执行"一事一议"的规定程序。

四是严格控制"一事一议"制度的费用标准,遏制农民负担反弹。各地区突破上限标准和借机搭车收费的情况时有发生,挫伤了群众对"一事一议"制度实施的积极性。为了确保农民负担不反弹,必须切实加强对"一事一议"制度的费用标准限定。

4. 建立答疑纠错的监督制度

行政村是我国最基层政策的执行者,因为其直接面向群众,所以行政村村务公开工作备受基层群众的关注,是人民群众评判农村党风政风好坏的窗口,也是完善基层民主政治建设、党风廉政建设及政权建设的基础性工作。切实推行村务公开工作,建立答疑纠错的监督制度,乡镇政府、村集体在实际工作中要做到以下几个方面。

一是进一步落实"村务公开"的执行程序，提高民主管理的质量。要认真贯彻《关于进一步加强村务公开民主管理工作的意见》，高质量抓好每个环节的工作。"村务公开"民主监督、群众反馈的目的是否能够达到，很大程度上决定于执行过程中能否坚持各个环节的基本原则。高质量、严要求地执行，才能有效提高民主管理的质量。

二是进一步完善以"村务公开"为核心的乡村治理结构中的各项规章制度。要建立健全村集体财务管理、工程招投标等规章制度；建立健全村民自治章程、村规民约；建立健全村务公开检查、责任追究、民主评议等以落实工作为核心的规章制度，形成完善、配套的制度体系，确保村务公开民主管理工作规范运作。

三是以财务公开为重点，加快村级财务管理规范化进程。财务公开是村务公开的核心和重点。在保持集体资金所有权、使用权、支配权不变的前提下，可尝试考虑推行会计委托代理制，组织推广限额审批、民主理财等管理制度，切实提高财务管理水平。对于向农民筹资筹劳，要推行"一事一议"制度需征得多数农民同意，具体筹措情况、办理过程和建设结果要及时向群众公开。

四是以发扬基层民主，维护广大群众的根本利益。村务公开和民主管理工作能够永葆生机与活力，取决于广大群众参与的广度和深度，取决于群众根本利益能够得到保证和实现。各地务必牢固树立群众利益无小事的观念，把保障和实现好广大群众根本利益作为研究和部署工作的出发点，努力拓宽群众民主参与渠道，切实保障群众民主权力。要稳步推进村务民主听证制度，以此为抓手，推动村务公开民主管理工作创新。

14.2　推动农业发展方式转变

14.2.1　构建粮食稳定发展长效机制

党的十七大报告指出，要统筹城乡发展，推进社会主义新农村建设就必须"加大支农惠农政策力度，严格保护耕地，增加农业投入，促进农业科技进步，增强农业综合生产能力，确保国家粮食安全"。由此可见，粮食安全对于国民经济、社会发展的重要性，也凸显统筹城乡发展的必要性。

1. 建立完善耕地资源保护和利用机制

近年来，由于经济发展需要和城市化进程加快，耕地锐减是不争的事实。面对我国人多地少，同时又处在工业化、城市化背景下，对土地实行更加严格的管理和保护，才能够确保我国粮食安全。鉴于此，我国必须实行严格的耕地保护制度，建立完善耕地资源保护和利用机制。

一是推进土地流转，减少撂荒现象。有条件的地方可以发展专业大户、家庭农场、农民专业合作社等规模经营主体，允许农地进行流转，在一定程度上减少耕地撂荒现象的发生，促进耕地的保护。

二是实施耕地占补平衡制度。耕地占补平衡的含义主要强调的是非农建设用地单位占用耕地，要开垦与所占耕地的数量和质量相当的耕地。在数量上，要处理好建设用地与农业用地的关系，严格控制各类建设用地占用耕地的行为，建立责任追究制度，遏制乱占耕地的不法行为。在质量上，要处理好用地和养地的关系，加大对改善耕地质量的资金投入与科技投入，切实提高我国耕地的质量。

三是实行基本农田保护制度。在数量保护上，基本农田保护区依法划定后，任何单位和个人都不得侵占；在质量保护上，县级政府应该制定基本农田地力分等定级方法，并且利用基本农田从事农业生产的单位和个人应当保持和培养肥力。

2. 建立粮食生产基础设施投入长效机制

要实现农业的现代化，就必须要有完善的农业基础设施与之相配套。因此，完善的农业生产基础设施是建设社会主义新农村的前提，也是实现粮食安全的保障。

一是增加投资数量，适当提高农业基础设施的比例。完善的农业基础设施可以增加农产品的产量，提高农产品的质量。具体到我国，进入21世纪以来，我国政府在农业方面投入资金呈直线上升的趋势，显示国家对农业基础设施的投入力度会保持甚至会加大。

二是提高粮食生产基础设施投资效率。要实现这一目标就必须做到：产权主体的责、权、利要统一；在决策基础设施的投入时，一定要进行可行性分析，切忌盲目决策；要与区域的基础设施投入相关联，避免各自为政，重复投资。

三是拓展粮食生产基础设施融资的渠道。由于农业基础设施具有公共物品的性质，所以国家是投资主体。但随着农业基础设施投入增加，对国家的财政能力提出了更高的要求。因此，在我国经济体制改革深化和对外开放程度加大的背景下，农业基础设施的投融资渠道应该扩展，也可以得到扩展。

四是理顺粮食生产基础设施投资关系，确保投资主体和范围。要划分中央投资的基础设施和地方性投资的基础设施，确定各投资主体的投资范围；国家应该运用政策杠杆来刺激各种农村合作基金的发展；建立和健全我国农村金融机制，为我国农业的基础设施提供资金保障。

3. 建立粮食生产科技支撑体系

在粮食生产中，加大科技的投入力度是保障我国粮食安全的重要举措，是解决人口对食物不断增长的需求的关键，也是维护整个国家和谐稳定发展的前提。从我国粮食生产科技体系建设方面需重点关注以下几个方面。

一是推进农业重大关键技术研究和创新。要整体推进农业领域的基础研发工作，重点发展农业生物技术、数字农业等技术，力争在粮食生产资料如种子、化肥和农药等的研发领域取得重大突破。国家应加大对涉农科研机构和高等院校的投资，鼓励其开展基础性、前沿性研究，并通过相关政策激励来提高科研成果的转化率。

二是加大粮食加工的科技投入，使其在国际市场上更有竞争力。要制定与国际接轨的农产品加工标准和质量控制体系，并且把这些标准、质量控制体系建设与现阶段相关领域的科研成果结合起来，为生产高质量的粮食产品提供制度保障和参考依据。

三是加强农村基层科技发展能力。国家应在政策上、财政支出上重视县以下科技能力建设，积极开展基层科技工作，加大农村农技推广机构的建设力度并且提高科技特派员的业务素质，通过整合现有的基层农技推广资源，探索发展科技综合服务平台，加强农村科技供给的综合与集成。

14.2.2　推进农业结构调整

1. 培育壮大农业主导产业

中国的农产品出口长期依赖于劳动密集型和资源密集型产业，以加工程度低、附属价值小的初级产品为主，中国的农产品出口集中在发达国家和地区，发展中国家的出口比例较小，限制了中国农产品出口市场的深层次发展和中国农产品的出口竞争力。培育和壮大农业主导产业是提升我国农产品总体竞争力的重要途径，也是推进农业结构调整的重要举措。

一是实行产业化经营，增强有机农业发展的实效。通过提高农产品的质量，使农产品达到国外相关机构的质量标准，从而拿到通往国外市场的通行证，拓宽农产品的销售渠道。

二是着力抓好龙头企业建设。龙头企业一端连着农户，一端连着市场，肩负着带领农民进入市场、共同致富的责任，是产业化经营的重要组成部分。培植壮大龙头企业，加快农业龙头企业发展作为发展农业产业化的重要内容，鼓励和支持机制好、竞争力强的龙头企业，促进龙头企业由产品粗加工向深加工转变。

三是加大科技投入力度，实现农产品生产高效化。应当加大农业科技引进推广力度，不断提升农产品品质，及时引进最新的农业科研成果，将科研成果转化为实际的生产力；政府组织科技人员进行农业研究，研制、推广生产有特色的有机农产品的种植技术；政府应进一步加大人力、物力、财力的投入，进一步完善农业技术服务网络。

2. 构建现代林业体制机制

应当充分利用现代科技手段，建立现代林业，发动群众的力量广泛参与到森林资源的保护和培育工作中来，使森林的多重功能和价值得到高效发挥，以满足人民对林业日益增长的经济、社会和生态需求。因此，坚持生态功能和经济功能兼顾的原则，采取体现林业资源多效益利用的经营模式，建立多功能结构的林业生产体系，才能充分发挥林业资源的综合效益。

3. 大力发展现代畜牧业

当前，我国的畜牧业开始由传统向现代化转变。现代畜牧业的发展对解决我国的"三农"问题、加快社会主义新农村建设、提高农民的生活水平具有重要意义。因此，我国应重视并加快推进投入和管理机制改革，促进传统畜牧业的现代化。

4. 积极发展优质水产养殖业

水产业在我国效益比较高，是我国农业的重要组成部分。大力发展水产业是提高农业生活水平的主要途径，也是加快农业产业发展的重要手段。

一是加快水域污染的治理。由于水产养殖业的基础是质量好的水域，所以加大水域污染的治理是扩大优质水产养殖的根本保障。鉴于此，政府应制定相关的政策，禁止对水域造成污染的任何行为，保障水产养殖的优质水源。

二是大力发展水产品加工企业，提高水产品的附加价值。各级政府应制定相关的产业政策，鼓励发展水产品加工企业；政府应该给水产品加工企业一个宽松的投资环境，在土地使用政策、贷款政策等方面给予一定的倾斜，扶持其发展。

三是建立与国际水产品市场接轨的水产品质量保证体系。随着水产品市场的逐渐成熟，国际质量标准也日趋严格，只有将严格的国际标准融入到我国的质量保证体系中，建立一套完善的水产品质量保证体系，才能使我国的水产品适应国际市场不断变化的新需求和新要求。

14.2.3 发展农业产业化经营

1. 加大农业产业化经营扶持力度

农业产业化是市场经济条件下深化农业和农村经济改革的必然产物，有利于解放农村生产力，调和小农户与大市场，小规模经营和农业专业化、规模化的矛盾，还有助于推动农业工业化、城市化进程。各级政府应当深化财政和金融体制改革，进一步调整财政支出结构，增加农业投入力度，发展农田基础建设，为农业产业化龙头企业、农民专业合作组织的培育和发展提供必要的政策倾斜及财政资金支持。

2. 完善农业产业经营机制

完善农业产业经营机制有助于农业小生产和大市场实现对接，提高农业生产效率，实现农业经济增长方式由粗放型向集约型转变，同时还有利于促进农业、农村经济结构的战略性调整，农业科技的广泛应用，以及农民素质提高和农业收入增加。完善农业产业化经营机制应优化现有产业结构，根据农业产业化发展状况，积极引导和培育具有地方特色的、充分体现成本、人才、资本优化组合的龙头企业和农业合作经济组织，做大做强龙头企业和农业合作经济组织，提高产业化组织的竞争力；推进农业社会化服务体系的建设，建立健全农业社会化服务体系，在农业科技创新、信息传递、人才培养等方面为农业产业化发展建立支撑体系。

3. 培育农业企业集群示范基地

农业企业集群示范基地基础雄厚，辐射面广，部分集群示范基地既是生产中心、加工中心，又是信息中心、服务中心、科研中心。农业企业集群示范基地将小农户与大市场联系起来，将分散经营转变为集约化经营，化解了农户的市场风险，调整了农业产业结构、农村经济结构，促进了农业生产规模化、集约化，进而推动力农业现代化，带动农业和农村经济的振兴和小城镇的发展。要创造多种途径建立农业企业集群示范基地，通过对老企业进行现代企业制度的改造，对原有项目通过技术改造，更新装备，引进人才、技术，提高产品档次，扩大企业规模等方式建立农业企业集群；政府要按照国家重点龙头企业政策，进一步完善落实龙头企业的各项优惠政策，为龙头企业的发展创造有利的外部环境。

4. 加强农业产业化基地建设

农业产业化基地是"公司+基地+农户"组织模式的重要载体，可以将分散的农户组织起来进行生产和销售，沟通公司、市场、农户，实现贸工农、产供销相结合。同时，农业产业基地有助于降低交易成本，对公司和农户的稳定合作起着重要作用。基地不仅是农业产业化链条中的重要环节，也是农业产业化经营的重要组织保障。要充分发挥基地在农业现代化进程中的作用，必须重视政府在基地发展中的作用，完善基地发展的政策环境，完善基地的经营管理机制。

5. 发展各种农村专业合作组织

农村专业合作组织作为我国农业产业化发展新兴的重要形式，是农民自发的互助型经济组织，可以有效实现生产要素的优化配置，降低生产成本和交易成本，优化农业区域布局，推动农业的集约化、规模化生产。农民合作组织还搭建了政府、基层组织、龙头企业和农民沟通的桥梁，在推动农业经济、政治协调发展中发挥着积极作用。

政府应设立扶持农民专业合作社的专项资金，并列入中央及地方的财政预算，专款专用，用于支持农民专业合作社获取信息、加强培训、改善农业生产基础设施、农产品质量达标与认证、市场营销和技术推广等活动。

14.2.4 发展资源循环农业

1. 积极发展节约型农业

节约型农业是以实现资源高效和循环利用为核心，以"减量化、再利用、再循环"为原则，以不断提高资源生产率和利用率为目标，以节地、节水、节肥、节农药、节种子、节能和农业资源的综合循环利用为重点的农业。它有助于实现农业生产方式从资源消耗型转变为依靠科技和可再生资源的生产，以及经济增长方式从粗放型增长转变为集约化增长，促进农业步入循环经济的良性发展轨道。发展节约型农业是科学发展观和实现农业可持续发展的要求，有利于缓解我国的资源约束矛盾，解决防治农村日益严重的环境污染问题。

2. 大力开发节能环保农业技术

将资源节约型和环境友好型作为社会主义新农村的基本特征，是基于城乡分割的二元经济结构的现实性、发展现代农业的迫切性、资源环境安全的脆弱性及资源环境对经济发展的强约束性而提出的。建设资源节约型、环境友好型的社会主义新农村，应当大力开发节约资源和保护环境的农业技术，创新科技支持机制，吸收国外经验，引进先进科学技术和理念，推动资源环境保护技术的进步。要加快产业结构调整，加快工业化、城市化和现代化进程，防止环境的污染和资源的浪费。同时还应完善对企业的激励，加强对企业的引导，大力发展节能、降耗、增效的高新技术产业，开发清洁生产技术、废物回收利用技术、资源替代技术，提高资源利用率和环境容量，为资源环境与农村经济社会的协调发展提供技术支持，实现低投入高产出、节能降耗、减少污染的发展目标。

3. 加快培育可再生能源产业

近年来，我国能源环境问题和能源安全问题日益凸显，发展可再生能源，有利于应对日益严重的能源和环境问题，实现可持续发展。可再生能源也是替代石油等一次能源的重要资源之一。同时，发展可再生能源还能有效促进农民增收，改善生态环境。为鼓励可再生能源产业的发展，政府可通过规范市场准入限制、弹性补贴、风险分担、税收优惠等加大投入，建立成本分摊机制与风险分担机制，突破经济成本约束；通过税收及其他经济手段，将能源的外部社会成本和环境成本内部化，缩小可再生能源与传统能源之间的价格差距，增强可再生能源的竞争力。

4. 大力防止农业面源污染

近年来，由于化肥、农药、畜禽粪便、塑料农膜、生活污水、工业"三废"、自然灾害等引起的农村面源污染日益严重，严重危及农业生产环境和农村居民的生活环境。农业面源污染防治及环境管理具有系统性、综合性和复杂性且基础薄弱的特点，迫切需要在强化环境政策的同时建立起相应的环保政策支持体系，确保环境政策落实。加强面源污染需要严格制定和执行相关法律法规和政策，强化农业环境管理；强化政府的环境保护管理和污染防治职能；将面源污染控制与总体环境保护规划联系起来，建立投融资机制，加大对农业面源污染防治的投入。

14.3 构建农村基础设施保障体系

14.3.1 加强农业基础设施建设

农业基础设施是农村经济、社会、文化发展，以及为农民生活提供公共服务的各种要素的综合，关系到农村经济、农民的整体利益和长远利益。农业基础设施的使用期限较长，是农村经济、社会、文化发展和农民生活必不可少的基础性条件。加强农业基础设施建设，为农民增收创造条件，无疑是解决"三农"问题过程中的重要一环。

1. 大力发展农田水利基础设施建设

农田水利基础设施建设与社会主义新农村建设是相互依存、相互影响的。农田水利是发展农业生产、提高农业综合生产能力的重要基础设施，是提高农民生活水平和生活质量的重要条件，是改善农村生态环境的重要保障。加强农田水利基础设施建设不仅是农村基础设施建设的重要举措，也是新农村建设的重要内容。农田水利设施建设滞后是农业稳定发展和国家粮食安全面临的最大问题，同时也是国家基础设施的明显短板。

大力发展农田水利基础设施建设，应积极发挥政府的主导作用，逐步探索建立农田水利基础设施建设的新型机制，做到坚持政府支持、民办公助；坚持规划先行、注重实效；坚持深化改革、创新体制。要努力增加政府投入，充分调动受益农户的投入积极性，同时还需整合各方面的资金投入，加强金融部门对建设项目的信贷支持，积极鼓励社会各类资金的投入。

2. 健全病险水库除险加固投入和责任机制

尽管国家加大了病险水库除险加固的投资力度，开展了规模空前的病险水库除险加固工程建设，但是由于各种原因，到目前为止许多水库仍然存在防洪标准偏低、工程本身质量差、工程老化失修等问题，还不能达到有关规范、规定的要求，形成了大量病险水库。为加快病险水库除险加固的步伐，提高工程质量，应健全资金投入机制，采取多层次、多渠道融资的办法，为病险水库加固提供资金保障；落实好病险水库除险加固工作责任制，对水库建立起以地方党政一把手负责制为核心的除险加固责任制，并以适当的方式向社会公布，接受人民群众的监督。

3. 积极推进农业机械化

随着我国工业化、城镇化进程的加快，农业劳动力结构的变化速度也随之加快，农民对农机作业的需求越来越迫切，农业对农技应用的依赖也越来越明显，但农业生产方式、社会化服务与现代农业发展的要求不相适应，农业劳动力紧缺的矛盾越来越突出，因此，必须尽快转变农业生产方式，积极推进农业机械化，不断提高农业劳动生产率，以增加农民收入，保障国家粮食安全。

4. 加强农业生态环境建设

在全面建设社会主义和谐社会的进程中，农村小康社会的建设必须与农业生态环境建设密切结合，树立科学发展观，切实采取有效措施改善农业生态环境。一是贯彻落实科学发展观，加强对农业生态环境保护工作的领导；二是依靠科学技术进步，控制农业生态环境污染继续恶化的趋势，大力发展良性循环生态农业；三是制定优惠政策，加大农业生态建设的资金投入，采取多元化投资方式；四是重视农业生态环境的自我修复能力，加强农业生态修复技术的研究，丰富生态建设的内容；五是落实领导责任制，明确有关部门的职责。

14.3.2 完善农业科技和服务体系

1. 深化农业科研和技术推广改革

发展"三高"农业、统筹城乡经济协调发展、构建农村和谐社会，必须发挥科学技术的作用，加强农业科技能力建设。农业和农村经济的持续发展依赖于农业科技革命与创新，深化农业科研和技术推广改革，加快农业技术的推广应用，对加快农业现代化进程具有重大的战略意义。在农业科研方面，应当增加对农业科技研发的投入，鼓励农业科研机构和高等院校积极开展涉农的基础性和前沿性研究，产学研密切配合，大胆进行农业科技创新，加强科技成果的转化；推动农业产业信贷体系建设，提供必要及时的资金服务。在科技推广方面，深入开展科技入户工程，科技下乡，科技支农，加大技术推广力度，继续探索农业科技成果进入乡间地头的有效方式方法，切实提供有效的公益性农业技术推广服务。

2. 建立健全动植物疫病防控体系

为了提高农户家畜家禽的生产力，促进畜牧业持续健康发展，必须加强动物疫病的防控，这同时也有利于动物产品安全质量的全面提升、人民身体健康的保护、社会主义新农村的建立。动物疫病防控体系的构建和健全关系到人民的健康，不容放松，从政府层面上说，应强化政府领导，落实工作职责；从措施上讲，需要健全和完善防疫队伍，不断完善县、乡、村三级防疫体系，吸收年轻有技术的村级防疫员，进一步完善强制免疫工作制度，做好防疫登记和疫情监测。植物疫病防控体系主要是针对农作物进行疫病防控，加强对主要粮食作物和主要农产品的病虫害监测，降低农民的生产风险，保障农产品的有效供给。

3. 大力培养农村实用人才

农村实用人才掌握一定的农业技术，具有经济头脑和经营创新能力，在农村经济发展中能够不断适应发展需要，在农村经济实践活动中发挥示范带头作用。目前，我国各地的农村实用人才存在着总量严重不足、结构不合理、地区分布不均、学历层次和文化素质总体偏低等问题。创新培训形式，大力培养农村实用人才不仅是社会主义新农村建设的要求，更是促进农村经济发展和带动农民致富的迫切需求。

针对当前农村实用人才培训过程中存在的问题，各级政府需扩宽投资渠道，多方筹集资金，改变仅有政府出资的局面，鼓励和倡导有能力、有责任感的社会各界或企业等组织投资、捐助，推行政府主导、社会关注、企业或个人筹资相结合的多元化投入模式，针对不同学历的人群，有目的地开展培训工作，采取多样化的培训形式，最大化培训效果。

4. 完善农村现代流通服务体系

构建农村现代流通服务体系是社会主义新农村建设的有效切入口和必要条件。积极推进农村商品流动体制改革，构建农村日用消费品营销网络、农用生产资料流动网络，是大力盘活农村各要素、加速农村资源开发利用、开拓农村市场、促进农民收入持续增加的重要举措，也是建设社会主义新农村的重要内容。

在我国当前的社会环境条件下推进农村现代流动体系建设，应立足实际，因地制宜，着眼未来，建立与现代农业相匹配的流通服务体系。继续坚定不移地实施"万村千乡"、"双百市场"和"农产品批发市场升级改造"等工程；推进流通服务主体组织创新和经营创新，倡导流通服务体系的现代化、网络化；实施"惠农工程"，搭建以市场为主导的农产品商务信息频道。

5. 健全农业信息服务体系

农村信息化服务体系作为农村信息化的重要载体是农村信息服务人员、机构、设施与制度机制的有机统一。完善的农村信息服务体系对农村的现代化和新农村的建设有着重要的意义。目前，虽然我国农村信息服务体系建设虽然取得了进展，但与新农村建设的要求还存在较大的差距。根据新农村建设的需要，健全农村信息服务体系，积极推进农村信息化是顺应当前发展形式的必然要求，要将涉及农村信息化建设的政府相关部门、农业部门、科技部门、电信部门等统一规划，分工协作，实现资源共享；各级政府要加大对农村信息服务体系建设的投入；建立"政府主导、社会参与、合理分工、共建共享"的农村信息服务体系建设机制，通过提高农民的素质来营造一个良好的农村信息化环境。

14.3.3 发展农村公共事业

1. 大力发展农村公共交通

公共交通事业是一项公共性事业，为保证其正常运营，政府必须进行有效扶持，真正做到城乡公共服务均等化。根据"十二五"规划，到2015年，我国农村公路总里程已达到390万公里，农村公路管理养护体制改革落实到位，基本实现"有路必养"，完成县、乡道中桥以上危桥改造，大力发展农村客货运输，实现所有乡镇和90%的建制村通班车，支持发展农村配送物流。为此，应当进一步确立"农村交通"的科学理念，既要统筹考虑农村公路水路基础设施建设，农村客货运输业发展，农村交通与城市交通的无缝衔接，以及城乡一体化的布局规划、建设步骤、服务水平等，又要统筹考虑农村交通与新农村建设和农村粮食主产区、农村物流园区，以及老、少、边、穷地区的发展需求相适应；同时将农村交通作为一项造福农村的伟大事业，与城市交通放在同等重要的战略位置上思考、谋划，促进城乡协调发展，打破"二元结构"。

2. 加大农村义务教育经费投入

建设社会主义新农村，必须重视农村教育的发展。"生产发展、生活富裕、乡风文明、村容整洁、管理民主"的新农村，必然是更高水平的小康社会，也是和谐社会与学习型社会的深度体现。所以，建设新农村，人才是关键，教育是根本。从目前状况来看，农村教育整体薄弱的状况还没有得到根本改变，农村基础教育仍难摆脱只偏重文化教育、适应考试和升学的教学模式。要发展农村教育，促进教育公平，提高农民科学文化素质，需大力推动农村教育的综合改革，使全体人民学有所教，构建学习型的乡村，提高村民的思想道德和科学文化素质，培育有文化、懂技术、会经营的新型农民；各级政府应加大对农村义务教育的支持力度，尤其要保证农村九年义务教育的经费充足，切实改善农村的办学条件，保证农村教师工资按时发放和农村教育办学的基本经费；实行农村教育经费财务公开制度，建立农村教育经费的监督保障机制，确保农村教育经费真正服务于农村教育改革和建设。

3. 推进新型农村医疗制度改革

在农村，因病致贫或返贫的现象非常普遍，给农民造成明显的后顾之忧。农村医疗保障不完善的原因，除了经济不够发达外，主要还是政府在认识上存在误区，对农村卫生投入严重不足，以及市场运作的二元机制。想要改变这种状况，必须尽快推进和完善新型农村医疗制度和其他相辅相成的社会保障体系，同时加大农村医疗卫生的硬件建设和医疗卫生人员队伍建设的力度；要建立健全新型农村医疗制度，切实提高农村基本医疗服务能力，深化新型农村医疗制度改革；提高农村医疗的运行效率，加强与新型农村医疗卫生服务体系的制度衔接。

4. 建立健全农村社会保障体系

新农村建设离不开农村社会保障体系的建立和完善，建立健全农村社会保障体系是社会主义新农村建设持续、稳定、健康进行的基石，是实现城乡统筹的关键环节。我国农村社会保障制度尚处于救济型向全民保障型的转变时期，保障水平低，且尚未健全，而新型的农村合作医疗、养老保险、最低生活保障等还处在试点和探索阶段。为提高农村社会保障水平，应拓宽农村社会保障资金的来源，加大中央财政对农村社会保障的支持力度；加快推进农村养老保障制度建设，建立以家庭为主，同社区保障、国家救济、计划生育奖励扶持等制度相结合的养老保障模式；提升土地保障和家庭保障功能，发挥土地和家庭在农村社会保障体系中的基础作用，全面建立农村最低生活保障制度。

5. 加强农村公共文化建设

农村文化建设的加强是新农村建设的必然要求，也是满足广大农民群众多层次、多样化精神文化需求的有效途径，有助于促进农村经济发展和社会进步，对农村物质文明、政治文明和精神文明的协调发展，构建社会主义和谐社会，都具有重大的现实意义。从农村整体状况来看，存在着诸多因素阻碍着农村文化建设，我国加强农村文化建设的任务还十分艰巨，还需要充分认识农村文化建设的重要性，采取有效的政策措施，扎扎实实推进农村文化建设：应建立多渠道的投资体系，广泛吸收社会资金，扩大农村公共文化建设投资主体；要构建一支素质较高的农村文化工作队伍，并通过定期的各种培训全面提升农村文化人员的能力；强化农村文化部门的管理职能，建设讲文明、树新风的和谐农村。

6. 创新农村扶贫开发形式

随着新农村建设的不断深化，我国农村贫困地区的经济社会也发生了深刻的变化，农村贫困也呈现出一些新的特征。新时期的扶贫工作不能仅停留在满足贫困人口的食物消费需求、解决其温饱问题的水平上，应当同时考虑满足农村贫困地区农民的发展需求，从而从根本上解决其贫困问题。关于扶贫目标，在满足贫困人口温饱要求的同时，应突出发展要求，将贫困标准从"生存型贫困线"向"发展型贫困线"方向提升；同时，要加大人力资源开发力度，增强贫困人口的自我发展能力，从根本上消除致贫根源。

小　　结

　　统筹城乡发展的最终落脚点是农业、农村和农民，统筹城乡发展就是要破除城乡二元结构，全面提升农民的社会福利待遇，缩小城乡在经济、社会、空间、生态环境和公共服务等方面的差距。本章从完善农村制度保障体系、推动农业发展方式转变和构建农村基础设施保障体系三个方面重点入手，阐述了统筹城乡发展改善民生、发展农业经济、提振农村经济的重要措施。

第五篇
国外实践经验
与国内典型模式

第15章
统筹城乡发展的国际经验与启示

统筹城乡发展是一个国家经济发展的必然要求，纵观国际，无不经历了从以农业经济为主到以现代化工业经济为主的历史变革（盖运动，2009）。城乡发展不均衡问题不是发展中国家所独有的现象，西方发达国家在发展过程中同样经历了这一过程。尽管每一个国家的政治历史背景、文化传统背景、民族文化背景、资本所有权背景及经济发展水平等方面有各自不同的特点和渊源，在各自社会发展过程中遇到并解决了不同的问题，走过了各自不同的发展道路，但是实现城乡协调发展是所有国家面临的共同局面。发达国家在完成工业化的过程中，政府通过颁布政策、宏观调控等方式已经完成或部分完成了城乡经济与社会统筹协调发展，其宝贵经验值得发展中国家包括我国借鉴。因此，了解发达国家和发展中国家统筹城乡发展的进程与做法，总结和研究它们城乡统筹发展过程中的经验教训，可以更好地指导我国发现并预防统筹城乡发展过程中可能出现的风险，解决一些已经出现的矛盾及问题，保证我国统筹城乡发展进程更加科学，更加顺利。

15.1 国外统筹城乡发展的实践

根据世界工业化的历史进程可以看出，城市化与工业化相向而行，发达国家的工业化极大地推动着城乡一体化的实现，在这一进程中，农村的生产要素和人口向城市集聚，城镇的先进文化和先进的生产要素向农村辐射，在这种

"双向运动"中,城乡逐渐走向融合,其结果就是城乡一体化(赵保佑,2008b)。

15.1.1 部分发达国家统筹城乡发展的实践

1. 英国的发展经验

作为世界上第一个实现工业化、城市化的国家,英国的城市化进程具有原创性和示范性,并具有带动作用。英国的城市化起步较早,进程较为平缓,历时150年实现了高度城市化。19世纪末,针对城乡统筹过程中,由于城乡差距的扩大阻碍经济快速发展及大量社会问题,英国出现了兼有城市优点和乡村优点的城市规划和建设理论——田园型小城镇构想。

20世纪后,英国城市快速发展的弊端日益显露出来,得到了越来越多的重视。而乡村公共设施与卫生条件的改善,以及越来越便利的交通设施,使城市的吸引力逐年下降。同时,政府也采取了许多控制城市扩张的政策和措施,在全球城市化迅猛发展的时期,英国的城市化反而相对缓慢和平稳。第二次世界大战结束后,英国又颁布实施了"城镇和乡村规划法",将城乡一体的统筹规划建设以法律的形式固定下来,同时对土地占用补偿及在此过程中产生的矛盾提出了综合性解决办法。随着政府对小城镇基础设施和公共服务设施的大量投入,越来越多的小城镇大量涌现,有效缓解了大城市的压力,也对城乡一体化发展起到了积极作用(齐爽,2014)。

英格兰地区由于历史和地理因素,城市布局相对密集。在20世纪初就已经形成了曼彻斯特—利物浦、利兹—谢菲尔德、诺丁汉—伯明翰及以伦敦为中心的高度密集城市区域。而到了第二次世界大战后,由于第三产业的兴起,知识经济的到来及全球经济一体化,引发了城市间分工协作与协调发展,城市之间有了更加紧密的联系。城市区域化和区域城市化成为英国这一时期城市发展的新特征。都市区、扩展都市区及都市连绵区成为英国城市布局的主要形式。由北到南,形成了格拉斯哥—爱丁堡、曼彻斯特—利物浦、约克—利兹—谢菲德尔、诺丁汉—伯明翰—考文垂、布莱顿—伯恩茅斯、布里斯托尔—卡迪夫等重要的城市发展带。

2. 美国的发展经验

美国是公认的经济最发达的国家之一,其城乡统筹从历史和现实来看均取得了较大的成功,这些经验对其他国家无疑是有重要借鉴意义的。通过对相关文献的研究,可以得知,美国的城市化始于19世纪中叶,经历了从"城市化—郊区化——体化"的三个发展阶段(赵保佑,2008b),历时150多年。

第一阶段：19世纪50年代至20世纪20年代，这一阶段是美国城市化、工业化的初始发展阶段。在19世纪中后期，由于农业技术的发展，美国的农业生产率和传统农业的产出比率得以提高，所以大量的农民从土地中解放出来，成为自由劳动者，为城市工业化的发展带来了充足的人力资源。工业革命后，美国实行加快工业化的产业政策，制造业强势崛起，工业对经济发展的贡献逐渐超越农业，使得工业成为国民经济的主导产业。在这一过程中，农村人口的比例明显下降，城市人口的规模不断扩大，人口的分布呈现向城市集中的态势，到1920年，城市人口总体数量首次超过了农村人口总数，比例达到了51.2%，农村人口比例下降到48.8%。

第二阶段：20世纪20~50年代，这一阶段是美国城市化快速发展的阶段。在这几十年间，美国汽车行业、石油行业、高速交通发展十分迅速，使得工商业向城市中心集中，城市的向心集聚达到顶点。伴随着家庭汽车的普及、交通的畅通便利，出现了中心城市人口向郊区扩散的"郊区化"现象。美国政府在郊区化过程中起到了积极的作用，通过大规模公路的援建，实现高速交通网络的四通八达，促使工商业和居民向大城市周边分散，形成了以大城市为中心、周边中小城市优势互补的城市群，在很大程度上减轻了大城市的负担。此外，美国政府还实施了有利于向郊区扩散的住宅政策，推进小城镇的发展，对于城乡格局的平衡、城乡之间的协调发展起到了非常大的积极作用。

第三阶段：20世纪50年代至今，这一阶段是美国城乡一体化发展的阶段。科技的发展推动着通信与交通的革命，进一步促进了美国的城市分散化和城乡的一体化。这一时期，美国的制造工业衰落、第三产业崛起、产业的郊区化伴随着就业活动的郊区化，这就导致经济活动和人口持续不断地由大城市向中小城市转移，郊区人口比例越来越大，"逆城市化"态势非常明显。社会经济发展进入后工业化时代，第一产业的产值仅占5%左右，农业劳动力下降到13%左右，第三产业从业人员超过就业人口的一半，城市化总体水平达到64%。总体看上，虽然美国各城市规模差距大，但是小城镇占城市总数的比例超过99%，对协调城乡发展起到了强有力的作用。

总的来看，美国城乡统筹的实践是非常成功的。随着美国二三产业的迅速发展，大量农村剩余劳动力被吸收，这不仅解决了农村剩余劳动力就业问题，增加了农民收入，同时也为农业现代化、集约化发展提供了条件。美国政府从20世纪中期开始，通过直接经济补贴的方式加大对农民收入的支持力度，并呈逐年上升趋势。为了从根本上提高农民的生活质量，美国政府非常重视农民的职业技术教育，从而提高农民的技能和素质。在统筹城乡发展过程中，美国政府通过出台农村地区税收优惠等政策，对工厂和居民往农村地区迁移进行激励和引导。农村基础设施建设和社会事业建设的加强，也为美国缩小城乡差距提供了基础保障。

3. 法国的发展经验

法国的城市化起步早，发展快，同时又伴随着一些明显的问题。早在1800年法国的城市化水平就达到了20%，由于工业革命的大力推进，工业猛烈扩展，到1900年，法国的城市化水平达到了40%。第二次世界大战后，由于大量农民涌入城市，城市人口比例快速上升，逐步达到了80%左右。经过多年的发展，一些问题也逐渐浮出水面。区域发展不均衡，巴黎发展迅速而其他地区发展停滞，甚至倒退，造成矛盾突出，同时，农村劳动力普遍老化。为了解决这些问题，法国采取了一系列措施，鼓励农民在家乡创业，但在当时并未取得理想效果，原因在于农村的"推力"：农村就业机会有限，物质文化生活贫乏、单调；城市的"拉力"：城市的平均收入大概是农村平均收入的3倍，政府投资集中于城市地区。城乡之间的不平衡，造成了农村人口的大量外流（赵保佑，2008）。

为了控制大城市的盲目扩张，使城乡之间协调发展，法国政府采取了以下几项措施。①在巴黎附近建立卫星城，均衡分布工业和人口，缓解巴黎和巴黎周边地区过分膨胀的问题。②鼓励工业分散，发展落后地区。明令禁止在巴黎、里昂、马赛三大地区新建和扩建工厂。与此相配合，政府修建了众多深入农村和落后地区的公路和铁路，以合理分布工业，因此，以前那些处于农村附近的小城镇的生气得以恢复。③振兴农村经济。法国政府在国家预算中专列了"农村发展整借基金"，拨出巨款对衰老的农村地区进行整顿和改造。④补贴农业，增加农民收入。法国坚持对农业的补贴政策，并根据形势发展不断进行调整。由于一系列支农政策的实施，城乡之间的差距逐渐缩小。

由于小城镇和农村的居住环境优美而舒适，一些富有的家庭迁出大城市，住在郊区、小城镇或农村地区。政府适时采取措施对老城进行改造，优化城市环境，提高住房质量，改善交通设施，刺激就业，扶持新兴产业，期望建立更为健全的、能吸引居民的城市生活环境，以重新发挥老城那种经济、社会、文化中心的作用，使法国城乡基本趋于协调发展、良性互动的大格局中，现在法国的农村建设得十分优美，交通网路非常发达，公共设施也很完善，城市和乡村生活都很惬意幸福。

4. 日本的发展经验

日本是亚洲最早崛起的国家，自明治维新以后，日本结束了奉行多个世纪的闭关锁国政策，工业化的起步虽然较西欧等发达国家要晚，但是其工业化的速度却非常迅速。第二次世界大战结束之后，日本开始恢复时期，到 1955 年年底，其工业生产的实际水平已经达到了战前的最高水平。20 世纪 60 年代，日本的经济仍然在高速发展，农村大量人口不断向东京、大阪、名古屋三大都市圈集聚，城市化的速度相当之快，到 1970 年时，日本的城市化率已经达到了 72%，而早在 1921 年时，这个比例还不到 20%。伴随着城市化的迅速发展，一些社会问题大量涌现，城乡结合部居民混杂，社会治安堪忧，本就面积不足的农田被大量占用，污染问题日益严重，农业生产条件恶化。由于农村大量人口的外流，高龄化问题凸显，从事农业的劳动人口中，65 岁以上的占到了 35%，农村人口老龄化非常明显，农业生产大幅下降，一些农产品依赖国外进口（赵保佑，2008）。

日本政府开始注意进行有效调整，在 1974 年成立国土厅，专门负责国土的整治、开发、利用，将全国土地依据开发的成熟程度划分为三种地区：人口过密地区、整备地区、开发地区，并分别采取不同的财政、金融、税收政策。从那时起，日本一直在农村大兴土木，扩建交通网，修筑桥梁，绿化环境，组织水电供应；在新开发的小城镇兴建住宅、意愿、学校、商店，以及各种文化设施等。开发和建设小城镇的资金主要是通过银行低息贷款和国家财政补贴获得。到 1990 年代初期，日本不同规模的城市数量达到 688 个。新开发的那些小城市低价比较便宜、环境好、配套设施齐全，又由于脑力劳动和体力劳动的界限不断缩小，在大城市和小城市的就业差别不大，因此小城市的吸引力越来越大。

日本政府高度重视农业的基础地位，先后制定了一系列具有日本特色的涉农法律法规，并形成了有机体系，支持和保护了农业和农民的利益，比如，日本政府在战后制定的《农业基本法》，在保证农业增产、缩小城乡差距、促进流通等方面发挥了重要的作用。日本的农业保护政策主要体现在税制、补贴和控制进口等几个方面。日本每年农业补贴总额超过 4 万亿日元，农业收入的 60% 以上来自于政府的补贴，到 2000 年，日本的农业补贴占 GDP 的比例为 1.4%，而同期农业生产所占的比例为 1.1%，农业补贴已经超过了农业产值。现在日本农民的平均生活水平不低于城市劳动者的生活水平，农村的基础设施与城市相比也没有大的差别，农村既保持了古朴的风貌，又创造了舒适的生活条件。

总的来看，日本的工业化、城市化道路与西方发达国家有很大的相似性。日本首先是通过高额农业税等方式"以农促工"，通过大量第二、第三产业的兴办，吸引大量的农民进城，随着政府对职业教育的大力投入，进城农民成为具有产业技术的工人，同时成为城市居民。随着工业化程度的提高，日本开始执行"工业反哺农业"的发展方式，通过政府建立农政补助金，缓解了农业发展专项经费短缺的困难，并且以广泛兴建农田水利设施为龙头，对农村基础设施加大建设力度，使农业经营业主的投资环境得到极大改善（郭建军，2007）。日本落后地区的财政能力也是有限的，政府解决这一问题的途径是推出了财政转移支付和税收调节政策，其形式表现为实行了交互地方税制度，对于地方自主财税不足的部分依靠中央财政税收转移补贴来进行弥补，调节了地区间人均财政支出或人均公共支付不平衡，效果比较理想（郭建军，2007）。为了扶持农业发展和振兴农村经济，日本政府先后制定了若干政策、法规并进行了有效实施，为城乡一体化发展提供制度保障。

15.1.2　部分发展中国家统筹城乡发展的实践

从20世纪五六十年代开始，发展中国家出现了工业化和城市化发展的热潮，许多发展中国家在城市部门工业、服务业发展战略遭到挫折的情况下，选择农村工业化作为发展农村经济、实现城乡共同繁荣的战略，促进了城乡协调发展，为发展中国家实现现代化积累了经验；也有一些发展中国家在此过程中，出现了城市化畸形发展、贫富两极分化的现象，影响到现代化的进程，留下了一些深刻的教训。

1. 印度的举措

印度是一个以农业为主、人口众多的国家，在城市化和工业化的进程中有经验也有教训。作为发展中的大国，城乡分割的原因与其他发展中国家是一致的，都是因为农村工业化发展滞后、城市化水平低。印度城市化总体水平低于世界其他地区，城市化进展也比较缓慢，但是从20世纪50年代至21世纪初的50年间，印度城市人口规模的绝对增长量却是巨大的。这与印度政府在城市化进程中所采取的一系列措施是分不开的。

印度曾非常重视农村工业化的发展，分别于1948年、1956年和1977年出台三个工业政策，把农村工业、家庭工业和小工业放在重要地位。第一，实施农村工业项目计划。成立农村工业项目中心，专门对农村工业企业家进行培训，还对农村工业发展提供经济援助。第二，推行农村工业保留政策，即规定一定产品只能在农村工业中生产，以保护农村工业免于和大工业竞争。第三，为农村工业和小工业提供资金支持和税收减免优惠。20世纪80年代初，各金融机构对农村工业和小工业支持的资金占其融资的份额达到了70%以上。第四，对农民进行技术培训。到1985年，农村工业及小工业企业数达到了127.5万个，就业人数达900万人，产值占全部工业产值的一半，出口额占全部出口额的25%。

值得注意的是，由于印度人口基数大，农村人口向大城市、特大城市流动的规模远远超过了城市经济增长吸纳劳动力的能力，这在造成大量失业人口的同时，也给城市的交通、住宅及供水等基础设施带来巨大压力，造成大城市、特大城市人口膨胀问题突出。自20世纪70年代以来，印度农村流入城市的人口就占城市总人口的46.9%。城市虽然强烈地吸引着农民，但是已无力同化农民，因为大城市已经人满为患，城市工业发展无力提供足够的就业岗位；城市的基础设施已大大超过负荷，也无力容纳从农村流入城市的农民。农业凋敝，小农破产，随着工业化、城市化的推进，社会出现了两极分化现象，又由于人口众多，虽然工业化和城市化水平都远未实现现代化，但大量贫民无序涌入大城市，使印度城市里的贫民窟越来越多，亚洲最大的贫民窟——孟买的达拉维贫民窟有近700万人，接近全市人口的一半，引发了许多社会问题。

鉴于城市化进程中出现的问题，印度一般不在大城市周围建设卫星城，而是鼓励发展独立的小市镇。马哈拉施特拉邦有一个名叫塔内的小镇，1962年以前只有2万人，经过20多年的建设，形成了一个拥有工商企业2000家，职工20万人的小城镇，不仅吸引了大批无地的农民，而且带动了地区经济的发展。印度政府总结了这个经验，正在全国各地建立工业城镇，以吸引一部分劳动力和经营管理人才离开人口过密的大城市，缓解大城市的人口压力。

2. 韩国的经验

韩国用了短短30年左右的时间迅速实现了工业化，城市化水平早已超过70%，城乡居民收入的差别已经基本消失，是近代世界历史上经济发展最快、持续时间最长的地区之一，属于工业化进程与城市化进程比较成功的发展中国家。韩国在此进程中形成的经验值得我们借鉴（赵保佑，2008）。

20世纪60年代，由于韩国实施优先推进工业化的不平衡发展战略，在工业快速发展的同时，农业却发生严重萎缩，"三农"问题日益显现，如城乡差距扩大、农业和农村结构性矛盾突出、农民增收困难、农业服务体系不健全，针对这种格局，韩国政府开始调整优先发展工业的不平衡发展战略为工农业均衡发展战略，以发展农业和农村来振兴国民经济。

一方面，韩国政府采取措施增加农民收入。政府通过发展农村工业增加农民的非农收入，走出了一条由政府有力推进的、扩散型的农村工业化道路。从20世纪70年代开始，调整重点集中在两个方面：一是通过工业化扩散减轻工业在首都地区的集中程度；二是加强农业和农村地区的经济发展。韩国政府制定了许多政策措施以促进农业工业化的发展。第一，实行"新农村工厂计划"。基本目标是改善农村居住条件，吸引工业企业家到农村地区投资。第二，实行"农户副业企业计划"。该计划在1967年提出，旨在促进传统的农村工业。第三，实行"农业工业园区计划"。该计划制订于1983年，目的在于进一步推进农村工业化。该计划强调"农业工业园区"应建立在农村人口聚居中心，发展农村非农产业，增加农民收入，实现地域、城乡之间的均衡发展。到1988年，已经建成农村工业园区122个。1962年，农户平均所得仅为9万韩元，到1990年则突破了1000万韩元，农民收入有了明显的增加。

另一方面，通过新乡村建设运动来改善农民的生产和生活环境。建设的重点涵盖了农村经济社会的方方面面，包括修路、电力、水利、修建住宅等，到了20世纪70年代末，农民的物质生活水平得到了极大的提高。90年代以来，韩国掀起了新一轮农村建设高潮，重点在文化上实现城乡的均衡发展，进一步实施先进的文化教育，提高农村的地位，新乡村建设的效果明显，使得城乡在物质文明和精神文明上差别都不大。至2004年，韩国的城乡居民收入差距缩小到1∶0.84，基本实现了城乡统筹的目标。

韩国政府采取积极引导和激励的措施，充分尊重村民的意愿和自主选择，这充分地调动了农村的积极性和创造性。为保证新村建设的政策顺利实施，韩国政府明确翔实地对各级政府的管理权限进行了规定。上一级根据实际情况，及时制定和调整有关政策措施，并加以矫正或推进。此外，韩国政府采取措施完善市场体系，建立健全农业服务体系等措施，提高了流通效率，走出了依靠科技进步发展农业的道路（赵保佑，2008）。

3. 巴西的实践

在20世纪30年代以前，巴西的城市化有了一定的发展，但是其城市化的进程缓慢，城市化的基础也缺乏必要的物质基础的支撑。其根本原因在于，从16世纪初葡萄牙殖民者到达巴西起到20世纪30年代的300来年殖民统治时期，巴西一直是宗主国的初期产品和工业原料的生产基地和供应基地，其城市化缺乏必要的现代化的工业为基础支撑。城市主要是商业、官僚机构、文化和初级工业的活动中心。从1930年开始，巴西进入了主动的工业化阶段，随着巴西工业化的发展，巴西的城市化进程大大加速，并且出现了超城市化的现象。

1930年，巴西的瓦加斯革命结束了考迪罗的农业寡头统治，国家开始了有意识的工业化进程，从而带动了巴西的城市化进程。为了摆脱殖民宗主国对巴西经济的控制，发展民族经济，巴西在革命之后，实行了一种进口替代的现代化路径，现代工业的发展，带动了中心城市的快速发展。但是，由于巴西长期受殖民地经济的影响，一直到20世纪50年代前期，巴西的现代工业化处于起步阶段，经济仍以初级产品和原料为主，所以，巴西的现代工业化进程对城市化的带动作用还是有限的。在50年代的后半期，巴西在前一阶段工业化的基础之上，工业化进程加快了速度，在进口替代、发展重工业和耐用消费品的工业化的战略之下，1967~1974年巴西经济年平均增长率达到了10.1%，创造了"巴西奇迹"。巴西逐步建立起较为完整的行业体系，在工业化的带动之下，巴西城市化飞速发展，新城市不断出现。圣保罗和里约热内卢等大城市的集聚和规模效应开始出现，在巴西工业化加速发展之后，圣保罗一直在巴西工业化进程处于领先地位。在这段时期，巴西城市化发展最快的地区主要集中在沿海地区（林伟，2014）。

从20世纪50年代初到70年代末的30年，是巴西城市化飞速发展的时期，城市化水平从36.2%快速上升到67.4%，到1980年，人口超过10万的城市有95座，超过50万的15座，超过100万的7座。目前，巴西已经实现了高度的城市化，2000年的城市化率为81.4%，而同期世界平均水平仅为46%。

15.1.3 国外统筹城乡发展模式总结

1. 发展社会福利，整合城乡分化，促进城乡融合

工业化的发展加快了城乡空间联系的分化，城乡的两元结构必然引发各种社会问题，甚至社会动荡，影响社会经济的健康发展。为此，各个国家不得不采取措施，严格控制社会经济的分化程度，加强进行整合社会经济，从而使社会经济能够进入健康而又有序的发展轨道。这一整合行动主要体现为加强社会关怀，实施社会救济与社会保险。

英国的城乡分化最早，也是最早采取整合行动的国家。1834年英国政府颁布新的《济贫法》，真正实现了从慈善事业向现代化救济事业的过渡，被视为现代社会保障的萌芽，是由社会救济事业向社会保障制度化的重大转折。它规定，社会救济属于公民的合法权利，社会实行救济是应尽的义务。此时英国的城市化水平在40%以上。随后，德国制定了世界上第一部《疾病保险法》，率先向手工工人和非手工工人提供患病时的生活和医疗保障。1884年通过了《工伤事故保险法》，1889年颁布了《老年、残疾遗嘱保险法》，向全体工业劳动者提供老年和残疾时的保险。这三项社会保险法的相继颁布，标志着世界第一个社会保障制度的最终确立。从19世纪80年代到20世纪30年代，西方其他几个发达国家也纷纷建立了社会保障制度。这一大规模的社会整合行动，标志着社会发展由对立走向平等，这一时期，发达国家的城市化水平在1925年达到了39.9%，也就是说，在20世纪30年代，发达国家在城市化水平达到40%时，已经实现由城乡空间对立向城乡空间平等发展的转折。

城乡社会与城乡空间的平等发展，使社会经济发展走向快车道。由于通过一系列的社会保险制度的建立，保障了失业者、老弱病残者的基本生存权利和生活条件；消除了社会动荡的因素，使社会经济朝着平等、健康、稳定的方向快速发展，大大加快了城市化的发展速度。英国国会在1942~1947年先后通过了《国民保险法》《国民健康服务法》《国民工业伤害法》《家属津贴法》和《国民救济法》等一系列社会保障立法。这些法案的施行和不断补充完善，使英国建立了一套强调全面、普遍、平等、充分的从"摇篮到坟墓"的社会保障制度。1948年，英国向全世界宣布已经建成了"福利国家"。随后，其他一些欧美发达国家也先后宣布实行"普遍福利"政策。这样，社会福利事业继社会救助、社会保险之后得到空前发展，使社会日益进步且变得更加公平、更加安定、更加繁荣。到1970年，发达国家的城市化水平已经达到了66.6%，1975年达到68.6%，1980年达到70.2%。也就是说，发达国家在城市居民人口占总人口比重的67%以上时，城乡空间进入了融合发展状态（段应碧，2012）。

20世纪70年代，发达国家开始出现"逆城市化"现象，也有人称之为"城市郊区化"或城市化过程中的田园化现象。出现这种现象的根源和前提有以下几点。①城市居民中老年人的比重不断增加，加上社会保障制度的日趋完善，他们更愿意选择到城市郊区或乡村居住。②由于家庭汽车的普及和高速交通网络的发达，大城市的经济活动和人口向周边疏散更加便利，且城市拥挤不堪，环境嘈杂，驱使收入可观的家庭移居到公共设施完善、环境优美的乡村去生活。③20世纪70年代，经济的萧条造成了大量失业人口，他们宁愿选择到小城镇谋生，也不愿意在大城市流浪。此外，在种族歧视的影响下，黑人不断涌向大城市，而白人则不断离开大城市，而且在20世纪70年代美国人口增长主要是大城市周边村镇居民数量快速增长的缘故。

以美国为例，在20世纪70年代的十个年头里，美国纽约人口减少了82.4万人，芝加哥减少了36.4万人，底特律减少了31.1万人，费城减少了26.2万人，克利夫兰减少了17.7万人，圣路易斯减少了16.9万人，巴尔地摩减少了11.9万人。从美国全国来看，1980年时的超大城市中心市区人口比1970年减少了17%左右。到20世纪80年代以后，美国大城市郊区和市区的就业机会已经相当接近，郊区大约提供了3300万个就业岗位，市区大约提供3600万个就业岗位，美国人把这种办公室和商业实体日益繁荣的郊区称为"边缘城市"。

进入20世纪90年代，郊区社区成为美国居住区的主流形式，全国约有一半住宅分布在郊区，而中心城市和非大都市区的在住住宅比例分别为30%和20%，郊区社区在住私有小住宅约有0.35亿套（王旭，2008）。在信息革命和经济全球化的带动下，美国进入"高增长、低失业、低通胀"并存的新经济时代，这个新经济时代对城市和郊区均产生了明显的积极影响，但侧重点不同：①在高科技就业增长速度方面郊区快于城市；②在就业方面，中心城市失业率下降速度快于郊区；③在产业空间布局方面，制造业仍保持着自1970年以来开始的从城市向郊区转移的趋势；④人口构成出现新的变化。在总人口增长的同时，中心城市人口也有增长，城市老龄化趋势明显，郊区人口开始出现多样化特征；⑤美国郊区化的过程中也出现了新的住房危机；⑥人口分散化现象还在持续（段应碧，2012）。

到20世纪80~90年代，美国的城市化发展又有了一些新的变化，有人称之为"再城市化"。它反映了持续产业结构的变化，特别是那些以旅游、度假、服务和知识经济为主的地区发展的城市，和作为各类跨国公司总部及相关的金融、保险和房地产业总部的城市获得了新的发展，而许多小城市地区和非城市化地区由于缺乏有竞争力的现代工业，地区经济社会发展缓慢。新的城市化运动使美国各地的社会经济发展和人口发展又出现了新的巨大的反差，造成了新的城乡差别效应。再城市化的又一因素来自拉丁美洲和亚洲移民的不断增加，以及美国本土出生的少数民族人口的增加，这使得美国出现了少数民族人口日益膨胀的趋势。新城市化的特征是，20世纪90年代后，在超过100万人的大城市中，高级白领所占的比例大大高于人口在25万人以下的小城市化地区和非城市化地区。

在以知识经济为代表的美国的跨世纪产业发展中，其新的城市化发展、稳定与整合将明显具有知识经济的特色：①高新科学技术成为城市进一步发展的最主要力量；②城市的繁荣和发展完全离不开第三产业的大力发展；③经济的全球化趋势和多元化是城市化进一步发展的坚强后盾。世界其他几个发达国家的城市化发展，与美国的发展历程大同小异，比如英国、法国、德国、意大利、加拿大等国，其城市化的发展过程中，都经过了分化、整合的过程，它们在70年代都有类似的"逆城市化"现象出现；进入80年代以后，知识经济的发展使得发达国家的社会经济获得进一步的发展与提高，城市化在城乡差别效应的作用下，又得到更进一步的分化与整合，高新技术产业取得重大突破和发展，产生新的经济增长极。

2. 制订社会发展计划，有序推进城乡协调发展

挪威是典型的发达国家，经济和人文发展指数在世界各国中名列前茅，城乡差别已经最小。与城乡协调发展相关联的是地区之间的平衡发展。挪威同样经历了从地区发展失衡走向均衡的历史过程。比如，挪威的北部地区由于邻近北极，气候条件十分恶劣，已经接近不适宜人类居住地区，有些地区经历了历

史上最严峻和最困难的不平衡发展难题，其中最棘手的问题就是人口的大量流失。解决地区发展失衡问题的首要任务是确立一些重要的理念，因为正确理念是正确决策的基础，而这些理念的形成同样经历了漫长的历史过程。

北部地区发展滞后的问题实际上在20世纪30年代就引起了挪威政府的高度关注。从1935年开始，挪威针对北部地区制定了一系列发展计划和相关政策。其中包括：1935年提出的"危机对策项目"、1945年提出的"重建计划"、1952年提出的"北挪威发展计划"、1960年提出的"地区发展计划"、1972年提出的"北挪威发展计划"、1975年提出的"道级发展计划"、1980年提出的"应急项目"等。针对不同性质的问题、解决问题的不同方式和目标，提出了多种不同的发展计划和项目，自然也就产生了各种不同的结果，给当地的居民带来了完全不同的命运，但这无疑都促进了地区的协调发展。

一系列地区发展计划与政策的演变体现了挪威推进城乡和地区协调发展基本理念的形成过程，即地区发展问题实际就是国家发展问题。地区发展问题产生于国家层面的决策。根据经济学的竞争法则，地区发展计划在相当程度上是由中央政府提出或决策的，因此，它们也必须放在国家层面上加以解决。当然，这一说法并不否认地方政府在解决地区发展问题中的主动性。挪威在推进地区发展计划方面的经验可以概括为以下几点（段应碧，2012）。

第一，政府对城乡协调发展的高度重视。第二次世界大战之后，城乡发展失调问题在挪威开始出现的时候，就立即进入了政府的视野，一系列的研究和计划随之出台。这种反应的敏锐和行动的敏捷是民主体制下政府运作的一种必然结果。因为民主政体实际是各种利益团体进行政治角力的舞台，只要在这个舞台上有各方利益的代表存在，他们的利益就会及时地得到表达和实现。农民的利益也不例外。在挪威，农民在政治中属于强大的力量，使得城乡协调发展计划和发展政策能够及时提出、调整和实施，确保农民作为一个整体的利益不受侵害。

第二，保持透明和职责明确、分工精细的政府构架。在挪威，只存在中央、道（县）和市镇三级政府，这三级政府的分工十分明确，它们按事权与财权对应的原则各自承担对民众提供公共服务的职责。比如，中央政府主要承担大型基础设施和公共福利设施的建设和财政拨款，包括高速公路、机场、大型水利设施、中央医院、大学等；道（县）是中央政府的派出机构，主要负责对中央政府发展计划和发展项目实施监督；而市镇一级政府则主要负责与民众日常生活有关的小型公共设施和福利设施的建设和管理维护任务。此外，还有非政府组织在社区层面上推进各种发展计划和实施各种发展项目。

第三，规划、政策制定过程的科学化和民主化。在挪威，任何一项发展计划和政策的制定都是一个反复进行纵向和横向对话与协商的过程。"横向协商"是推进项目的主要部门（主要负责部门）与项目的相关部门、非政府机构和与此利益相关的民众进行协商；"纵向协商"是提出项目或发展计划的这一层级的政府向它的次级政府或下级政府进行协商。所以在挪威，任何一项发展计划或项目方案的出台不是计划提出者的主观意志所决定的，它实际上是一个协商与对话的结果。这一运作方式不仅能够充分体现民众的意志，减少决策的失误，同时能够在更大范围内动员不同层面的政府资源和社会资源，保证发展计划得到受益者的支持和参与。

第四，公民社会的发展和非政府组织的活跃成为推动社会发展的动力，维护社会公正，推进城乡协调发展的重要条件。挪威是一个君主立宪制国家，实行议会民主制度，保障结社自由，开放党派建设。在这一民主制度下，挪威的公民社会和中间组织（非政府组织）得到充分发展，成为维护社会公正、保障政治民主、推进社会发展的重要力量。在推进城乡协调发展方面，除了农民党成为农民利益和农村发展的重要代言人外，还有承担农民合作组织功能的"挪威皇家发展协会"、与中央政府进行沟通和加强地方政府相互交流与协商的"挪威市镇政府协会"。这些非政府组织在推进决策的民主化、保障基层民众的利益、推进城乡协调发展方面发挥着重要的作用。

第五，加大对农业和农村的投入，通过加快农村和农业的现代化，推进整个国家的现代化进程。从1973年开始，挪威对农业的投资是对其他产业投资的近3倍，最高时（1977年）达到了4倍。这里还不包括公共建设投资对农村地区的倾斜。大力发展农业和农村对于推进挪威的城乡协调发展起到了重要作用：首先，提高了农业生产力，不仅保障了国家粮食供应的安全，而且解放了农业生产力，使挪威农业劳动力占全体就业人口的比例从20世纪50年代的40%以上降低到现在的4%以下；其次，加大对农业的投入迅速地提高了农民的收入水平，由于降低了城乡收入水平的落差，减少了农村人口向城市的盲目流动，既减轻了城市的人口压力，又提高了农村的活力，加速了农村的城市化和现代化的进程；最后，加大对农业的投入，促进了农村地区基础设施的改善和二三产业的发展，促进了生产力的均衡分布，从根本上保障城乡协调发展。

3. 注重基层建设，推进村镇发展

与挪威从战略规划入手，从而全局性地统筹安排城乡发展，调整经济空间格局不同的是，德国在促进城乡协调发展过程中，从基层入手，在村镇建设方面取得了很大的成效；韩国注重农村的建设，大力推进新农村运动，促进了城

乡之间的协调发展。这种模式可以总结为以下几点（段应碧，2012）：

（1）将村镇改造和建设作为政府工作的重点之一。为解决农村人口大量流入城市问题，避免农村人口过疏和大城市人口膨胀的问题，德国政府在20世纪70年代末和80年代初就提出了改造和建设好村镇，为农民创造良好的生产和生活条件，把农民稳定在村镇，安心发展农业的战略，并制定了相关措施。首先，是以农业法为基础，颁布了一系列保护农业用地、保护农产品价格等法规；其次，是健全管理机构、加强管理队伍的建设；最后，是完善村镇建设的投资机制，加大政府的支持力度。村镇改造或建设的投资由国家、地方政府和农民共同分担。对于基础设施、工业建筑及住宅等建设项目，国家和地方政府各自补贴总投资的35%，剩余的30%由农民个人负担。充裕的财政支持、雄厚的工业基础及世界领先的高新技术为德国的村镇建设提供了良好的基础条件。正因为如此，大城市没有过度增长，而小城镇发展很快，形成了比较均衡的城镇结构体系。

（2）优先考虑基础设施和社会服务设施的建设。为改造村镇的居住环境，提高村镇居民生活的舒适度，政府十分重视基础设施、社会服务设施的建设和各种公益事业的健全完善。现在即使是最小的村镇也都具备了大城市所具有的一切设施。几乎每个村镇都有公路相通，每家每户都有柏油路相连；供水、供电、供热等生活配套设施齐备完善；幼儿园、9年义务教育制的学校及文化体育设施一应俱全。这些基础设施和社会服务设施的建设资金大部分来源于国家补贴和乡镇的税收。

（3）注重单体设计与整体景观协调。德国村镇的特点是村落建筑与自然巧妙地融合在一起，不但每个单体建筑富有个性，纯朴自然，而且整体景观也十分协调优美。德国的村镇之所以能形成一个完美的整体，主要是靠村镇改造规划和设计的调控作用。村镇建设项目的选择必须通过专家论证，建设项目的设计必须通过多方面招标，然后经乡理事会通过，有关部门批准后方可实施。建筑设计在统一中寻求特色，在突出特色中满足规划的统一要求。

（4）注重环境建设和保护古建筑。德国是环境保护第一大国，全国森林覆盖率达33%。在村镇建设过程中，环境建设和自然生态环境的保护始终是必须优先考虑的重点，绝对不会为开发建设某个项目而破坏环境。为优先发展经济，以牺牲环境为代价的项目建设是不被允许的。虽然对城镇建设用地方面，在法律上没有硬性的人均指标规定，但是，在环境保护方面则有明确的规定。在建设法典中，环境保护占有重要的地位，保护环境、保护自然生态等相关的规定制约着建设的全过程。政府规定，任何项目的建设都要保证绿地总量的平衡，绝不允许未经处理的污水排放。50人以上的村庄必须进行污水处理，设置污水处理设施或采用生物处理技术。乡镇政府所在地一般都建有污水处理厂。德国政府还规定，具有200年历史以上的建筑均需列入保护之列，并拨出专款用于支持古建筑、街道的维修、保护工作。

（5）鼓励公众参与村镇建设。政府规定，凡村镇改建的规划和建设项目，必须经过公众民主讨论后，才能向政府主管部门申报立项。在立项时，首先要组成一个与此项目有关的所有居民参加的委员会，并从中选出理事会。由委员会和理事会讨论项目的可行性，并决定是否申报立项。项目经上级有关部门批准后，再由该理事会负责规划设计和施工的立项。项目经上级有关部门批准后，再由该理事会负责规划设计和施工招标、土地调整等事宜的组织、协调和决策。从项目的立项、申报到政府批准后的规划设计、施工招标及建设管理等，公众始终是处于主导地位的。

4. 实行大都市管制，推进城市郊区化

一个城市的发展始终受到向心力与离心力的推动，这两种力量的对比与转换导致了城市发展出现的阶段性。郊区化就是城市在经历了中心区绝对集中、相对集中和相对分散的阶段，它表现为人口、工业、商业等先后从城市中心区向郊区迁移，中心区人口出现绝对数量的下降。从20世纪50年代以来，西方许多发达国家的大城市掀起了一次又一次郊区化浪潮，这是第二次世界大战以后世界城市化进程的新现象，也是城市化高度发展的产物。

一般而言，国外大城市郊区化的发展经历了以下几个主要过程。首先是人口居住郊区化——"卧城"发展阶段。西方国家工业化后期出现了"大城市病"，导致了一些富有阶层迁往郊区居住，他们白天到市中心上班，晚上回郊区休息居住，这种郊区特有的居住功能被形象地称为"卧城"，这是大城市郊区化发展的初级阶段。其次是工商业郊区化——半独立卫星城阶段。这是20世纪中叶，郊区提供大面积廉价的土地供迁出企业扩建或新建，以及灵活、快速、安全的汽车运输迅速发展的结果。随着中心市区那些难以承受高昂地价和环境成本的工厂企业的外迁，促使与它们有联系的小厂也跟着外迁，从而掀起了工业郊区化浪潮。紧随其后的是市中心商业以超级市场或购物中心的形式向郊区和居民地带延伸其服务范围。随着中心城区工商业的郊区化，郊区"卧城"的规模、功能及居民的生活方式均发生了巨大的变化，郊区逐渐成为中产阶级工作、生活和居住的重要场所，但与中心城区仍具有紧密的联系和依赖关系。所以，原来功能比较单一的"卧城"开始演变为半独立性的卫星城镇。最后是服务业和办公场所郊区化——边缘城市阶段。这是20世纪60年代以来，企业、学校、文化娱乐等服务性行业大规模向郊区扩张，交通通信和网络技术超速发展，以及高级住宅和办公楼郊区化发展的结果。半独立性的郊区卫星城镇高度产业化，城市功能多元化趋势明显增强，逐步演变成具有相对独立地位的"边缘城市"，成为城市扩散进程中新的集聚中心和边缘经济增长极，双向吸纳中心城区和农村居民来此就业居住。这一阶段属于城市郊区化的成熟阶段（段应碧，2012）。

在无序的郊区化发展过程中，可能会出现城镇建设区沿着交通线连成片，形成城镇的连绵区，就出现了大都市区的地域概念。为了能在全球竞争体系中占有更高的地位，强化区域内的联合成为政治权利机构与经济发展机构的主动要求。区域的竞争优势往往是通过一个高度地方化的过程而产生并持续发展的。目前几乎所有的国家和地区都不同程度地卷入了区域集团化的浪潮，其成员单位大多已超出城市的范畴，空间经济协调组织的程度亦已扩大到国家间层面。在这种背景下，都市密集地区势必要求发展一个公平、公开又具有世界竞争力的管治和协调系统，以保障区域、城市的可持续发展。国外关于大都市区管治理念的形成及其相关研究，是以制度经济学和组织社会学对管治的研究成果为基础的。后来，经济地理学家把他们的区域经济带入了管治的研究，促成了管治向城市管治转变。当前的经济全球化，西方诸多都市区通过竞争和合作，将自己发展定位于国际舞台，既强调跨越边界、区际差异，也强调控制和协调。管治正是探讨社会各种力量之间的权利平衡，包括城乡之间，也包括城市之间，甚至不同层级政府或发展主体之间、同级政府之间的权利互动关系等。

15.2　国外统筹城乡发展经验总结

15.2.1　政府是统筹城乡发展的主体

在动员民众广泛参与的前提下，政府必须在统筹城乡发展中发挥主导作用，对这一点，世界各国包括发达国家和发展中国家已经取得了共识。统筹城乡发展是一项非常巨大且复杂的系统工程，不论是统筹城乡发展较为成功的发达国家还是发展中国家，都需要政府具备干预和指导城乡统筹发展的主导能力（张晓雯，2009）。累积因果论、核心与边缘区理论等区域发展相关理论也都证明了缩小区域差异最好的办法是政府干预。在市场经济条件下，城乡居民收入差距有经济发展自身的规律，离开了政府的宏观调控，工农、城乡之间由于生产效率不同产生的收入差距也会自动弥合，但消弭周期会相当长远，为了弥合或是缩小这种差距，政府行为在很大程度上起着决定作用。所以从国外城乡一体化发展的实践来看，政府推动是城乡协调发展的主体力量。

发达国家抑或发展中国家在统筹城乡协调发展过程中，政府主要通过三种政策措施推进城乡协调发展：一是制订城乡协调发展的规划；二是出台法律法规进行保障；三是加大公共财政资金对"三农"的扶持。中央政府和地方政府制定的规划和法律法规，为统筹城乡发展提供了制度保障，农村发展计划给予了农村经济社会发展以有利条件，缩小城乡差距，在投资、税收、金融、技术等方面，对农村基础设施建设予以支持，对农民进行技术培训，对于提高农民收入、缩小城乡居民贫富差距起到了很大的作用，这些经验、做法完全值得我们借鉴（赵保佑，2008）。

15.2.2 从法律上保障城乡统筹发展顺利进行

从世界各国统筹城乡发展的实践来看，统筹城乡的推进必须依靠有关法律的制定和实施，以使之具有较强的约束力。没有法律的支持和保障，政府和有关部门的统筹规划职责就很难明确，也很难具有权威性，因此立法先行是统筹城乡发展的必要环节。尤其是那些发达国家，在促进城乡融合方面以法律约束来规范和保障政府作用，通过为城乡统筹发展立法来推动进程，从制度层面保证协调发展的效果和效率。

20世纪50年代后期，美国先后颁布了《农村发展法》、《地区再开发法》、《人力训练与发展法》和《加速公共工程法》等与城乡统筹有关的法律。日本更是史无前例地出台了200多部法律法规，包括《向农村地区引入工业促进法》、《落后地区工业开发优惠法》和《自然环境保护法》等，形成了一套完整的城乡统筹法律体系（张晓雯等，2009）。意大利所有开发南方的措施都以法律形式颁布。相反，不管是发达国家代表法国还是发展中国家代表巴西都出现了立法保障不足的问题，国家在城乡统筹发展时制订的是规划、方案或工作计划，这些文案因为不具有法律效力或法律效力薄弱，很容易出现不稳定因素，并且受主观因素等干扰较大，不容易控制发展方向，给国家带来了一系列难以挽回的损失。通过这些实践经验和教训可以看到，必须要依法进行从城乡发展不均衡到城乡均衡发展的过程，保障整个国家资源向农业倾斜的过程不受人为因素干扰。

15.2.3 政府加强对农村的财政支持力度

发达国家在统筹城乡发展过程中，为了促进城乡融合，弥补市场机制的不足,国际上通用的做法是通过不断加大对农村的财政资金投入,努力增加农民收入尤其是可支配收入,缩小城乡经济差距,促进农村地区与城市的统筹发展。美国政府为了保证城乡收入均衡增长,从20世纪中叶开始,确保每年农业固定资产投资稳定上升,且增长比重远超过农业增加值比重(冯雷,2011)。日本政府则通过实施交互地方税制度,用中央财力以财政转移支付方式弥补地方尤其是落后地区财政的不足,率先加强农村的水利、交通、通信等硬件建设,加大财政投入发展农村基础设施,为农村工业和经济的发展保驾护航,优化整体政策环境,效果十分明显(赵保佑,2008)。韩国政府在1992~2002年,共投入约82兆韩元来完善农业方面建设和发展环境,逐步缩小城乡差距,打造平衡的城乡公共服务水平,确保公平发展。

15.2.4 加快农村土地制度改革

无论是发达国家还是发展中国家,土地与农民的关系都是至关重要的。土地是农民赖以生存的根本,决定了农村劳动力能否进行合理流动和转移。各国的农村土地制度虽各有差别,相关改革的措施和方向也不相同,但目的都是要提高农业生产率、缩小城乡收入差距,最终提升农民的生活质量,实现社会平衡发展(张秋,2009)。英国从1948年《城乡规划法案》生效时开始,严格控制农用地开发,不论是私人还是政府的公共机构征用土地,均需获得地方当局授予的规划许可证,并向土地所有者支付合理补偿。日本通过《农地法》《关于农业振兴区域条件整备问题的法律》等促进了农村土地的集约化和规模化经营。法国成立了"土地治理和乡村振兴组织",以防止本已属于私人所有的农场和土地在少数人手中形成土地垄断。如果遇到不正当或不规范的土地和农场转让,该组织可以行使法律规定的优先购买权来购置这一部分土地和农场,然后依法经过必要调整后再进行二次出售(胡忠勇,2011)。巴西在统筹城乡发展过程中,由于忽视了土地改革,土地过于集中问题一直没有得到有效解决,无法保护广大农民的土地权益,引起了很多社会矛盾和问题。

15.2.5 实行城乡公共服务均等化

公共服务均等化有助于公平分配,实现公平和效率的统一。基本公共服务均等化是缩小城乡差距的重要途径。韩国实施的城乡社会保障制度一体化是非常成功的,农村居民与城市居民在基本养老、医疗卫生服务、社会保障等方面无差异。美国政府为了保证农村地区的基本医疗条件,政府提供特别财政资金用于建设和改善农村地区的中小型医院，并鼓励和引导有关基金组织加大农村医疗基础设施的建设资金，为农村居民就医提供便利和优惠。美国政府对于农村地区居民建立了专门的医疗保险，通过设立特别基金等方式让农村居民只需交纳较低的保险费即可参保。同时，为了保证基本的医疗服务能满足所有农村居民，政府还推出了免费医疗等措施（付娜，2014）。

15.2.6 统筹城乡发展需要农村剩余劳动力进行合理流动

伴随着工业化进程的发展，从世界各国发展实践看，统筹城乡过程中必然出现大量的农村剩余劳动力向城市流动和转移，这是城市化和工业化的必然趋势，也是提高农民收入的必然要求。因此，所有推进城乡统筹发展进程的国家都非常重视农村剩余劳动力的转移问题（赵保佑，2008）。日本政府对农村基础教育和职业教育都非常重视，政府出资建立了许多职业培训机构，根据农村工业企业的用人需求，对农村剩余劳动力进行各种形式的职业培训，满足了城乡工业化的需要。政府采取多种措施来统筹解决城乡劳动力就业问题。

解决农村剩余劳动力就业问题首先要解决就业的环境。印度人享有充分的迁徙自由，可以在任何地方打工、安家落户。印度通过制定《最低工资法案》，规定了农民工工资的最低标准，保障农民工的收入，节假日、工作日和加班工资，以及其他的服务条件，不能低于当地劳动力的一般水平（赵红和张晓云，2010）。日本宪法规定其国民享有迁徙的自由，日本国公民能够自由自主地选择住在什么地方，一旦选择某地居住就马上拥有当地的常住居民身份，当地的所有福利都可以享受，并且可以在全国任何地方自由迁徙和选择住宅，因此促使大量的农民进城，并比较容易地转为城市市民，享有发展机会和福利（张晓雯和陈伯君，2010）。

英国、德国及巴西等国家实施了针对包括农民工在内的全国养老保险制度，为农民工提供了较好的社会保障。德国将所有企业工人当然也包含农民工都纳入企业职工养老保险中；英国政府建立了所有退休国民包括农民工均可无条件按一定数额地从政府领取的"养老年金"制度（张晓雯，2009）。美国的农民工患了大病、急病可以合法地免掉医疗费，农民工的孩子有权利在他们父母的居住地享受免费读书的义务教育。

15.2.7 合理规划统筹城乡发展

必须对城乡统筹发展有一个合理的规划，方可更科学地实现统筹城乡发展。

在第二次世界大战之前，英国在全国范围内进行统一的城乡规划，建立了世界上第一个完整的城乡规划体系统筹城乡发展。日本政府为谋求城乡之间和谐共生，制定了全国一体化的《全国综合开发规划》，科学统筹农村与城市的建设方案和发展布局，从全国整体角度对城乡进行统筹开发和规划，缩小城乡差距。事实证明，日本这一战略选择是成功的。德国实施的"联邦—州—地方政府"三级规划一体化的城乡规划体系比较完善且覆盖全国，规划领域主要与政府公共职责密切相关。德国国家层面有专门的宪法保障城乡规划的制订与实施，联邦和州层面有制定本州空间规划法律的权力。

15.3 国外统筹城乡发展经验对我国的启示

统筹城乡发展是一项复杂的艰巨的系统工程。前面许多国家的发展实践经验表明，在工业化进程中统筹城乡协调发展，平衡发展农业经济和工业经济，不断使城乡居民收入差距缩小，完成农业现代化建设和农村经济结构调整，是历史发展的必然要求，也取得了一系列经验。前述实现统筹城乡发展比较好的国家的成功经验及巴西等国在这一发展中遇到的问题都会对我国有很多的启发。

15.3.1 统筹城乡改革与政府角色的转变

政府作为城乡协调发展的主导力量，在统筹城乡发展方面必须发挥主体作用，应该从立法方面为统筹城乡发展提供制度保障；在财政、金融等方面为统筹城乡发展提供资金保障；在教育、培训等方面为统筹城乡发展提供人力保障；最后通过科学合理地规划城乡协调发展路径，积极创造条件全面解决"三农"发展问题，才能够从根本上实现城乡统筹发展。我国政府应坚持政府职能转变，推动体制改革，促进依法行政的规范化服务型政府。

15.3.2 制定相关的法律及地方性法规

从国外已经取得的统筹城乡经济发展经验看，城乡协调发展规划得以落实的前提是明确规划的法律地位，制定相关法律，并依法实施和引导。立法先行是统筹城乡或区域间经济协调发展的必要环节，法律既能明确政府部门和职能组织的统筹规划职责，又能维护统筹城乡发展规划的延续性和稳定性。根据前述研究，为保障统筹城乡发展的顺利实施，我国政府应通过一系列实体法和程序法的建构，保障统筹城乡过程规范化（赵保佑，2008）。地方政府应在符合统筹城乡综合配套改革要求的前提下，在农村剩余劳动力转移方面、在农村土地流转方面制定有关地方性法规条例，以保护农村、农民利益不受损害等。

15.3.3 强化农业和农村经济地位

统筹城乡经济发展的基础是农业和农村经济的发展。强化农业和农村经济地位是发达国家和发展中国家在统筹城乡发展领域共同关注的焦点。我国政府应重视相关政策的制定，加强引导，使农村在生产和生活方式等方面逐渐缩小与城市的差别。政府应该成为提供农村公共产品的主体，彻底改变农村公共产品由农民提供的不合理现状；政府通过调整公共财政支出政策，加大对农村和农业的投入力度等。强化县乡两级基层政府职能在农村经济发展过程中的作用，从政府职能定位方面要提出更高的要求，从而能够保障农村居民各个方面的根本利益，提高农村居民的经济地位，为统筹城乡发展的顺利实施提供职能保障。

15.3.4 加快农村剩余劳动力的转移和就业

随着工业化进程的推进和城市化进程的发展，大量农村剩余劳动力必然逐步向城市转移和流动，一定程度上将制约城市经济和社会发展，这是城乡经济协调发展的必然趋势。因此，我国各级政府及相关部门应该高度重视农村剩余劳动力的转移问题。政府应更加重视农村居民的教育和培训，既要进一步办好农村基础教育，推动义务教育资源平衡发展，还应该注重以提高人力资本价值为导向的职业教育和就业技能培训，通过职业培训和就业指导为农村剩余劳动力提供技能和机会，使农村剩余劳动力的转移更加平稳和成功（赵保佑，2008）。

从就业区位来看，要转变由农村向大中城市过度转移劳动力的现状。鉴于我国巨大的人口基数和农业人口人数占比高的实际，参考印度和巴西在农村剩余劳动力转移中出现的问题，我们应该开发和鼓励多区位的就业模式。在政策上给予倾斜和指导，引导市场配置，大力发展二三线城市和乡镇直至乡村一级的服务产业，使广大农村剩余劳动力能分散在不同区位就业，改变现在过度集中于大中城市的现状及由此带来的社会问题。

15.3.5 对统筹城乡发展进行科学规划

从国际经验看，在城乡协调发展的过程中，必须正确认识城市规模等级结构的发展规律，坚持走大中小城市和小城镇协调发展的道路。因此，我国应该改变单中心发展的格局，建立合理的城市体系。不断加大农业基础设施建设，提高农村公共服务水平，提高农村医疗、教育、福利水平，创造公平就业机会和社会保障，想方设法增加农民收入，扩大收入来源，消除地区间的不平衡，实现城乡协调和可持续发展。根据各地区具体情况的不同，采取适合当地发展的差异化发展策略，在重视城市化发展的同时，可以通过小城镇建设分担城市职能，使小城镇成为城市和乡村之间的桥梁和缓冲区，弥补大城市与农村经济发展之间的巨大差异，协调城乡经济，实现和谐发展（盖运动，2009）。

15.3.6　提高农村自我发展能力

在统筹城乡发展，逐步实现城乡一体化的过程中，必须采取有力措施，增强农村自我发展能力，增加农民收入，形成城乡经济社会协调发展的良性循环机制，使乡村在生产和生活方式等方面逐渐缩减与城市间的差别。欧美日等发达国家都采取农业补贴政策，帮助农村地区改善交通、通信等基础设施，加强城乡间产业发展和区域联系，提高了农民的收入，缩小了城乡之间的差距。而少数发展中国家，没有实现城乡之间经济社会的协调发展，缺乏对农村经济的重视，造成农业萧条、农民破产、农村落后，进而影响了工业化和城市化的进程。

15.3.7　促进大、中、小城镇协调发展

城市化带来了丰富的物质文化生活，但是也使交通堵塞、住房紧张、城市环境恶化，引发了一系列社会问题。从国际经验看，在推进统筹城乡发展的进程中，必须重视大中小城镇的协调发展，坚持走大中小城镇协调发展的道路。我国应当通过改善农业的生产条件和农村的生活环境，提高农民的收入水平和社会福利水平，消除城乡经济机会不平等现象，实现城乡协调和可持续发展。由于各地区具有不同的情况，采取的发展策略也不尽相同。在追求高度城市化和大城市带发展的同时，应配合小城镇的发展，以此来填补大城市与农村经济发展之间的空白，通过小城镇发展来协调城乡经济，在发展过程中缩小城乡之间的差距。

15.3.8　加快农村人口合理有序城市化

从国际经验来看，工业化的发展形成了城市对农村劳动力的巨大吸引力，

工业化的发展推动了农村人口大量涌入城市。世界各国工业化和城市化发展的一般规律是：当一个国家工业所占的 GDP 比例在 40% 左右时，农村劳动力转移程度基本达到 50% 左右，我国工业所占比值已经超过 50%，农村劳动力转移水平应该更高一些，但实际上仍与此有较大差距。应当借鉴国际经验，为农村剩余劳动力向城市转移开辟广阔渠道、创造良好的社会氛围，促进农民"市民化"，真正地融入城市，切实解决农民入城可能带来的一些问题，实现农村人口合理有序进入城市。

小 结

城乡发展失衡的问题不是中国所独有的，是世界其他国家曾经历的或正在解决的普遍问题，研究国外城乡一体化发展或城镇化建设，对于我国实现统筹城乡发展具有重要的借鉴意义。因此，本章介绍了部分发达国家和发展中国家解决城乡失衡问题的措施和政策，总结了国外的实践模式，分析了国外统筹城乡发展的经验，得出了对我国实现统筹城乡发展的重要启示。

第 16 章
我国统筹城乡发展的实践模式

我国东部沿海地区是统筹城乡发展最好的地区，也是工业化进程最快的地区，目前已进入大规模反哺阶段，也形成了不少有特色的城乡统筹发展模式，对中西部地区有很好的借鉴意义。中部地区的城市化和工业化进程相对滞后，城市对农村的支持作用较弱，工业对农业的带动作用还有很大的空间。西部大开发战略加快了西部地区经济发展的步伐，人民生活得到大幅改善，但是，城乡发展不协调、不均衡的问题依然十分严峻。为了协调城乡统筹发展步调和各地因地制宜地缓解城乡矛盾，党的十七大明确提出城乡发展的目标为"形成城乡经济社会发展一体化的新格局"，这个目标不仅仅是对城乡统筹发展的战略内涵的丰富，更是对构建新型城乡关系提出了明确方向和奋斗目标。2007年6月，国务院正式通过设立成渝配套改革试验区域的批文，并允许和支持这两个地方在不同的领域进行新的探索和实践。党的十七届三中全会更是进一步提出了"尽快形成城乡经济社会发展一体化新的格局"的战略发展要求和力争2020年基本建立城乡一体化的体制机制的宏伟发展目标，这些都标志着我国坚持许久的城乡二元结构体制将逐渐被城乡统筹一体化代替，二元结构和二元结构造成的矛盾将有望逐渐退出历史的舞台。

近年来，在统筹城乡发展的实践中，为了积极响应国家的有关政策，各地都进行了积极探索和寻找适合地方特色的城乡发展新思路、新政策和新举措，涌现出了一大批的城乡统筹发展典型地区，有以北京、上海和珠江三角洲地区为代表的大城市带动城乡统筹发展模式；有以城乡共享型融合统筹发展的山东莱芜模式和山东诸城"村改居"模式；也有以浙江和苏南等地为代表的"小城镇"发展带动全局城乡统筹发展的模式；更有以成渝地区为代表的依托地方特殊政策的通过推进相关体制改革来带动和促使城乡协调发展的模式，这些不同的模式进一步丰富了中央关于统筹城乡发展的理论内涵。同时这些成功经验也具有极强区域特色，不仅适应了区域发展模式的要求，更为该区域其他省份和城市提供了极强的参考样本，有利于其经验的大范围推广和应用。

16.1 国内统筹城乡发展的省域模式

16.1.1 江苏省农村聚落布局调整规划与实践

1. 规划的背景

据统计，江苏省农村布局的现状呈现以下几个特点。①规模小，密度大。江苏全省镇村布局规划的 1171 个乡镇现状：农村人口 4088.29 万人，人口密度为 736 人/千米^2。全省共有行政村 16 738 个，自然村 248 890 个，平均每个自然村 164 人，其中 300 人以下的村庄占总数的 84.15%。自然村密度最大的市平均每平方公里有 5.28 个自然村。总体来看，江苏人口密度大、村落密度大，相应地导致了村落规模较小。②布局散乱。由于全省区域经济状态、地形地貌及生活习惯差异较大，村庄布局形式也有所不同，如以南通地区为代表的沿路、沿河带状布局，以扬州及苏南地区为代表的满天星布局，以连云港等苏北地区为代表的团块状布局等，但总体来看，布局散乱现象比较严重，急需进行村庄布局整理。③村庄人均建设用地指标普遍偏高。全省农村建设用地有 781 172.27 千米^2，人均建设用地达 191.08 米^2，户均占地面积达 646.9 米^2，其中最高的市人均建设用地达 235.66 米^2，最低人均建设用地也有 134.47 米^2，土地资源浪费较严重。④环境差，配套不完善。多数村庄建筑新旧交错，杂乱无章，质量悬殊，基础设施和公共设施的配套不完善，环境面貌较差。江苏省村庄布局普遍存在分布散乱、规模较小、人均占地指标偏高等现象，造成了土地资源浪费、环境治理困难、基础设施难以配套、没有连片的生态空间和耕地等问题。为解决以上问题，江苏全省统一部署，1145 个乡镇同步开展编制镇村布局规划（李兵弟，2012）。

2. 规划的技术路线

江苏省率先在全国组织编制镇村布局规划是创新性工作，并以此作为统筹城乡发展的重要依据。该规划注重增强规划的理性和可实施性，尊重村民意见，走领导、专家、村民"自上而下"与"自下而上"相结合的编制道路。规划按照城乡统筹理念，在县（市）域城镇体系指导下，结合乡镇总体规划，协调确定村庄布点。规划以城乡规划一体化统筹城乡空间布局，有序开展村庄布局调整，加快人口和产业向重点城镇集聚，提高城镇公共服务水平，保障乡村空间特色。以交通和市政基础设施引导村庄布点，促进城乡基础设施共建共享，助推城乡一体化。按功能和需求统筹配置公共服务设施，加快教育、医疗、文化等公共服务向农村延伸、拓展，逐步缩小城乡社会事业发展差距，促进城乡之间基本公共服务均等化。同时又进一步通过县市汇总，对于村庄布点进行城乡统筹和行政边界地区村庄布点和基础设施布局的协调。

规划的总体原则是适度集聚，节约用地，有利于农业生产，方便农民生活，保护地方特色和传统文化。规划的总体目标是按照江苏人多地少、人口密度达736人/千米^2，城市化水平为50.5%的基本省情，通过适度集聚，形成规模合理村庄，有利于各项设施集约配套；有利于挖掘地方特色和弘扬历史文化；有利于形成新型的农村社区；有利于节约土地资源；有利于现代农业的机械化耕作。规划的主要内容是村庄布点、按照规划村进行配套设施规划，同时工业用地要向工业集中区集中，乡镇域内的弱质生态空间要划定保护范围。编制的组织得到了制度方面、技术方面和资金方面的大力支持。

3. 规划的创新之处

调整规划突出了前瞻性与现实性的有机融合，具有较强的政策性和创新性，按照适度集聚、集约经营的原则，优化整合乡村空间，采取逐步归并、连片、集中等多种因地制宜的措施，确定全省村庄布点。具体的创新之处有以下几点（李兵弟，2012）。

1）城镇体系规划编制创新

规划深化和完善了县市域城镇体系规划的相关内容，对每个村庄布点进行空间落实，并在此基础上进行村庄公共设施布点和基础设施网络配套，加强和深化了城镇体系规划的可实施性，从区域层面使城乡统筹落到实处，可以从根本上改变乡村建设布点混乱的局面。

2）城乡统筹

优先推进城市化，积极引导城镇周边农户、已经长期稳定进城镇务工经商的农户向城镇转移，调整"城郊区""空心村"，合理确定村庄布点。坚持规模总控。严格按城市总体规划和城镇体系规划期限进行控制，严格禁止利用镇村布局规划扩大城镇规模，村庄集聚主要以合理的耕作半径为依据，同时考察基础设施配置的经济合理性，提出平原地区在没有地形地貌制约的情况下，有条件地区的村庄集聚居住人口规模一般以不低于 800 人为宜，对于水乡、丘陵等地形地貌特殊的地区必须因地制宜地确定村庄集聚规模。统筹城乡基础设施的规划和建设，大力推进城市基础设施向农村延伸，不断改善农村生产生活条件，着力形成公共交通、供水、垃圾处理、污染治理、环境保护等城乡一体化的公共服务格局。

3）离土又离乡

倡导从"离土不离乡"向"离土又离乡"转变，坚决引导"离土又离乡"。积极鼓励和引导长期稳定从事第二、第三产业的农户"离土离村""进城进镇"，在城镇规划建设用地范围内的农民住宅建设，按照当地城镇规划要求，集中兴建居住小区，避免出现"城中区"，加快推进城市化进程。有序转移工业离村进镇进园，促进乡镇企业集聚发展。

4）城乡分开

坚持空间特色的城乡分开。营造城乡空间景观，合理保护村庄的社会结构和空间形态，建设乡村风情浓郁的村庄。坚持产业的城乡分开，第一产业留在农村，第二产业集中到城镇区，第三产业因地制宜。明确第一、第二产业空间分开，促进城乡空间布局与产业布局的协调互动，形成第二、第三产业和非农人口向各级城镇集聚，第一产业人口向规划村集聚的格局。坚持功能空间区位的城乡分开，坚持文化特色的城乡分开，促进城市文明和乡村文明各自发扬其优势，同时保持和创造各自的特色。

5）适度集聚

规划统筹考虑了农业机械化特点、村民劳作方便。设施配套经济和运行有效等需求，适度集中过于分散的农户，保留有条件发展的村庄。村庄集聚要根据经济社会发展水平和农业现代化进程，综合考虑地形地貌、区域性基础设施通道条件、农业产业结构特点、产业的经济规模，确定合理的劳作半径；村庄人口规模应考虑公共设施和基础设施配给的经济合理性，村庄的现有人口密度，从实际出发，合理确定居住人口规模。村庄集聚要考虑村庄的现有设施配套水平，要因地制宜地合理保留建筑质量较好、设施配套好的村庄。

6）因地制宜

村庄布点统筹考虑了与交通区位、产业特色、地形地貌等的关系，强化村庄选址的安全性，重视保护基本农田范围内村庄的乡土特色，强调了村庄的乡土化。

7）突出保护历史文化与地方特色

规划充分研究原村落布局的特点和成因，吸收其合理因素。在编制镇村布局规划过程中，始终把保护历史文化与地方特色作为规划的重点，要求凡是具有物质性文化遗存和非物质性历史文化遗存的村落必须予以保留；强调保护具有地方特色的村庄，将特色村庄内涵明确为建筑特色、规划布局、地形地貌、产业特色、风俗习惯等方面，延续原有的村庄脉络，保护乡村景观，塑造村庄地方特色。

4. 调整的效果

目前该调整规划已经成为江苏省各地农民建房规划定点的依据；全省正在按照规划逐年选点开展村庄环境综合整治工作；省政府各项新农村建设项目和资金都按照规划点进行安排；小学、卫生所、图书馆等公共设施都按照规划点村庄进行布局；全省农村公路网规划已按照规划的村庄布点进行了调整，按照规划保留村庄实施"村村通公路"；城乡统筹区域供水正按规划保留点实施。此外，按照规划加强了历史文化保护和历史文化村命名、保护工作。通过镇村布局规划，将规模小、散的村庄进行了适度集中，充分体现了有利于农业生产、方便农民生活、集聚集约使用土地资源的原则。规划后的村庄与现状相比，具有以下特点（李兵弟，2012）。

1）村庄集聚规模适度增加

江苏省人多地少，在全国各省区中人口密度最高、物质性资源最少、人均环境容量最小，集约发展是江苏的必然选择。在村庄规划建设中，必须引导农民适度集中居住。规划在充分调查研究的基础上，适度增加了村庄的集聚规模，充分体现了有利于农业生产、方便农民生活、集聚集约使用土地资源的原则，村庄建设用地从粗放向集约转变，偏高的村庄人均建设用地得到了有效引导。

2）村庄的选址更为科学、安全

规划通过大量的调查研究，广泛地征询水利、交通、国土等相关部门的意见科学选定村庄地址。例如，将宿迁地区国家规定的滞洪区、徐州地区煤矿采空区等原来处于不安全地带的村庄搬迁，或者规划提出防灾减灾工程措施。

3）有利于集中配套改善生产生活条件

江苏村庄现状小散乱造成了投资分散，众多零星散布的居民点使无经济实力的村庄无法配套，有经济实力的村庄配套浪费。江苏当前的总体经济实力和城市化水平决定了现阶段的新农村建设不可能也不应该盲目效仿发达国家目前的做法，村庄集聚布局增加了村庄设施配套的集约性和可行性，有利于改善村容村貌；通过规划，整合资金和资源，集中政府和社会资金、技术到规划村庄上。

4）历史文化遗存和特色村庄得到了有效的保护

江苏省历史文化资源丰富，古村落及特色村落村庄数量众多，尤其是苏南地区许多历史文化积淀深厚的村落，具有独特的江南水乡特色。通过本轮规划，探明了"家底"。全省特殊地形地貌村庄有768个，历史文化遗存村庄有286个，明确了保护目标，为下一步开展村落建设规划，做好历史文化和地方特色保护工作，打下了坚实的基础。

5）基础设施城乡统筹配套完善

基础设施规划与相关专业部门衔接协调，在县（市）域范围内统筹考虑，充分考虑了基础设施的区域化服务和市场化经营，明确了镇到村的基础设施管线、设施布点。

6）集约利用了土地资源

通过村庄的集聚、镇域现状基础设施的整理和清理，大力推进了土地的集约利用，促进了人居环境的改善与资源集约利用水平的同步提高。

16.1.2 海南国际旅游岛城乡统筹规划探索

1. 城乡一体化发展的实现路径

在建设"国际旅游岛"的整体背景下，海南城乡经济社会发展一体化的推进，需要以保障空间资源效益最大化和保护海南唯一的热带资源为出发点，明确海南在国家战略格局中的定位，构建产业体系、综合交通、公共服务、绿色格局、城乡体系、交通体系、人才体系等内容作为支撑。

1）在全国整体发展格局中准确把握海南的发展定位

国家在新的发展时期确定了长三角、珠三角、环渤海、海峡西岸和海南国际旅游岛等一系列不同主题的改革发展示范区，基本明确了全国整体发展格局。海南必须在全国整体发展格局中找准定位，着眼于资源优势最大化，有针对性地发展主导功能，走海南特色的发展道路。

2）培育以五大产业群为核心的现代产业体系

积极发展服务型经济、开放型经济、生态型经济，形成以旅游业为龙头、现代服务业为主导的特色经济结构。通过对三次产业重点领域，以及由融合而产生的新兴产业进行重新整合、重组，构建由现代服务业、新兴工业、高新技术产业、热带特色农业和海洋经济组成的五大产业群。

3）建立高效快捷的现代立体综合交通系统

建设机场、铁路、港口、跨海通道等对外交通设施，完善高速公路、环岛高速铁路、国道省道等内部快捷交通体系，建设旅游公路、内河航运码头、游艇码头、直升机场等旅游休闲观光交通设施，形成陆海空一体、有机衔接的综合立体交通系统。

4）建设高品质的绿色生态格局

加强城乡生态保护，严格保护自然保护区、水资源保护区、风景名胜区、森林公园、河湖湿地、遗址遗迹等生态敏感区；依托河流、生态保护区、林地分布，以及生态景观格局，拓展城乡绿色空间；划定海岸带功能分区，有序推进海岸资源的保护和开发；建立生态补偿和流域补偿机制。

5）构建"圈层网络扁平化"的城乡空间体系

依据海南自然地理环境和发展基础等要素，构建蓝色海洋、金色海岸、橙色台地、绿色山区四个圈层，建立完善以海口、三亚、儋州—洋浦、琼海—博鳌为核心，14个地区市县驻地为中心，量大面广的城镇为节点的城乡网络体系，引导生产要素有效流动，统筹发展与保护的关系。

6）完善有竞争力的多层次人才体系

人才是支撑海南跨越式发展和国际旅游岛建设的基础，以满足国际旅游岛建设要求为目标，健全人才政策，实施重大人才工程，逐步形成支撑国际旅游岛长远发展人才体系。

2. 空间规划布局

1）构建"圈层网络扁平化"的城乡空间结构

划定沿海、台地、山区和海洋四个圈层，引导要素有效率流动，统筹发展与保护。集中培育海口、三亚、儋州—洋浦、琼海—博鳌四大核心城市，引导各类城乡发展要素，尤其是创新型要素向它们集聚，丰富中心职能，提升中心地位。在培育城乡各级功能点的同时，增强城乡功能联系，构筑城乡互动的功能网络。针对海南特点，从生产功能、服务功能、流通功能和旅游功能等方面组织城乡功能网络。

2）组织满足基本公共服务和国际旅游岛建设需求的生活圈

生活圈组织遵循的原则如下：第一，打破县市行政边界，以乡镇为最小单元；第二，综合考虑自然环境、文化、经济和社会等因素；第三，生活圈的大小，依据各地方人口规模、人口密度、人口迁移趋势、经济发展水平、运输网络疏密程度的高低而定；第四，理论基础是中心地理论，遵循不同的服务类型具有不同的空间服务半径；第五，充分考虑通勤距离；第六，满足生态环境优美的需要。基于这些原则，从满足基本公共服务和满足国际旅游岛高端服务两个层面，在全省范围组织4个都市生活圈和21个基本生活圈两种类型。在确定生活圈空间组织方案的基础上，对生活圈公共服务设施配置的内容、要求及标准进行了规划，并对21个基本生活圈发展分别进行了具体的指引。

3）建设快慢适当、内外有别的省域道路交通系统

根据圈层发展的战略思想，摒弃传统的整体、快速交通骨架构建思路，建立快慢适当、内外有别的海南省域道路系统，作为城乡空间结构最重要的支撑。在作为海南"绿心"的中南部山区，道路系统采用与生态环境较为协调的中低等级公路网络交通方式，将干线公路集中化，并丰富支线公路网络。"绿心"北大门以北属于琼北平原、低丘台地区、地形条件有利于工程建设，采用快速、大运量的、集中式廊道交通方式。南大门与三亚市区、海棠湾、亚龙湾及环岛高速公路的距离均比较近，均不超过 40 千米，且地形条件比较复杂，重点建设分散化、网络化的二级公路交通网络。

4）建设海南高品质的绿色生态格局

首先，划定省级层面需要严格保护和禁止开发的地区，作为空间大规模开发的边界，由省级政府统一管理。范围包括 9 个国家级自然保护区、24 个省级保护区、17 个市县自然保护区核心区、18 个区域水源保护区，以及森林公园核心区、风景名胜区、河湖湿地、地质遗迹、公益林地、基本农田、自然生态岸线等法律法规确定的机制建设地区和生态高度、极度敏感区。

其次，依托景观密集区，构建体现海南特色的生态景观格局，拓展城乡绿色空间。依托河流、生态保护区、林地分布，构建 10 条生态绿廊和 12 个生态节点，由山区向沿海渗透，促进山海联动。

再次，将海岸带从功能上划分为临港经济区、城镇经济区、旅游休闲区、生态保护区、农业和渔业等五种类型区，有序推进保护和开发。

最后，从纵向和横向方面加强海南的生态补偿力度。其一，纵向补偿方面，加大国家层面对海南补偿的力度，划定明确的生态补偿范围和试点对象；其二，横向补偿方面，按照利于加强海南省内部的生态补偿。

3. 实施机制

为保障海南城乡经济社会发展一体化的顺利推进，规划要求加快体制机制创新，配套完善相关政策措施，促进规划各项目措施的有效落实（李兵弟，2012）。

1）完善推动城乡经济社会发展一体化的体制机制

进一步深化行政改革，完善省直管市县行政管理体制；把海南作为大城市进行整体科学规划，建立城乡一体化的规划建设管理机制；加强对重点景区、旅游区等优势资源的省级管理，健全全省资源统筹开发利用机制。

2）实施严格的生态环境保护政策

实施城乡生态环境同治政策，把农村环保切实纳入各级环保规划，加大农村环境保护投入；建立严格科学、覆盖城乡的生态环境监管制度，采取先进的

技术、管理、制度，进一步优化城乡生态环境。

3）创新城乡土地政策

实施全省土地统一规划管理政策，探索耕地占补平衡的多种途径和方式；鼓励存量土地集约利用，支持农民集中居住，推动农村居民点重构；建立城乡统一的建设用地市场，积极稳妥推进农村土地流转；改革现行土地税费政策。

4）推动户籍制度改革

逐步剥离附着在户籍上的各种社会职能，建立城乡一元化的户籍制度。对内分步骤解决城乡一元化管理问题、城乡人口流动问题、区域人口流动问题；对外实施更具吸引力的落户政策为海南建设吸引人才、技术和资金。

5）大力实施强农惠农政策

继续加大对农业的投入力度，完善农业补贴制度和市场调控机制；提高农村金融服务质量和水平，积极引导社会资源转向农业农村；大力开拓农村市场，积极鼓励农村、农民积极投入国际旅游岛建设；创造条件，实现农民工市民化；加强农村基础设施和公共服务设施建设。

6）实施人才优先发展政策

制定实施人才创新创业扶持政策、鼓励非公经济和社会组织人才发展的政策、城乡区域人才流动的引导政策、教育先行政策、知识性财产保护政策和更加开放的人才国际化政策。实施重大人才工程，包括高层次创新创业人才引进培养工程、以旅游业为龙头的现代服务业人才开发工程、热带现代农业人才开发工程、南海资源开发人才集聚工程和优秀企业家培养工程。

7）实施符合海南发展要求的海洋管理政策措施

强化围填海的规划管理，坚持围填海用海的总量控制制度，严格执行围填海年度计划指标管理制度，做好对围填海项目的科学论证，坚持集约用海原则。强化海岸带的依法管理和规划管理，积极开展《海南省海岸带保护与开发管理条例》的立法工作和《海南省海岸带保护和利用规划》的编制工作。制订分级海岛保护规划，鼓励和支持海岛所在地方人民政府实施海岛生态环境整治修复计划，实施出让无居民海岛使用权的招标拍卖制度。建立区域海洋保护机制。

16.1.3 青海省生态资源开发与统筹城乡发展

1. 青海省统筹城乡一体化思路

2010 年，青海省与中国社会科学院共同召开"青海省城乡一体化规划讨论会"，双方主要领导在会上听取了调研汇报，两院院士、专家对该项目的意见和建议。青海在新形势下建立促进城乡经济一体化制度，推进统筹城乡协调发展做出重大战略决策，提出要建设富裕文明和谐青海、实现全面小康的宏伟目标。具体提出建设三江源生态环境保护特区、多民族历史文化名区的目标，即具有中国特色、青海特点的城乡一体化，体现"大美青海"的自然力、生命力、新生力特点（李兵弟，2012）。

（1）区别情况，分类指导。世界各国城乡规划建设的经验表明，一是保证城乡基础设施建设的宏观经济性和社会性，二是城乡发展的布局和人口规模，产业布局和经济增长方式，居住、就业和社会发展，应以结合地区资源的承载力为宜。本次规划明确提出："四区多类型"规划（四区为东部地区、柴达木地区、环青海湖地区、三江源地区），并落实为"四区一体九大模式"，交通、建设、设施规划。

（2）集中与分散结合的城镇化策略。依托西宁都市圈，建设东部城市群和海西蒙古族藏族自治州城市带。依据交通与城市互动原理，运用点轴开发模式，规划青海省东部、海西蒙古族藏族自治州、青海省南部三大经济区。在全国新十年西部大开发战略的推动下，三大经济区将在基础设施、生态建设、结构调整、科教文卫、公共服务等方面设立一系列重大项目。其中最大的区域性项目应包括乐都、贵德、玉树、同仁等我国高原生态新城建设试点，以及新能源和制造业研发中心，同时继续在西宁市和海西蒙古族藏族自治州加快发展四大主导产业、四大新兴产业、循环经济试验区，大力发展设施农业和纯天然生态畜牧业。

（3）确立"设市建镇"和发展小城镇。从设市、户籍、土地、财政、投资五个方面推进城镇化，把重点放在支持设市和支持县城、中心镇加快发展上，完善县城和中心镇功能、壮大新设城市规模，强化其中心地位，提高其辐射能力，带动乡镇和农村经济社会的全面发展。

2. 青海省统筹城乡发展实践

1) 城乡建设空间管制

综合考虑青海省自然环境和现状建设情况，将青海省省域用地划分为已建区、禁建区、限建区和适建区，不同的限制分区采取差异化的空间管制措施（李兵弟，2012）。

（1）已建设区。综合整治处于基本生态控制线以外的各类现状建设用地，优化现状建成区的空间布局，梳理青海省已建城市、县城、小城镇、村庄、工矿点、牧区居民点，以及交通水利设施的现状、建成区用地的空间布局形态。

（2）禁建区。严禁在祁连山地震带、柴达木地震带等地震带和核心区域，湟水河、大通河及其支流、黄河干流及其较大支流两侧等主要泥石流分布区，以及湟水河流域、黄河自兴海县以下主干河道等滑坡集中地带等进行大规模建设活动。严禁在祁连山脉、东昆仑山脉等坡度大于25°的山区进行大规模建设活动。严禁在扎陵湖、鄂陵湖等水域河道进行与水域保护、生态保护及防洪无关的各类建设活动。严禁在青海湖国家级自然保护区、大通北川河源区省级保护区等生态保护核心区和自然保护核心区进行与生态保护无关的各类建设活动。严禁在水源地保护核心区、矿产采空区、基本农田和基本草场保护区等进行各类建设活动。

（3）限建区。对下列地区建设活动进行相应的限制，主要包括：地质灾害低易发区，如滑坡易发区；通天河、澜沧江支流河谷中的处于发育状态的中小型滑坡地区；坡度为15°~25°的丘陵山地地区；水域河流外围的管理范围及沿岸防护绿带区；生态保护、自然保护区的非核心区；地表水源地二、三级保护区和地下水源防护、补给区；油气田、煤矿、铁矿等矿产采空区周边；一般农田、草场、林地；文物古迹的建设控制地带、环境协调区；地下文物埋藏区；风景名胜区、森林公园区的非核心区；重要市政基础设施预留区；境内各个机场噪声控制区，包括西宁的曹家堡机场、格尔木机场和玉树机场的噪声控制区、机场净空限制区等。

（4）适建区。城乡建设应选择在工程地质条件较好、符合土地利用总体规划和城市总体规划、已经划定为城乡建设发展用地的范围内，根据青海省当地的人口规模和经济发展水平合理确定各类城乡建设用地的开发模式和开发强度。

2）城乡空间发展整合策略

（1）尊重青海特有的自然生态环境。以自然生态环境为基础，维护三江源、青海湖等地区的生态环境；部分地区通过退耕还林还草和减蓄工程，逐步恢复其生态环境，做到生态环境保护、资源开发、城乡建设相协调。

（2）区别性对待不同地域的城乡一体化发展策略。区别性对待东部地区、柴达木地区、环青海湖地区、三江源地区等不同地区，依据区位条件、经济发展水平、经济产业、地形地貌等，对各类城乡地区采用差别化的空间发展策略。

（3）优化城镇体系，延伸城镇体系规划的内涵。增加对乡村腹地地区的研究，密切城乡联系，同时结合实际调整城镇之间的职能分工，建立合理完善的城镇体系，实现公共设施区域共建共享，人才、资本在区域内顺畅流动。

（4）以城镇化为主导，引导城乡居民合理流动。发挥西宁、格尔木、德令哈等中心城市的集聚作用，带动周边城乡地区共同发展，引导人口、产业向发展条件较好的小县城、城镇集中；结合自然环境要求，引导农牧民向乡镇集中发展，做到空间分布有密有疏，减少生态压力；鼓励西宁中心城区的产业和人口向郊区和周边城镇扩展和疏散。

（5）注重产业发展与城乡空间分布相协调，合理布局资源要素。结合地区产业经济发展特征，人口分布与产业发展要求相一致，居民点空间布局的位置、规模应与产业布局的位置和规模相协调；城镇基础设施和公共设施建设均应协调生产和生活两方面的要求，做到方便居民使用和满足生产要求。

（6）城乡空间布局与现代生活方式相适应。城乡空间的布局应顺应道路、汽车、电话、网络等现代的生活元素对生活方式的影响，为农牧民生活水平的提高和享受到更好的社会公共服务资源提供基础。

3）城乡空间总体布局

构建"山水相承""四区一体""九大模式"的城乡空间布局体系。"山水相承"：在青海省域范围内构筑山水等自然环境、生态环境与城乡居民的生产环境、生活环境相互传承、和谐共生的"山、水、城、田、草、林，脉脉相承"的空间布局形态。"四区一体"：将城乡空间布局与产业发展格局整合成一个"四区、两带、一线，城乡产业融合一体"的有机整体。"九大模式"：尊重青海省不同地区的实际情况和发展阶段，因地制宜，采用差别化、具有模块化特点的指导策略"分区、分类、分阶段，采用多种模式"对待各个地区的城乡一体化工作，体现各具特色的城乡空间布局模式，详述如下（李兵弟，2012）。

（1）城市空间布局模式：体现集中高效地利用土地，提供多样的公共服务设施，引导乡村腹地人口和产业向其集中，成为地区各方面发展的中心，参与更大范围的经济竞争和合作。

（2）城镇空间布局模式：发挥城市和集镇之间的过渡作用，引导人口产业相对集中发展单中心结构，能够提供基本的公共服务设施和市政基础设施。

（3）乡集镇空间布局模式：适当提高其公共服务设施和市政基础设施配套水平，使其具备起码的公共服务能力，包括具有商品市场和医疗卫生机构，为周边乡村人口服务。

（4）乡村空间布局模式：加强村庄环境整治工作，提高市政基础设施配套水平；适应土地流转制度和现代耕作生产方式的转变，集约规模化使用土地，向周边城镇聚集。

（5）牧区空间布局模式：维护草场资源，合理开发和规模化利用草场资源，空间布局方式逐步由草场的划分、放牧路线的时空圈定向草场的全方位维护和牧民定居点建设转变。

（6）工矿区空间布局模式：工矿区的空间布局应与矿产资源分布和生产工艺紧密结合，同时也应重视工矿区员工生活空间的营造。

（7）林区空间布局模式：合理确定用材林、生态林、防护林、经济林及林场工人生活服务区及其他居民点的空间分布和空间联系。进一步减少林区居民点数量，林区空间布局向风景区或生态维护区空间布局模式转变。

（8）风景区空间布局模式：明确划分核心景区、保护培育区、外围保护地带和旅游接待服务区等，合理划分各类游赏空间、休闲空间和休憩空间、娱乐空间等。

（9）生态维护区空间布局模式：根据生态保护需要，合理划定核心保护区、缓冲区及各类生态试验区，逐步减少自然保护区内的人口规模。生态维护区应根据生态容量合理确定人口规模，本着生态维护优先的原则，明确各个区域内人口及牲畜的适宜密度。

4）城乡自然生态保护空间布局规划

（1）自然保护区：珍惜青海省境内的自然生态遗产，对青海湖自然保护区和三江源自然保护区的各处核心区进行有效的保护，限制与自然保护无关的各项建设活动。自然保护区的缓冲区内要做好生态保护和草场草地治理工作，还要做好退牧还草和生态移民工作。

（2）生态维护区：将昆仑山、唐古拉山、巴颜喀拉山、可可西里等一定区域范围划为生态维护区，使其在水源涵养、土壤保持、防风固沙、生态多样性等方面发挥重要作用。

（3）生态修复区：在柴达木沙地戈壁设立生态修复试验区，重在进行该区域的生态修复，防止沙化进一步发展。

（4）生态恢复区：在昆仑山以南、唐古拉山脉以北、三江源自然保护区试验区外围设立三江源草地生态恢复区，规划进行综合治理，调整产业结构，降低人口、畜牧对草场的压力。

（5）水土流失防护区：沿湟水河、黄河、大通河及其支流、黑水河沿岸设立水土流失保护区，保护河流沿岸生态植被。

（6）自然生态植被养护区：维护祁连山森林和草原生态系统，发挥水源涵养和土壤保持功能，建立祁连山森林生态植被养护区，对已超出生态承载力的地方应采取必要的移民措施，对已经受到破坏的自然生态系统，认真组织重建与恢复。

5）城乡人口聚居空间布局规划

引导青海省人口分布形成"西凝、东聚、城市带扩散"的发展态势，加快青海省的城镇化步伐。依托柴达木循环经济产业区的建设，发挥重点城镇对人口的吸引和凝聚作用，促进柴达木盆地人口向盆地北部边缘地区、盆地南部边缘地区、盆地东部边缘水草相对丰盛的地带集中。进一步改善三江源地区的生态环境，通过生态搬迁、退牧减畜，引导三江源地区人口向生存条件较好的低海拔、河谷地带集中。三江源东部草原人口，分布宜自三江源东部草原向黄河第一湾周边地区聚集，形成人口分布区。黄南藏族自治州南部人口聚居区规划主要向同仁一带聚居，与沿黄河河谷人口集聚区形成共同发展的格局。环青海湖人口聚居区与青海北部的高山河谷人口分布区的人口主要向西宁方向聚集，与沿湟水河河谷人口集聚区形成共同发展的格局。逐步缓解西宁市中心城区的人口压力，适当向周边地区疏散都市人口，与周边平安、乐都、湟中、湟源、大通构成以西宁为中心的人口密集发展带。

6）城乡产业空间布局

（1）农牧业空间布局规划：尊重青海省的气候条件、水土条件和植被分布情况，有选择地发展现代农牧业，科学布局青海省的农牧业产业发展空间，重点发展东部现代农牧业发展区、环青海湖北部畜牧产业区、柴达木绿洲农业区等。

（2）工业空间布局规划：强化工业经济发展地位，以产业集聚区的发展思路优化青海省各类工业区的发展；加强以西宁市为中心的东部综合产业发展区、柴达木循环经济产业区的发展。

（3）旅游业空间布局规划：充分发挥青海省的高原特色生态旅游优势，重点打造河湟旅游产业发展区、青海湖高原湖泊生态旅游产业发展区、祁连山高原立体生态旅游产业发展区、三江源国际生态旅游产业发展区等系列旅游产业。

（4）湟水河产业集聚发展带：依托湟水河流域城镇密集的有利条件，提高城镇基础设施建设水平，吸引符合青海省地域特点的产业向湟水河流域集中，进而形成湟水河城镇产业发展带，辐射和带动周边城乡地区共同发展。

（5）黄河水电资源产业发展带：充分利用黄河上游沿线丰富的水能资源、生态观光旅游资源，围绕黄河水电资源的开发建立黄河水电资源产业发展带。

7）城乡建设用地空间布局

（1）沿湟水河城镇发展带：在湟水河沿线城镇发展的现状基础上进行整合，加强沿线城镇的产业和经济联系，进而形成以西宁为中心的城镇发展带。

（2）重要城市：强化格尔木作为柴达木地区西南部重要中心城市和工业城市的地位，引导城市向东、南发展。进一步提升德令哈市作为西部中心城市的地位，引导城市向南、向东继续发展，加强德令哈与柯鲁柯镇及尕海镇之间的空间联系。

（3）县城：做好各个县城的职能定位，提高对农村剩余劳动力的吸纳能力，使其既有能力承接省会．重要城市的产业梯级转移，又能起到其作为地区经济发展极核而辐射带动农村地区的作用。

（4）乡镇：通过合并、迁移、在合适的经济和交通区位设立新的小城镇等方式，建立合理的基层城镇体系，提高城镇服务职能，服务于基层农村居民，同时发挥承接上一级城市辐射带动的作用。

（5）农村地区：采用集中与分散相结合的布局方式，弘扬田园式乡村；牧区建设用地宜进行适当集中，形成季节性定居点；林场附近构建聚居生活区、服务区；工矿点重点理顺产业与居住间的关系，采用组团式发展模式，与区域生态环境相协调。

16.2 国内统筹城乡发展的区域模式

16.2.1 珠三角以绿道网为抓手推进城乡统筹发展

"绿道"（greenway）一词于1987年在美国户外游憩总统委员会发布的《美国户外空间报告》中正式提出，现已成为欧美城市绿色空间规划的重要思想。绿道作为一种线形绿色开敞空间，通常沿着河滨、溪谷、山脊、风景道路等自然和人工廊道建立，内设可供行人和骑车者进入的景观游憩线路，连接主要的公园、自然保护区、风景名胜区、历史古迹和城乡居住区等。在构成上，绿道主要由自然因素所构成的绿廊系统和为满足绿道游憩功能所配建的人工系统（如游憩兴趣点、标识系统、服务设施等）两大部分组成。按照等级规模划分，绿道分为区域绿道和城市绿道，众多区域绿道和城市绿道相互连通，纵横交错，构成维护区域生态安全和为广大居民提供休闲游憩空间的绿色网络。

1. 珠三角区域绿道网总体布局

遵循绿道网规划六大原则，综合考虑自然生态、人文、交通和城镇布局等资源要素，以及上层次规划、相关规划等政策要素，并结合各市的实际情况，优化形成由6条主线、多条连接线及支线、18处城际交界面和4410千米^{2}绿化缓冲区组成的绿道网总体布局。

其中，1~6号绿道形成的主线连接广佛肇、深莞惠、珠中江三大都市区，串联200多处主要森林公园、自然保护区、风景名胜区、郊野公园、滨水公园和历史文化遗迹等发展节点，全长约1690千米，直接服务人口约2565万人。

1号绿道：主要沿珠江西岸布局，以大山大海为特色，西起肇庆双龙旅游度假区，经佛山、广州、中山，至珠海观澳平台，全长约310千米，途经50多个发展节点，直接服务人口约580万人。1号绿道从肇庆双龙旅游度假区沿西江向西延伸，预留与粤西绿道的联系廊道。

2号绿道：主要沿珠江东岸布局，以山川田海为特色，北起广州流溪河国家森林公园，经增城、东莞、深圳，南至惠州巽寮湾休闲度假区，全长约 480 千米，途经 50 多个发展节，直接服务人口约 530 万人。2 号绿道自广州从化流溪河向北延伸，预留与粤北绿道的联系廊道；从惠州巽寮湾向东沿海岸线延伸，预留与粤东绿道的联系廊道；从深圳梧桐山公园向南延伸，预留与香港绿道、绿地系统的联系廊道。

3 号绿道：横贯珠三角东西两岸，以文化休闲为特色，西起江门帝都温泉，经中山、广州、东莞、惠州，东至惠州黄沙洞门然保护区，全长约 370 千米，途经 60 多个发展节点，直接服务人口约 500 万人。3 号绿道从江门帝都温泉沿潭江支流向西延伸，预留与粤西绿道的联系廊道；从惠州白面石景区沿东江向北延伸，预留与粤北绿道的联系廊道。

4 号绿道：纵贯珠三角西岸的中部，以生态和都市休闲为特色，北起广州芙蓉嶂水库，向南途经佛山、珠海，南至珠海御温泉度假村，全长约 220 千米，途经 20 多个发展节点，直接服务人口约 570 万人。4 号绿道从花都沿芙蓉嶂山体向北延伸，预留与粤北绿道的联系廊道。

5 号绿道：纵贯珠三角东部，以生态和都市休闲为特色，北起惠州罗浮山自然保护区，途经东莞、深圳，南至深圳银湖森林公园，全长约 120 千米，途经 20 多个发展节点，直接服务人口约 230 万人。5 号绿道从博罗罗浮山向北延伸，预留与粤北绿道的联系廊道。

6 号绿道：纵贯珠三角西部，沿西江布局，以滨水休闲为特色，北起肇庆贞山，向南途经佛山、江门，南至江门银湖湾湿地及古兜温泉，全长约 190 千米，途经 20 多个发展节点，直接服务人口约 155 万人。6 号绿道沿江门滨海地区向西延伸，预留与粤西绿道的联系廊道。

2. 统筹城乡实施机制

1）领导挂帅，亲自督导

2009 年 11 月以来，时任省委书记汪洋亲自听取汇报，设定目标，并在广东省委十届六次全会上动员部署，亲自开展调研和督导。汪洋书记、黄华华省长、林木声副省长等省领导多次对绿道网建设做出重要批示和指示，多次深入珠三角 9 市进行调研和督导。珠三角各市领导亲自挂帅，亲自督战，分管领导具体落实，靠前指挥。省委、省政府和地方党委、政府主要领导的高度重视和亲自督导，是高效有序推进珠三角绿道网建设的保证。

2）加强督导，合力推进

按照"省统筹指导，各市建设为主"的原则，广东省住房和城乡建设厅作为珠三角绿道网建设的牵头部门，成立了省绿道建设领导小组及其办公室（简称省绿道建设办公室），以及由厅领导任组长的 9 个工作组（每个工作组指定专门联络员），分别对口联系和督导珠三角 9 个市。省住房和城乡建设厅加强统筹协调，与珠三角各市互动建立了技术指导、监督检查、信息通报、跨界衔接、年底考核等一系列工作机制。针对绿道建设中的关键环节，及时出台有关文件，指导各市准确把握绿道内涵，不断提高绿道网建设水平。发改委、财政、国土、环保、交通、水利、文化、林业、旅游等省直部门密切配合，积极为绿道网建设开辟"绿色通道"。省统筹指导和督促的作用到充分发挥，是高效有序推进绿道网建设的重要因素。

3）各市组织实施，执行有力

为切实落实"抓落实、分高低、见分晓、论英雄"的思路，珠三角各市都设立了高效运作的工作机制，落实责任分工，精心规划设计，多方筹措资金，想方设法大力推进。各市绿道网建设的牵头部门，特别是规划、建设、园林、城管、人居等职能部门和区镇政府全力以赴，扎实推进，表现出了令人信服的执行力。珠三角各市因地制宜，各显其能，是高效有序推进绿道建设的关键所在。

4）技术规范和指导文件及时跟进

珠三角各市根据《珠三角绿道网总体规划纲要》迅速开展并完成本市绿道网规划设计工作，确定了本市省立绿道的具体选线和建设内容；广东省住房和城乡建设厅也印发了一系列技术规范和指导文件，统一了标识系统，为各市提供工作指南，奠定了珠三角绿道网建设的实施基础。统一规划，明确标准，是高效有序推进绿道网建设的技术保障。

5）社会各界积极参与，配合有力

各级人大、政协，以及专家学者和各界群众通过调研和参加活动，积极建言献策；省委宣传部，省旅游、体育、文化等部门通过组织宣传报道、举办活动等多种形式，大力宣传和推介珠三角绿道网；各种传媒多方位、多层次的报道，为珠三角绿道网建设营造了人人参与、人人关心的良好氛围。社会各界的积极参与配合，是高效有序推进绿道网建设的有力支持。

16.2.2　成都市内"198"地区统筹城乡发展规划

1. 统筹城乡发展布局

"198"地区是指环绕成都中心城区的 198 公里^2 的非建设用地。这一片区分布于成都市中心城区的四周，主要位于三环路之外，外环路以内（包括外环路外侧的 500 米生态保护带）。

1）用地布局

"198"地区规划为"一环六片多点",整个地区呈环状分布,规划6个重要功能片区,通过区域道路进行交通组织。

北郊片区:以熊猫为主题,依托国家级成都大熊猫繁育研究基地打造熊猫小镇,突出科考、观光、娱乐功能。

上府河片区:以生态为主题,依托府河、东风渠打造绿色社区,突出疗养、休闲功能。

江安河片区:以运动为主题,依托江安河打造水上运动基地,突出体育、娱乐功能。

高新南区:以文化为主题,依托世纪城会展中心打造市级文化中心,包括歌剧院、海洋公园等项目,突出文化、娱乐功能。

锦江区"五朵金花":以休闲为主题,依托现状"五朵金花"农家乐、金港赛车场打造风景旅游社区,突出休闲、旅游功能。

十陵片区:以历史文化为主题,依托明代蜀王陵墓和丘陵地形打造风景区和奥体中心,突出历史文化、体育功能。

2）空间形态

规划提出以"生态优先,集中建设,提高标准,岛式布局"为原则,结合各区县明确保留的现状建设,利用具有特色的空间要素,对接周边的用地情况,形成建设用地与生态用地相互渗透的空间形态,使生态用地的环境效益最大化,建设用地的经济效益最大化。

2. 统筹城乡发展五大重构

"198"地区的重构框架包括土地、功能、空间、支撑系统和管理机制5个方面的"五大重构",以系统的更新建立起"198"地区的资源流通平台(李兵弟,2012)。

1）土地重构是前提

"198"地区是成都市中心城区的边缘地带,建设用地呈现零散、无序的状况。建设质量不高,配套设施滞后,对生态环境造成极大污染,对土地资源也是极大浪费。针对现实情况,"198"地区通过摸清区域的土地权属,以资源优化配置为原则,将零散的集体建设用地整理集中,与国有建设用地统一规划、统一标准、分类管理。规划考虑跨越国有土地与集体土地的政策鸿沟,以农用地和建设用地作为划分土地使用的标准。农用地方面严格执行国家政策,建设用地方面则从资源利用角度将国有建设用地和集体建设用地统一规划使用,集体建设用地整理集中流转,实现土地资源向土地资本的转化。这样,在不违背保护耕地的国策的基础上进行重构，不仅提高了土地使用效率，而且有助于推动城市外围楔形绿地的形成，实现城乡土地用途的统一管理。

2）功能重构是重点

成都"198"地区的功能定位受城市定位、区位关系、自然条件、特色资源、限制因素、相关规划要求等诸多方面的影响。"198"地区具有生态景观、居住、现代服务业和基础设施承载四大功能。生态绿地用于建设树木、草地、花卉、水体和生态农业等项目，塑造成都市特大中心城市的生态景观框架；建设用地主要用于社会保障、文化、体育、娱乐、旅游、休闲、居住等项目，完善成都市特大中心城市的现代服务业功能。同时，预留区域性基础设施的用地及相关走廊，使"198"地区成为具有特色城市功能、特色空间形态的片区，继府南河、沙河之后成都市的新名片。

3）空间重构是特色

根据国外边缘区城镇建设的理论与实践经验，选择成都市空间重构的模式。成都市的空间形态与莫斯科极为相似，城市划分为若干个规划分区，设计相对独立的"自治单元"，中心区结构处理为星形发射状，在放射加环状交通网当中，增加一些"脊柱"式的干道，使城市中心能够从过境交通中解放出来。所有次结构都有其中心和完善的生活服务设施，各组团（次结构）之间，次结构与中心城之间由大片森林所隔离，这种分块就地平衡的结构旨在分化单一中心的空间模式并改善环境条件。

根据成都市城市功能区划与实际情况，结合"198"地区现存的大熊猫繁殖基地、"五朵金花"旅游区、十陵历史文化遗迹、上府河生态涵养区等有利资源，规划提出了岛式布局的空间重构特色，即结合"198"地区的环状用地特点提出的空间布局模式。

4）支撑系统重构是关键

规划通过支撑系统的重构将城市带动农村、具体落实到就业和福利制度的配套完善，教育、医疗等公共设施和各种基础设施对农民的服务保障之上，优先解决与农民切身利益最密切的问题，让公共财政更多地覆盖农村地区，让各种公共服务更加深入农村地区，让各种基础设施全面服务农村地区，切实形成城乡一体化的支撑系统。

城乡统筹发展战略下，打破城乡二元分隔，以"工业支持农业、城市反哺农村"为指导方针，必然会对农村地区特别是紧邻中心城区的"198"地区的公共设施和市政基础设施体系进行重新构建，可以通过统一标准、提高水平、统一规划、促进共建共享、解决资金投入等几个方面实现。

支撑系统重构既是对"198"地区公共设施和市政基础设施的更新，也是对城市公共设施和市政基础设施供给体系的强化，统筹发展的城乡支撑系统是对城乡和谐发展的强有力支持。

5）管理机制重构是保障

规划提出了"指标上浮、灵活布局"的创新思路，即在政策框架下将"198"地区内的集体建设用地同国有建设用地一起纳入城市管理平台实施统一的规划，在保证用地总量不变的基本前提下，以政策调控及市场需求为导向，将建设指标投放到中心城区内进行灵活布局；该制度能充分发挥市场优势，实现土地价值最大化，并为规划操作预留弹性。实施办法的建立包括如下几个方面。

（1）完善规划编制——"198"地区规划是城市总体规划层面有关"郊区农村"建设的专项规划，建议由市人民政府审批。同时，要达到控制性详细规划深度，便于直接用于"198"规划管理。

（2）建设用地来源——"198"地区内建设用地全部通过现状集体建设用地整理、旧村落改造获得，实施"拆二建一"，总量控制。绿地则通过政府向农民租地进行建设。

（3）农民安置——农民按征地相关政策标准进行安置，建议迁入"117"（中心城区总建设用地规模）。"198"地区内需设置集体产权的经营资产以保证农民长期稳定的收入。

（4）建设模式——生态绿地建设、规划公益性配套设施建设，应与出让建设用地"打捆""包装"，招商引资，同步实施。由政府组织编制各片区修建详细规划，通过审批后纳入项目招标（拍卖）条件。

（5）市区共建——建议将绿地划分为文化、体育、旅游、教育、科研等各类主题公园，采用市区两级共建公管模式，保证其功能落实、管理规范。

（6）强化管理——由五局委联合出台规划、建设和管理的配套文件，对"198"地区土地、建设、房屋和市容行政管理全部实行城乡一体化的规划；市级相关职能部门应各司其职，将管理延伸至"198"地区。

3. 统筹城乡发展的创新之处

1）土地使用的政策创新

土地管理的二元化是城乡二元结构的重要组成部分，也是长期困扰规划工作者的难题。究其原因，还是未能把城市与乡村、国有与集体统筹起来。站在全国统筹城乡综合配套改革试验区的高度，"198"地区对此做出了探索。城乡统筹的目的包括缩小城乡区域差距、实现社会公平正义、确保资源环境永续利用，其中土地资源的优化配置至关重要。目前全国集体建设用地的人均指标很高，但建设质量和使用强度却很低，事实上是对土地资源的极大浪费。"198"

地区规划以资源优化配置为原则,在政策框架内提出创新,将零散的集体建设用地整理集中,与国有建设用地统一规划、统一标准、分类管理。这样,既不违背保护耕地的国策,又提高了土地使用效率,营造了环境,可谓一举多得。只要同时配套相应的集体建设用地的流转政策,保障居民的相关权益,创新就是很有生命力的。

2）实施管理的机制创新

"198"地区规划批复以后,成都市的相关职能部门和各区县政府迅速跟进,出台了一系列配套文件,建立起完整的管理机制。

成都市规划管理局在"198"地区规划的基础上制定了覆盖"198"地区、中心城乃至全市集体建设用地的管理规定,内容包括规划编制、调整、审批、监督,第一次将管理全面延伸到农村地区。成都市规划管理局还将"198"地区规划的建设用地边界在观场勘定,以带公示条文的界桩围合起来,开了定界管理的先河。此外,国土、建委、房管等部门也纷纷完善了自身架构,将"198"地区规划的管理落到实处。

"岛式布局"是结合"198"地区的环状用地特点提出的空间布局模式。与中心城连片发展不同,"岛式布局"能使建设用地与生态绿地相互渗透,达到综合效益最大化的效果。

16.2.3 沈阳新城子大都市周边农业地区发展模式

1. 统筹城乡发展的主要内容

1）统筹城乡功能定位,确定城乡发展目标和实施策略

坚决贯彻"城市反哺农村、工业反哺农业"的政策方针,以城镇职能为主导,以城乡统筹互补的功能定位为宗旨,通过构建农村城镇化、农业产业化和农民市民化的发展平台,实现"三农三化",增加"三效",就是实现农村城镇化以增加环境效益,实现农业产业化以增加经济效益,实现农民市民化以增加社会效益。为了集约利用土地,保护生态环境,空间布局遵循"三集中"的原则,即农业向规模经营和农业园区集中；工业向城镇边缘和工业园区集中；农民向城镇和农村新型社区集中。

2）统筹城乡资源配置,明确城乡承载能力和空间管制

以土地利用现状为基底,叠加水资源、工矿企业、城镇及农村人口分布、交通旅游资源、农田、林地、行政区划等约束因子,确定城乡资源的承载力和环境容量。根据经济建设和城镇发展对地域生态环境的影响,按照不同的地域

功能，空间资源特色、开发潜力和产业要求划分城乡空间管制分区，强化规划的"空间指导和约束能力"，特别是对山体植被、水库、江湖河流、生态廊道、基本农田要严格进行管制，充分发挥它们对空间资源的自然调控和配置作用，实现城乡资源要素合理保护与利用。

3）统筹城乡空间布局，构建三级空间体系架构

突破均衡推进的传统发展模式，强调空间集聚、淡化城乡界限和行政划分，依托现有镇村建设基础和主要的交通廊道，对接沈阳主城区，顺应城市发展方向，将处于交通节点和重要经济增长点的城镇和村庄作为空间增长节点，实施聚集联动，有序引导农村人口迁移，构建"一域三镇四村"的城乡统筹协调发展的空间体系。有秩序地组织各类空间和非空间要素，实现城乡可持续发展。将中心镇作为城镇生产生活的集中区，中心村形成也对农业生产地区的再扩散作用，同时对具有传统特色、生态特色的村规划形成以特色旅游为主导的特色村，以合理安排建设用地的功能布局。

4）统筹城乡人口分布，确定城镇人口和建设用地规模

考虑新城子现代农业经济区作为快速城镇化地区，人口变动频繁、空间跨度大，在确定人口规模和分布时不能沿用传统以综合增长率为依据来计算，需要城乡统筹考虑。城镇人口的增长以农村人口的减少为前提，规划中需要通过调查问卷、访谈等方式摸清村民的具体搬迁意向，从而确定各镇村居民迁出或迁入后的人口数，对区域内未来乡村人口减少趋势进行预判。

在明确满足区域生态环境和未来战略储备的前提下，统筹安排建设用地，提高建设用地的集约化程度，秉承"精明增长"的规划理念，通过村屯撤并和旧镇改造，及时整理闲置、废弃建设用地，实现城乡建设用地的空间结构调整，将农村建设用地适量转化为城镇建设用地，严格控制城乡建设用地总量的增长，将多余村屯建设用地复耕，使城乡土地得到集约化利用，体现"切实保护耕地"的基本国策。

5）统筹城乡公共设施，确定设施廊道和公共设施布局

统筹城乡基础设施的内容主要包括：①城乡交通设施；区域性的电力、引水、给水、区域能源系统（如输油管线）市政设施；②公共服务等设施。规划沿主要交通轴线，预留区域性基础设施廊道，并明确未来建设的区域性基础设施必须按照规划统筹安排在廊道内，以求整合基础设施用地，减少基础设施对城乡空间的分割。

统筹城乡公共服务设施，其目的是要实现城乡公共服务设施的共建共享。从公共服务设施的指标体系到空间布局，需要城乡统一考虑，分级配置与合理利用各项公共服务设施，实现城乡公共服务设施的共建共享，避免城乡各镇村

的公共服务设施建设规模和类别趋同、闲置而导致浪费。

6）统筹城乡产业布局，构建循环互补的产业发展格局

统筹产业布局，强调城乡产业发展的互补性，通过现代农业规模生产，农业科学技术的推广实施，以及城镇内涉农工业、服务业的支撑保障、农业经营方式组织制度的改革创新，形成现代农业的产业化发展、集约化经营、企业化管理、社会化服务的运行体系，构建协调的区域综合经济体。发展涉农劳动密集型产业，构建城乡循环互补的产业发展格局，以粮油加工、乳品加工、畜禽加工、果蔬（饮料）加工、饲料加工、熟食制品加工为突破口，为"工业向园区集中、耕地向规模经营集中"提供制度保障。

一是引导分散的农户从小规模生产转变为合作化、企业化的"基地+农户+公司"的社会化大生产，催化"自给自足的自然经济"向"社会分工的产业经济"转变，在中心镇边缘规划规模适当的农业科技园区，在中心村规划与农业产品基地建设相结合的农产品初加工点。

二是搭建农资仓储及短期物流网络体系，将分散的农资仓储与农产品物流相对集中起来，与生产基地与交通区位相结合，按照农用车15分钟车程（即2.5~3千米）的耕种半径，利用"撤村并点"留下的农宅，设置集中的农用器具存放点和收割后农作物的存放点。规划16处农资仓储基地与农产品短期物流仓储区，并有一定的人员管理，形成脱离于居民点的物流网络，减少交通运输成本。

三是重点推进商贸业、物流业和旅游产业发展，提高产品交易与运输能力，促进农业观光和体验旅游业发展。农业区以现代农业规模种植与推广，中心镇建立以劳动密集型的工业服务业为支撑，蒲河新城形成农产品深加工和农业科技科研创新为主的金字塔结构，构建沈北新区现代农业改革实验区的产业链。

7）统筹城乡生态建设，构建城乡一体的生态环境体系

统筹城乡发展理念，其实质是把城乡经济、社会发展和自然环境统一规划考虑，形成城乡互动共进、融合发展、协调有序的格局。基于城乡土地的生态适宜性评价，划分生态功能区，提出相应的建设原则和纲要，划分生态景观斑块界线和水系生态景观控制廊道。明确外围基本农田、生态林地、水源涵养区、风景名胜区等控制界限，严格控制建设用地的扩张。规划以生态为基底，集交通、人居、旅游、生态、设施等功能为一体，连接乡村、城区、河流、风景区及社区等空间，通过交通衔接、设施共享、生态融合、资源整合、产业联动和市场引导，提升区域生态质量，优化共享环境，强化绿色导向发展，为城乡统筹发展提供实质性支撑。

8）统筹城乡规划管理，引导镇村建设控制与开发管理

《城乡规划法》提出乡、镇人民编制镇规划、乡规划、村庄规划，都要报上一级人民政府审批。为避免各乡镇为追求自身利益各自为政，城乡统筹规划提出在快速城镇化地区建立城乡一体的管理控制平台，以地区城乡规划主管部门为主导，形成发改委、土地、经济、农林、交通、水利、旅游等多个部门联动的管理机制，对城乡建设用地和非建设用地的建设活动、项目安置进行统一控制管理，比如设施农业项目、养殖小区项目等建设需要农林部门与规划部门联合审批。研究城乡建设用地不同的开发方式、投资强度、容积率与建筑密度、道路绿化宽度、生态环境保护要求等，制定不同建设项目审批政策和控制标准，建设用地与土地二次调查进行对接，统一建设用地界线。

2. 实践的创新之处

1）新型技术的运用

新城子现代农业经济区总体规划采用多种技术手段，辅助规划科学编制。① 运用资源评估的空间布局方法，对区域的各种资源进行系统评估。运用 GIS 技术手段将众多的评价因素进行叠加确定空间管制区划。② 运用 HAP 程序方法划分村屯的势力固范围，采用"自下至上拆除最小村法"，对村屯的经济状况、人口规模、交通区位、土地综合评价、生态环境等因素进行叠加，确定需要保留和迁并的村屯，对土地资源的整合趋势做出预判。采用多层次叠加方法分析，确定现代农业产区规划布局。利用撤并村屯腾出的建设用地，布局农机和农资存放点。

2）探索现代农业的经营模式

实行"运行公司制、投资业主制、科技承包制、联结农户合同制"，打造现代农业经营模式，实现土地流转，由投资者从农户手中将分散的土地承包过来，再组织少量的农户对所承包的土地进行规模化经营，投资者负责对土地进行资金和技术方面的投入，并支付给农户一定量的工资及相应的社会保险，最终产品由投资者面对市场。通过这种组织，可以更多地为农民谋取提高收入的机会，主要包括四个方面：一是土地流转后的地租收入；二是为公司务工的工资收入；三是依托宅基地改造从事经营活动的收入；四是土地承包入股后的分红收入。

3）结合老工业基地振兴政策探寻产业发展方向

一方面以"生态为本、文化搭台"，大力发展郊区旅游，形成串联北部七星山风景区、七星湖风景区、怪坡风景区、森林公园风景区的"沈北七星文化旅游带"。另一方面，加快新兴产业的步伐，在既有传统产业的基础上，更新换代、跨越发展，在哈大城市沿线打造航空产业园、市场集群产业园和精细化工产业园。

通过这两方面形成"一带、四园、三基地"的产业布局结构。一带，即沈北七星文化旅游带（包括七星旅游风景区、怪坡风景区和蒲河文化休闲区）；四园，即现代农业科技园（打造辽宁省农业科技研发、成果转化推广中心）、精细化工产业园、市场集群产业园、航空和产业园；三基地，即绿色有机水稻产业基地、花卉和药材产业基地、绿色林果产业基地。

16.3　国内统筹城乡发展的县域模式

16.3.1　山东省邹平县以工促农统筹城乡发展

1. 产业统筹

明确主导产业，确定产业发展方向和产业布局，提出产业园层级布置原则，打造经济强县。

邹平县呈现明显的纺锤形产业结构。第二产业发展迅速，以制造业为主，已经形成了多个以大型企业为龙头的产业集聚地区，但第三产业严重滞后，生产性服务业和生活性服务业都比较缺乏，是邹平县的经济短板。

工业发展由"小集中、大分散"向"大集中、小分散"转变，重点在于整合县域分散的遍地开花的企业进驻片区产业园区集聚发展，推进工业园区的发展；第三产业发展生产性服务业、旅游业，重点在于整合资源和梳理地区交通，生产性服务业重在发展县域物流业、高科技产业、研发设计及现代服务业、旅游业；第一产业发展高效农业、生态农业、特色农业、生态农业、特色农业，搞规模化经营，生产附加值较高的绿色有机农产品，提高农业生产效率和产值（李兵弟，2012）。

邹平产业发展形成"二区七园一带"，即"1+9"的总体格局。

二区——邹平国家经济开发区、西董现代生态观光旅游区。

七园——魏桥现代制造业工业园、焦桥精细化工业园、韩店特色园区、长山装备制造业产业园、好生高新产业园、明集空港物流产业园、临池新型节能环保建材工业园。

一带——码（头）台（子）九（产）孙（镇）现代高效生态农业种养加产业带。

2. 用地统筹

落实城镇建设用地布局，形成"中心集中，多片发展"的格局，明确土地供应量，提出分期建设目标，形成"一城二区二镇"的空间结构。

一城——邹平县主城区，全县的政治、经济、文化中心及综合服务中心，包括现状的三个街道、长山镇、韩店镇、明集镇、好生镇、西董镇。

二区——魏桥片区、焦桥片区。其中魏桥片区是邹平县北部综合片区，包括魏桥镇、台子镇、码头镇、九户镇，以魏桥镇区作为整个片区的核心，同时魏桥镇是全县的副中心；焦桥片区是邹平县重要的精细化工业片区，包括焦桥镇、孙镇，以焦桥镇区作为整个片区的核心。

二镇——青阳镇、临池镇。二镇位于县域的西南部，依托镇区发展商贸业、旅游业及特色产业。

3. 交通统筹

完善对外联系道路，加强对接济南、淄博；疏通内部路网，打造畅通城市。

形成以"高速公路、铁路为躯干，城市快速（一级）路和二级道路为骨架，其他道路为网络"的县域交通网络系统。

通过对现有国省道的有效利用、衔接、转换，并根据县域发展需求，规划等级较高的骨架公路，形成"十横十三纵"的路网结构，和高速公路共同承载县域交通功能。

铁路交通：货运方面在保留现有胶济铁路支线的同时，为疏解北部工业运输压力，在县北部规划预留德烟龙铁路支线线路；客运方面，预留青太高速铁路线路用地，预留高铁站点用地。

4. 农村居民点统筹

整合农村居民点，形成社区，提升城镇化进程，便于服务设施配套，节余大量土地。

邹平县县域村庄现状数量较多，且大小不均；分布散乱，难以共享基础设施；宅基地及村建用地缺乏整理，用地浪费严重。针对上述情况，《邹平"1+9"总体布局规划》对其进行分类整合，集中力量培育中心社区，以形成合理的农村社区体系，实现土地整理和复垦、补充耕地、提高农村社区建设水平和村民生活质量。

按照城并村、强村并弱村、保留特色村的总体策略。全县现有858个村，经规划整理后，决定单独保留村36个，合并村137个，撤销村685个，形成社区173个。其中，中心社区59个，基层社区57个，位于县城区的村庄社区22个，位于镇驻地的村庄社区35个。现状农村占地127.6公里^2，约19.1万亩，经整合布局规划后，共节约土地58.4公里^2，约8.8万亩。

5. 设施统筹

分层级合理配置公共服务设施与市政设施，在保障全民共享的基础上重点突出中心城区的服务职能。

建立5级村镇体系的标准，公共服务设施的配置也将依托这一体系，根据其不同特征，采取差异化的配置要求。第一级为中心城区和魏桥副中心；第二级为焦桥镇、青阳镇、临池镇、长山镇、韩店镇、西董镇、好生镇；第三级为一般镇（即码头镇、台子镇、九户镇、孙镇、明集镇）；第四级为中心社区；第五级为基层社区。

同时，将公共服务设施体系总体划分为三大类。第一类为基本公共服务设施的范畴，即保障社会全体成员基本生活需求和为农业生产服务的设施，这些设施涉及居民日常的生活生产、教育、医疗、文化体育活动、社会保障、农业生产保障等各个方面。在均等化的发展过程中，对于基本公共服务投入的阶段性，重点保证镇和农村居民社区的布置。第二类为保障社会全体成员享受中等水平的生活需求和农业生产需求的设施，即片区型公共服务设施，包括农业设施与服务、文化体育、交通设施与公共交通、供气、电信网络、污水收集和处理系统。第三类主要为区域型设施，是城乡共建共享的建设投入大、服务范围广的设施，主要配置于中心城区和魏桥副中心，需充分考虑辐射区域的人口规模，依托良好的交通条件满足城乡地区的需求。

通过上述分级分类的梳理，最终实现了合理高效的公共设施配置目标。

6. 旅游统筹

确定邹平县旅游发展目标，落实两大核心旅游景区开发，明确旅游重点项目。

以山水文化、范公文化为主脉，重点突出西董旅游资源，开发特色旅游产品，加快旅游景点和服务设施的建设，把邹平建设成为齐鲁的绿色明珠，济南都市圈的生态养生休闲度假区。

规划邹平县形成"一核、四区、多点"的旅游布局结构。

一核——以邹平中心城区为核心，打造一级旅游服务接待中心、游客集散地、主要旅游目的地。

四区——中部都市风情旅游区、东部名人文化旅游区、南部山林休闲旅游区、北部黄河景观旅游区。

多点——以西董三峪为首的分布在县域范围内的多个旅游景点，其中包括西董景点、江北水乡景点、青阳宗教景点、三山两湖一河景点等。

7. 风貌统筹

挖掘资源底蕴，雕琢景观风貌，明确建筑风格，形成特色鲜明的城市形象。

规划根据邹平县的地貌特征，综合考虑人口密度与环境容量相协调，满足城镇发展的空间需求，保护景观，维持生态环境的延续与稳定等因素，将邹平县全域划分为现代都市风貌区、生态农业风貌区、特色工业风貌区、水乡风情风貌区、山水景观风貌区等五大风貌片区，并针对各个风貌区提出了相应的空间范围、建筑风格、实施对策等要求。

中心城区则重点打造两条特色景观轴线：一是南北向城市中轴线；二是东西向城市标志性景观轴线。城市中轴线是邹平县城南新区最为核心的景观轴线，北起黄山，南至于印山，布局特点以大体量的行政办公建筑及公共服务建筑为主。城市标志性建筑景观轴线是邹平县重要的东西向建筑景观轴线，沿鹤伴二路横向展开，以现代派、城市中心区标志性的高层商务办公类建筑为主，是体现城市社会经济综合实力及净值精致生活的窗口。

8. 城乡管理统筹

提出行政调整方向，区分各镇街考核形式，明确规划行政管理部门设置。

为有效实施本次规划，制订了详细的分期建设规划。秉承服务当前，立足中期，着眼长远，近期做实，中期做足，长远留空间的总体原则。近中期以建设主城区为主，完善配套设施建设，推进国家级工业园建设，形成"一城一区"的空间布局；远期形成"一城二区二镇"的县域空间结构，主城区发展逐渐完善，外围魏桥和焦桥片区发展逐步成形。

同时，规划从土地流转、行政区划调整、规划管理、财政保障等多个方面提出了实施策略，加强对规划后续的建设实施工作。

16.3.2 山西省孝义市半都市化统筹城乡发展

1. 城乡统筹的技术路线

1）一条主线：以资源型城市转型为主线

孝义市是典型的资源型经济结构，且资源型产业层次低、链条短，就业容量小，对地方城乡发展带动力不足；食品、LED 制造等非资源型产业发展迟缓，在国民经济中比重较低。另外，在可预见的一段时期内，孝义市地方经济发展、城乡资源配置乃至经济结构转型均需建立在对现有资源型经济的依赖之上。

应对孝义资源型城市产业转型发展的需要，寻求多样化的城镇化发展动力，构建多元化城镇职能结构，摆脱资源型单一动力机制对地方发展的限制，规划始终围绕"资源型城市转型"这条主线展开。

2）两个重点：区域性中心城市建设、推进市域城镇化战略

孝义市发展要突破资源型结构的约束，实现城乡协调，需要推动非资源型产业的发展，提高城市的就业容量与城市对区域辐射带动能力，解决"半城镇化"问题。区域性中心城市建设与市域城镇化推进从城与乡两个方向推进，是孝义城乡发展的两个关键抓手和战略方向。

3）三项平衡：土地、人口、资金

实现城乡统筹发展，在明确重点与战略方向的基础上，需要提高规划的可实施性。此次城乡统筹规划，从土地、人口与资金三个方面进行了城乡指标平衡。

依据对城乡产业与经济发展的预测，对城乡就业容量进行估算，并以此为基础进行城乡人口的再平衡。同时，依据城乡建设用地增减挂钩的政策，提出了建设用地城乡转移的路径，总体实现了在城乡建设用地总量不增加的情况下，人口由乡村向城区集中，带动节约的农村建设用地向城镇与园区集中，保障了规划用地与人口指标的城乡平衡。同时，结合孝义市地方特色，围绕资源特色，提出用人口迁移带来的地下资源开发权收益补贴城乡统筹实施费用，融合建设用地流转形成的土地级差收益，实现了城乡统筹的资金平衡，保障规划的实施。

4）"四规合一"：生态、产业、城镇、土地

由发改委、规划局、国土局分别编制的主体功能区规划、国民经济发展规划、城镇体系规划和土地利用规划，以及其他部门组织编制的相关规划，由于编制过程相对独立，彼此之间缺乏整合，容易出现产业项目无法落地、城乡建设用地违规、城规与土规方向错位、生态保护策略无法落实等问题，城乡统筹以"四规合一"的思路，统筹生态保护、产业布局、城镇建设和土地利用，优化市域整体空间布局，在统一的指导思想下，分别编制各专项的规划内容，指导具体规划的编制与实施。

5）五项政策：操作平台、资金配置、社会保障（包括就业）、土地政策、住房保障

配合规划提出的发展战略与空间策略，提出构建由政府主导的统一操作平台、改革资源收益分配处置机制、建立城乡统一的户籍与社会保障机制、建立农村土地确权与流转机制、建立城乡居民住房保障机制等配套政策。

2. 重点和难点问题的解决

1）提出了资源型城市转型路径

针对孝义市资源型城市的核心特征，提出利用"矿产资源开发权"和"城

乡建设用地增减挂钩"两个杠杆撬动城镇化的资金需求，构筑以资金为中心的良性循环，由资源集中开采为原动力，逐步推动产业结构多元发展、城镇建设集中布局、土地资源集中利用、生态环境集中整治，构筑具有孝义特色的转型发展模式。

2）明确市域城镇化发展战略

在全面建设小康社会、实现公共服务设施均等化的背景下，结合孝义西部山区农业生产、居住条件、用地条件均较差的实际情况，孝义市提出"人口由山区向平原地区转移、建设用地由资源区向非资源区转移、产业由镇乡村向城区和园区转移"。通过三个转移，实现"人口集中居住、产业集中布局、资源集中开采、农地集中经营、生态集中整治"，进而构建中心城区、中心镇与农村新社区城乡居民点新体系。

规划提出市域城镇化发展战略如下：落实"新型工业化、特色城镇化、农业产业化、市域生态化"四化要求，依托孝义市社会经济发展的地方特色，推进"三个转移"，实现"五个集中"，构建"1420"（1个中心城区、4个重点镇、20个社区化中心村）市域城乡居民点体系。

3）制定区域性中心城市空间发展战略

介孝汾区域整体形成"一主两辅"的城市空间结构，所谓"一主"即孝义主城，是介孝汾地区的区域性服务中心和新型工业基地，"两辅"即汾阳、介休两个辅城，汾阳是介孝汾北部交通枢纽和轻工业基地，介休是介孝汾南部交通枢纽和旅游服务基地。

孝义主城形成"双城"结构。西部旧城区为孝义市域政治、经济、文化中心，东部构建介孝汾新城，为介孝汾区域性科技文化、商贸服务、商务会展中心和高新技术产业基地。

4）制定市域生态保护与建设战略

大力实施"蓝天碧水""造林绿化"两大工程，构建市域生态安全格局，保障市域可持续发展，综合治理采煤塌陷区，改善山地丘陵区生态环境，建设城镇生态防护体系，保障城镇生态安全。

孝义市市域生态空间规划结构可以概括为"四核三区四带六廊"，"四核"即四个生态保育区，"三区"即三个采空综合治理区，"四带"即四条生态防护带，"六廊"即六条生态河流廊道；同时，规划提出对各类地区实施不同的生态建设策略。

西部低山区：强化水源涵养区和生态服务功能极重要地区保护，划定生态保护区，加快封山育林，退耕还林、还草步伐，提高森林资源的覆盖程度，增强森林的水源涵养能力。

缓坡台地区：大力开展节水灌溉和农业节水技术，开展黄土丘陵区的水土流失治理工作，建立坝系拦蓄工程，弃渣弃土尾矿拦蓄工程。

土石丘陵区：综合治理采空沉陷区，通过弃渣弃土尾矿拦蓄工程建设，加快水土保持的综合治理，退耕还林、还草的步伐，提高植被的覆盖程度，改善高度敏感地区生态环境。

东部平原区：大力开展生态建设工作，构建完整的生态绿地防护体系，包括城郊防护林、工业园区隔离防护区、交通干线两侧绿化、重要的生态农业区、城市绿地系统等，改善城区环境质量。

5）分类、分期指导村庄居民点迁并整合

规划对城市规划区范围内外村庄居民点整合撤并提出不同策略。规划区内村庄按照其与城市建成区的关系划分为城中村、城边村、城郊村三个类别，并分别制定不同的发展或迁并整合策略。

城市规划区外村庄依据其人口规模、用地条件、交通便利度，以及乡镇行政驻地、新农村建设情况、与矿产资源开发的关系等特殊影响因素，判断村庄发展的适应性及迁并整合的紧迫性，并依据此规划村庄迁并整合的分期。同时，对适宜发展的各类村庄依据其自身特色提出具有针对性的发展导引。

6）统筹市域城乡空间布局

遵循市域城镇化发展的总体战略，提出构筑"中心城区、中心镇、农村新社区"为架构的三级居民点体系，在市域范围形成"1420"为主体架构的市域城乡居民点布局结构。

同时，规划遵循城乡统筹规划特点，打破原有城市规划、土地利用规划等传统分类与布局方法，结合孝义市地方实际情况，将市域用地按其主体功能划分为生活用地、服务设施用地、工业生产用地、绿地、河流绿廊、水源保护地、都市农业用地、农林种植用地、经济林地、生态林地、矿产资源开发用地、村庄发展用地等多种类型，并对各类功能用地的空间布局做出安排，指引各分区发展。

3."双补＋双换＋双改"的"孝义模式"

依据孝义市资源型经济的核心特征，结合大部分村庄处于资源区的实际情况，为实现孝义城乡统筹发展模式的转换，孝义市域城乡统筹实行"双补＋双换＋双改"的发展模式。

1）"双补"

以矿产资源企业收益补贴农民住房拆迁损失。充分维护被拆迁农民利益，使其能够获取到足够的短期收益，以能够应对向稳定的城镇生活过渡时期的需求。

以矿产资源企业收益补贴非资源型产业（包括新兴加工制造业、现代农业、现代服务业等）实现产业多元化发展，实现城市可持续、健康发展；进而推动城镇就业容量的增加，为解决农村劳动力就业问题奠定基础，解决农民进城后的长期生存问题。

2）"双换"

（1）以地下资源开发权换城镇住房。由资源开采企业分离其部分收益，以解决农民搬迁进城的住房问题。

（2）以宅基地换城镇型社保。通过对搬迁农民宅基地复垦，以与城乡建设用地增减挂钩的方式进行流转，缓解城市建设用地紧张的矛盾；农民放弃原有宅基地，换取城镇型社会保障，解决搬迁农民的后顾之忧，实现人口向城市的集中。

3）"双改"

（1）农用地和农村集体资产股份化改革。促进农业经济发展，推动农业生产的规模化经营，不再从事农业劳动的农民以农用地承包经营权换取股份化经营企业的"股份"，可长期享有农用地经营收益分红。

（2）矿产资源开发权股份化改革。以被搬迁农民享有矿产资源开发收益分红的方式保障农民收益，推动农民搬迁，同时实现土地集中利用、产业集中发展。

16.3.3 湖北省宜都市"分区"、"分级"模式

统筹城乡发展的重点问题包括以下几个方面。

1）明确矛盾，推进城乡协调发展

从宜都市人均 GDP、三次产业结构、第一产业就业比重等指标来看，宜都市工业化发展已经进入中期阶段。但其城镇化水平仅为 38.7%，且城镇居民收入水平与全国平均水平的差距进一步拉大。近三年数据显示，宜都市城镇居民收入年均增幅较农村居民收入年均增幅低 8.3 个百分点。以 2009 年数据为例，宜都市农民人均纯收入高出全国平均值 1381 元，城镇居民可支配收入则比全国平均值低 4586 元，差距由上年度的 11.7% 扩大到 26.7%。由此可见，城镇化水平相对滞后，城镇综合实力不强是宜都市现阶段城乡发展面临的主要矛盾。基于上述问题，宜都市将自身发展需求与外部区域格局相结合，本着"城镇带动乡村，乡村服务城市，城乡协作互动"的基本原则，提出了"整合沿江、创新内陆、连镇带乡、保山理水"的城乡发展思路。

整合沿江，强化工业竞争力：整合长江沿岸产业、空间、交通，集合开

发优势产业，建设新型工业园区、现代物流园区和休闲服务区，合力打造具有核心竞争力的空间发展平台，进一步加强城镇的综合服务及辐射带动作用。

创新内陆，提升农业竞争力：充分利用市域中南部丰富的丘陵、山水、田园等资源，优化农业结构，转变生产方式，拓展附加功能，构建新型乡村产业发展体系，实施乡村创新发展战略。

连镇带乡，加强城乡一体化：加强沿江城镇间的道路连接，促进彼此之间的相向发展，构筑有利于沿江与内陆整体集约发展的道路网，同时加强城镇道路向乡村的延伸，促进城乡社会经济联系，扶持带动乡村发展。

保山理水，提高生态宜居保障：整体保护山地丘陵、森林公园、自然保护区和乡村田园等生态斑块，梳理完善大小河流及沿岸环境等生态廊道，打造连续、完整的山水网络生态界面，依托建设"一江两山"国际知名旅游目的地的契机，打造山水相依新宜都。

2) 全域布局，探索城乡统筹方案

宜都城镇空间发展主要受外部交通条件的引导和宜昌城市空间的辐射带动影响，城镇空间扩张会首先在北部地区形成，并逐渐向南拓展。沿主要交通干线和长江，由点状辐射逐渐演变成带状发展，进一步由沿江城镇带逐步带动市域城乡发展，形成"两带三区谋发展、山水网络建和谐"的空间方案。同时，在落实空间方案的过程中，又独具创新性地把远景规划前置，并且深化细化，从全域层面上进行容量控制，理念的转变体现了规划对生态的尊重，对城乡关系的换位思考。

(1) 重点发展两带：沿江平原城镇发展带、中南腹地创新发展带。

沿江平原城镇发展带：沿江平原城镇发展带连接陆城、红花套、高坝洲、姚家店、枝城等城镇。依托高速公路、铁路、港口等便利的对外交通设施和现有的城镇产业，重点发展医药及电子、化工及建材、纺织及陶瓷和现代物流等产业，成为支撑宜都市向内辐射、对外开放的重要战略空间。

中南腹地创新发展带：中南腹地创新发展带连接陆城、姚家店、五眼泉、聂家河及潘家湾等城镇。依托丰富的丘陵、山水、田园和风景资源，大力提升创新发展能力、多业融合和城镇功能，组成一条具有生态资源绿廊、乡村景观画廊和绿色经济走廊三大功能的创新发展带。应加强对资源环境的保护，加强对农村产业优化，综合发展休闲旅游业、生态农业、农副产品加工业、面向乡村的服务业等，成为宜都市由沿江向中南腹地辐射并提高内陆发展水平的重要轴带。

(2) 协调发展三区：沿江平原都市发展区、中部丘陵创新发展区、山地特色发展区。

沿江平原都市发展区，包括红花套、高坝洲、陆城、姚家店和枝城，这片发展区是宜都市经济社会发展的主轴，城镇及人口较为集中，城镇规模也相对较大，依靠良好的区位条件、发达便利的综合运输体系、充足的能源基础和用水条件、初具规模的经济基础和科技实力，已建立起以第二、第三产业为主体的经济结构。这片发展区强化陆城—姚店的城市主体地位，北翼红花套、高坝洲以物流仓储为主，南翼枝城以工业化为主。沿江平原市发展区发展宜打破行政体制的束缚，从区域的角度，统筹安排经济社会发展，优化生存环境，协调城乡关系，按经济、社会与环境功能的整合需求及发展趋势，构筑相对完善的城镇群体空间单元。

中部丘陵创新发展区，包括陆城、姚家店、五眼泉及聂家河镇北部部分地区所共同构成的三角形区域，该地区在交通、用地、资源配置等方面的综合条件仅次于沿江地区，在沿江产业带全面建设的同时，该地区应充分利用陆城中心城区的辐射作用、优越的生态景观资源条件、交通网络密集的优势，大力发展都市农业、度假休闲、健康养生等"城市-乡村复合型"产业，在城乡建设、人居就业、社会服务等方面真正实现全面融合与对接。在公交网络、公共服务设施、基础设施方面实现城乡一体化建设与管理，成为未来进一步推进宜都市城乡统筹发展的核心示范区。

山地特色发展区，主要涉及南部山区，由于地理位置等条件的差异，城镇规模偏小，建设资金投入有限，发展相对滞后，应推动传统农业、种植业朝现代化、产业化、品牌化等高效、高附加值方向发展，通过农业与工业、旅游业相结合的形式，达到立足第一产业土地性质、采用第二产业组织形式、实现第三产业附加功能的目的（李兵弟，2012）。

（3）构建山水网络。利用长江、清江、鱼阳河等河流，结合自然山林，串联城镇绿化隔离带、农田等，形成网络状的生态廊道。通过山水廊道的构筑，促进生态"斑块"与"种源"之间的生态联系，从而形成有机的生态整体系统，维护市域生态系统的稳定和健康，为宜都的全面可持续发展和建设宜居宜都提供生态保障。

（4）分级引导，构建城乡统筹模式。在空间方案落实的基础上，根据宜都市城镇发展条件评价和城镇发展战略，以行政职能等级为基础，结合现状城镇行政等级和职能结构特点，以及各乡镇在市域发展中的分工、协作关系，按照现状和未来相结合、近期和远期相结合、局部和整体相结合的原则，将宜都市划分为："主城区—新城—特色镇（乡）—中心村—基层居民点"五级体系。

主城区：陆城。全市的政治、经济、文化中心。

新城：红花套、高坝洲、枝城。红花套和高坝洲区位条件优越，具有较好的发展潜力，应进一步加强与宜昌和陆城的经济联系。

特色镇（乡）：聂家河、松木坪、五眼泉、王家畈、潘家湾。应通过政策扶持，发挥本级小城镇对农村地区的带动作用和综合服务功能，通过促进农业、劳动密集型低污染工业的发展，就近吸纳农村剩余劳动力。规划建设聂家河为西南腹地发展的核心增长极，充分发挥其特色旅游功能，辐射带动西南腹地的持续发展。松木坪工业基础较好，且处于县域南部门户位置，应予以发展扶持，调整现状以矿业开采为主的产业结构，加强其对周边包括县域外地区的综合服务带动能。五眼泉宜充分利用其旅游资源基础，提升旅游产业功能；王家畈和潘家湾近期以自主性发展为主，中远期要走出依托资源发展特色产业之路。

中心村：随着宜都城市化进程的快速推进，宜都的村庄整并也应有序推进。随着乡村农业生产水平的逐渐提高，乡村耕作半径将不断加大，支持乡村空间整合力度不断加大。到2030年，宜都市将保留100个中心村。

基层居民点：至2030年宜都市将保留500个基层居民点。宜都市市域村镇体系形成"一主、二新、五特、百中心村、五百基层居民点"格局，呈现"12515"的城乡空间体系。

管制模式：从区位、地貌类型、交通条件、现状村镇布局、产业、公共服务设施、人均收入、生态敏感度等方面，综合辨析宜都乡镇的内部差异，并依据宜都未来形成的"两带三区"的空间结构，提出相应空间管制要求，确保区域城乡理性发展的进程中，兼顾发展与公平双重目标，统筹城市居民与农村居民收益，实现区域环境和谐、城乡共同富裕的统筹目标。

3）政策制度创新

在制度设计与创新方面，宜都市根据城乡统筹发展的实际条件，借鉴国内外实践经验和最新理论，将协调发展三区（沿江平原都市发展区、中部丘陵创新发展区、南部山地特色发展区）的空间引导策略与政策制度构建相结合，针对不同区域的特点及诉求制定政策制度措施，确保在域城乡发展进程中，兼顾发展与公平，实现区域环境和谐、城乡共同富裕的统筹目标。

（1）沿江平原都市发展区政策制度保障要求做好如下几方面工作。

第一，产业发展。沿江平原都市发展区的产业基础较好，可借助沿江区域的综合优势，建设新型工业园区、现代物流园区和休闲服务区，合力打造具有核心竞争力的空间发展平台。同时，扶持农产品深加工企业与农户进行对接，实施产销一体化运营，推动乡村农产品生产与贸易的整体发展。

第二，农民转移。沿江平原都市发展区是宜都市城乡经济社会统筹发展的主要区域，大量农民将面临征地之后的就业问题，因此本地区应着力加强被征地农民保障措施的完善工作。第一，建立农转非人员的基本养老保险制度，对符合条件的被征地农转非人员实现基本养老保险全覆盖；第二，加强被征地农转非人员就业培训、促进被征地农转非人员实现就业和建立生活困难救助制度；第三，明确住房补偿和安置标准。鼓励推行住房货币化安置方式，货币安置标准按照不低于本地区与被征土地范围相邻地段经济适用住房的销售价格制定。

第三，设施共享。沿江平原都市发展区的基础设施和公共服务设施基础较好，在实施城乡统筹的过程中，应持续推进道路、供水、排水等基础设施建设，完善公共服务设施。

第四，城乡建设。严格执行城乡规划法，以具有合法地位的城市总体规划为依据进行控制，一切建设用地和建设活动必须遵守和服从法定规划要求，依照合法程序进行审批。

（2）中部丘陵创新发展区域政策制度保障要求做好如下几方面工作。

第一，产业发展。本地区交通区位条件优越，是市域城乡一体化发展的核心地带，具备扎实的工业基础，农业产业化程度也相对较高，今后的发展：①应结合国家大型项目，如沪蓉高速公路、三峡换流站等的建设，抓住机遇、引进项目；②建立城乡产业统筹发展的利益机制，如建立城乡产业发展品牌共享机制、上下游产业间的利益共享机制等；③建立城乡产业统筹发展的互动网络，如建立城乡产业连锁网络，大力发展横跨城乡的产业集群；④开展城乡产业统筹发展的项目布局，适当增加农村的产业项目，或促进城市项目向农村辐射；⑤营造城乡产业统筹发展的合理环境，如放宽农民创业的行业准入，降低农民创业门槛，设立统筹城乡居民创业的信息服务网络，增强农民的就业竞争力等。

第二，农民转移。本地区是未来宜都市域城乡一体化发展的核心地带，有大量农民将进入城区和特色乡镇务工。因此，①应建立城乡统一的就业管理制度。打破"城镇劳动者"与"进城务工人员"的身份界限，在签订劳动合同和工资分配等方面一视同仁、平等对待。②将进城务工农民纳入公共就业服务的范畴，为其提供就业指导、职业介绍、职业培训、信息查询等服务。各类职业中介服务机构向社会公开承诺服务内容，为求职者提供方便、快捷、平等、高效的就业服务。③认真落实劳动合同法，加强监督检查，督促企业依法签订和履行劳动合同，不断提高城乡劳动者与用人单位的劳动合同签订率。

第三，设施共享。加快基础设施和市政设施的覆盖，加大对农村公共服务体系建设的支持力度，推动社会公共资源向农村倾斜、城市公共服务向农村覆盖，使广大农民在经济发展的基础上，享受更高的教育水平、更好的卫生保健、更健康的精神生活和更和谐的社会氛围。

第四，城乡建设。严格控制建设用地范围，切实保护优质农田，保证实现耕地占补平衡；严格执行基本农田保护条例，严禁占用基本农田进行非农建设。若遇国家重点项目确实需要征用基本农田，应经过法定程序修改土地利用规划，并报有关部门审批。

（3）南部山区特色发展区域政策制度保障要求做好如下几方面工作。

第一，利用优势环境资源，发展有机示范农业和生态高效农业。推广生态农业技术，控制农业面源污染，重点发展特色水果、绿色蔬菜产业等；在发展经济的同时，严格控制工业项目，尤其是有污染项目的引入与建设，对于新增项目必须承担地区环境保护责任，并得到环境保护部门许可。

第二，农民转移。城镇是统筹城乡发展的重要载体，从根本上解决"三农"问题，必须提升城镇吸纳农民、带动农村的整体功能。因此必须围绕转移农民这个核心，着力发展山区特色小城镇，推动农民就地城镇化。同时抓住推进新农村建设契机，积极争取国家、湖北省对山区欠发达地区小城镇建设的专项投入，并适度集中政策和资金优先完善特色镇的承载能力和带动功能，更加直接有力地推动城乡统筹的完善和发展。

第三，设施共享。农村工作覆盖面广、复杂性高，应集中财力优先建设现代农业发展迫切的交通、通信、供电、供水、供热、供气等基础设施。同时，进一步强化公益性服务功能，完善基层农业服务体系建设，着重建立农村防洪体系、农业科技推广服务体系、动植物防疫体系、农村市场信息体系等。

第四，城乡建设。充分发挥城镇的集聚作用，鼓励周边农村居民向小城镇、乡村中心社区迁移和集中，推进农村集体土地流转和规模化生产；严格控制乡村居民点和乡村非农建设用地总量，乡村居民点要合理布局，同时发展农村沼气和庭院经济、绿色农业等，创建文明生态村。

16.4 国内统筹城乡发展的其他模式

16.4.1 北京"大马拉小车"的实践模式

北京为了成功实现城乡经济社会一体化，进行了一系列的实践探索，并取得了很好的成效，使得北京的城乡一体化既具有大都市的特点，又符合北京作为一个老首都的身份。北京市的所谓"大马拉小车"是指积极发展城区第二和第三产业，扶持乡镇企业发展，让城市这匹"大马"日益强大，形成一个城镇经济拉动区域发展的北京城区主导型"大马拉小车"模式。最终实现城乡一体化的全面协调发展模式。这种大城市带动城乡统筹发展的模式实际就是通过建立大的都市圈实现城市的延伸和渗透来达到城乡一体化。

北京具有很好的城市基础和工业基础条件，农村人口数量少，整个城市发展基础较好，在工业化和城市化进程的驱动下，城市发展范围不断地向农村渗透、延伸。在现有城乡一体化的基础上，充分地利用目前有利时机，协调好北京中心城市区域、城乡结合的北京近郊区和偏僻的北京远郊区域的各产业互补发展的关系，以城乡公平发展为目标，充分利用"大马拉小车"，以工业促进农业、以城市带动乡村，来加强城市对农村地区的拉动和反哺作用，不断地加快农村地区的发展，在全国范围内率先实现缩减城乡二元结构差距，最终逐渐消除城乡差别，实现全方位的城乡统筹一体化协调发展。

16.4.2 浙江的农村工业化模式

浙江模式的形成是一个不断探索的过程，是在区域浓厚的商业渊源和背景之下，民间融资、产业集群、市场拉动和政府扶持相互作用形成的浙江社会与经济发展的有序健康发展整体。浙江走的是农村工业化的发展道路。农民白手起家创办了家庭工厂和私营企业，以生产小商品为主的轻工业市场占有率高，逐渐形成了"小商品做大市场"的优势。同时，浙江省为了做好小商品市场专门建立很多专业市场，这些市场目前已经成为浙江省小商品主要的销售渠道，并逐步发展为市场大省。面广量大的中小企业也是浙江经济发展的主体，以细密的分工协作为基础，通过"大协作"来弥补"小而散"的劣势，通过龙头企业的带动作用，产业规模不断扩大，逐渐形成集群经济。虽然自然资源不足，但善于借助市场力量，形成生产原料与产品市场的"两头在外，大进大出"的格局，"小资本"的个体私营企业不断壮大，也形成了一批经济实力雄厚的中小城市，县域经济发达壮大。浙江模式的成功很大一部分原因是政府创新和行政管理体制的创新，为民营经济发展提供了优越的环境。"小政府、大社会"是它的显著特点，政府这个时候不再是直接的经济活动参与者，不进行直接的市场干预，政府的相对规模变小，权利配置下放，更加合理地调动基层政府的作用和积极性，坚持"省管县"财政体制，地方政府的管理模式由行政化的直接管理被综合利用市场、法律、行政手段为主的间接调控取代，管理中更多地体现市场、法治和民主，积极探索财政体制改革和行政审批制度改革，加快构建适合浙江农村工业化的科学民主决策体系。

16.4.3 山东诸城"村改居"模式

从 2007 年起诸城市为了响应政府的城乡一体化政策，在全市的农村全面开展了"村改居"模式，这成为我国山东省城乡统筹发展中除了莱芜模式外的另一个亮点。从 2007 年起诸城市为了进一步响应政府的城乡一体化政策，在诸城市的农村全面展开了农村社区化的服务与建设工作，并为诸城市农村的每个社区都设立了社区的服务中心，以更好更全面地推广"政府主导、多方参与、科学定位、贴近基层、服务农民"的诸城市农村社区化的建设与服务，并为社区建设了生活超市、社区警务、休闲广场、幼儿教育、医疗卫生和计划生育等各方面的便民设施和场所，以为社区居民提供全方位的服务功能，利用便捷的生活条件和优美的生活环境逐步引导农民自愿到这些新建立的社区中心村集中居住和生活。截至 2008 年 6 月，诸城市的这些农村社区已经全部建成和投入使用。2010 年起诸城市为了进一步更好地推进农村的社区化和集中化，勇敢地打破了行政村庄间的壁垒，不仅撤销了原来的全部行政村，还依法建立了新的社区党委和社区居民委员会用来代替原来自然行政村的村支部和村委会，这些工作的顺利推进又将诸城市城乡一体化的大融合工作推进了一大步。原有的建制村撤销后，原自然行政村的债权债务、资产处置形成的收益权属关系和原有的土地承包关系都保持不变，村民的原有福利待遇和村干部的原有补贴报酬标准也都不下降。这些工作既保障了村民的合法权益，又充分调动了农村居民改革的积极性，这一好的政策和社区建设受到了全体民众的一致好评。目前山东省除诸城市成功推广该模式外，其他地市也纷纷效仿，如淄博、德州、济宁、临沂、聊城等地市也开始部分推行了"撤村改社区"试验，并取得了不错的效果。

16.4.4 广东农民工"积分落户"模式

2010 年 6 月 7 日，广东省政府为积极响应政府的统筹城乡一体化政策，专门出台了《关于开展农民工积分制入户城镇工作的指导意见（试行）》。该指导意见对在广东省城镇务工的农村劳动力落户进行了规定，提出只要已在广东省办理《广东省居住证》并按期缴纳社会基本保险、纳入广东省就业登记的均可提出纳入积分登记的申请，并统一执行积满 60 分即可申请落户广东省，同时该意见规定，广东省各地可再根据当年自己的入户计划和当地农民工的积分排名等情况给予办理入户手续。对那些符合 60 分积分入户条件的农民工可以自行根据情况自愿选择在就业地镇或在自购产权房屋所在地镇申请入户，成功落户的农民工的配偶和未成年子女都可以自愿选择是否随迁入户。广东省为了适应当地农民工入户的要求和便于当地户籍制度管理，合理地把选择落户的农民工积分制的入户城镇指标分成了由省制定的统一指标和各市自行制定的地方性指标两部分，对广东省统一指标的执行按照全省互认、流通和接续的标准执行，而各地市的自定指标则由各地市根据自己地市产业发展和相关人才引进的政策设定并执行。无论是全省统一指标还是地市自定指标都被细化为学历、技能、工作登记情况和社会参保情况等多项指标，这些指标既包括对当地的社会贡献等方面的加分指标，又涵盖对违法犯罪行为的减分指标。而农民工的入户城镇计划指标则更多地向县城和一些中心城镇进行倾斜，对于农民工主动申请落户县城和中心城镇的，广东省政府将可以根据不同地区情况按照不超过个人总积分的一半给予一定的积分奖励和优惠，实行优先给予落户的政策。这些政策的制定都是为了吸引更多的农民工更加积极地申请落户县城和中心城镇。同时这些积分政策还更加人性化地允许具有一定规模和实力的大企业自行设立自己的集体户籍户头，对于没有自己集体户籍户头的企业可由当地政府指定专门的户籍代管机构，帮助那些自己买不起住房的农民工也可以顺利地在城镇落户。所以广东省在农民工落户方面不仅仅吸引各行各业的人才，同时也保障了人才的不流失和就地安置工作。广东省自这些积分落户政策推行以来，取得了很好的效果，不仅仅解决了农民工最头疼的落户问题，也为广东省吸收不同专业优秀人才加分不少。2012年广东省为了更好地执行积分落户模式，又对原有的积分制入户政策进行了大的"扩容"，扩大了政策的适用对象范围，将适用对象由原来的在粤务工的农业户籍劳动力扩大到进一步辐射所有在粤务工的城乡劳动者。这对广东省更好、更全面地执行相关政策提供了保障，也便于广东省积分落户模式的推广。

16.4.5 汉口北的市场运作模式

昔日的乡，今天的城——这是对武汉远郊的汉口北现代化市场集群的最精确描述。如今的汉口北轻轨直达，人气旺盛，买卖兴隆。同样的商品，在这里比城里便宜不少；同样是做批发生意的，这里的成本比城里要低很多。由于卓尔发展汉口北集团与阿里巴巴公司在武汉签约，由汉口北传承的老汉口商业文明又成功地接驳汹涌互联网大潮。使得商户达2万多户、营业额300多亿元的汉口北成为一个大的市场集群区。很难想象汉口北在5年之前还是一片荒地，虽然地处武汉这个大都市覆盖圈，但由于处于武汉远郊，当地经济又极不发达，农村、农民和农业都较为落后，与武汉市城乡差距较大，地处偏僻，少有投资者入驻。但汉口北积极响应国家城乡统筹政策，作为一个试点，立足武汉得天独厚的交通物流优势和商业传统，借着汉正街整体搬迁大势，在汉口北郊一块占地近 2000 亩的荒地上，盖起了 500 万米^2 的商品交易市场和加工、仓储、物流配套设施，承接传统商业的转移，升级传统批发商业的业态。随着这里的交通和物流配套设施的日渐完善，汉正街的老商户越来越多地搬入，使得汉口北成为"新汉正街"的代名词。

作为新型城镇化道路的探索和实践者，汉口北坚持按照政策引导、产业先行、市场运作等办法，逐步做大做强汉口北市场。如今，汉口北直接吸纳就业人口约 8 万人，其中黄陂区农业人口占比为 26%，还吸引了 1000 多当地人开店创业，催生当地新增物流、加工企业 500 多家。城和乡，在产业的带动下互动，逐渐缩小了差异。随着武汉工业倍增计划的推进和内需市场的强劲增长，汉口北再次迎来了发展壮大的机遇。未来 10 年内，目前的汉口北国际商品交易中心将在更加全面和彻底承接原来老汉正街整体外迁的基础上，在大量吸纳沿海商贸产业的转移基础上，稳步发展新的进出口贸易和电子商务产业，力争使汉口北商品交易中心的总成交额达到 5000 亿元以上，使武汉的汉口北不仅仅发展成为武汉市的综合商贸中心，更成长为辐射整个中国，面向整个世界的综合性商贸物流中心。目前，天津市也效仿了这种城乡一体化的发展模式，并取得不错的效果。

16.4.6 建立新型城镇化的新郑模式

河南省新郑市目前是郑州市乃至河南省在同样级别的城市中建设新型城镇化的速度和力度最大最有成效的城市之一。目前新郑市的产业集聚区域建设、现代化高标准交通网络建设、新型社区化推广建设和大项目的建设等都已经发展成为新郑市的新型城镇化建设的有效支撑和有效保障。与此同时，新郑市更是凭借着紧邻郑州市大都市区和郑州市航空港经济综合实验区的地理优势，并结合自身资源条件提出了"融入大郑州和航空港经济综合实验区，承接沿海地区产业转移和承接郑州产业辐射的"双融入、双承接"的发展战略和发展方向，并合理地利用自身有利地理优势和政策条件不断地优化自身的产业结构并进一步加快大项目的招商引资，以促使新郑市辖区的经济实现高速优质的协调发展。新郑市在新型的城镇化建设过程中，为了综合协调各方面的资源，更注重在"金融创新率先突破、以人为本增进和谐、三个互动实现持续、文明生态留住乡愁"的四个方面进行不懈的努力，争取在融资、土地、产城和生态环境等方面都取得好的成效，建立各方面统筹协调发展的美好工作局面，并坚持城市建设一定要为居民的宜居兴业服务的宗旨毫不动摇。

因此新郑市自 2010 年被选为新型城镇化综合试验区域后，一直积极响应上级有关城乡统筹的发展政策、要求并迅速地采取行动，对未来三年的城乡统筹发展做出了非常详细的规划和合理的部署，建立起了具有地方特色的促进农业转移人口市民化的体制，加速推进了存量农业转移人口市民化的进程，完成农村社区配套的相关改革，为继续推进新郑市全面的城乡一体化进程加力不少。这些有益的经验模式值得其他地区参考学习，也成为我国中部地区探索城乡一体化进程的一个闪光点。

16.4.7 鼓励有条件的农民工落户城镇的陕西模式

按照陕西省出台的《关于加大力度推进有条件的农村居民进城落户的意见》的工作要求，陕西省要在"十二五"期间推动 600 万人通过合理的政策进城落户。陕西省对农村居民采取自愿选择落户区域的基础上，鼓励农村居民更多地选择在中小城镇落户，对落户城市和落户城镇分别采取不同的条件，鼓励农村居民更多地就近落户新型城镇。对那些选择举家进城并自愿交回原有的宅基地和承包地的进城农民不仅仅优先落户，还根据其交回的原有宅基地和承包地数量给予一次性的经济补助。其补助的具体方案如下：对交回的宅基地转为耕地的土地指标由所属市县使用，其实际退出的宅基地根据当地的现行土地征用平均价格计算出总额给予一次性的经济补助，并按时兑现，其兑现资金用于转户农民的住房补贴。对进城农户主动退出的承包地则由村集体流转使用，并按照当地的流转费用加农业直补的平均值按照使用期限十年计算出补贴总额给予补贴，其资金用于进城落户农民的养老和医疗等各项保障费用的补助。另外陕西省政府还对接受农村居民落户地方政府采取了补贴措施，陕西省规定对接收省籍农民落户的市、县和镇三级政府分别按照情况给予适当的资金补贴，其补贴费用用于落户村民的就业培训和公共服务设施的采购建设，其补贴标准是每落户一户补贴人民币 1 万元。另外陕西省为了保障农民工进城落户的合法权益，为了保障进城落户农民工获得公平对待，规定对转户农民申请廉租房、公租房和经济适用房的与城镇居民均等享有同等的待遇，并专门提出加快推进保障性住房的建设，并专门保留一定比例的房源用于供应进城落户的农民工，保障农民工和其他市民一样享有"安居乐业"的权益。

16.4.8 就地城市化和异地转移的成渝模式

2007 年 6 月 7 日，国家发展和改革委员会批准将我国重庆市和成都市设立为全国城乡统筹综合配套的改革试验区。国家对该试验区的定位是：为统筹城乡发展探路，尽快形成一套完备的统筹城乡发展的体制机制，以促进成渝地区城乡经济社会的协调发展，也为进一步推动全国的深化改革、实现我国的科学发展与和谐发展起示范和带动作用。为此成都市提出了推进城乡统筹发展必须要用抓城市、干工业的方式来促进农村和农业的发展。成都市为了实现城乡统筹发展提出了"三个集中"，其实质就是在统筹城乡发展的基础上促进工业园区化、农业产业化和农民的市民化。目前成都市的"三个集中"工作成效显著，在成都市的 630 万亩耕地中，目前已实现规模化经营的就已经高达 150 多万亩，目前还在以每年不少于 50 万亩的速度推进耕地的规模化经营，根据目前的发展态势和相关政策要求在 5 年之后耕地规模经营比重将高达 60% 以上，实现大部分耕地的规模化和科学化生产经营。成都市为了实现农民的市民化主要是通过将现有分散居住的农民向城镇集中居住生活，实现了农民市民化管理。因此成都市的"三个集中"做法，实际上就是促进城乡大范围内的资源要素尤其是稀缺要素——耕地资源的高效整合，以促使成都市的城市和农村在资源配置、规划统筹和产业布局等方面的全面有机融合，以此推进城市化和工业化的进程，并通过农民的市民化实现大量的农民劳动力从第一产业转移到第二和第三产业上来，农民居所转移到城镇上来，实现"三个集中"的工作目标。而重庆市则根据自身条件的不同提出了"三年过渡、三项保留、五项纳入"的重庆市自己的统筹城乡户改方案和对策，其方案中心是要建立重庆市转户农民原有宅基地、家庭承包地和承包林地的弹性退出机制，并设立一个合理可被农民接受的过渡期保障转户农民的合法权益不收侵害。方案中的"三年过渡"指的就是转户农民最长可以在三年的过渡期内保留其原有的承包地的承包权、宅基地的使用权和收益权的不变；方案中的"三项保留"则指的是转户农民在过渡期内保留原承包林地的使用权并可以继续享受农村照顾性的计生政策，以及在转户农民自愿退出承包地经营权之前均可和转户之前一样享受农村种粮直补和购买农机补贴等各项有关的惠农政策不变；方案中的"五项纳入"指的是转户农民转户之后就可以平等地享受其他市民一样的城镇就业、医疗、教育、社保和住房保障等各项政策。

因此成都市的城乡统筹协调发展典型模式主要是以农民"就地城市化"为主，而重庆市的城乡统筹发展模式则是以"异地转移"为主，这个区别采取不同的措施，主要是因为这两个城市在地形地势、农业发展基础和条件的不同，而且重庆市还有着和成都不一样的"一圈两翼"的发展战略。同时我们可以看出成渝两地虽然城乡统筹发展模式不同但是其试点地区和成功典型都是在城市附近，这是因为近郊农村具有地理位置便利，交通网络设施齐全，农民的普遍素质较高等优势，而且近郊农村还能很好地接受成都市和重庆市两个特大城市在其产业转移、资金技术和人才等方面的辐射渗透，再加上这些近郊农村普遍基础较好，其经济发展基础也较好，城乡统筹发展的本身起点就较高，因此在这些近郊地区城乡统筹工作进展比较顺利，也比较容易成功。

16.5 国内统筹城乡发展实践经验总结

自从我国提出城乡统筹发展政策以来，全国许多地方都积极响应政府的城乡统筹发展主题，并积极探索和寻找适合地方特色的城乡发展新思路、新政策和新举措，为此各个地区都加快了对统筹城乡发展的改革和实践探索。这些成功的经验不仅适应了区域发展模式的要求，更为该区域其他省份和城市提供了极强的参考样本，具有很高的借鉴价值。

16.5.1 建立城乡一体筹划的管理体系

统筹城乡发展不同于我国过去的结构调整或增长方式的简单粗放型的转变，而是我国城乡发展体制的根本转变，即发展体制要从过去城乡分割的二元发展体制转变为新型的城乡一体化的统筹协调发展体制。目前我国正从过去"以农养工"进入一个"以工补农、以城带乡"的新的历史起点，虽然目前我国的城乡统筹发展各项条件已经具备了，但统筹城乡协调发展不会自动地自行实现，而要靠各地积极的自觉变革和勇敢探索。前面介绍的成功案例之所以在中国城乡发展的改革中成为亮点，皆因从改革目前规划管理体制入手，勇敢地打破原有的城乡二元结构的规划分割、打破原有的二元结构的管理分治、打破原有的二元结构的建设分离的思维定式，从全域推动、全域规划和全域管理的全新的工作管理理念出发，建立城乡统筹一体化的全新管理体系。

16.5.2 推动农村产权制度改革

在我国现行的体制下，农民普遍没有对宅基地和其上面建造的住房的产权，他们仅仅拥有其使用权，因此农民没有像城市市民一样对宅基地和住房的正常出售权益，更不能向银行进行抵押和评估，这些都制约了农民土地权益的实现，也制约了农民对土地流转的需求。这些权益和权利的缺失不仅不利于农民的发家致富和农村经济的快速发展，更不利于农村劳动力的转移和利用，也严重地阻碍了城镇化的进程。但我国城乡统筹改革的许多试点地区都通过加快推动农村的产权制度改革和农村土地房屋的确权，成功地建立了农民承包地、林地、宅基地和荒地等资产的测量、确权、登记和颁证等一系列的工作，不仅允许还积极地引导和鼓励农民利用家庭的承包地、自有宅基地、承包林地和荒地的承包权或使用权，向银行、企业或其他机构进行有效的抵押、担保、入股、租赁、转让等进行市场流转的正常交易行为，同时农村产权制度还赋予了农民对承包土地、自建房屋等自身资产完整的所有权，这些制度保障了农民开始享有和城镇居民一样的公平发展机会和公平享有财产的权利，使得农民也成为经济社会中独立的个体，也成为真正的独立自主的市场主体和平等自由的国家公民，也使得农村商品、剩余劳动力、承包土地等生产要素的市场活力进一步得到释放，也加快了农村资产的流转和产值的提升。

16.5.3 打破户籍二元体制，消除身份差异

城乡有别的"二元"户籍制度是城乡"二元"体制存在的重要标志，因此我国统筹城乡发展的第一要务就是通过户籍制度改革建立城乡"一元化"户籍制度，这不只表现在"户口簿"上的"二元"体制的取消，更多的却是表现在与"一元"体制相对应的城乡居民各项权益的对等和公平对待上。前面介绍的城乡统筹发展的试点省市都把加快进行以消除城乡身份差异和统一城乡的户口为目标的户籍制度变革作为我国统筹城乡协调发展变革的重要内容，又都以进一步加快推进我国农民向大都市和小城镇转移落户、推进人口进一步城市化进程作为我国户籍制度变革的重要目标和任务。例如，我们上文介绍的重庆市的"三三五"政策、广东省探索实验的"积分落户"政策、陕西省为了吸引人才的加入和保障留住各行各业的人才而"推进有条件农民进城落户"的政策等，都是集中在户籍制度改革和部署上的，而且这些部署都统一奋斗目标为推动农民更多地向城镇转移落户，也以让进城农民享有和其他市民一样的各项权益为最终目标。

16.5.4 优化资源配置和要素集聚

我国统筹城乡发展的根本目的是达到资源的最优配置，从而实现我国的城乡统筹发展大业，也为我国城乡统筹发展扫平障碍，争取早日实现城乡间的一体化大业。为了实现这个目标，我们需要利用各种手段以达到资源的最优配置，这一点是我们各个省市改革的重点，因此各个先行省市也都提前意识到这一点，

并不约而同地推进各种资源配置的优化布局,这种配置的优化主要体现在工业向工业园的集中、农民向新型城镇和新型社区的集中和土地向规模化运营的集中。这"三个集中"充分体现了为了实现城乡统筹一体化各种要素的合理流动和集中,必须先实现新型的工业化、新型的城镇化和新型的农业现代化三者之间的相互联动发展,从而促进区域经济社会布局的合理配置,实现城乡统筹的一体化大局。我们前文介绍的山东省诸城市等地的"村改居"的实践实际就是利用行政手段推动农民更多地向城镇和社区集中的案例。山东省诸城市的"村改居"实践就是按照地域相邻和习俗相近等原则,把整个诸城市原有的 1257 个自然村通过合并撤并等方式缩减成目前的 208 个农村社区,通过自然村的撤并不仅使得公共服务水平得到很大提高,使得社区的服务功能已经可以与城市十分接近,还使得这些改制后的社区资源得到了更加有效的整合,仅诸城市一个地方财政每年就可以减少村干部工资 3000 万元,而村民的集中居住社区又可以为社区节约大量耕地和宅基地,从而减少了土地的占用。而前文中提到的重庆户籍改革则在总体实践中更加凸显了分区域布局的观点,重庆市按照主城、区县城和集镇的三个层级和档次分别制定了不同的准入门槛,逐渐形成了一个主城区、郊区县城和小城镇的合理的人口区域布局,也避免了"一窝蜂"的都涌入主城的现象。陕西省为了实现城乡统筹发展,也根据自身情况制定了一系列的措施和制度,具体来讲为了推进有条件的农民进城安家落户,选择了 107 个建制镇作为改革的重点镇加快建设和改革的力度,使得陕西省的基础设施和公共设施重点投向这些重点镇,以创造一个农民安居乐业的场所,这样做的好处是既节约了土地等资源,又提升了农民的居住条件。

16.5.5 进一步提高农村的社会保障水平和统筹力度

随着我国城乡统筹一体化进程的快速发展,农村的生产生活条件也逐渐得到了改善,使得我国农村居民和城市居民的社会保障差距也在进一步缩小,但农村居民和城市居民在社会保障方面却有着同样的要求和期盼,农民也需要一个和城市居民一样的健全的社会保障体系,这就要求为了实现城乡统筹协调发展,进一步消减城乡社会保障体系的差距,逐渐建立城乡一体化的社会保障体系。但目前来讲我国的农村居民和城市居民在生活形态和生活水平上还存有较大差别,这些差别充分地表现在两个方面——农民拥有承包的集体土地和农村普遍消费水平比较低。根据相关部门统计的结果,2007 年我国上海市农村人口的平均占有耕地面积是 0.87 亩,而每个农村从业人员平均占有耕地的面积是 1.41 亩,这些小规模的家庭作坊土地种植方式使得土地种植上的收益非常不乐观，因此为了提高农村居民的生活水平，我国有必要也有条件建立城乡统筹的社会保障互动机制，以确保进一步提升农村社会保障统筹的层级水平，使得政府可以由实行区级的统筹向市级的统筹过渡和改革，进一步成立农民养老社会保险制度和养老金的增长机制，从而可以进一步完善农村社会养老保险制度和农村养老保险具体实施方案，逐渐建立起来一套完备的适合我国国情和地方发展策略的新型城镇养老保险制度，从而有利于我国新型城镇养老保险逐渐与其他城镇居民的养老保险做好衔接和并轨，进一步缩小城乡社会保障体系的差距。因此我们前面介绍的城乡一体化试点省市都进行了农村社会保障制度的建立，使得无论是失地农民还是自愿退出宅基地和耕地的农民都能得到相应的经济补偿，或者换取社会保障，使得进城农民可以拥有和市民一样的社会保障水平。同时在城乡一体化的进程中提高农村社会保障水平和统筹力度也是我们社会一体化中的一项重要内容，更是我们统筹一体化水平的评价指标。

小　　结

统筹城乡发展的战略一经提出，我国各地就从实际出发，进行了大胆的探索和创新，因此创造出了各具特色的实践模式。这些实践模式虽然各不相同，但是对于其他地方推进城乡协调发展具有重要的参考意义。因此，本章主要从省域、区域、县域的视角详细介绍了诸多典型的实践模式，总结得出了国内统筹城乡发展的有益经验，以期为其他地区的发展带来启示。

结　语

本部分在回顾研究工作的基础上总结所取得的研究成果，根据本研究的不足之处及实践上的欠缺，指出还需要进一步研究、开拓的问题。

一、主要结论

（1）通过对统筹城乡发展有关理论的梳理，在分析统筹城乡发展内涵、主体、客体及路径选择的基础上，多视角透视了统筹城乡发展的科学内涵和主要内容，将统筹城乡发展系统划分为经济、社会、空间、生态环境、公共服务 5 个子系统。

（2）通过定性分析及频度分析法建立了统筹城乡发展系统各子系统的基础指标体系，应用专家评分法及基于 LOWA 算子的模糊评判法，构建区域统筹城乡发展的评价指标体系。

（3）采用多指标综合评价测度统筹城乡发展进程，用层次分析法与主成分分析法相结合的组合赋权方法确定指标权重，将指标综合集成，用统筹城乡发展指数量化区域统筹城乡发展进程。本研究将表现统筹城乡发展的关键指标综合集成，克服单一指标的不足。同时运用灰色关联度分析对综合集成的区域统筹城乡发展指数进行验证分析，尽管两种方法所得的排名情况有所不同，但 31 个省（自治区、直辖市）的分组结果十分吻合，两种方法共同验证了统筹城乡发展综合评价的可行性。根据聚类分析结果将我国 31 个省（自治区、直辖市）统筹城乡发展状态分为四级，并对各级的特征进行了分析。统筹城乡发展分布格局与经济发展格局基本一致，说明要推进统筹城乡发展的重要性。

（4）在对预警方法理论尤其是宏观经济预警相关理论进行梳理、研究的基础上，运用模糊综合评判法，构建了我国区域统筹城乡发展的预警模型，对各省市统筹城乡发展进行监测。结果表明我国统筹城乡发展还有很长的路要走，城乡一体化目标的实现需要各省市的共同努力奋斗。

（5）我国经济、社会、空间、生态环境及公共服务存在很大的地区差异，各地在探索统筹城乡发展模式的道路上形成了一些颇具特色的统筹城乡发展模式，对于一些条件类似的地区具有借鉴意义。根据本研究实证所得结果，对我国东、中、西地区统筹城乡发展的战略重点进行分析，从经济、社会、空间、生态环境、公共服务五个维度提出推进我国统筹城乡发展的建议。

二、不足与展望

1. 研究不足

探索我国31个省（自治区、直辖市）的统筹城乡发展进程统计监测体系是一项复杂的系统工程，涉及城乡发展的方方面面，限于本研究团队现阶段对这一庞大系统问题的认知水平和有限的科研条件，研究中难免存在不足和有待完善的地方。

（1）本研究所涉及的统筹城乡发展评价指标体系偏重客观指标的选取，主观指标欠缺，以人为本的科学发展观更重视人的发展，在建立指标体系的过程中应加入一些主观指标，以此反映城乡居民在统筹城乡发展过程中的主观感受变化，但是主观指标数据获得需要通过调查获取，由于客观条件的限制，本研究对此方面没有进行探讨。同时受一些统计指标口径不一致、农村部分数据不可得等方面的影响，在建立指标体系的过程中不得不考虑数据的准确性及可得性，因此放弃了一些指标，影响了指标的全面性。

（2）不同发展阶段，统筹城乡发展的重点是不同的，与此相对应的指标权重及评价方法也应与时俱进、适时调整，以保证统筹城乡发展监测体系的先进性及实用性。需要在以后的实践中，结合最新的评价方法理论，探讨指标权重的更迭方式和统筹城乡发展监测方法。

（3）本研究在灵活性上存在局限性。我国各地区的经济社会发展具有非均衡性，对于某一特定指标，不同的地区存在着差异，即便同一地区内部也存在差异，这种非均衡性要求城乡统筹的理论特别是方法既要有普遍性又要有特殊性。本研究在灵活性上存在局限性。

2. 研究展望

统筹城乡发展涉及面广，内容丰富，具有很强的战略性、政策性、地域性，近年来，相关研究理论和方法如雨后春笋般出现，但是统一、科学、规范的统筹城乡发展理论尚未形成，尤其是在统筹城乡发展程度的评价监测方面更是众说纷纭，因此对统筹城乡发展理论的研究任重而道远，许多方面需要更加深入研究。

（1）统筹城乡发展理论体系有待进一步完善。在借鉴国内外城乡发展理论的基础上，结合中国地区发展特点，建立具有中国特色的统筹城乡发展理论体系。

（2）统筹城乡发展监测指标体系研究有待进一步深化，科学、完善的统筹城乡发展监测指标体系可以为制定统筹城乡发展政策提供参考。目前，相关指标体系研究工作还处于探索、尝试性阶段，众学者和研究人员大都是从各自领域、统筹城乡发展系统的侧面、分区域予以分析，难以刻画统筹城乡发展的全貌，不具有全国范围内的可比性。本研究在统筹城乡发展监测指标体系的构建、评价方法、实证研究等方面做了开拓性的工作，但受自身现有知识限制，距离建立成熟的指标体系还有很长距离，可以预见统筹城乡发展监测指标体系的构建将是未来研究的重点。

（3）研究方法有待补充完善。在研究统筹城乡发展的机制、过程和实证分析等时，可将地理信息系统技术等区域问题研究方法融入其中，探索如何测度、分析影响统筹城乡发展的各因素的作用程度，以及影响方式。今后的研究应更多地探讨统筹城乡发展预警方法，形成特色的城乡统筹预警理论体系，为我国统筹城乡发展的顺利进行保驾护航。

（4）在统筹城乡发展的过程中探讨体制、机制的创新。长期的城乡二元结构和割裂的体制造成了城乡发展不协调、农村发展严重滞后。以史为鉴，推进统筹城乡发展，就必须打破体制上的障碍，创新户籍管理制度、财政税收制度、社会保障制度、劳动就业制度、义务教育制度、公共卫生制度、土地征用制度、政府管理体制等不适合统筹城乡发展的条目，为实现城乡之间的互动融合发展扫清障碍，加快实现城乡一体化的进程。

参考文献

敖慧 .2007. 信用担保风险评价与控制研究 . 武汉理工大学博士学位论文
白先春 .2004. 我国城市化进程的计量分析与实证研究 . 河海大学博士学位论文
白永秀，王颂吉，吴振磊 .2010. 城乡经济社会一体化发展研究文献述评 . 经济纵横，1（10）：118-121
布和朝鲁 .2005. 统筹城乡经济促进协调发展——以内蒙古为例 . 理论研究，02：26-29
布振连 .2008. 试论和谐视角下的农村经济体制改革 . 商情（财经研究），05：10
蔡玫 .2005. 供应链环境下协同生产调度风险分析与控制 . 东南大学硕士学位论文
蔡永明 .2007. 企业信息系统投资价值评估及其优化策略研究 . 北京交通大学博士学位论文
曹新 .2005. 统筹城乡发展的主要问题和对策 . 经济研究参考，76：23-37+44
曹新 .2006. 建设新农村必须大力发展农村教育 . 北京行政学院学报，02：8-9
常纪坡 .2008. 拉萨市城乡一体化可行性研究 . 西藏大学硕士学位论文
常欣 .2006. 青岛市城乡统筹发展研究与优化 . 山东科技大学硕士学位论文
常修泽 .2005. "十一五"经济体制改革：思考与建议 . 理论与当代，10：6-12
车铭哲 .2013. 基于系统论视角下的城市公园系统构建研究 . 重庆大学硕士学位论文
陈晨 .2008. 贵州省农业经济发展方式转变与政府职能研究 . 贵州大学硕士学位论文
陈光秀 .2009. 江西省和谐社会综合评价研究 . 厦门大学硕士学位论文
陈鸿彬 .2007. 统筹城乡发展定量评价指标体系的构建 . 地域研究与开发，2：62-65
陈健生 .2010. 城乡公共服务统筹治理的制度分析 . 财经科学，（2）：107-115
陈俊兰 .2012. 上海市郊粮食生产发展的演变及驱动机制研究 . 华东师范大学硕士学位论文
陈凯，史红亮 .2008. 我国节能降耗的路径分析 . 统计与决策，19：121-123
陈凌斌 .2012. 城乡统筹视角下乡村旅游开发研究 . 成都理工大学硕士学位论文
陈秋玲 .2008. 城市经济预警机制 . 北京：经济管理出版社
陈榕青 .2010. 胡锦涛的统筹城乡发展思想研究 . 太原科技大学硕士学位论文
陈诗波 .2010. 统筹城乡发展的科学内涵与实践探索 . 经济研究导刊，28：144-146
陈颂东 .2006. 统筹城乡发展的财政体制与财政政策 . 华中科技大学博士学位论文

陈文.2010.基于系统论的新型农村金融机构发展研究.福建农林大学硕士学位论文

陈希玉.2003.论统筹城乡发展.发展论坛,10:50-52

陈雪骅.2009.湖南土地综合整治构想.国土资源导刊,08:21-23+25

陈艳华,席元凯.2010.基于多Agent的旅行社连锁经营的风险预警信息辅助决策系统研究.江西科技师范学院学报,(5):100-103

陈阳.2007.大连市和谐社会评价指标体系及综合评价方法研究.东北财经大学硕士学位论文

陈永国.2008.统筹城乡发展的内涵、层次及思路.商业研究,(04):121-123

陈玉涛.2011.基于共生理论的黄河三角洲区域旅游合作研究——以滨州与东营两市为例.中国石油大学学报(社会科学版),05:28-34

程望杰.2012.面向"两型社会"的城乡规划指标体系整体框架研究.华中科技大学硕士学位论文

崔立烨.2010.都市区内县(市)域城乡统筹发展规划探讨.河北师范大学硕士学位论文

崔之元.1996.美国二十九个州公司法变革的理论背景.经济研究,(4):35-40+60

戴金辉.2007.虚拟经济及其风险预警系统的建立.现代商贸工业,03:12-13

戴思锐,谢员珠.2004城乡统筹发展评价指标体系构建.中国农业经济学会2004年学术年会论文集

党双忍2007.三农治理策论.北京:中国农业出版社

邓德芳.2009.新疆北疆城镇区域人口城市化过程、机制及发展趋势.西北大学硕士学位论文

邓庆山.2004.聚类分析及其在基因表达数据中的应用研究.华中科技大学硕士学位论文

丁琨.2007.改进的层次分析法及其在城市水工程方案优选中的应用.合肥工业大学硕士学位论文

丁立义.2013.基于共生理论的创意产业园区模式创新研究.武汉理工大学博士学位论文

丁同玉.2007.资源—环境—经济(REE)循环复合系统诊断预警研究.河海大学博士学位论文

丁文恩.2011.农民收入增长的新途径——赋权于民.农业经济,01:64-67

董作高.2008.重庆市统筹城乡发展策略研究.重庆大学硕士学位论文

杜栋,庞庆华,吴炎.2008.现代综合评价方法与案例精选.北京:清华大学出版社

段应碧.2012.统筹城乡发展.北京:党建读物出版社

段志华,付红梅.2014.保山市规避畜禽养殖风险对策初探.云南畜牧兽医,01:40-41

樊小峰.2007.中国银行业系统性风险预警研究.长沙理工大学硕士学位论文

方辉振.2010.城乡一体化的核心机制——以苏州市城乡一体化发展综合配套改革试点为.中共中央党校学报,05:47-51

方丽玲.2011.城乡统筹发展研究.东北财经大学博士学位论文

冯长春,侯玉亭.2007.城镇土地评价中主成分分析法的应用.中国国土资源经济,(07):27-31

付娜.2014.关于进一步统筹城乡一体化发展的调查研究——以天津市为例.农村经济与科技，（9）：165-167

盖运动.2009.东营市统筹城乡发展主要问题研究.山东农业大学硕士学位论文

高珊，徐元明，2006.城乡统筹的评估体系探讨——以江苏省为例.农业现代化研究，4：263-265

高亚男，蔡跃进.2010.城乡一体化发展的"苏州模式"——关于就业和社会保障城乡统筹发展的报告.中国劳动，03：6-12

耿卫新.2011 城乡基本公共服务均等化：破解城乡统筹发展的突破口.河北学刊，（5），199-201

巩春领.2006.大跨度斜拉桥施工风险分析与对策研究.同济大学博士学位论文

顾益康，许勇军.2004.城乡一体化评估指标体系研究.浙江社会科学，6：95-99

管洪.2006.县域政府负债风险控制研究.西南大学博士学位论文

郭飞.2013.江苏省城镇化质量研究.南京师范大学硕士学位论文

郭建军.2007.日本城乡统筹发展的背景和经验教训.农业展望，（02）：27-30

郭翔宇.2004.统筹城乡发展的理论思考与政策建议.山东财政学院学报，05：76-78+83

郭小燕.2010.中原城市群城乡统筹建设的基本思路与途径.城乡建设，03：41-43

海热提·涂尔逊，等.1997.城市可持续发展的综合评价.中国人口·资源与环境，02：46-50

韩芳，吴淼，帕尔哈提.2005.艾孜木基于共生思想的新疆旅游资源整合研究.新疆师范大学学报（自然科学版），（03）：251-254

韩劲.2009.从收入差距看我国统筹城乡发展.中国软科学，02：1-9

韩俊.2003.统筹城乡经济社会发展改变城乡二元结构.红旗文稿，12：14-18

韩俊.2004.中国农村下一步改革的重点和政策走向.经济体制改革，04：10-15

韩莹.2005.社会主义市场经济条件下农民增收问题研究.南京航空航天大学硕士学位论文

何志扬.2009.城市化道路国际比较研究.武汉大学博士学位论文

亨利·法约尔.1982.工业管理与一般管理.北京：中国科学社会出版社：12-69

洪银兴.2007.工业和城市反哺农业、农村的路径研究.经济研究，（8）：13-20

侯玲.2011.城乡统筹背景下的绿色消费内涵及特征.湖北社会科学，（08）：79-81

胡恒洋.2008.农村基础设施建设制度改革和重点.经济研究参考，32：19-23，34

胡辉.2008.我国金融风险预警机制研究.江苏大学硕士学位论文

胡进祥.2004a.统筹城乡发展的科学内涵.学术交流，02：113-120

胡进祥.2004b.统筹城乡发展与市管县体制障碍.红旗文稿，04：18-21

胡小鹏.2007.基于案例推理的刑事案件审判决策支持系统.上海海事大学硕士学位论文

胡亦琴.2006.农地市场化进程中的政府规制研究.学习与探索，04：229-231

胡玉涛.2004.供应链风险预警体系研究.武汉理工大学硕士学位论文

胡忠勇 .2011 城乡经济社会一体化与农村综合配套改革研究 .江苏农村经济,（03）：14-23
华启和 .2008. 新农村建设中环境保护对策研究 .环境保护, 04：43-46
黄芳, 耿勇 .2009. 事例式推理物流组织网络风险预警模型构建 .物流技术,（3）：12-15
黄芳 .2010. 物流网络运作风险评估与预警研究 .北京交通大学博士学位论文
黄冠胜, 等 .2006. 风险预警系统的一般理论研究 .中国标准化, 03：9-11
黄红 .2005. 统筹广西城乡协调发展的途径探讨 .广西社会科学, 10：17-19
黄家顺 .2004. 正确理解统筹城乡经济社会发展的科学内涵 .政策,（05）：13-15
黄金碧, 金晓斌 .2009. 基于主成分分析的全国城乡统筹发展评价研究 .河南科学, 12：1602-1607
黄应来, 陈清浩 .2010. 广东去年农民人均纯收入增幅跃居近 20 年来最高 .源流, 05：25-27
黄颖 .2012. 近郊型新农村"城乡田园"规划模式研究 .重庆大学硕士学位论文
吉宏 .2005. 县域经济协调发展指标体系与预警系统研究 .经济问题, 6：78-80
季群华 .2008. 基于和谐理论的乡村旅游组织模式研究 .浙江大学硕士学位论文
姜成 .2011. 城乡统筹背景下的重庆农村养老保障问题研究 .西南政法大学硕士学位论文
姜莉萍 .2008. 县域可持续发展指标体系的研究与评价 .北京林业大学硕士学位论文
姜珊 .2013. 农村城市化问题研究 .辽宁经济, 05：17-18
姜太碧 .2005. 统筹城乡协调发展的内涵和动力 .农村经济,（06）：13-15
姜作培 .2003. 统筹城乡经济发展的几个着力点 .甘肃理论学刊,（08）：61-65
姜作培 .2004. 城乡一体化：统筹城乡发展的目标探索 .南方经济,（01）：5-9
蒋翠清, 李有为 .2007. 知识管理评估模型及在 MATLAB 上的实现 .合肥工业大学学报（自然科学版）,（12）：22-28
焦必方, 林娣, 彭婧妮 .2011. 城乡一体化评价体系的全新构建及其应用——长三角地区城乡一体化评价 .复旦学报（社会科学版）,（04）：75-83
阚丽丽 .2008. 东部沿海五省市新型工业化水平比较研究 .山东师范大学硕士学位论文
蓝相洁 .2008. 新农村建设中基础设施建设机制探析 .中国建设信息, 19：72-74
郎咸平 .2013. 如何让城市反哺农村？中国经济信息, 05：19
雷刚, 吴先华 .2014. 基于发展阶段的低碳生态城市质量评价——以山东省为例 .经济与管理评论,（01）：155-160
黎苑楚, 徐东, 赵一鸣 .2010a. 统筹城乡发展的新内涵 .科技进步与对策,（10）：23-25
黎苑楚, 赵一鸣, 徐东 .2010b. "中部崛起"进程中的统筹城乡发展研究 .农业经济问题, 07：16-21+110-111
李兵弟 .2012. 中国城乡统筹规划的实践探索 .北京：中国建筑工业出版社
李炳坤 .2003. 关于全面加快农村小康建设的几个问题 .管理世界, 07：81-89
李长健, 辛晨 .2008. 我国农村劳动力转移法律问题研究——以"民工荒"现象为例 .城市发

展研究,(05):77-81

李丹.2008.城乡一体化的理论回顾与分析.理论与当代,11:32-34

李芳尚.2012.城乡一体化视野下的社会管理创新.理论导报,12:15-17

李光宇.2004.农民工作权研究.吉林大学博士学位论文

李恒吉.2013.城乡一体化发展综合评价研究.兰州大学硕士学位论文

李靖.2007.论日本农业改革中的政府行为.华中师范大学硕士学位论文

李静,高继宏.2013.新疆城镇化与绿洲农业产业化协调发展关系的实证研究——基于VAR模型的计量分析.华东经济管理,07:72-78

李静静.2012.统筹城乡发展进程统计监测体系研究.山东财经大学硕士学位论文

李鹃.2010.吉林省城乡统筹发展水平测度及其空间差异研究.东北师范大学硕士学位论文

李灵芝.2007.寒区公路软土地基处理方案的技术经济评价.东北林业大学硕士学位论文

李密.2012.云南科学统筹城乡发展规划.云南农业,09:47-48

李倩.2006.基于BP网络的电子商务信用风险预警体系研究.武汉理工大学硕士学位论文

李强,魏巍.2011.共生理论在城市群研究中的应用研究综述.榆林学院学报,01:51-54

李勤,张元红,张军等.2009.城乡统筹发展评价体系:研究综述和构想.中国农村观察,05:2-10+22+95

李清如.2006.区域循环经济评价指标体系构建研究.山东社会科学,08:57-59

李全胜.2007.城乡经济社会发展一体化战略研究.中共中央党校学报,06:23-29

李淑英.2013.统筹城乡发展进程统计监测体系研究及应用.济南大学硕士学位论文

李铁生.2005.基于共生理论的城乡统筹机理研究.经济师,06:6-7

李同彬.2004.统筹城乡:解决"三农"问题的重大举措.安阳师范学院学报,04:21-23

李银星,杨印生.2006.影响我国统筹城乡发展的社会经济因素分析.农业技术经济,(03):27-31

李玉英.2007.城乡统筹发展问题研究.东北师范大学硕士学位论文

李岳云,陈勇,孙林.2004.城乡统筹及其评价方法.农业技术经济,1:24-30

李志杰.2009.我国城乡一体化评价体系设计及实证分析——基于时间序列数据和界面数据的综合考察.经济与管理研究,(12):95-101

李志强,雷海章.2006.模糊聚类:中东部地区城乡统筹水平的分类与比较.农业技术经济,(1):30-34

连飞.2008.中国经济与生态环境协调发展预警系统研究——基于因子分析和BP神经网络模型.经济与管理,12:8-11

梁其贵.2006.建立健全社会预警体系与和谐社会的建构.中州学刊,03:117-119

林凭.2004.统筹城乡发展问题探讨.江西农业大学学报(社会科学版),12:30

林伟.2014.美国、日本和巴西的城市化模式比较.河南大学硕士学位论文

凌亢，赵旭，姚学峰.1998.南京可持续发展综合评价与分析.科技与经济，S1：18-19+21-26
凌亢，赵旭，姚学峰.1999.城市可持续发展评价指标体系与方法研究.中国软科学，12：106-110
刘春鑫.2012.农民工市民化过程中的户籍制度改革研究.重庆大学硕士学位论文
刘洪彬.2008.基于集群理论的统筹城乡发展研究.北京：经济科学出版社
刘琳.2010.北京市朝阳区城乡一体化发展问题研究.中国农业科学院硕士学位论文
刘美平.2006.统筹城乡发展问题的理论分析和路径选择.经济纵横，（03）：18-21
刘奇，王飞.2003.论统筹城乡经济社会发展.中国农村经济，9：4-11
刘荣增.2008.城乡统筹理论的演进与展望.郑州大学学报，04：63-67
刘湘辉，姬冠，孙艳华.2014 基于综合集成法的湘西地区区域协调、发展、调控机制研究.铜仁学院学报，（03）：114-117
刘歆立，张要杰.2009.统筹城乡发展的要义、依据及战略意义.中国特色社会主义研究，（04）：91-95
柳思维.2007 国外统筹城乡发展理论研究述评.财经理论与实践，06：111-114
六盘水市政府.2012.六盘水市统筹城乡十二五规.http：//wenku.baidu.com/view/ 0c675f11866fb84ae45c8d1c.html［2012-8-19］
卢晓瑜.2013.青岛市统筹城乡发展重点领域研究.中国海洋大学硕士学位论文
吕丽宁.2011.中央"一号文件"或连续八年锁定"三农".百姓生活（下半月），01：12-13
吕连生.2013.中部地区城乡一体化特色和发展新对策.江淮论坛，（06）：55-60
吕连生.2014-05-09.安徽城乡一体化的特色与发展新对策.江淮时报，第 8 版
吕颖洁.2013-08-15.城乡一体化发展新对策.合肥日报，第 5 版
罗芳.2011.基于数据挖掘技术的移动客户品牌管理.湖南大学硕士学位论文
罗湖平，朱有志.2011.城乡一体化进程中的共生机理探讨.安徽农业科学，（02）：3090-3093
罗黎平.2006.土地、农民与公共选择——失地农民问题研究述评.文史博览，12：29-33
罗庆，李小建.2010.基于共生理论的农户群发展研究——以河南省孟寨村农户群为例.经济经纬，02：48-51
罗卫平，黄江康，吴晓青.2009.广东农业与农村发展现状、问题与科技需求.科技管理研究，12：153-156
罗英辉，孙沫莉，焦利娟，等.2011.缩少城乡收入差距.推进黑龙江城乡一体化进程.中国城市经济，20：33-34
马克思，恩格斯.1995.马克思恩格斯选集（第一卷）.北京：人民出版社：100-110
马少锋.2010.欠发达地区统筹城乡发展路径研究.重庆大学硕士学位论文
马骁.2008.统筹城乡发展的内涵与财政政策选择.财经科学，（12）：1-3
马晓河.2005.工业反哺农业的国际经验及我国的政策调整思路.管理世界，（7）：55-63

马晓强,梁肖羽.2012.国内外城乡社会经济一体化模式的评价和借鉴.福建论坛(人文社会科学版),02:24-29

马占东.2009.沿海城市土地集约利用程度的人工神经网络判定——以大连市为例.海洋开发与管理,01:32-37

毛泽东.1977.毛泽东选集(第四卷).北京:人民出版社:269

孟东方,朱勋春,龚丽,等,2009.科学发展指数评估体系的构建及其现实应用.改革,11:50-62

孟娜,周以齐.2006.基于Matlab的时序数据两种建模和预测方法比较.山东农业大学学报(自然科学版),03:471-476

乜堪雄.2011.重庆农村公路发展的助推机理和困境突破策略研究.西南大学博士学位论文

欧阳建国.2006社会主义和谐社会综合评价体系研究.浙江社会科学,(03):21-22

潘铁军,郑蕾娜,魏仰苏.2004.面向CIMS的数据库体系化环境和OLAP.计算机工程,16:75-77+225

庞智强.2005.试论城乡发展差距的统计监测.兰州商学院学报,06:89-91+106

彭建刚,李关政.2006.我国金融发展与二元经济结构内在关系实证分析.金融研究,(4):90-100

彭亮.2010.论西部统筹城乡发展中的人才资源.贵州社会科学,05:66-68

彭正辉.2004中国城乡发展的失衡与统筹.湖南农业大学学报,03:18-21

彭志强,袁晨,张乃可.2012.城乡一体化农村养老保险制度的可行性论证及政策建议——以重庆市为例.重庆理工大学学报(社会科学),05:23-30

戚宏亮,王博.2010.煤炭企业重大事故危险源辨识分析.煤炭经济研究,(06):87-90

漆莉莉.2007.中部地区城乡融合度的综合评价与分析.江西财经大学学报,(04):10-13

亓立芳.2012.对农村土地承包经营权流转的初步研究.山东农业大学硕士学位论文

齐爽.2014.英国城市化发展研究.吉林大学博士学位论文

綦方中,王正肖,潘晓弘等.2003.CIMS环境下数据仓库体系结构和决策支持系统.高技术通讯,(12):22-28

曲亮,郝云宏.2004.基于共生理论的城乡统筹机理研究.农业现代化研究,05:371-374

饶艾.2011.我国统筹城乡发展的困境与对策.理论与改革,(06):138-141

任保平,蔡炳权.2008.新农村建设:一个制度、激励、组织和能力视角的分析框架.福建论坛(人文社会科学版),04:118-122

任保平,钞小静.2007.实现统筹城乡发展、工业反哺农业和建设新农村的有机衔接.江西财经大学学报,05:48-53

任保平.2003.论中国的二元经济结构.经济理论与经济管理,(5):3-9

任保平.2007.实现统筹城乡发展、工业反哺农业和建设新农村的有机衔接.江西财经大学学

报，（5）：48-53

任保平.2009.城乡发展一体化的新格局：制度、激励、组织和能力视角的分析.西北大学学报（哲学社会科学版），01：14-21

任平，周介铭.2006.成都市区域城乡一体化评价研究.四川师范大学学报，6：747-751

瑞雨，浦再明.2003.加速上海城乡一体化发展的战略构想.城乡建设，08：12-15

沈露莹.2013.上海城乡统筹发展的路径和突破口研究.科学发展，05：3-13+18

石建涛.2009.统筹城乡协调发展的评价指标体系构建及应用.河北大学硕士学位论文

石立岩，何东，马颖.2012-12-13.推动上海城乡一体化发展.金融时报，第9版

石玉顶.2005.马克思恩格斯关于城乡统筹发展的思想及其启示.经济学家，06：26-32

宋葛龙.2012.中国统筹城乡发展改革路径研究.辽宁大学博士学位论文

宋海英，姜长云，杜妍妍.2004.统筹城乡发展研究述评.调研世界，10：34-37

宋海英.2005.统筹城乡发展研究述评.理论参考，04：64-67

宋群.2014.我国共同富裕的内涵、特征及评价指标初探.全球化，01：35-47+124

宋亚平.2011.不要让统筹城乡发展误入歧途.江汉论坛，（03）：27-30

宋艳伟.2010.北京城乡经济统筹发展水平评价研究.首都经济贸易大学硕士学位论文

孙久文.2010.走向2020年的我国城乡协调发展战略.北京：中国人民大学出版社

孙秀娟.2009.基于遗传算法的K-means聚类算法分析研究.山东师范大学硕士学位论文

汤卫东.2011.西部地区城乡一体化路径、模式及对策研究.西南大学博士学位论文

唐静.2009.城乡统筹——公平与利益整合的最佳路径选择.重庆大学硕士学位论文

滕飞.2012.重庆市统筹城乡发展路径研究.重庆工商大学硕士学位论文

田代臣.2010.金融结构优化与经济发展研究.西南财经大学博士学位论文

田美荣.2009.统筹城乡发展内涵及评价指标体系建立研究.中国发展，4：62-66

涂雄苓.2011.我国城乡居民收入差距预测模型比较研究.安徽农业科学，24：15057-15059+15062

完世伟.2006.区域城乡一体化测度与评价研究.天津大学博士学位论文

完世伟.2008.城乡一体化评价指标体系的构建及应用——以河南省为例.经济经纬，04：60-63

汪宇明，刘高，施家仓等.2012.中国城乡一体化水平的省区分异.中国人口·资源与环境，（04）：137-142

王碧峰.2008.中国农村改革理论的演进.理论与当代，11：8-14

王凤青.2009.加快推进城乡基本公共服务均等化.中国农村小康科技，06：16-17

王夫玉.2014.新时期我国三农制度创新概述.江苏省社会主义学院学报，01：66-73

王桂平.2008.东西部城乡一体化水平比较研究.西北大学硕士学位论文

王海.2010.实现城乡基本公共服务均等化的途径分析.科技信息，16：41

王宏.2004.全面建设小康社会的重点：增加农民收入.学习与探索，01：92-95

王娟丽.2005.城乡统筹发展的系统思考.西南交通大学硕士学位论文

王克强，赵露，刘红梅.2010.城乡一体化的土地市场运行特征及利益保障制度.中国土地学，24（12）：52-57

王美菊.2013.从十八届三中全会看我国的土地管理改革.中国农业信息，21：182

王晓沛.2010.大连市城乡统筹程度测度及分析.东北财经大学硕士学位论文

王晓征.2013.城乡一体化进程中新型农村社区发展探析.理论月刊，（11）：166-169

王兴明，黄策，孙国玉.2009.城乡产业发展统筹内涵初探.经济研究，（12）：85-88

王修华，叶美林.2007.金融发展与二元经济结构关系研究述评.海南金融，11：10-13

王旭.2008.美国城市经纬.北京：清华大学出版社

王怡然.2008.产业集群识别与分类实例研究.商业时代，（36）：84-85

王元亮.2014.共生视角下的济源市城乡一体化发展.城乡建设，07：25-26

卫自光.2010.以城乡统筹谋全局发展.经济研究参考，11：44-47

魏自涛.2004.统筹城乡经济发展.社会主义研究，（4）：04-106

温家宝.2003.认真贯彻十六大精神为推进农村小康建设而奋斗.求是，03：3-11

巫国平.2005.农村经济发展与政策选择初探.厦门大学硕士学位论文

吴超.2005.城市区域协调发展研究.中山大学博士学位论文

吴红兵.2007.河南省城乡一体化测度与评价研究.河南农业大学硕士学位论文

吴琼.2011.城乡结合部城市化问题研究——河南省郑州市惠济区城乡一体化研究.经济师，05：68-70

吴烁偲.2011.重庆市城乡基本医疗保障体系的伦理探究.重庆师范大学硕士学位论文

吴雄周.2010.湖南新农村建设和城镇化协调发展研究.湖南农业大学硕士学位论文

吴益民.2011.城乡一体化发展的实践探析.苏州大学硕士学位论文

武俊芳.2009.内蒙古自治区资源型区域电网增发电能消纳管理研究.华北电力大学博士学位论文

武力超，孙浦阳.2010.基础设施发展水平对中国城市化进程的影响.中国人口资源与环境，08：121-125

奚建武，王银凤.2009新城镇村体系的崛起：统筹城乡发展的着力点.社会主义研究，（5）：75-79

席酉民，葛京，等.和谐管理理论案例及应用.2006.西安：西安交通大学出版社

向仁康.2013.内生动力、机制与途径：中国二元经济转换的研究.西南财经大学博士学位论文

肖万春.2006.论中国城镇化水平度量标准的合理化.社会科学辑刊，1：112-117

肖依.2011.城乡统筹发展中的农村建设：国外经验与启示.华中师范大学硕士学位论文

谢恒 .2014. 成渝统筹城乡国家综合配套改革试验区发展研究 . 辽宁大学博士学位论文
谢金峰 .2008. 重庆市统筹城乡发展的做法与启示 . 经济研究参考，32：32-34
邢苏颖 .2014. 合肥市综合承载力评价与提升研究 . 安徽财经大学硕士学位论文
徐静珍，王富强 .2004. 统筹城乡发展目标及其评价指标体系的建立原则 . 经济论坛，(08)：91-92
许经勇 . 2010. 我国农村经济发展与金融制度变迁的相互关系 . 吉首大学学报 (社会科学版)，2010，31（1）：104-108
阎平凡，张长水 . 2005. 人工神经网络与模拟进化计算 . 北京：清华大学出版社
杨华峰 .2005. 论循环经济评价指标体系的构建 . 科学学与科学技术管理，09：123-128.
杨建涛 .2008. 河南省城乡统筹发展测度研究 . 河南大学硕士学位论文
杨捷 .2007. 黄河流域保护性耕作技术适宜性评价研究 . 中国农业科学院硕士学位论文
杨静 .2005. 统筹城乡下农村公共产品供给的理论分析 . 经济研究参考，90：30-37
杨丽芬 .2006 关于统筹城乡社会保障制度建设的两点思考 . 贵州民族大学学报 (哲学社会科学版)，(5)：127-129
杨娜 .2010. 县域城乡统筹发展综合评价研究 . 中国农业科学院硕士学位论文
杨庆育 .2011. 重庆户籍综合改革尝试 . 决策探索（上半月），06：51-53
杨荣南 .1997. 一体化及其评价指标体系初探 . 城市研究，02：20-24
杨顺湘 .2009. 正确认识和处理统筹城乡发展的政府主导与市场基础的相互关系 . 探索，(03)：73-76
杨亚平 .2008. 重庆市统筹城乡发展水平现状及对策研究 . 重庆大学硕士学位论文
杨振宁 .2008. 统筹城乡发展评价指标研究—基于时序数据 . 农村经济与科技，11：35-36
姚聪莉，任保平 .2007. 论新农村建设与城市化的协调发展 . 理论导刊，12：110-113
叶蔚，于忠军，汤建泉 .2004. 浅谈资源节约型社会指标体系的构建 . 煤炭经济研究，(11)：8-9
于洋，冯耕中 . 2003. 物资银行业务运作模式及风险控制研究 . 管理评论，15（9）：45-50
于战平 .1999. 农村城镇化评价分析指标体系探讨 . 天津农学院学报，(3)：42-44
于战平 .1999. 农村城镇化评价分析指标体系探讨 . 天津农学院院报，9：42-44
虞晓芬，丁赏，2012. 城市土地综合承载力评价指标体系构建 . 中国房地产，19：58-60
袁安贵，何光汉，张宇 .2007. 四川城乡二元经济结构转换研究 . 经济论坛，08：21-23
袁岳驷 .2009. 统筹城乡经济发展的机制研究 . 经济与管理，23（10）：27-31
岳中亮，贾玉英 .2008. 高校图书馆网站的多指标 TOPSIS 测评方法 . 情报科学，(02)：252-256
曾庆学 .2011. 实现城乡一体化发展的机制体制研究 . 商业时代，08：84-85
曾万明 .2011. 我国统筹城乡经济发展的理论与实践 . 西南财经大学博士学位论文
张长春 .2004. 农村居民点城镇化持续性评价方法研究 . 河北农业大学学报，6：93-96

张春明.2008.产业集群区域品牌力的模糊灰色综合评价.西安电子科技大学学报(社会科学版),05:40-46

张德亮,姜玥.2008.云南省城乡统筹发展实证分析.华东经济管理,11:42-46

张辉,高德利.2008.基于模糊数学和灰色理论的多层次综合评价方法及其应用.管理科学,(2):1-6.

张军,李勤.2010.工业化城市化双加速阶段的城乡统筹发展——成因、表现及政策建议.中国发展,05:62-71

张琳娜.2013.转变经济发展方式绩效评价及对策研究.济南大学硕士学位论文

张敏.2007.城市化过程对土地利用格局的影响.安徽农业科学,09:2687-2688+2766

张沛,张中华,孙海军.2014.城乡一体化研究的国际进展及典型国家发展经验.国际城市规划,01:42-49

张强,吴志冲.2006.发达国家和地区的城乡协调发展.世界农业,01:10-12

张庆文,叶丹,韩洁.2010.城乡一体化综合评价与聚类分析——以北京市为例.农村经济,(12):49-52

张秋,何立胜.2010.城乡统筹制度安排的国际经验与启示.经济问题探索,05:7-11

张秋.2009.中外城乡统筹制度的比较与启示.经济纵横,(12):22-25

张蕊.2007.基于城乡统筹的我国投资配置研究.哈尔滨工业大学博士学位论文

张瑞.2011.城乡一体化统筹发展理论和实证研究.苏州大学硕士学位论文

张薇薇.2007.基于集对分析和模糊层次分析法的城市系统评价方法.合肥工业大学硕士学位论文

张晓雯,陈伯君,陈艺.2009.统筹城乡发展的国际经验——兼论对成都市的启示.农村经济,(2):122-126

张晓雯,陈伯君.2010.统筹城乡发展:国外经验借鉴及启示——以成都试验区建设为例.财经科学,(3):118-124

张晓雯.2009.国外统筹城乡发展的经验对我国的启示.成都行政学院学报,4:50-55

张新端.2007.环境友好型城市建设环境指标体系研究.重庆大学硕士学位论文

张榆琴,李学坤.2012.云南城乡收入差距及制度原因分析.经济研究导刊,8:54-56

张玉英.2013.共生框架下村域农村居民点空间重构研究:农户视角.西南大学硕士学位论文

张元红.李勤.2009.统筹城乡发展评价及其政策建议.重庆社会科学,11:18-26

张占斌.2014.推进新型城镇化应明确五大战略任务.http://News.xinhuanet.com/politics/2014-03/19/c.126287299.htm[2014-03-19]

张忠法2006.我国走出城乡二元结构战略研究(上)——新农村建设中农民工及城镇化有关问题研究.经济研究参考,69:2-48

赵保佑.2007.统筹城乡经济发展评价指标体系的构建及应用.经济学动态,12:38-41

赵保佑.2008a.统筹城乡协调发展的国际经验与启示.学术论坛,(3):104-107
赵保佑.2008b.统筹城乡经济协调发展与科学评价.北京:社会科学文献出版社
赵彩云.2008.我国城乡统筹发展及其影响因素研究.中国农业科学院博士学位论文
赵恒雪.2013.中国城乡一体化进程中的问题分析与路径选择.沈阳师范大学硕士学位论文
赵红,张晓云.2010.构建城乡发展一体化新格局的着力点.青岛行政学院学报,(4):77-80
赵吉博,杨晓玲,雷战波.2005.基于平衡记分卡的敏捷供应链危机预警系统.统计与决策,(3):30-32
赵文明.2013.改革中政府和农户的成本与收益分析.西南大学博士学位论文
赵勇.2012.新疆缩小城乡居民收入差距的问题与对策.新疆财经大学硕士学位论文
赵中花.2014.洞庭湖区城乡统筹绩效评估与城乡统筹趋势分析.湖南师范大学硕士学位论文
赵自元.2004.统筹城乡发展是促进农民增收的关键.发展,07:18
郑风田.2010.从"一号文件"看"三农"进程.农经,02:26-28
中共上海市委.2009.关于贯彻落实《中共中央关于推进农村改革发展若干重大问题的决定》的实施意见.上海农村经济,04:4-10
钟登华,熊开智,成立芹.2003.遗传算法的改进及其在水库优化调度中的应用研究.中国工程科学,5(9):22-26
周波.2010.人口流动背景下农村基本公共服务供给的困境研究.中南大学硕士学位论文
周达,沈连芬.2004.农村城镇化动力结构的统计研究.统计研究,2:17-20
周艳波,翟印礼,董鸿鹏.2006.辽宁省工业化进程中统筹城乡要素配置与转移的现状分析.农业经济,06:60-61
朱德明,赵海霞.2005.关注城乡统筹发展中的二元环境结构.现代经济探讨,06:32-34
朱国红.2010.基于特征点选择的聚类算法研究与应用.山东大学硕士学位论文
朱红根.2005.城镇化发展的国际经验及其借鉴.农村经济,11:129-131
朱建军.2005.层次分析法的若干问题研究及应用.东北大学博士学位论文
朱孔来,花迎霞,孟宪霞.2010.国内外民生统计监测研究现状书评及未来展望.东岳论丛,31(12):29-33
朱孔来,李静静,张守凤.2011.统筹城乡发展统计监测研究现状评述及未来展望.东岳论丛,(11):171-175
朱孔来.2004.综合评价研究.济南:山东人民出版社:23-25
朱龙杰,白先春.2006.基于LOWA算子的城市发展质量评价指标体系构建.统计与决策,(6):145-147
朱四海,熊本国.2005.工业反哺农业实现机制刍议.中国农村经济,(10):4-11
朱颖.2008.城乡一体化评价指标体系研究.农村经济与科技,07:51-52,65
邹宏举.2009.统筹城乡综合配套改革中农民增收长效机制建立的途径研究.重庆大学硕士学

位论文

Corbridge S. 1982. Interdependent development? Problems of aggregation and implementation in the Brandt report. Applied Geography, 2（4）: 253-265

de Bary A. 1879.Die Erscheinung Der Symbiose. Trübner: Verlag von Karl J.

Fields G S .2005.A Welfare economic analysis of labor market policies in the harris-todaroodel . Journal of Development Economics, 76（1）: 127-146

Graeml K S, Alexandre R G.2004.Urbanization solutions of a third world country's metropolis to its social environment challenges.Journal of urban Economics, 8: 36-51

Holsapple C W, Joshi K D. 2001. Organizational knowledge resources. Decision Support Systems, 31（1）: 39-54

Huff G, Angeles L. 2010. Globalization industrialization and urbanization in Pre-World War II Southeast Asia. Explorations in Economic History,（48）: 20-36

Kofi A. 1984.The Address for World Habitat Day. In Collections of Inter-regional Conference on Strategies for Enhancing Rural-Urban Linkages Approach to Development and Promotion of Local Economic Development .The division of labor in society: 93-211

Kolodner J L. 1992. An introduction to case-based reasoning. Artificial Intelligence Review. 1992, 6（1）: 3-34

Lewis W A. 1954.Economic development with unlimited supply of labor.The Manchester School of Economic and Social Studies,（5）: 139-191

Puga D.1998.Urbanization patterns: European versus developing countries.Journal of Regional Science, 38（2）: 231-252

Ranis G, Fei J.1961.A theory of economic development.American Economic Review: 76-106

Stohr W, Taylor B. 1981.Development from Above or Below? The Dialectics of Regional Planning in Developing Countries. Chichester: Wiley

Svein T, 2004. Urban-rural interrelationship: Condition for sustainable development . United Nations Environment Programme, 19（2）: 145-167

Temple. 2005. Jonathan.Growth and Wage Inequality in a Dual Economy.Bulletin of Economic Research, 57（2）: 145-169

Unwin A, Unwin D. 2002.Exploratory spatial data analysis with local statistics. Journal of the Royal Statistical Society, 47（3）: 415-421

附　录

附表1　统筹城乡发展进程评价指标频度统计

频度统计法初步指标筛选	频次统计	频度统计/%	专家咨询法调整
绿化覆盖率	62	78.48	√
城镇居民恩格尔系数比	51	64.56	√
城镇人均GDP	48	60.76	√
第三产业增加值比重	40	50.64	√
城镇化水平	25	31.65	
人口自然增长率	21	26.58	
工业废水排放达标率	21	26.58	√
GDP能耗	20	25.32	
安全饮水普及率	20	25.32	
城镇化率	20	25.32	√
单位GDP耗能水平	16	20.25	
非农产业从业人员比重	16	20.25	
城镇固定资产投入差异指数	15	18.99	√
城镇养老保险覆盖率	15	18.99	
城镇人均财政收入	14	17.72	
城镇人均医疗卫生财政支出比	14	17.72	
城镇生活垃圾处理率比	14	17.72	
建制市镇密度	14	17.72	√
城镇生活污水处理率	14	17.72	
城镇信息化实现程度比	14	17.72	
污水处理率	14	17.72	
自来水普及率	14	17.72	
城镇人均GDP	13	16.46	
空气环境质量	13	16.46	
每万人拥有医疗床位数	13	16.46	
城镇登记失业率	12	15.19	√
城镇居民城镇人均可支配收入	12	15.19	
城镇居民基本医保参保率	12	15.19	
第一产业从业人员占全体从业人员比重	12	15.19	√
城镇居民文化娱乐生活服务消费支出比	12	15.19	√

续表

频度统计法初步指标筛选	频次统计	频度统计/%	专家咨询法调整
城镇每百户彩电拥有量比	12	15.19	
城镇每百户电脑拥有量比	12	15.19	
城镇人均受教育年限比	12	15.19	
工业固体废物综合利用率	12	15.19	√
基尼系数	12	15.19	
城镇居民收入比	11	13.92	√
城镇每千人口卫生技术人员人数比	11	13.92	√
城镇人均纯收入	11	13.92	
交通网密度	11	13.92	√
卫生厕所普及率	11	13.92	
居民城镇人均道路面积	11	13.97	√
城镇就业人数比	10	12.66	
地区生产总值	10	12.66	
建成区面积比例	10	12.66	
城镇人均公共绿地	10	12.66	√
R&D投入占GDP的比重	10	12.66	√
财政支农比重	9	11.39	
城镇教育投入系数的差异程度	9	11.39	
城镇人均教育文化娱乐支出比	9	11.39	
非农产业增加值占总增加值比例	9	11.39	
教育事业费占财政支出比重	9	11.39	
科技进步对GDP的贡献率	9	11.39	
人口密度	9	11.39	
城镇病床密度差异系数	9	11.39	√
城镇居民家庭每百户耐用消费品拥有量比	8	10.13	√
万人互联网用户数	8	10.13	√
城镇空气污染指数	8	10.13	
城镇人均居住面积	8	10.13	
城镇人均社会消费品零售额	8	10.13	
城镇人均消费支出比	8	10.13	√
城镇人口平均预期寿命比	8	10.13	
城镇人口占总人口比重	8	10.13	
农业劳动生产率/全社会劳动生产率	8	10.13	√
新型城镇合作医疗参保率	8	10.13	
支援城镇生产支出占地方预算内财政支出比重	8	10.13	

续表

频度统计法初步指标筛选	频次统计	频度统计/%	专家咨询法调整
城镇人均公共绿地	8	10.13	√
劳动力平均受教育程度	8	10.13	√
万人拥有公交车辆数	8	10.13	√
城镇环保投入占GDP的比重比	7	8.86	
城镇居民消费差距	7	8.86	
城镇劳动力平均受教育年限差	7	8.86	
城镇每百万人拥有电话数量比	7	8.86	
城镇密度	7	8.86	
城镇人均道路面积	7	8.86	
城镇人均建设用地面积	7	8.86	
城镇人均社会保障补助财政支出差异系数	7	8.86	
城镇人均用电量	7	8.86	
城镇消费水平比	7	8.86	
城镇医疗点覆盖率	7	8.86	
二氧化硫排放量	7	8.86	
非农从业人口比重	7	8.86	
高中阶段教育毛入学率	7	8.86	
公交线路网密度	7	8.86	
每万人拥有医生数	7	8.86	
区域内建制市镇密度	7	8.86	
生活垃圾无害化处理率	7	8.86	
农林水事务支出占财政支出的比重	7	8.86	√
城镇公路密度差异指数	6	7.59	
城镇居民信息化实现程度	6	7.59	
城镇居民预期平均寿命	6	7.59	
城镇劳动生产率比	6	7.59	
城镇贫困人口比重差异	6	7.59	
城镇人均教育经费财政支出比	6	7.59	
城镇人均拥有铺路面积	6	7.59	
城镇社会劳动生产率比	6	7.59	
单位工业用地增加值	6	7.59	
地方财政收入	6	7.59	
公路亮化率	6	7.59	
固定资产投资增长率	6	7.59	
九年义务教育普及率	6	7.59	
社会保障覆盖率	6	7.59	

续表

频度统计法初步指标筛选	频次统计	频度统计/%	专家咨询法调整
万人拥有卫生技术人员数	6	7.59	
万元GDP耗水量	6	7.59	
资源化利用率	6	7.59	
GDP总量	5	6.33	
村内公共厕所建设	5	6.33	√
城镇非农产业总产值	5	6.33	
城镇高中入学率和大学普及率	5	6.33	
城镇公路硬化率	5	6.33	
城镇居民总体社会福利水平差异	5	6.33	
城镇科技发展政府投入差异指数	5	6.33	
城镇科技人员占总人数的比重比	5	6.33	
城镇人均财政收入差异系数	5	6.33	
城镇人均非农产值与农业产值比	5	6.33	
城镇人均实际利用外资	5	6.33	
城镇社会保障覆盖率	5	6.33	
城镇污水集中处理率	5	6.33	
城镇消费品零售额比	5	6.33	
党支部建设合格率	5	6.33	
第二、第三产业增加值占GDP的比重	5	6.33	
第二、第三产业占GDP的比重	5	6.33	
第三产业占GDP比重	5	6.33	
每百人汽车拥有量	5	6.33	
农林牧渔城镇人均总产值	5	6.33	
农业科学技术普及率	5	6.33	
普通中小学教师数	5	6.33	
燃气普及率	5	6.33	
人口平均预期寿命	5	6.33	
生产资料价格占农产品价格比重	5	6.33	
噪声达标区覆盖率	5	6.33	
住房统一规划率	5	6.33	
财政收入占地区生产总值的比重	4	5.06	
城镇集中居住率	4	5.06	
城镇居民财富积累差异倍数	4	5.06	
城镇居民最低生活保障覆盖率	4	5.06	√
城镇人均储蓄比	4	5.06	
城镇人均居住面积比	4	5.06	

续表

频度统计法初步指标筛选	频次统计	频度统计/%	专家咨询法调整
城镇生活垃圾无害化处理率	4	5.06	
单位GDP水耗	4	5.06	
单位农业增加值能源消耗率	4	5.06	
非农业产业增加值占GDP比重	4	5.06	
工业废水处理率	4	5.06	
公共教育经费占GDP的比重	4	5.06	
基本养老保险参保率	4	5.06	
农业支出占财政支出的比例	4	5.06	
人口结构	4	5.06	
社会安全指数	4	5.06	
有线电视到村率	4	5.06	√
再生水资源利用率	4	5.06	
自然保护区覆盖率	4	5.06	
城镇工业废水处理率比	3	3.80	
城镇居民教育负担程度差异指数	3	3.80	
城镇居民居住水平比	3	3.80	
城镇居民税赋负担程度差异指数	3	3.80	
城镇居民银行存款差异指数	3	3.80	
城镇耐用电器拥有量比	3	3.80	
城镇贫困户得到救济的人数比	3	3.80	
城镇燃气或用电做饭普及率	3	3.80	
城镇人均保费收入	3	3.80	
城镇人均城镇经济总产值	3	3.80	
城镇人均出口额	3	3.80	
城镇人均床位数	3	3.80	
城镇人均钢木住房面积	3	3.80	
城镇人均耕地面积	3	3.80	
城镇人均公共设施或公共场所面积	3	3.80	
城镇人均公路里程	3	3.80	
城镇人均粮食产量	3	3.80	
城镇人均农林牧渔业总产值	3	3.80	
城镇人均全社会消费品零售额	3	3.80	
城镇人均社会消费品零售额差异系数	3	3.80	
城镇人均消费支出	3	3.80	
城镇生态环保建设政府投入差异指数	3	3.80	
城镇失业保险覆盖率	3	3.80	

续表

频度统计法初步指标筛选	频次统计	频度统计/%	专家咨询法调整
村通客运班车率	3	3.80	
大专及以上人口比率	3	3.80	
单位耗地面积产出值	3	3.80	
第二、第三产业比重与第一产业产值比重比	3	3.80	
第二产业增加值占GDP比重	3	3.80	
第三产业用地比重	3	3.80	
废水处理率	3	3.80	
环境投资GDP占比	3	3.80	
经济外向度	3	3.80	
居民城镇人均医疗卫生经费财政支出	3	3.80	
客货运量	3	3.80	
垃圾集中处理率	3	3.80	
垃圾无害化处理率	3	3.80	
垃圾资源化利用率	3	3.80	
每平方公里工业废气排放量	3	3.80	
每千人拥有的科技人员	3	3.80	
每万人彩电普及率城镇比	3	3.80	
农业比较劳动生产率	3	3.80	
农业从业人数占全体从业人数比重	3	3.80	
平均每村设置的医疗点数	3	3.80	
普通高校在校生规模	3	3.80	
全社会固定资产投资	3	3.80	
水资源消耗	3	3.80	
万人城镇社会服务网点数	3	3.80	
万元GDP用电量	3	3.80	
万元生产总值能耗	3	3.80	
卫生机构覆盖率	3	3.80	
享受最低生活保障的城镇人口比重	3	3.80	
产业集群产值占GDP比重	2	2.53	
城镇从业人员中非农从业人员比重	2	2.53	
城镇公共厕所密度	2	2.53	
城镇广播电视覆盖率比	2	2.53	
城镇人均财政支出	2	2.53	
城镇人均社保参保次数	2	2.53	
城镇人均拥有路面公路里程数	2	2.53	
城镇人均预期寿命	2	2.53	

续表

频度统计法初步指标筛选	频次统计	频度统计/%	专家咨询法调整
村级垃圾站建设	1	1.27	
工业废气中污染物去除率	1	1.27	
工业烟尘排放量达标率	1	1.27	
工业用水重复率	1	1.27	
环境保护费用占财政支出比重	1	1.27	
居民城镇人均科学事业经费财政支出	1	1.27	
居民城镇人均可支配收入	1	1.27	
居民城镇人均住房使用面积	1	1.27	
居民对政府工作的满意程度	1	1.27	
居住质量指数	1	1.27	
开放空间可达性	1	1.27	
可利用水资源	1	1.27	
垃圾回收再利用率	1	1.27	
龙头企业产值占农业总产值比重	1	1.27	
煤油气能源自给率	1	1.27	
每亩粮食产量	1	1.27	
每万人专业技术人员数	1	1.27	
农林牧渔服务业增加值增长率	1	1.27	

附表 2 统筹城乡发展指标体系部分原始数据

	1	2	3	4	5	6	7	8	9	10
北京	7.594 3	2.19	2.1	1.400 4	75.10	5.82	5.838 1	0.357 8	0.991 1	87.83
天津	7.299 4	2.41	2.6	3.717 6	46.00	2.49	4.876 4	0.758 3	0.859 2	80.61
河北	2.866 8	2.73	3.5	7.479 7	34.90	0.76	11.086 2	0.860 9	0.919 6	44.43
山西	2.628 3	3.3	2.7	11.374 2	37.10	0.98	10.443 8	0.504 1	0.832 1	47.52
内蒙古	4.734 7	3.2	3.7	29.593 1	36.10	0.55	12.359 9	1.523 4	0.801 4	55.18
辽宁	4.235 5	2.56	3.0	9.734 3	37.10	1.56	9.042 9	1.350 2	0.918 6	62.36
吉林	3.159 9	2.47	2.8	12.684 9	35.90	0.87	13.368 9	1.430 8	0.878 3	55.10
黑龙江	2.707 6	2.23	2.7	9.002	37.20	1.19	15.003 3	1.317 4	1.048 2	57.35
上海	7.607 4	2.28	2.5	0.893 2	57.30	2.81	4.599 9	0.606 9	0.899 1	91.55
江苏	5.284 0	2.52	2.2	2.236 3	41.40	2.07	9.954 3	0.951 0	0.959 0	57.45
浙江	5.171 1	2.42	2.4	1.438 7	43.50	1.78	9.051 9	0.579 7	1.001 2	59.83

续表

	1	2	3	4	5	6	7	8	9	10
安徽	2.088 8	2.99	3.0	10.583 5	33.90	1.32	11.304 8	0.562 1	0.932 8	43.50
福建	4.002 5	2.93	2.6	8.016 6	39.70	1.16	9.458 8	0.976 9	0.850 8	53.11
江西	2.125 3	2.67	2.9	10.654 5	33.00	0.92	12.080 3	0.685 4	0.852 6	44.62
山东	4.110 6	2.85	3.1	4.26	36.60	1.72	11.241 8	0.883 4	0.854 1	49.93
河南	2.444 6	2.88	3.4	8.236 8	28.60	0.91	11.685 3	0.662 9	0.886 0	38.96
湖北	2.790 6	2.75	2.9	12.113 8	37.90	1.65	12.210 6	0.996 8	0.897 5	47.53
湖南	2.471 9	2.95	3.3	10.221 9	39.70	1.16	11.939 1	0.743 2	0.754 6	44.64
广东	4.473 6	3.03	4.0	2.193 1	45.00	1.76	5.995 0	0.667 7	0.765 2	65.51
广西	2.021 9	3.76	3.9	13.904 4	35.40	0.66	12.963 9	0.701 8	0.784 9	40.51
海南	2.383 1	2.95	3.0	20.481 4	46.20	0.34	15.082 6	1.894 0	0.895 4	50.77
重庆	2.759 6	3.32	4.2	10.427 7	36.40	1.27	9.314 2	0.497 0	0.778 6	53.31
四川	2.118 2	3.04	2.8	8.076 4	35.10	1.54	9.435 5	0.625 7	0.818 1	39.99
贵州	1.311 9	4.07	4.2	11.782 9	47.30	0.65	15.124 8	0.300 6	0.862 7	30.89
云南	1.575 2	4.06	3.5	19.594 6	40.00	0.61	14.315 5	0.511 5	0.878 5	35.13
西藏	1.731 9	3.62	4.0	21.525 5	54.20	0.29	16.170 7	0.563 1	1.006 8	24.59
陕西	2.713 3	3.82	3.8	23.545 2	36.40	2.15	12.040 4	0.672 4	1.082 2	44.95
甘肃	1.611 3	3.85	4.0	15.77	37.30	1.02	13.364 4	0.538 0	0.836 9	33.74
青海	2.411 5	3.59	3.2	6.220 7	34.90	0.74	9.349 5	0.681 3	1.029 9	43.30
宁夏	2.686 0	3.28	3.8	9.389 3	41.60	0.68	16.900 7	0.730 7	0.865 3	47.64
新疆	2.503 4	2.94	3.50	12.227	32.50	0.49	12.978 7	2.319 6	0.898 6	41.18

附表3 统筹城乡发展指标体系原始数据

	11	12	13	14	15	16	17	18	19
北京	1.37	4.90	4.258 1	1.417 2	1.049 4	91.4	0.019 17	1.256 8	69.40
天津	3.60	14.60	6.849 1	1.224 9	1.284 3	96.0	0.021 50	1.312 6	52.70
河北	3.86	38.80	1.162 7	1.259 7	1.420 4	53.2	0.011 86	0.822 3	31.20
山西	3.58	38.30	1.677 3	1.094 9	1.426 3	53.5	0.008 94	0.842 3	36.50
内蒙古	3.90	48.20	1.731 0	1.398 0	1.597 7	37.0	0.000 73	0.133 5	30.80
辽宁	3.63	31.30	3.411 9	1.010 9	1.375 5	64.1	0.010 33	0.696 0	44.40
吉林	3.80	42.00	3.536 4	0.973 4	1.414 4	73.2	0.004 79	0.482 6	32.20
黑龙江	4.27	44.40	3.424 2	0.734 1	1.267 2	66.8	0.002 81	0.334 1	29.50
上海	4.35	3.90	11.653 8	1.483 6	1.135 6	97.6	0.033 33	1.900 6	64.50
江苏	3.16	18.70	0.526 1	1.070 5	1.318 5	83.0	0.012 74	1.465 0	42.80
浙江	3.20	15.90	0.304 9	1.540 8	1.173 1	88.9	0.014 82	1.080 2	53.80
安徽	3.66	40.00	1.008 9	1.417 5	1.468 1	57.6	0.010 90	1.070 0	22.70

续表

	11	12	13	14	15	16	17	18	19
福建	3.77	29.20	0.556 0	1.440 5	1.419 3	79.7	0.009 08	0.750 3	50.90
江西	3.31	37.60	1.477 1	1.523 8	1.792 0	77.7	0.009 22	0.841 9	20.20
山东	3.36	35.40	0.671 6	1.217 5	1.336 5	84.1	0.012 18	1.494 5	35.20
河南	3.38	44.90	0.980 5	1.542 4	1.425 1	69.8	0.014 20	1.467 6	25.50
湖北	4.18	29.50	1.866 4	1.566 2	1.473 2	73.6	0.006 62	1.109 3	33.30
湖南	4.16	46.70	1.748 9	1.637 0	1.687 8	63.1	0.011 42	1.076 5	27.30
广东	2.52	25.70	0.483 3	2.170 6	1.438 9	85.8	0.008 78	1.056 4	55.30
广西	3.66	53.30	0.490 6	2.048 8	1.996 0	60.0	0.005 23	0.431 3	25.20
海南	3.00	49.80	1.440 2	0.996 3	1.967 4	67.3	0.006 53	0.624 6	35.10
重庆	3.90	33.10	1.351 1	1.601 1	1.749 5	54.1	0.012 32	1.421 0	34.60
四川	4.14	42.90	1.301 1	1.803 7	1.597 3	62.2	0.009 70	0.552 7	24.40
贵州	3.64	49.60	0.320 3	1.910 9	1.994 2	38.5	0.008 86	0.861 6	19.80
云南	4.21	59.40	0.526 9	1.507 8	1.894 5	56.4	0.003 56	0.545 9	22.30
西藏	3.99	53.10	0.816 5	2.577 4	2.883 0	52.8	0.000 56	0.049 5	27.90
陕西	3.85	43.90	0.912 3	1.288 0	1.498 6	45.3	0.008 49	0.717 2	34.30
甘肃	3.21	51.10	0.780 9	1.419 8	1.566 9	61.3	0.002 97	0.261 6	24.80
青海	3.80	41.90	1.291 8	1.795 8	1.327 6	58.3	0.000 55	0.086 1	33.60
宁夏	4.35	39.40	1.486 1	1.889 0	1.247 1	54.3	0.003 54	0.339 1	28.00
新疆	3.23	51.20	1.703 3	2.017 6	1.883 4	47.1	0.000 62	0.092 1	37.90

附表 4　统筹城乡发展指标体系原始数据

	20	21	22	23	24	25	26	27	28	29
北京	5.57	45.00	11.28	98.63	65.80	1.87	2.79	41.30	55.43	14.24
天津	14.89	32.06	8.56	99.99	99.09	1.38	1.39	19.90	33.49	12.05
河北	17.35	42.73	14.23	98.08	56.72	3.19	2.71	20.20	16.76	9.53
山西	10.66	38.01	9.36	82.38	66.00	2.64	2.10	19.10	26.66	6.83
内蒙古	14.89	33.35	12.36	91.53	56.26	2.66	2.80	16.70	23.94	6.89
辽宁	11.19	39.32	10.21	86.88	47.53	2.55	2.41	15.00	34.69	9.35
吉林	12.39	34.12	10.27	88.04	67.08	1.76	2.22	12.70	35.66	9.75
黑龙江	10.00	34.89	11.27	93.02	77.13	2.32	2.77	9.90	36.42	10.00
上海	4.04	38.15	6.97	98.77	96.69	1.28	2.33	36.60	73.33	8.82
江苏	21.26	42.07	13.29	98.47	96.66	2.03	1.78	22.30	71.86	10.91
浙江	16.70	38.30	11.05	95.38	94.49	1.84	2.20	22.20	61.25	11.87
安徽	16.01	37.50	10.95	96.25	85.71	2.36	2.04	14.70	11.17	7.73
福建	12.58	40.97	10.99	98.74	83.01	2.77	2.27	20.10	43.10	10.32

续表

	20	21	22	23	24	25	26	27	28	29
江西	13.77	46.62	13.04	94.14	46.55	2.68	2.40	15.40	21.56	7.61
山东	22.23	41.47	15.84	98.90	95.38	1.66	1.51	23.10	47.35	10.18
河南	10.25	36.56	8.65	96.08	78.22	3.02	3.10	17.60	12.79	7.58
湖北	14.08	37.74	9.62	95.55	81.04	2.10	2.20	15.40	32.72	9.47
湖南	12.95	36.64	8.89	91.50	83.09	2.88	2.71	19.30	15.78	10.01
广东	12.69	41.31	13.29	92.52	90.78	3.21	2.85	21.80	37.84	9.53
广西	14.31	34.96	9.83	95.13	67.89	2.22	1.87	20.10	18.27	8.07
海南	13.81	42.63	11.22	90.62	83.96	2.34	1.83	21.60	15.89	8.61
重庆	9.37	40.57	13.24	94.28	81.67	1.37	1.06	13.70	25.50	7.23
四川	11.84	37.88	10.19	97.89	54.80	2.05	1.62	12.50	29.71	9.65
贵州	6.65	29.58	7.33	89.26	50.98	4.20	2.78	9.40	9.97	8.46
云南	10.90	37.31	9.30	97.07	51.09	3.20	2.44	9.10	21.41	9.74
西藏	13.25	25.40	5.78	94.63	59.63	4.95	3.35	2.40	4.85	20.91
陕西	13.38	38.29	10.67	96.35	54.45	2.05	1.85	18.50	18.27	12.64
甘肃	12.20	27.12	8.12	87.12	47.61	1.98	1.81	17.60	10.84	8.10
青海	11.42	29.38	8.53	87.26	42.57	4.36	4.14	10.10	1.19	18.30
宁夏	17.35	38.75	16.18	86.55	57.69	3.03	2.71	11.70	1.47	10.63
新疆	13.19	36.42	8.61	89.96	47.96	3.21	2.55	11.60	5.66	11.66